Gewalt im Islam?

Der Kampf für eine islamische Weltgesellschaft

Logos Verlag

Die aktuellen Ereignisse und im Buch angeführten Beispiele spiegeln den Stand der politischen Entwicklungen bis Anfang Dezember 2001 wider.

Michael Kotsch

Gewalt im Islam?
Der Kampf für eine islamische Weltgesellschaft

1. Auflage 2002
© Logos Verlag GmbH, Lage
Lektorat: Inge Mohrenstecher
Illustrationen: Gesa Lychatz
Titelbilder: dpa
Satz und Umschlag: Thorsten Plaß
ISBN 3-933828-75-9
Bestell-Nr. 30-5-645

Inhaltsverzeichnis

Einleitung 7

1. Gewalt im Koran 13
    1.1. Der Heilige Krieg (Dschihad) 16
        1.1.1. Inhalt des Dschihad 16
        1.1.2. Dschihad im Koran 19
        1.1.3. Dschihad in der Hadith 23
        1.1.4. Dschihad heute 28
    1.2. Umgang mit Andersgläubigen 32

2. Gewalt in der Ausbreitung des Islam 38
    2.1. Gewalt bei Mohammed 38
    2.2. Gewalt gegen ehemalige Muslime 41
    2.3. Gewalt in der islamischen Geschichte 43
        2.3.1. Die Ausbreitung des Islam 45
        2.3.2. Islam in Europa 47
        2.3.3. Islam in Indien 49
        2.3.4. Islam im übrigen Asien 51
        2.3.5. Islam in Afrika 52
        2.3.6. Islam in Persien 54
        2.3.7. Die Assassinen 55
        2.3.8. Islam in Arabien 56
        2.3.9. Antikolonialismus 57
    2.4. Islamische Judenverfolgung 58
    2.5. Islamische Sklaverei 60

3. Gewalt gegen Christen 64
    3.1. Christenverfolgungen in der Vergangenheit 66
    3.2. Wenn Muslime zum Glauben kommen 71
    3.3. Christen in islamischen Ländern 73
        3.3.1. Christen in Ägypten 77
        3.3.2. Christen in Indonesien 79
        3.3.3. Christen in Afghanistan 83

3.3.4. Christen in Pakistan 84
3.3.5. Christen im Sudan 88
3.3.6. Christen in der Türkei 90
3.3.7. Christen in anderen islamischen Staaten 95

4. Gewalt gegen Frauen 98
  4.1. Die islamische Ehe 99
  4.2. Die islamische Scheidung 106
  4.3. Frauen in islamischer Gesellschaft 107
  4.4. Das Alltagsleben islamischer Frauen 113
  4.5. Genitalbeschneidung in islamischen Ländern 114
  4.6. Frauen im Glauben 116

5. Gewalt in der Politik 118
  5.1. Staatliche Gewalt im Iran 122
  5.2. Staatliche Gewalt in Afghanistan 125
  5.3. Staatliche Gewalt in Pakistan 132
  5.4. Staatliche Gewalt im Sudan 134
  5.5. Staatlicher Islamismus in anderen Ländern 135

6. Gewalt gegen Denker 141

7. Gewalt durch Terrorismus 144
  7.1. Islamische Selbstmordattentate 148
  7.2. Islamischer Terrorismus in Europa 149
  7.3. Islamische Terrororganisationen - international 151
  7.4. Islamischer Top-Terrorist bin Laden 154
  7.5. Terrorismus auf den Philippinen 161
  7.6. Terrorismus in China 164
  7.7. Terrorismus in Zentralasien 164
    7.7.1. Tschetschenien 164
    7.7.2. Dagestan 168
  7.8. Terrorismus in Algerien 170
  7.9. Terrorismus in Ägypten/Indien/Bosnien/Türkei 175
  7.10. Terrorismus gegen Israel 178

7.10.1. Die Geschichte des Nahost-Konflikts 181

7.10.2. Anschläge gegen Israel 186

7.11. Terrorismus gegen die USA 193

7.12. Terrorismus in Deutschland 200

    7.12.1. Verfassungsfeindliche Organisationen 200

    7.12.2. Terroristische Aktivitäten - Deutschland als

        Rückzugsraum internationaler Islamisten 222

    7.12.3. Islamistische Gefahren für die deutsche

        Gesellschaft 225

8. Was Christen tun sollen 237

   8.1. Verständnis und Auseinandersetzung 237

   8.2. Christen und Muslime 244

   8.3. Islam und Islamisten 246

   8.4. Politische Reaktionen auf den Islamismus 252

     8.4.1. Gefährdungen erkennen 255

     8.4.2. Hilfe bieten 261

     8.4.3. Kontrolle ausüben 263

     8.4.4. Auseinandersetzung praktizieren 265

   8.5. Christen und Ausländer 268

   8.6. Gespräche mit Muslimen 271

     8.6.1. Freundschaft schließen 273

     8.6.2. Anfragen stellen 274

     8.6.3. Anknüpfungspunkte suchen 275

     8.6.4. Irrtümer aufklären 277

     8.6.5. Probleme aufwerfen 278

     8.6.6. Kultur beachten 278

     8.6.7. Glauben vermitteln 280

9. Literatur 282

   Endnoten 288

„Die Muslime müssen nun die Ungläubigen mit allen verfügbaren Kriegsmaschinen angreifen, ihre Häuser in Brand setzen,
sie mit Wasser überschwemmen,... alle diese Maßnahmen sind
deshalb vom Gesetz geheiligt."[1]

Einleitung

Nach den erschreckenden Terroranschlägen von New York und
Washington im September 2001 rückt die Religion in den Mittel-
punkt des Interesses, auf das sich die Attentäter bei ihren Taten
beziehen. Es stellt sich die Frage, wieweit der Islam tatsächlich
eine solche Gewalt fördert oder ermöglicht. Plötzlich wird dem
Christen neu bewußt, wie eng er in Deutschland mit Muslimen
zusammenlebt. „Heute leben mehr als 10 Mio. Menschen in
Westeuropa, die sich zum Islam oder zumindest zu geistigen und
kulturellen Traditionen der islamischen Welt bekennen. Die
Muslime in Frankreich stammen vorwiegend aus den Maghreb-
Staaten, diejenigen in Großbritannien aus dem asiatischen Raum,
also Pakistan, Indonesien, Indien. In Deutschland leben fast
3 Mio. Muslime, davon 2,1 Mio. aus der Türkei, 220.000 aus
arabischen Ländern, 115.000 aus dem Iran. Die Zahl der
deutschen Muslime liegt bei schätzungsweise 150.000. Dabei
handelt es sich um eingebürgerte Muslime, um Konvertiten,
Ehepartner von Muslimen und Kinder mit einem muslimischen
Elternteil. ... Heute leben in NRW knapp 1 Mio. Muslime, davon
etwa 715.000 aus der Türkei. ... Aus den arabischen Staaten
stammen knapp 100.000 der in Nordrhein-Westfalen lebenden
Muslime, 33.000 kommen aus dem Iran."[2]

Natürlich darf nicht jeder in Deutschland lebende Muslim als
potentieller Mörder und Terrorist angesehen und behandelt
werden. „Verurteilen Sie nicht jeden Moslem! Kein vernünftiger
Mensch darf vergessen, dass die überwältigende Mehrheit der
Araber und anderer Moslems weder Komplizen des Verbrechens
waren noch Freude daran empfinden."[3] Vollkommen falsch wäre

es sicher auch, rassistische oder religiöse Vorurteile Muslimen gegenüber zu schüren. Eine gesellschaftliche Ausgrenzung des Islam hätte wahrscheinlich nur eine zusätzliche Radikalisierung des europäischen Islam zur Folge. Die meisten der in Deutschland lebenden Muslime sind durchaus friedliebend, gastfreundschaftlich und integrationsbereit. Auf der anderen Seite fühlt sich ein überproportional großer Anteil der islamischen Bevölkerung mit extremistischen muslimischen Gruppierungen verbunden.[4] Vor diesem Hintergrund ist es auch kurzsichtig und unrealistisch, die Gefahren des Islamismus aus Angst vor dem Anschein einer Diskriminierung herunterzuspielen. So scheint eine große Zahl von Journalisten ihre Aufgabe insbesondere darin zu sehen, sich positiv und verständnisvoll für den Islam einzusetzen, ohne gleichermaßen auf die bekannten Gefahren des Islamismus auch in Deutschland hinzuweisen. In Interviews werden fast ausschließlich gebildete, voll integrierte und liberal gesinnte Muslime als Gesprächspartner gewählt. Doch trügt der Eindruck, dass diese Gruppe repräsentativ für den deutschen Islam ist. Wenn wissenschaftliche Studien[5] auf die Gewaltbereitschaft muslimischer Jugendlicher hinweist, wird nichts unternommen, diese einzuschränken. Statt dessen wird dem verantwortlichen Forscher Voreingenommenheit und Rassismus vorgeworfen. Was nach den Vorstellungen einiger Multi-Kulti-Ideologen nicht sein darf, kann scheinbar auch nicht wahr sein, selbst wenn die objektiven Daten in eine ganz andere Richtung weisen. Bedenken müssen gegen ein Milieu erhoben werden, „das sich bisher so gut darauf verstand, mit Hilfe einer politisch korrekten Sprache eigene Vorstellungen durchzusetzen und andere zu verpönen, ... das die Parole von der einen Welt wörtlich nahm und alle, die skeptisch blieben, als Feinde des Friedens, des Fortschritts und der Aufklärung betrachtete,... das fremde Kulturen grundsätzlich als Bereicherung erlebte, niemals als Bedrohung. ... Wenn sich bestätigt, was über die Herkunft der Terroristen und ihrer Hintermänner bekannt geworden ist, werden die Spaß- und Spießbürger, die im grünen Milieu den Ton angeben, in dieser Richtung aber nicht mehr weiterkommen. Dann müssen sie damit rechnen, dass Tschador und Burnus nicht mehr als folkloristische Beigabe wahrgenommen werden, sondern ... als fremd. Erste Berichte darüber, wie kollektive Fremdenbegeisterung in kollektive Fremdenfurcht umschlagen kann, geben eine Vorstellung davon, wie schwach die Fundamente sind, auf denen die Multikultuerellen ihre Gesellschaft gründen wollen. Kein Satz aus Samuel Huntingtons bekanntem Buch über den Kampf der Kulturen ist seinerseits so heftig angefeindet worden, wie seine Behauptung, der Islam habe blutige Ränder. Den großen Krieg hielt er für unwahrscheinlich, entstehen könnte er jedoch, wie Huntington hinzusetzte, aus der Eskalation eines Bruchlinienkrieges zwischen Gruppen aus verschiedenen Kulturen ... Die Deutschen haben verlernt, Kulturen so ernst zu nehmen, wie sie das verdienen. Täten sie das, dann würden sie die Unterschiede"[6] nicht einfach ignorieren und kleinreden, sondern sie bewusst in ihr Handeln mit einbeziehen. Auch Politiker sollten sich nicht wie bisher in erster Linie nach der „political correctness" orientieren, sondern offensichtliche gesellschaftliche Probleme erkennen und ansprechen, auch wenn sie von Mitbürgern ausländischer Herkunft ausgehen. „Es sollte einen Zwischenweg geben zwischen Ausländerfeindschaft und einer vorbehaltlosen Rechtfertigung islamischer Personengruppen. Es muss differenziert werden. In vielen Medien entsteht jedoch eher der Eindruck, alle Muslime seien friedlich und alle sie kritisierenden Deutschen seien Ausländerfeinde. Nur die regelmäßig wiederkehrenden Meldungen von Anschlägen und Entführungen, die auf das Konto extremistischer Islamisten gehen, bringen dieses Bild von der heilen Welt durcheinander.

Die offensichtlichen Fakten sprechen jedoch für sich:
- Es gibt in Deutschland keine extremistische Gruppierung mit christlichem Gedankengut, wohl aber zahlreiche Vereinigungen islamischen Hintergrunds, die wegen ihrer verfassungsfeindlichen Ziele vom Verfassungsschutz beobachtet werden, und

das, obwohl es in Deutschland weit mehr Menschen gibt, die sich als Christen verstehen denn als muslimische Mitbürger.

- Auch in islamischen Ländern, selbst denen, die ihre christliche Minderheit unterdrücken, ist keine vergleichbare extremistische Vereinigung bekannt, die mit christlichem Gedankengut terroristische Anschläge verübt.
- Die Zahl der Mitglieder und Sympathisanten islamistischer Vereinigungen, die aufgrund ihrer gesellschaftsfeindlichen Tendenzen vom Verfassungsschutz beobachtet werden, sind weit größer als die bekanntuer kommunistischer oder rechtsextremer Gruppen.[7]
- Im Gegensatz zum Christentum geschah die Ausbreitung des Islam von Anfang an mit Gewalt.
- Im Gegensatz zum individualistischen Christentum ist der Islam auf die Prägung der ganzen Gesellschaft hin ausgerichtet.
- Terroristische oder staatliche Übergriffe auf Muslime durch christliche Organisationen im vergangenen Jahrhundert sind nicht bekannt, sehr wohl aber zahlreiche Gewalttätigkeiten von islamischen Gruppen gegen Christen.
- In keinem der überwiegend christlich geprägten Staaten gibt es eine Verfolgung oder staatliche Diskriminierung von Muslimen. In zahlreichen islamischen Staaten aber werden bis heute Christen aufgrund ihres Glaubens verfolgt, vertrieben und getötet. Häufig werden diese Aktionen aus der islamischen Religion heraus gerechtfertigt.
- Bei der Ideologie des islamischen Fundamentalismus handelt es sich nicht um die irregeleitete Interpretation weniger Extremisten, sondern um eine von vielen Muslimen geteilte Interpretation islamischen Glaubens, wie der in den meisten muslimischen Staaten verbreitete Islamismus vor Augen führt.
- Der islamistische Terror ist nicht nur eine zeitlich und örtlich begrenzte Realität. Er ist seit mehrereren Jahrhunderten ein fester Faktor islamischer Politik und heute fast weltweit verbreitet.

- Islamischer Terrorismus ist nicht nur eine Antwort auf das wirtschaftliche und militärische Übergewicht der USA oder eine verständliche Kritik an der manchmal gewaltsamen Durchsetzung amerikanischer Interessen,[8] wie Angriffe auf europäische Einrichtungen und Bürger sowie die beständigen Übergriffe auf christliche Minderheiten in islamischen Nationen zeigen.

- Unabhängig von der späteren geschichtlichen Realität fordert Mohammed dazu auf, Andersgläubige oder vom Islam Abgefallene zu töten und ein islamisch geprägtes Gemeinschaftswesen aufzubauen. Jesus Christus hingegen animiert zur Feindesliebe und zur Unterordnung unter einen Staat, der nicht nur heidnisch geprägt war, sondern Christen verfolgte.

- Gewalt für den Glauben einzusetzen ist im Koran ein empfohlenes Mittel zur Durchsetzung islamischer Interessen; im christlichen Glauben hingegen wird sie radikal abgelehnt, weil Jesu Reich nicht von dieser Welt ist und weil es für ihn besser war, Unrecht zu erleiden als Unrecht zu tun. Natürlich gab es auch in der Geschichte des Christentums religiös begründete Gewalt, im Gegensatz zum Islam konnte diese aber nie eine Legitimation in den Aussagen ihres Gründers haben.[9]

(Die hier genannten Aspekte des islamischen Fundamentalismus werden in den folgenden Kapiteln nicht erschöpfend, aber anhand verschiedener Beispiele erläutert.)

Es ist deshalb notwendig, den Islam und auch sein gewaltförderndes Potential zu kennen, um sich richtig und angemessen mit Muslimen in Deutschland auseinandersetzen zu können. Gerade um die friedliebenden Muslime zu schützen, ist eine sachgemäße Aufklärung über den islamischen Fundamentalismus notwendig, der seine Legitimation ebenfalls aus dem Koran und der islamischen Tradition bezieht und heute eine große Solidarität unter Muslimen der ehemals „Dritten Welt" genießt. Durch einen Blick in den Koran, in die islamische Geschichte und auf die politischen Zusammenhänge der Gegenwart sollen Hintergründe und Ursprünge des islamistischen Fundamentalismus aufgezeigt und verständlich gemacht werden. Das natürlich nicht alle Muslime eine solche Islaminterpretation unterstützen, liegt auf der Hand. Aber eine Aufklärung über den gewaltbereiten Islamismus hat in der deutschen Vergangenheit eher zu wenig als zu viel stattgefunden.

1. Gewalt im Koran

In sprachlichen und fachwissenschaftlichen Abhandlungen wird überwiegend die Auffassung vertreten, dass der Begriff Islam nicht - wie öffentlichkeitswirksam häufig behauptet - auf den Begriff „Friede" zurückzuführen ist. Weit wahrscheinlicher ist die Ableitung von einem anderen Begriff, der nit „sich unterwerfen" übersetzt werden könnte.[10] Muslim kann am zutreffendsten übersetzt werden mit „der sich Allah Hingebende".[11]

Für ihren Glauben verpflichtende Aussagen beziehen Muslime aus Koran, Hadith und Scharia. Der Koran ist die früheste Sammlung der Aussprüche des islamischen Propheten Mohammed, die dieser mittels direkter Offenbarung von Allah selbst erhalten haben soll. Das Urexemplar des Buches soll sich bei Allah im Himmel befinden. Seine Aussagen sind für den Muslim absolut wahr und korrigieren die vorgeblich verfälschten Informationen das Alten Testaments der Juden und des Neuen Testaments der Christen. Der Koran umfasst eine Unmenge konkreter Anweisungen zum Alltagsleben, zum Krieg, zum Umgang mit Nicht-Muslimen, zu Ehefragen, Finanzangelegenheiten, politischen und religiösen Fragen. Darüber hinaus spiegelt er die Lebensgeschichte Mohammeds, seine Begegnungen mit Juden und Christen, seine Vorstellungen über Gott und seine Auseinandersetzung mit Feinden und mit der arabischen Religiösität seiner Zeit wieder. Wer bei einer Erbschaft zwei Drittel und wer nur ein Achtel bekommen soll, wird vom Propheten festgelegt. Ebenso, wie genau Waren gewogen werden sollen („Gebt volles Maß,,) oder was einem Dieb gebührt („Haut ihm die Hand ab,,). Die Lehre mit ihren präzisen Alltagsvorschriften durchdringt alle Bereiche des menschlichen Daseins - bis hin zum Zähneputzen und zum Händewaschen nach dem Sex. Allah: ein Gott auch der kleinen Dinge!

Zur Beantwortung zahlreicher theologischer und lebenspraktischer Fragen beziehen sich Muslime auf eine Sammlung mündlich überlieferter Aussagen des Propheten Mohammed, die erst lange nach seinem Tod aufgeschrieben wurden. Diese Tausende von Sprüchen umfassende Sammlung wird Hadith genannt. In Einzelfragen werden Mohammed auch recht gegensätzliche Aussagen zugeschrieben, die von islamischen Gelehrten nach der Zuverlässigkeit ihrer Überlieferung (von Mohammed bis zu ihrer Aufzeichnung) bewertet werden.

Neben den theologischen Glaubensaussagen im engeren Sinne (Din) „gibt es noch die Scharia, die ins Einzelne gehende Gesetzeslehre, die die Vorschriften für das Verhalten in allen Dingen des Lebens enthält. So etwa Richtlinien für die Art und Weise, wie der Gottesdienst abgehalten werden soll, Maßstäbe für Moral und Sittlichkeit und ein gottgefälliges Leben und Gesetze für das, was erlaubt oder verboten, was richtig oder falsch ist. ... Doch im Hinblick auf die allumfassende Scharia, die der Prophet Muhammad uns überbracht hat, sind alle vorausgegangenen Gesetzesvorschriften hinfällig geworden. Die Scharia Muhammads stellt den Höhepunkt und das Finale dieses größten Erziehungsvorgangs dar ... Wenn wir uns mit der Scharia des Propheten Muhammad vertraut machen wollen, müssen wir uns vor allem auf zwei Hauptquellen stützen, nämlich den Quran und die Hadith. Der Quran ist eine göttliche Offenbarung, absolut jedes Wort darin ist von Allah. Der Hadith besteht aus einer Sammlung der Worte und Taten des letzten Propheten, aus den Überlieferungen über seine Lebensweise und sein Verhalten in allen Dingen des Lebens."[12] Scharia ist die islamische, auf die Offenbarung Allahs zurückgeführte, verpflichtende Rechtsordnung. Die Scharia soll eine umfassende Lebensordnung darstellen; sie regelt nicht nur juristische Fragen, sondern enthält auch Kultvorschriften und sozialethische Anweisungen. Islamische Gelehrte haben vom 7. bis 10. Jahrhundert die Lehren der Scharia systematisiert und an das damals verbreitete Gewohnheitsrecht angepasst.[13] Im Rahmen des neuzeitlichen Islamismus fordern viele Muslime eine Abkehr von westlicher Rechtsprechung und eine erneute Einführung der Scharia.[14] Die Scharia hat heute beispielsweise in Tunesien, im Südjemen, im Irak, im Iran, in Somalia, Afghanistan, Saudi-Arabien und Libyen Gültigkeit.

Eine Wurzel der Gewalt im Islam ist die Einheit von Staat und Glaube im klassischen Islam. „Der Islam ist mehr als andere Religionen - er ist 'der Entwurf einer Gesellschaftsordnung'", schreibt der britische Philosophieprofessor Ernest Gellner. „Der Islam unterscheidet sich auch wesentlich vom Christentum, mit dessen Lehren wie mit denen des Judentums Mohammed in Medina konfrontiert wurde. 'Mein Reich ist nicht von dieser Welt', sagt im Johannes-Evangelium der angeklagte Jesus zu Pilatus. Im Islam fehlte diese Trennung zwischen Religion und weltlicher Macht von Anbeginn: Der Medina-Stadtstaat ist Mohammeds Gottes-Entwurf auf Erden, sein Reich ist von dieser Welt."[15] Umma, die Gemeinschaft der Muslime, ist die ursprüngliche Bezeichnung für die Gesamtheit der Muslime weltweit. Die umma bekommt ihre Grundlage in den Gesetzestexten des Koran und der islamischen Überlieferung (Hadith). Zwar ist für die umma eine spezielle Staatsform nicht unmittelbar festgelegt, deren religiöse, politische und juristische Ausrichtung werden allerdings durch die vorgegebenen Gesetze weitgehend bestimmt. Das an den Begriff geknüpfte Konzept strebt nach dem Idealbild der Einheit von Glaube und Politik in einem nach muslimischen Grundsätzen geführten Staat.[16] Wird der Staat angegriffen oder fühlt ein Muslim sich wirtschaftlich oder sozial von einem Andersgläubigen benachteiligt, hat das für ihn sofort einen Bezug zu seinem Glauben. Das ganze öffentliche Leben ist durchdrungen von islamischen Bräuchen und Interpretationen. Für den augenblicklich vorherrschenden klassischen Islam ist Religionsfreiheit undenkbar. Religion ist nie eine Sache individueller Entscheidung, sondern immer eine Angelegenheit der Gemeinschaft. Islam ist nicht nur eine Glaubensüberzeugung, sondern eine Gesellschaftsform, und die ist ausschließlich. Demnach kann es nur eine Wahrheit, ein Recht, eine Wirtschaft geben, nämlich die islamische - etwas anderes ist für den klassischen Islam undenkbar.[17] Toleranz anderen Religionen gegenüber kann es, wenn überhaupt, nur dann geben, wenn diese sich bereit erklären, sich dem Islam unterzuordnen und ihren Platz in einem ihnen vom Islam zugewiesenen Freiraum einzunehmen. Eine Gleichberechtigung mehrerer, grundsätzlich verschiedener Gesellschaftsformen kann es im Islam nicht geben. Deshalb brauchen wir als Voraussetzung eines friedlichen Zusammenlebens von Christen und Muslimen eine Neuinterpretation des Islam und einen Verzicht auf dessen Ausschließlichkeit in gesellschaftlichen Fragen.

Alle schriftlichen Quellen der Muslime äußern sich auch zum Einsatz von Gewalt gegenüber Andersgläubigen und gegenüber anderen Muslimen. Bei der Auseinandersetzung mit dem Koran fällt auf, dass es nicht möglich ist, den Islamisten - wie so häufig behauptet - pauschal einen Missbrauch des Islam und seiner Lehren zu unterstellen. Vielfach berufen sie sich auf einzelne im Koran enthaltene Aussagen und stimmen mit der lange Zeit vorherrschenden Interpretation der islamischen Schriften überein. Mohammed und seine Nachfolger lehrten und praktizierten eine gewalttätige Ausbreitung des Islam (Dschihad) mit der Legitimation, die wahre Religion zu verbreiten.

1.1. Der Heilige Krieg (Dschihad)

1.1.1. Inhalt des Dschihad[18]

Zuerst einmal ist es angeraten, selber den Koran zu lesen, um sich ein Bild von den grundsätzlichen Aussagen des Koran zu Gewalt, Toleranz und Umgang mit Andersgläubigen zu machen. Schnell wird dabei jedem Leser auffallen, wie häufig vom Kampf gegen die Andersgläubigen und ihrer Bestrafung durch die Muslime und Allah die Rede ist. Die Beschreibungen der Umstände des Kampfes gegen die Ungläubigen sind nicht zimperlich, sie sollen alle erschlagen, geköpft oder vertrieben werden; im Jenseits werden sie endlos gequält, mit siedendem Wasser übergossen, enthäutet usw. Hunderte von Koransuren sprechen von diesem gewalttätigen Umgang mit Andersgläubigen.

„Dschihad" ist der Heilige Krieg im Islam. Er ist eine religiöse Pflicht für jeden Muslim. Zu Recht weisen Religionswissenschaftler darauf hin, dass dieser Begriff richtiger als „gerechter Krieg" oder „Anstrengung für den Islam" oder „gerechter Kampf für die Sache des Islam" zu übersetzen wäre. Der Islam kennt tatsächlich zwei Formen des Dschihad: „den größeren (al-jihad al-akbar) und den kleineren (al-jihad al-asghar). Der größere Dschihad heißt auch Jihad al-nafs und bezeichnet den inneren, geistigen Kampf des Einzelnen gegen Laster, Leidenschaft und Unwissenheit. Der kleinere Krieg ist der 'Heilige Krieg' gegen die Ungläubigen (Nichtmuslime). Beide werden vom Koran und der islamischen Überlieferung der Hadith vorgeschrieben."[19] Darüber hinaus hat dieser Begriff in der islamischen Welt eine wechselvolle Geschichte hinter sich. Bezeichnete er ursprünglich die militärische Anstrengung gegen die Feinde des Islam und wurde so zum Leitbegriff der gewalttätigen Ausbreitung des muslimischen Glaubens[20], wurde daraus später der nur in Ausnahmefällen vom Kalifen (Führer aller Muslime) ausgerufene Krieg zum Schutz islamischer Länder. Islamische Gelehrte rückten sogar eine gänzlich gewaltlose Interpretation des Dschihad in den Vordergrund, dementsprechend geht es in erster Linie um die eigene persönliche Anstrengung, gegen Zweifel und Verfehlungen zu kämpfen und

sich dem Willen Allahs innerlich zu ergeben. Der Kampf für Allah umfasse den Kampf mit den eigenen Schwächen und den Kampf gegen soziale Ungerechtigkeit, aber auch den militärischen Kampf gegen Andersgläubige. „Dabei ist Dschihad im Sinne von Krieg nur eine Auslegung. Es kann eine militärische Pflicht zur Verteidigung und Ausbreitung des islamischen Herrschaftsgebietes sein, aber auch ein wohltätiger Dienst oder das Streben nach aufrichtigem Glauben. Dschihad kann die Sache des Einzelnen sein, bedarf also nicht - wie der eigentliche Heilige Krieg - der Lenkung durch staatliche Strukturen. Der Dschihad gegen Nichtmoslems, sofern sie Schriftbesitzer sind - Juden und Christen also -, endet mit deren Unterwerfung ...“[21]

In den Kämpfen islamistischer Freiheitsbewegungen des 19. Jahrhunderts bekam der Dschihad wieder eine stärkere politische Färbung, die er auch in der Anfangszeit des Islam besessen hatte. Fortan galt jede auch gewalttätige Aktion, die dazu dienen konnte, islamische Länder vor der vermeintlichen und echten Bedrohung christlich westlicher Staaten zu schützen, als Dschihad. Der islamische Krieg richtete sich allerdings auch gegen Muslime, die als zu verweltlicht angesehen wurden oder aus der Sicht der Islamisten zu weit von der ursprünglichen Interpretation des Koran abgewichen waren. Aufgrund der unterschiedlichen Interpretation des Dschihads in der islamischen Geschichte können sich heute sowohl friedliebende liberale Muslime als auch fundamentalistische Extremisten zu Recht auf diesen Begriff berufen. Keine der beiden Gruppen hat unrecht, beide stützen sich lediglich auf unterschiedliche Strömungen innerhalb des Islam. Da hilft es auch wenig, wenn Experten westlichen Europäern einreden wollen, dass die Islamisten dummerweise einer Missinterpretation des Koran aufgesessen seien. Dabei wäre es schon schlimm genug, wenn die Formulierungen des Koran so undeutlich ausfallen, dass man sie so extrem falsch verstehen kann. Nein, der gewalttätige Kampf mit allen zur Verfügung stehenden Mitteln gegen die Ungläubigen ist aus der islamischen Geschichte und dem Koran sehr wohl zu begründen. Und genau das machen heute

Millionen von Muslimen, die sich einfach nicht um die friedliche Interpretation des Dschihad durch islamische Intellektuelle kümmern. Sie sind genauso wenig dazu verpflichtet, die friedliche Interpretation der Dschihad zu übernehmen, wie evangelische Christen sich verpflichtet fühlen, die katholische Abendmahlslehre[22] zu übernehmen, auch wenn katholische Theologen noch so sehr auf der Richtigkeit ihrer Interpretation beharren. Da hilft es wenig, den Kopf in den Sand zu stecke und den Betreffenden diese Interpretation zu verbieten. Statt dessen muss die Position der Islamisten erst einmal akzeptiert und verstanden werden, um dann sachgemäß darauf reagieren zu können.

Alle Kommentatoren der frühislamischen Zeit stimmen darin überein, dass für jeden Muslim die Pflicht zur Teilnahme am Heiligen Krieg besteht. Insbesondere die in Medina geschriebenen Suren des Koran beschäftigen sich mit dem gewaltsamen Vorgehen gegen religiöse Gegner. Die darin beschriebenen Forderungen entsprechen weitgehend der Praxis Mohammeds, der sich in dieser Zeit gewaltsam als Machthaber Medinas etablierte. Für die Bewohner eines vom Islam eroberten Landes bestehen grundsätzlich drei Möglichkeiten: 1. Übertritt zum Islam. Dadurch werden die Besiegten zu vollwertigen und gleichberechtigten Mitgliedern des islamischen Staates. 2. Zahlen einer Kopfsteuer („Dschizya"); dadurch werden die Besiegten zu Bürgern zweiter Klasse, denen zusätzliche Pflichten auferlegt und bürgerliche Rechte aberkannt werden. Dafür stehen sie unter dem generellen Schutz des muslimischen Herrschers, es sei denn, sie gehören zu den Götzenanbetern, übertreten islamische Gebote oder versuchen für ihren Glauben zu werben. 3. Tod durch das Schwert für diejenigen, die sich weigern, die Kopfsteuer zu zahlen, oder diejenigen, die sich als Feinde des Islam erwiesen haben.[23]

1.1.2. Dschihad im Koran[24]

Im Folgenden soll der Koran selbst mit seinen Anweisungen zum Dschihad zu Wort kommen. Die Aussagen sprechen für sich und spiegeln den Willen und die Praxis Mohammeds bezüglich der Heiligen Krieges wider. „Rege, o Prophet, die Gläubigen zum Kampf an ..." (Sure 8,66). „Sind die heiligen Monate vorüber, dann tötet die Götzendiener, wo ihr sie auch findet, fangt sie ein, belagert sie und stellet ihnen nach aus jedem Hinterhalt. Wenn sie sich aber bekehren, das Gebet verrichten und den Armenbeitrag entrichten, so lasset ihnen ihren Weg" (Sure 9,5). „Prophet! Führe Krieg gegen die Ungläubigen und die Heuchler (munaafiquun) und sei hart gegen sie! Die Hölle wird sie (dereinst) aufnehmen - ein schlimmes Ende!" (Sure 9,73) Gewalt, selbst aus dem Hinterhalt heraus, wird also als legitimes Mittel verstanden, um Menschen zur Annahme des Islam zu bewegen. „Bekämpft, die an Gott nicht glauben und an den Jüngsten Tag, die nicht heilig halten, was Gott geheiligt und sein Gesandter, und nicht anerkennen die Religion der Wahrheit von denen, die die Schrift empfingen, bis sie Tribut aus der Hand zahlen und gering sind" (Sure 9,29). Entsprechend dieser Aussage bietet schon der mangelnde Glaube an islamische Überzeugungen Anlass genug, mit Gewalt gegen die entsprechenden Personen vorzugehen. „Es wurde noch keinem Propheten erlaubt, Gefangene zu machen (statt sie zu töten), oder er müsste denn eine große Niederlage unter den Ungläubigen auf der Erde angerichtet haben" (Sure 8,68). „Ebenso als dein Herr den Engeln offenbarte: ich bin mit euch, stärkt daher die Gläubigen, aber in die Herzen der Ungläubigen will ich die Frucht bringen; darum haut ihnen die Köpfe ab und haut ihnen alle Enden ihrer Finger ab" (Sure 8,13). „Wenn ihr im Krieg mit den Ungläubigen zusammentrefft, dann schlagt ihnen die Köpfe ab. Die für Allahs Religion kämpfen (und sterben), deren Werke werden nicht verloren sein. Sie werden in das Paradies geführt werden, welches er ihnen angekündigt hat" (Sure 47,5). Auch unnötige Grausamkeiten sind nach dem Koran im Kampf gegen die Andersgläubigen durchaus legitim, als Abschreckung möglicherweis sogar geboten. „Und seid nicht säumig in der Suche und Verfolgung eines ungläubigen Volkes, möget ihr auch Unbequemlichkeiten dabei zu ertragen haben, auch sie haben deren zu ertragen so wie ihr, aber die Ungläubigen haben nicht das von Allah zu erhoffen, was ihr zu erwarten habt; Allah ist allwissend und allweise" (Sure 4,105). Die Verfolgung der Andersgläubigen erfordert den ganzen Einsatz und wird von Allah belohnt - so Mohammed. „Aber für den Pfad Gottes kämpfen sollen nur diejenigen, die das Leben hienieden für das zukünftige verkaufen. Und wer für den Pfad Gottes kämpft und getötet wird oder siegt, herrlichen Lohn geben wir ihm dereinst. Was habt ihr, dass ihr nicht kämpfet für den Pfad Gottes, für die Schwachen der Männer, für die Frauen und für die Kinder, die da sprechen: 'Herr unser, führe uns aus dieser Stadt, deren Bewohner Sünder sind, und gib uns deinerseits einen Beistand, und gib uns deinerseits einen Helfer.' Die glauben, sie kämpfen für den Pfad des Taghut. So kämpfet gegen die Freunde Satans, denn wahrlich, die List Satans ist schwach. Siehst du nicht jene, denen gesagt wurde: 'Lasset eure Hände; verrichtet nur das Gebet und entrichtet den Armenbeitrag.' Als ihnen aber der Kampf vorgeschrieben wurde, fürchtete ein Teil von ihnen die Menschen, wie sie Gott fürchten, ja noch mehr, und sprachen: Herr unser, weshalb hast du uns den Kampf vorgeschrieben, hättest du uns doch bis zum nahen Lebensziel gefristet! Sprich: 'Der Besitz hienieden ist gering, besser ist das Jenseits für den, der gottesfürchtig ist; Ihr sollt nicht um einer Dattelfaser übervorteilt werden" (Sure 4,76-79). In dieser Sure ruft Mohammed seinen Anhängern den ewigen Lohn für einen irdischen Kampf gegen die „Freunde Satans" in Erinnerung. Darauf berufen sich auch islamistische Terroristen und Selbstmordattentäter bis in die Gegenwart. „Sie werden dich betreffs des Krieges im heiligen Monat befragen. Sprich: 'Der Krieg in diesem ist schlimm, aber sich vom Pfad Gottes abwenden, ihn und die heilige Anbetungsstätte verleugnen und sein Volk aus dieser vertreiben ist vor Gott noch schlimmer. Die Verführung ist schlimmer als das Töten.' Und sie werden euch zu bekämpfen nicht aufhören, bis sie euch von eurer Religion abgebracht haben, wenn sie es können. Und wer von euch von seiner Religion abfällt und als Ungläubiger stirbt, dessen Taten sind verwirkt hienieden und jenseits. Diese sind Genossen des Höllenfeuers, ewig verweilen sie darin. Wahrlich, die glauben und die ausziehen und für den Pfad Gottes streiten, diese mögen auf die Barmherzigkeit Gottes hoffen. Und Gott ist allverzeihend und allbarmherzig" (Sure 2,214f.). Der Dschihad scheint wichtiger zu sein als die Einhaltung des Ramadan[25], eine der fünf Säulen des islamischen Lebens. Auch schein die Teilnahme am Dschihad Allah gnädig zu stimmen und zur Vergebung der Schuld beizutragen. -

„Sprich zu denen, die ungläubig sind: Stehen sie ab, er wird ihnen verzeihen, was bereits geschehen ist, wenn sie aber rückfallen, bereits ist das Verfahren an den Früheren vollzogen. Und so bekämpfet sie, bis keine Verführung mehr ist und die Religion ganz Gottes. Stehen sie ab, wahrlich, Gott ist dessen schauend, was sie tun. Kehren sie aber um, so wisset, dass Gott euer Beschützer ist. Wie schön ist der Beschützer, wie schön ist der Helfer! Und wisset, was ihr an Dingen erbeutet, ein Fünftel Gott und seinem Gesandten sowie seiner Verwandtschaft, den Waisen, den Armen und den Wanderern, wenn ihr an Gott glaubt und an das, was wir unserem Diener geoffenbart am Tag der Erlösung, am Tag, da beide Heere zusammentrafen. Und Gott ist über alle Dinge mächtig" (Sure 8,39-42). Demnach sollen die Andersgläubigen erst gezwungen werden, die „Wahrheit Allahs" anzuerkennen; wenn sie sich aber aufgrund des nachlassenden Drucks wieder vom Islam abwenden, verleugnen sie Allah und müssen gnadenlos verfolgt werden, bis sie tot oder in den Schoß des Islam zurückgeführt worden sind.

„Und tötet sie, wo (immer) ihr sie zu fassen bekommt, und vertreibt sie, von wo sie euch vertrieben haben! Der Versuch (Gläubige zum Abfall vom Islam) zu verführen ist schlimmer als Töten. Jedoch kämpft nicht bei der heiligen Kultstätte (von Mekka) gegen sie, solange sie nicht (ihrerseits) dort gegen euch kämpfen! Aber wenn sie (dort) gegen euch kämpfen dann tötet sie! Derart ist der Lohn der Ungläubigen" (Sure 2,191). Schon der Versuch, Muslime von der Wahrheit eines anderen Glaubens überzeugen zu wollen, rechtfertigt nach Mohammed schärfstes Vorgegen dagegen.

1.1.3. Dschihad in der Hadith

In den für muslimische Geistliche und Rechtsgelehrte verpflichtenden Überlieferungen sind neben dem Koran auch weitere Anweisungen bezüglich des Heiligen Krieges enthalten.[26]

„Gott unterstützt den, der für den Pfad Gottes kämpft. Wenn er überlebt, kehrt er mit Beute beladen nach Hause zurück. Wird er aber getötet, wird er ins Paradies gelangen." - „Ich schwöre bei Gott, dass ich auf dem Pfad Gottes getötet werden möchte, dann wieder zum Leben erweckt und wieder getötet und wieder zum Leben erweckt und nochmals getötet, so dass ich jedesmal neue Verdienste erlangen könnte." - „Die Grenzen des Islam nur einen einzigen Tag zu bewachen ist mehr wert als die ganze Welt und alles, was in ihr ist."

„Das Feuer der Hölle wird nicht die Füße desjenigen versengen, der mit dem Staub der Schlacht für den Pfad Gottes bedeckt ist." - „Jemand, der einen anderen im Kampf für den Pfad Gottes mit Waffen unterstützt, ist wie der Kämpfer selbst und hat Anteil an den Belohnungen. Und jener, der zurückbleibt, um sich um die Familie des Kämpfers zu kümmern, ist dem Kriegsheld ebenbürtig." - „In den letzten Tagen werden die Wunden der Kämpfer für den Pfad Gottes offenbar werden, und Blut wird ihnen entströmen, aber es wird wie Moschus duften." - „Im Kampf für den Pfad Gottes getötet zu werden löscht alle Sünden aus."

„Wer stirbt und nie für die Religion des Islam gekämpft hat und nie auch nur in seinem Herzen zu sich gesprochen hat: 'Wolle Gott, dass ich ein Held wäre und für den Pfad Gottes sterben könnte', der ist einem Heuchler gleich." - „Für den Pfad Gottes zu kämpfen oder dazu entschlossen zu sein ist eine göttliche Pflicht. Wenn dein Imam dir befiehlt, in den Kampf zu ziehen, dann gehorche ihm." - Auch diese Zitate aus der islamischen Überlieferung machen deutlich, dass der Heilige Krieg für die Sache Allahs für jeden Muslim verpflichtend und eine besondere

Ehre ist. Er kann nicht nur mit einer geistlichen Anerkennung durch Allah, Vergebung seiner Schuld und Ehre durch seine Mitmuslime rechnen, sondern auch mit ganz materiellem Gewinn durch die zusammengeraffte Beute von den besiegten Glaubensgegnern.

Folgende Zitate entstammen der Hidaya, einer für sunnitische Muslime verpflichtenden Rechtssammlung des Scheichs Burhanu´d Din Ali (1136-1197):[27]

„Die gesetzlichen Vorschriften bezüglich des Heiligen Krieges sind erfüllt, wenn dieser von einer Teiltruppe von Muslimen geführt wird. Die restlichen Gläubigen sind dann von dieser Pflicht befreit. Dies gilt deshalb, weil es sich hier nicht um einen positiven Auftrag handelt, denn Krieg ist seinem Wesen nach mörderisch und zerstörerisch, sondern weil er nur dem Zweck dient, den wahren Glauben zu verbreiten und Übel von den Dienern Gottes abzuwehren. Wenn also zur Erreichung dieser Ziele eine begrenzte Anzahl von Muslimen ausreicht, ist diese Verpflichtung für den Rest nicht mehr bindend. Wenn sich allerdings kein einziger Muslim fände, der der Kriegspflicht nachkommt, dann würde sich die Gesamtheit aller Muslime der Sünde der Pflichtverletzung schuldig machen." - Offen wird in diesem Ausspruch darauf hingewiesen, dass der Dschihad zur Verbreitung des islamischen Glaubens dient und deshalb eine Verpflichtung der Gesamtheit aller Muslime ist. - „Wenn aber Ungläubige islamisches Territorium angreifen und der derzeitige Imam keinen Aufruf zum Kampf erlässt, dann wird die Kriegspflicht zu einem positiven Auftrag und jeder Muslim in diesem Gebiet, ob Mann oder Frau, ist verpflichtet, in den Kampf zu ziehen, und wenn die Einwohner dieses Gebietes nicht in der Lage sind, sich des Angriffs zu erwehren, dann wird diese Pflicht für alle islamischen Nachbarländer gültig, und wenn dies schließlich nicht ausreicht, wird die Kriegspflicht für alle Muslime der Welt bindend." - Auch wenn die genauen Kriegsgründe unbekannt sind und der angegriffene Herrscher keinen Aufruf zum Dschihad erläßt, steht der Muslim in der Gemeinschaft des Islam und ist verpflichtet, sich auch militärisch mit seinen Glaubensbrüdern zu solidarisieren. - „Bei einem Angriff der Ungläubigen auf muslimisches Territorium jedoch ist dessen Verteidigung die Pflicht eines jeden Muslims, und die Ehefrau und der Sklave dürfen in den Kampf ziehen, ohne dass ihr Mann bzw. der Herr eingewilligt haben, denn der Krieg wird dann zu einem positiven Auftrag, und ein Besitzanspruch (auf einen Sklaven oder eine Frau) kann nicht mit einer positiven Anweisung konkurrieren." - „Es ist nicht gesetzlich, Krieg zu führen gegen ein Volk, das nie zuvor zum wahren Glauben gerufen wurde, ohne ihm vorher Gelegenheit zu geben, sich zu bekehren, weil der Prophet es seinen Heerführern so befohlen hat und damit das Volk weiß, dass es aus Glaubensgründen angegriffen wird und nicht, um ausgeplündert und versklavt zu werden. So wird den Ungläubigen die Möglichkeit gegeben, dem Ruf zu folgen und sich die Misshelligkeiten eines Krieges zu ersparen." - Diese Bestimmung spricht nicht von einer Akzeptanz Andersglaubender, auch nicht von einem Verzicht auf die Gewalt gegen Nicht-Muslime; er verweist lediglich auf die Notwendigkeit, den Gegner erst zum Islam zu rufen und ihn dann anzugreifen. - „Wenn ein Muslim Ungläubige angreift, ohne sie vorher zum Glauben zu rufen, dann ist er ein Aggressor, denn dies ist verboten. Wenn er es trotzdem tut und sie tötet und ihren Besitz raubt, so ist er allerdings weder zu Sühnegeld noch zu Schadenersatz verpflichtet, denn das, was sie schützen würde (nämlich der Islam), existiert bei ihnen nicht und die reine Übertretung eines Verbotes rechtfertigt weder ein Sühnegeld noch Schadenersatz. In gleicher Weise ist die Tötung von Frauen und Kindern von Ungläubigen verboten, hat aber nicht die Verhängung eines Sühnegeldes zur Folge." - Scheinbar ist selbst der Rest von Humanität, der darin besteht, einem Gegener die Chance zu geben, durch eine Bekehrung zum Islam der Verfolgung zu entgehen, nur von untergeordneter Bedeutung; denn die Nichteinhaltung dieses Gebotes bleibt ebenso folgenlos wie die illegale Ermordung von Frauen und Kindern. - „Wenn die Ungläubigen, nachdem sie den Ruf zum Glauben erhalten haben, diesen nicht befolgen und sich auch weigern, die Kopfsteuer zu zahlen, ist es die Pflicht der Muslime, Gott um Hilfe anzurufen und die Ungläubigen mit Krieg zu überziehen, denn Gott hilft denen, die ihm dienen, und er vernichtet seine Feinde, die Ungläubigen. Die Muslime müssen nun die Ungläubigen mit allen verfügbaren Kriegsmaschinen angreifen, ihre Häuser in Brand setzen, sie mit Wasser überschwemmen, ihre Felder verwüsten und das Getreide vernichten, denn das schwächt die Feinde und ihre Macht wird gebrochen. Alle diese Maßnahmen sind deshalb vom Gesetz geheiligt." - Für die Gegener eines muslimischen Heeres gibt es nach dieser Anweisung nur die Alternative, sich bedingungslos zu unterwerfen und Muslime zu werden oder in einen Krieg verwickelt zu werden, der den Gegener ohne Einschränkung, sogar mit terroristischen Mitteln, zu Boden zwingt. - „Es ist erlaubt, Pfeile oder andere Geschosse gegen die Ungläubigen abzuschießen, obwohl man einwenden könnte, dass durch sie auch ein zufällig unter den Ungläubigen weilender Muslim getroffen werden könnte. Aber das Abschießen von Pfeilen oder anderen Geschossen bekämpft ein allgemeines Übel an der Gesamtheit des Körpers der Muslime, während die Tötung eines einzelnen Muslims nur ein begrenztes Übel darstellt, und ein solches muss in Kauf genommen werden, um ein allgemeines Übel zu bekämpfen. Auch wenn die Ungläubigen in der Schlacht ein Schild aus muslimischen Kindern oder Gefangenen aufbauen würden, um sich vor Geschossen zu schützen, so wäre dies kein Grund, auf Schusswaffen zu verzichten. Es ist jedoch erforderlich, dass die Muslime mit ihren Schusswaffen ausschließlich auf die Ungläubigen zielen. Auch wenn es nicht möglich ist, genau zu treffen, kommt es doch dabei hauptsächlich auf die Absicht an." - „... Und Korane dürfen nicht mitgeführt werden, denn der Feind könnte sie schänden; die Ungläubigen pflegen nämlich auf Korane zu spucken, um die Muslime zu beleidigen. Dies ist die wahre Bedeutung des Ausspruchs des Propheten: 'Tragt nicht euren Koran in das Gebiet des Feindes!'" Allem Anschein nach wird der äußeren Ehrerbietung des Korans im Krieg mehr Aufmerksamkeit gewidmet als dem Leben oder dem Glauben der Gegener. - „Es ziemt sich nicht für Muslime, Verträge zu brechen, sich beim Plündern unkorrekt zu verhalten oder Menschen zu entstellen (durch Abschneiden von Ohren und Nase). Ebenso ziemt es sich nicht für Muslime, Frauen, Kinder, alte Männer, Bettlägerige oder Blinde zu töten, denn der Kampf ist die einzige Gelegenheit, bei der Töten erlaubt ist, und diese Personen sind zum Kampf nicht in der Lage. Aus dem gleichen Grund dürfen auch Gelähmte nicht getötet werden und auch nicht diejenigen, denen eine Hand oder eine Hand und ein Fuß abgeschnitten wurde. Der Prophet hat das Töten von Kindern und Einzelpersonen verboten, und einmal, als er sah, wie eine Frau erschlagen wurde, hat er ausgerufen: 'Wehe, diese Frau hat nicht gekämpft. Weshalb wurde sie erschlagen? 'Aber wenn jemand aus diesem Personenkreis ein Anführer oder eine Frau eine Königin ist, dann darf sie getötet werden, denn sie könnte den Dienern Gottes zur Last fallen. Auch wenn eine dieser Personen in den Kampf eingreift, darf sie getötet werden, denn der Kampf macht Töten gesetzlich.'" - „Ein Geisteskranker darf nicht getötet werden außer im Kampf, da eine solche Person nicht verantwortlich für ihren Glauben ist; nimmt er aber am Kampf teil, ist es notwendig, ihn zu töten, um das Übel zu bekämpfen. Es muss weiter beachtet werden, dass Kinder und Geistesgestörte getötet werden dürfen, solange sie kämpfen, wenn sie aber in Gefangenschaft geraten sind, dürfen sie nicht mehr getötet werden, im Gegensatz zu den anderen, die auch nach ihrer Gefangennahme getötet werden dürfen, denn sie sind für ihren Glauben verantwortlich." - Immerhin ist es beruhigend, dass wehrlose Kinder, Behinderte und Alte nicht ohne weiteres getötet werden sollen; allerdings gilt diese Regel nur so lange, wie sie sich friedlich in ihr Schicksal ergeben und den Muslimen nicht zur Last fallen. Wenn ein Muslim dieses Gebot allerdings verletzt und grundlos Wehrlose tötet, muß er auch keine Konsequenzen fürchten. - „Es ist verabscheuungswürdig für einen Muslim, gegen seinen Vater zu kämpfen, der unter den Ungläubigen sein könnte, und er ist nicht verpflichtet, ihn zu töten, denn Gott hat im Koran gesagt: 'Ehre deinen Vater und deine Mutter', und weil der Sohn die Pflicht hat, das Leben des Vaters zu erhalten. Wenn der Sohn in der Schlacht auf seinen Vater trifft, darf er ihn nicht selbst erschlagen, sondern er muss ihn im Auge behalten, bis ein anderer kommt, der ihn tötet, denn so wird dem Gesetz Genüge getan, ohne dass der Sohn seinen Vater tötet, was eine Gesetzesübertretung wäre. Wenn aber der Vater versucht, seinen Sohn zu töten, und dieser ihn nicht anders abwehren kann als ihn seinerseits zu erschlagen, so darf er dies ohne Zögern tun, denn seine Absicht ist lediglich, sich seines Vaters zu erwehren, und das ist erlaubt." - Auch die Anordnung, die eigenen Eltern lieber durch einen anderen Muslim erschlagen zu lassen, scheint nur vordergründig menschenfreundlich zu sein, wird doch gar nicht in Erwägung gezogen, die Eltern zu schonen oder sie gefangen zu nehmen. Auch wird deutlich, dass die Pflicht des Muslim zum Heiligen Krieg jede familiäre Verpflichtung bei weitem übersteigt.

Insgesamt geben diese detaillierten Anweisungen über Anlaß, Planung und Durchführung des Dschihad einen guten Einblick in die muslimischen Vorstellungen vom Krieg für die Sache Allahs. Offen sprechen die Texte Grausamkeit und Menschenrechtsverletzungen an, sie vertreten einen militanten Absolutheitsanspruch und rechtfertigen nahezu grenzenlose Aggressionen gegen alle, die sich nicht freiwillig dem Islam anschließen.

1.1.4. Dschihad heute

Nicht nur in der Anfangszeit wurde der Dschihad überwiegend als eine gewalttätige Auseinandersetzung mit verweltlichten Muslimen und mit Andersgläubigen im eigenen Herrschaftsbereich und darüber hinaus verstanden. Auch heute noch rufen muslimische Terroristen und Islamisten nach einem gewalttätigen Kampf gegen die Feinde des Islam.

Von den starken islamistischen Parteien der meisten muslimischen Länder wird der Dschihad heute in erster Linie als gewalttätige Auseinandersetzung mit den Feinden Allahs verstanden, in Übereinstimmung mit der Bedeutung des Ausdrucks zur Zeit

Mohammeds. Damals war man sich in der Bedeutung des Dschihad relativ einig: „Ein religiöser Krieg im Auftrag Mohammeds gegen die Ungläubigen. Er ist eine zwingende religiöse Pflicht, die im Koran und in den Traditionen als göttliches Gebot begründet ist. Er dient vor allem dem Zweck, den Islam zu verbreiten und die Muslime vor fremder Gewalt zu schützen."[28]

Islamistische Führer und Denker unserer Zeit knüpfen bruchlos an diese auf die Wurzeln des Islam zurückgehende Interpretation des Dschihad an. Sayyid Abu-l-A la Maudoodi spricht in seinen Veröffentlichungen für viele Islamisten: „Der Dschihad ist ein Teil der vorstehenden allgemeinen Verteidigung des Islams. Dschihad bedeutet Kampf, Bemühung, Anstrengung bis zum äußersten der eigenen Leistungsfähigkeit. Ein Mensch, der sich körperlich oder geistig anstrengt oder sein Vermögen für die Sache Allahs hingibt, ist tatsächlich im Dschihad begriffen. Doch in der Sprache der Scharia wird dieses Wort vornehmlich für den Krieg benutzt, der einzig und allein im Namen Allahs und gegen jene geführt wird, die als Gegner des Islam Unterdrückung ausüben. ... Doch wenn ... auch sie zu schwach sind, dann müssen die Muslime der ganzen Welt den gemeinsamen Feind bekämpfen. In all diesen Fällen ist der Dschihad eine genauso unerlässliche und primäre Pflicht wie das tägliche Gebet oder das Fasten."[29] Auch andere berufen sich in der Öffentlichkeit auf die Notwendigkeit des Heiligen Krieges: „Den Koran in der einen Hand, das Schwert in der anderen: So führte unser Prophet seinen göttlichen Auftrag aus - der Islam ist der Glaube derjenigen, die den Kampf und die Vergeltung schätzen", verkündet grimmig Ajatollah Chameini, der starke Mann im Gottesstaat Iran. Scheich Saïd Schaaban im Libanon fordert seine Kämpfer zum Heiligen Krieg auf: „Unser Marsch hat begonnen, der Islam wird zu guter Letzt auch Amerika und Europa erobern. Er ist der einzige Weg zur Erlösung, der dieser verzweifelten Welt bleibt."[30] „Ein Tag Glaubenskrieg ist wertvoller als 1000 Tage Gebete", soll der Islamistenführer Osama bin Laden gesagt haben. Obwohl in der islamischen Welt darüber verschiedene Auffassungen vertreten werden, wer dazu berechtigt ist, einen

Heiligen Krieg auszurufen, wurde davon in den vergangenen Jahren reichlich Gebrauch gemacht. Neben den Führern verschiedener islamischer Terrororganisationen riefen die geistlichen Führer Irans, Iraks, Libyens und Afghanistans zu Heiligen Kriegen auf, die sich zumeist gegen die christlich-westliche Welt richteten. Allerdings wurde in der islamischen Welt auch immer wieder gegen diese Aufrufe zum Dschihad und die verbreiteten Terrorakte gegen Zivilisten Einspruch erhoben, allerdings meist ohne größere Beachtung und mit nur geringem Erfolg.[31] Möglicherweise sind es nur die Extremisten und radikalen Islamisten, die sich auch heute noch auf die Pflicht des Muslims zum gewaltsamen Dschihad gegen die Feinde des Islam berufen. Doch dann ist die islamische Welt gut beraten, sich unmissverständlich von solchen Verbrechern zu distanzieren und in ihrem politischen und gesellschaftlichen Verhalten eine andere Form des Zusammenlebens mit Andersgläubigen vorzuleben.

1.2. Umgang mit Andersgläubigen

Ludger Kühnhardt schrieb in seiner Habilitationsschrift von 1986 noch zigfach vom „apologetischen Versuch" von Islam-Gelehrten, fälschlich die Geltung universaler Menschenrechte für den Islam zu reklamieren, sagte aber dann: „Eine quellenmäßige Abstützung erfährt diese Argumentation nicht."[32] Im Gegenteil, der Islam kennt keine Menschenrechte und keine Glaubensfreiheit für diejenigen, die sich bewußt weigern, sich Allah zu unterstellen. Zu den vom Islam abgelehnten Ungläubigen gehören die Angehörigen der Stammeskulturen, Schamanisten, Animisten, aber auch Buddhisten, Hinduisten und Christen, vor allem aber Atheisten als schlimmste Form vollkommen gottloser Menschen.[33]

Der heilige Krieg (Dschihad) dient zur Ausbreitung und zur Verteidigung des islamischen Glaubens. Nach diesem Modell wird die Welt in zwei Bereiche aufgeteilt, in Daru´l-Harb, das Gebiet des Krieges, und Daru´l-Islam, das Gebiet des Friedens. „Diese beiden Weltteile, deren einer als Land des Unglaubens und der Dunkelheit und der andere als Land des Glaubens und des Lichts galt, wurden als in einem ständig offenen oder latenten Kriegszustand befindlich angesehen, bis der Glaube den Unglauben besiegt haben würde."[34] Die schlimmste Form des Unglaubens sehen Muslime in der Verehrung von Götzen, deren bildliche Darstellung und schamanistisch-animistische Vorstellungen. „In Bezug auf nichtarabische Götzendiener ... vertritt Asch-Schafií die Meinung, dass auch sie getötet werden müßten, aber alle anderen Autoritäten sind der Auffassung, dass es dem Gesetz Genüge tue, wenn sie lediglich versklavt würden, um ihnen so die Möglichkeit zu geben, dass Gott sie noch auf den rechten Weg leite und dem Islam zuführe."[35] Eine ähnliche Behandlung empfehlen islamische Gelehrte für Muslime, die sich von ihrem Glauben abkehren, „denn sie haben den Unglauben gewählt, nachdem sie auf den Weg des Glaubens geführt worden waren und seine Vortrefflichkeit kennenlernen konnten." Für diese vom wahren Glauben Abgefallenen gibt es keine Nachsicht, sie müssen entweder unverzüglich zum Islam zurückkehren oder für ihr Verbrechen mit dem Tod bestraft werden.[36]

Der Unglaube der Kitabis oder der Völker des Buches wird weniger scharf verurteilt. Die Juden haben von Gott das Alte Testament bzw. die Thora bekommen, die Christen darüber hinaus noch das Neue Testament (Indschil). Dadurch kennen und folgen sie wenigstens einem Teil der göttlichen Wahrheit, wenn sie dessen Offenbarung nach islamischer Sicht auch verfälscht haben. „Wenn ein Land, das von solchen Ungläubigen bewohnt wird, von einer muslimischen Armee erobert wird, gilt theoretisch, dass alle Einwohner einschließlich Frauen und Kinder Beutegut und somit Besitz des Staates sind, und es würde dem Gesetz entsprechen, sie zu Sklaven zu machen."[37] In der Praxis verfuhren muslimische Herrscher meist milder, nicht nur aus Mitleid, sondern weil sie lebende Untertanen brauchten, über die sie regieren konnten. So bekamen die „Ungläubigen" die Möglichkeit, sich durch die regelmäßige Zahlung einer Kopfsteuer Schutz ihres Besitzes und ihrer persönlichen Freiheiten und religiöse Toleranz von der Regierung zu erkaufen (Sure 9,29). Dadurch werden sie Bürger zweiter Klasse, dürfen weder für ihren Glauben werben noch führende Positionen in der Gesellschaft einnehmen, die sie wohlmöglich über einen wahrhaft gläubigen Muslim stellen würden, sie dürfen weder Waffen tragen noch Pferde reiten; auch ist ihnen verboten, eine muslimische Frau zu heiraten usw. „Wenn ein Ehepartner eines ungläubigen Paares sich zum Islam bekehrt, wird der Islam auch dem anderen angeboten; und wenn der andere akzeptiert, ist alles in Ordnung. Wenn nicht, müssen sie getrennt werden."[38] Generell kann ein Nichtmuslim nicht von einem gläubigen Muslim erben. Sofern es sich nicht um einen feindlich gesinnten „Ungläubigen" handelt, kann ein Muslim dem Christen allerdings ein begrenztes Legat vermachen. Wenn der Nichtmuslim in seinem Testament etwas bestimmt, was im Gegensatz zu islamischen Bestimmungen steht, beispielsweise ein Legat an gefallene Frauen oder Sänger, wird diese Bestimmung ungültig. Zu den verbotenen Vermächtnissen gehören allerdings auch

Spenden, die zum Bau einer Kirche oder Synagoge verwendet werden sollen. Ein solcher Wunsch ist aus islamischer Sicht unrechtmäßig, weil es sich dabei um ein sündiges Verlangen handelt. „Die Errichtung von religiösen Kultstätten auf muslimischem Territorium ist ihnen verboten, außer in ihren eigenen Häusern, aber sie dürfen Kirchen und Synagogen, die ursprünglich in ihrem Besitz waren und die zerstört wurden oder im Verfall begriffen sind, renovieren und neu errichten."[39]

In einigen Beispielen sollen nun Aussagen des Koran über den Status von Andersgläubigen und den Umgang mit ihnen vor Augen führen.

„Ungläubig sind diejenigen, die sagen: 'Allah ist Christus, der Sohn der Maria.' Christus hat (ja selber) gesagt: 'Ihr Kinder Israel! Dienet Allah, meinem und eurem Herrn!' Wer (dem einen) Allah (andere Götter) beigesellt, dem hat Allah (von vornherein) den Eingang in das Paradies versagt. Das Höllenfeuer wird ihn (dereinst) aufnehmen. Und die Frevler haben (dann) keine Helfer" (Sure 5,73). - „Ungläubig sind diejenigen, die sagen: 'Allah ist einer von dreien.' Es gibt keinen Gott außer einem einzigen Gott. Und wenn sie mit dem, was sie (da) sagen, nicht aufhören (haben sie nichts Gutes zu erwarten). Diejenigen von ihnen, die ungläubig sind, wird (dereinst) eine schmerzhafte Strafe treffen" (Sure 5,74). Diese Ausführungen machen deutlich, dass der Koran auch die Christen als Ungläubige einordnet, weil sie Jesus als Gott verehrt und an die Trinität glauben (vgl. auch Sure 4,49; 4,172; 5,15; 5,72; 19,89ff.; 37,152; 98,14). Unter dem Fluch Allahs stehen allerdings auch alle anderen Religionen: „Wer eine andere Religion als den Islam sucht - nie möge er sie annehmen -, der gehört im zukünftigen Leben gewiß zu den Verlorenen" (Sure 3,86 vgl. 61,10).

„Diejenigen aber, die ungläubig sind und unsere Zeichen (den Koran) für Lüge erklären, werden Insassen des Höllenfeuers sein und (ewig) darin weilen" (Sure 2,40). „Der Lohn derer, die sich gegen Allah und seinen Gesandten empören und (überall) im Land eifrig auf Unheil bedacht sind, soll darin bestehen, dass sie umgebracht oder gekreuzigt werden oder dass ihnen wechselweise (rechts und links) Hand und Fuß abgehauen wird oder dass sie des Landes verwiesen werden. Das kommt ihnen als Schande im Diesseits zu. Und im Jenseits haben sie (überdies) eine gewaltige Strafe zu erwarten" (Sure 5,34). „Das (wird ihre Strafe) dafür (sein), dass sie gegen Allah und seinen Gesandten Opposition getrieben haben. Wenn jemand gegen Allah und seinen Gesandten Opposition treibt (muss er dafür büßen). Allah verhängt schwere Strafen (Sure 8,14). „Wissen sie (denn) nicht, dass derjenige, der Allah und seinem Gesandten zuwiderhandelt, das Feuer der Hölle zu erwarten hat, um (ewig) darin zu weilen? Das ist die gewaltige Schande" (Sure 9,63). Alle von Muslimen als ungläubig angesehenen Personen haben nach dem Koran sowohl im Diesseits als auch im Jenseits eine schwere Strafe von Allah zu erwarten (vgl. auch Sure 2,25; 2,90; 2,91; 2,105; 2,127; 2,162; 2,175; 3,62; 3,117; 3, 152; 4,57 usw.). „Du magst (Allah) um Vergebung für sie bitten oder nicht, (ja) du magst (ihn sogar) siebzigmal um Vergebung für sie bitten, Allah wird ihnen (so oder so) nicht vergeben. Dies (geschieht ihnen) dafür, dass sie an Allah und seinen Gesandten nicht glauben. Allah leitet das Volk der Frevler nicht recht" (Sure 9,80). „Der Prophet und diejenigen, die glauben, dürfen (Allah) nicht für die Heiden um Vergebung bitten - auch (nicht) wenn es Verwandte (von ihnen) sein sollten -, nachdem ihnen (endgültig) klar geworden ist, dass sie (wegen ihres hartnäckigen Unglaubens) Insassen des Höllenbrandes sein werden" (Sure 9,90). Allah ist in seinem Urteil über die Ungläubigen so konsequent, dass er eine mögliche Gnade oder ein mögliches Mitleid der Muslime mit den Andersgläubigen strikt zurückweist.

„Die Gläubigen sollen sich nicht die Ungläubigen anstelle der Gläubigen zu Freunden nehmen. Wer das tut, hat keine Gemeinschaft (mehr) mit Allah. Anders ist es, wenn ihr euch vor ihnen wirklich fürchtet. (In diesem Fall seid ihr entschuldigt.) Allah warnt euch vor sich selber. Bei ihm wird es (schließlich alles) enden" (Sure 3,29). „Glaubt nur dem, der eures Glaubens ist..." (Sure 3,74). „Ihr Gläubigen! Nehmt euch nicht Leute zu Vertrauten, die außerhalb eurer Gemeinschaft stehen! Sie werden nicht müde, euch zu verderben, und möchten gern, dass ihr in Bedrängnis(?) kommt. Aus ihren Äußerungen ist (schon genug) Hass kundgeworden. Aber was sie (an Hass und Bosheit) insgeheim in ihrem Innern hegen, ist (noch) schlimmer. Wir haben euch die Verse klargemacht (damit ihr sie euch zu Herzen nehmt), wenn (anders) ihr verständig seid" (Sure 3,119). „Ihr Gläubigen! Nehmt euch nicht die Juden und die Christen zu Freunden! Sie sind untereinander Freunde (aber nicht mit euch). Wenn einer von euch sich ihnen anschließt, gehört er zu ihnen (und nicht mehr zu der Gemeinschaft der Gläubigen). Allah leitet das Volk der Frevler nicht recht" (Sure 5,52). „... Leiste daher den Ungläubigen keinen Beistand" (Sure 28,87). „O Gläubige, geht keine Freundschaft ein mit einem Volke, dem Allah zürnt" (Sure 60,140). Muslime werden im Koran angewiesen, weder Kontakte noch Freundschaften zu Andersgläubigen zu pflegen. Richtet sich ein Muslim nach diesen Anweisungen, wird dadurch natürlich das Zusammenleben mit Andersgläubigen in einem pluralistischen Staat wie die Bundesrepublik empfindlich gestört (vgl. auch Sure 28,65; 28,83; 28,87; 28,89; 60,10).

„Ihr Gläubigen! Kämpft gegen diejenigen von den Ungläubigen, die euch nahe sind (in eurer Nachbarschaft sind)! Sie sollen merken, dass ihr hart sein könnt. Ihr müsst wissen, dass Allah mit denen ist, die (ihn) fürchten" (Sure 9,123). „Seid daher nicht milde (schwach) gegen eure Feinde und ladet sie nicht zum Frieden ein. Ihr sollt die Mächtigen sein (sollt siegen); denn Allah ist mit euch, und er entzieht euch nicht den Lohn eures Tuns (eurer Taten im Krieg)" (Sure 47,36). „Und seid nicht säumig in der Suche und Verfolgung eine ungläubigen Volkes, möget ihr auch Unbequemlichkeiten dabei zu ertragen haben; auch sie haben deren zu ertragen so wie ihr, aber die Ungläubigen haben nicht das von Allah zu erhoffen, was ihr zu erwarten habt; Allah ist allwissend und allweise" (Sure 4,105). „Mohammed ist der Gesandte Allahs, und die es mit ihm halten, sind streng gegen die Ungläubigen, aber voll Güte untereinander" (Sure 48,30). Gegen die noch in der

Umgebung der Muslime lebenden Ungläubigen fordert der Koran ein hartes und unnachgiebiges Vorgehen. Muslime können sich darüber hinaus besondere Verdienste und Belohnung für den Einsatz gegen die Ungläubigen verdienen (vgl. auch Sure 8,13; 8,40; 8,56).

2. Gewalt in der Ausbreitung des Islam

Im Islam existiert schon von seiner Entstehungszeit an keine Trennung zwischen Religion und Staat. Die dem säkularisierten Westler geläufige Trennung von Kirche und Staat fehlt bis heute in den meisten islamischen Staaten gänzlich. Richtlinien für das wirtschaftliche, politische und private Leben werden gleichermaßen dem Koran und der Scharia entnommen. Nach islamischer Auffassung hat vor allem Allah Rechte gegenüber dem Menschen, der Mensch hingegen hat in erster Linie Pflichten Allah gegenüber. Schon der Begriff des Muslims beinhaltet die absolute Unterwerfung unter den Willen Allahs.[40]

2.1. Gewalt bei Mohammed[41]

Auch wenn Mohammed in manchen Publikationen eher als human und friedliebend dargestellt wird, finden sich in der islamischen Tradition durchaus zahlreiche Beispiele für die Gewaltbereitschaft des Propheten. So berichtet die Überlieferung Bukharis[42]: „Einige des Stammes Ukl kamen zum Propheten und nahmen den Islam an, da ihnen aber die Luft in Medina nicht bekam, wollten sie den Ort wieder verlassen. Der Prophet befahl ihnen, zu den Weideplätzen der Kamele zu gehen und sich dort an deren Milch zu laben. Dies taten sie und erhoben sich, doch kurz darauf wurden sie abtrünnig, widerriefen den Islam und stahlen die Kamele. Erzürnt schickte der Prophet Männer hinter ihnen her, die sie ergriffen und nach Medina zurückbrachten. Dort befahl der Prophet, ihnen die Hände und Füße als Strafe für den Diebstahl abzuschneiden und ihnen die Augen herauszureißen. Dann ließ er die Unglücklichen, ohne ihnen Wasser zu geben, in der Sonne schmoren, bis sie nach unendlichen Qualen vom Tode erlöst wurden."[43]

Zwar gab es auch in den überwiegend von Christen bewohnten Ländern kriegerische Auseinandersetzungen und Verfolgungen

Andersdenkender. Nie konnten sich die Aggressoren dabei aber auf das Vorbild Jesu, ihres Religionsgründers, oder eine Anweisung ihres heiligen Buches des Neuen Testaments berufen. (Das Alte Testament mit seinen durch Gott legitimierten Schlachten hängt mit der Einheit von erwähltem Volk und religiöser Staatenbildung zusammen, die im Handeln Gottes weder vor noch nach der Zeit Israels von der Bibel bezeugt wird.) Aus diesem Grund lebten die Christen der ersten Jahrhunderte auch ausschließlich unter nichtchristlichen Regierungen. Dort sollten sie sich als gute Staatsbürger erweisen. Nirgends wurden sie aufgefordert, gegen Andersgläubige vorzugehen oder gar den Staat zu übernehmen. Dem entgegen bekennt Jesus, dass sein Reich nicht von dieser Welt ist, und das Neue Testament fordert unzweideutig dazu auf, für nichtchristliche Regierungen zu beten, sogar die Feinde und Verfolger zu segnen und für sie zu Gott zu beten. Die Gewalt „christlicher Herrscher" stand immer im offensichtlichen Gegensatz zu ihrer Glaubensgrundlage, nicht hingegen im Islam, der sich für die religiöse Gewaltanwendung sowohl auf den Koran als auch auf das Vorbild Mohammeds berufen kann. Seit seinem durch Gewalt und politisches Taktieren erlangten Regierungsantritt in Medina ist die Ausbreitung des Islam von Gewalt gekennzeichnet. Berichte über friedliche Missionare oder religiöse Dialoge sind in diesen Jahrzehnten die Ausnahme. Als Mohammed seine Position in Medina konsolidiert hat, greift er zum damaligen Brauch der Raubzüge. Einmal überfällt er sogar im heiligen Monat eine mekkanische Karawane und bricht damit den Landfrieden. Gerechtfertigt wird dieses Vorgehen in einer göttlichen Offenbarung, Sure 2,217: „Kampf in dieser Zeit wiegt schwer, aber jemanden abzuhalten vom Weg Allahs ... das wiegt schwerer." In den Jahren 623-24 überfällt Mohammed sieben Karawanen seiner religiösen Konkurrenten in Mekka und raubt sie aus. Bei der Schlacht von Badr im Jahr 624 schlagen die zahlenmäßig weit unterlegenen Muslime die Mekkaner in die Flucht, den Sieg werten sie als besonderen Gnadenerweis des Himmels.[44] 625 finden die Schlachten von Hamra al-Asad und Raiy, sowie gegen den Banu (Stamm) an-Nadir statt. 626 folgen die Militäraktionen gegen den Banu Lihyan und den Banu Mustaliq. 627 kämpft Mohammed in der Schlacht bei al-Muraisi. 628 finden Feldzüge gegen Dumat al-Dschandal, Fadak, Chaibar und Taima statt. 629 ereignen sich die Schlacht von Muta sowie ein verlustreicher Feldzug gegen die Byzantiner. 630 schließlich erobert Mohammed Mekka. Noch im selben Jahr führt er einen weiteren Feldzug gegen die Hawazin-Beduinen und die Byzantiner.[45] Auch mit der Toleranz Mohammeds ist es nicht weit her. Solange er sich noch auf der Flucht vor den Mekkanern befindet und hofft, von den Christen und Juden in Medina anerkannt zu werden, führt er Gespräche und versucht sie von seiner göttlichen Sendung zu überzeugen. Sobald seine Macht in Medina gefestigt ist und sich abzeichnet, dass sowohl Juden als auch Christen nicht bereit sind sich ihm anzuschließen, setzt er seine religiösen Vorstellungen in Medina durch und verfolgt alle, die sich ihm nicht unterordnen. 624 wird der jüdische Qainuqa-Clan ausgewiesen. 625 wird der Clan der An-Nadir vertrieben. 627 lässt Mohammed alle Männer des jüdischen Quraiza-Clans töten und die Frauen mit ihren Kindern in die Sklaverei verkaufen. Sobald Mohammed seine Macht in Medina weiter gefestigt hat, zieht er in den Kampf gegen die Juden in der näheren Umgebung. 628 erobert er Chaibar; die dortigen Juden dürfen als Mohammeds Untertanen weiter leben und arbeiten, wenn sie die Hälfte ihrer Dattelproduktion an die Muslime abführen. In der Folge werden auch die anderen jüdischen Kolonien nördlich von Chaibar erobert und unterworfen.[46]

„Viele Araber begannen, die überraschenden militärischen Erfolge als Beweis für die Überlegenheit ihrer neuen Religion anzusehen. Diese Vorstellung wurde offensichtlich durch die Belohnung in Form von neuem unermesslichem Reichtum und Prestige in allen eroberten Ländern noch bestätigt. In ihren Schlachten eigneten sich die Araber fremdes Eigentum als Beute an."[47] Außerdem legt der Koran den Muslimen die Pflicht auf, die islamische Herrschaft zu verbreiten, damit, wo auch immer

Muslime leben, sie nicht gezwungen wären, Gesetzen zu folgen, die im Widerspruch zu ihrem Glauben stünden.[48]

Die Motivation, für den Glauben zu sterben, um dann sofort in das Paradies aufgenommen zu werden, gibt muslimischen Kämpfern zur Zeit Mohammeds und islamistischen Attentätern heute eine außerordentliche Kraft und Ausdauer bei der Durchführung ihrer Aktionen. Ihre Überzeugungen gründen unter anderem auch auf folgenden Aussagen der Hadith: „Allah unterstützt den, der für den Pfad Allahs kämpft. Wenn er überlebt, kehrt er mit Ehren und Beute beladen zurück. Wird er aber getötet, wird er ins Paradies gelangen." Auch heißt es: „Ich schwöre bei Allah, dass ich auf dem Pfad Allahs getötet werden möchte, dann wieder zum Leben erweckt und wieder getötet und wieder zum Leben erweckt und nochmals getötet, so dass ich jedesmal neue Verdienste erlangen könnte." „Für den Pfad Allahs zu kämpfen oder dazu entschlossen zu sein ist eine göttlich Pflicht. Wenn dein Imam dir befiehlt, in den Kampf zu ziehen, dann gehorche ihm."

Vor dem Hintergrund einer durch Gewalt sich legitimierenden Gesellschaft in der Umwelt Mohammeds „schreibt der Islam seinen Gläubigen vor, zur Verbreitung des neuen Glaubens Dschihad zu betreiben. Dschihad bedeutet nicht heiliger Krieg, schließt aber kriegerische Handlungen beim Dawa/Aufruf zum Islam ein. Die Geschichte des Früh-Islam war somit gleichermaßen eine Religionsstiftung und eine Kriegsgeschichte."[49] Bis heute wirkt seine ambivalente Einstellung zur Gewalt verwirrend für zahlreiche Korangelehrte.

2.2. Gewalt gegen ehemalige Muslime

Von der Entstehungszeit bis in die Gegenwart des Islam zieht sich die untrennbare Einheit des muslimischen Glaubens und der staatlichen Führung. Mohammed war gleichzeitig religiöser und politischer Führer seiner Gemeinde. Auch seine Nachfolger, die Kalifen, vereinten beide Aufgaben in ihrer Person. Die Einheit religiöser und politischer Führung wird heute insbesondere im

Sudan, Marokko, in Afghanistan und im Iran deutlich. In den meisten islamischen Ländern ist der Islam darüber hinaus Staatsreligion, d.h. jeder vollberechtigte Bürger des betreffenden Landes muss Muslim sein. Wechselt er seine Religion, verliert er damit gleichzeitig seine Staatsbürgerrechte.[50] Im islamischen Staat ist „die Religion das staatsbildende Prinzip. Der Staat ist Träger einer religiösen Idee und damit selbst eine religiöse Institution ... Ihm obliegt die Sorge für die Gottesverehrung, die religiöse Unterweisung und die Glaubensverbreitung."[51] Grundsätzlich muss deshalb immer zwischen den Rechten eines loyalen Muslims und denen eines „Ungläubigen" scharf unterschieden werden. „Nur wer an Gott und den Koran glaubt und die Scharia befolgt, ist fähig, Bürgerkompetenz zu entwickeln, während der Gottlose als Feind der Gesellschaft gilt. Die immer wieder verlangte religiöse Bekenntnispflicht - durch die Erfüllung der täglichen fünf Gebete und das Fasten im Monat Ramadan - ist Mittel der Beförderung der staatsbürgerlichen Moral, weshalb denn im islamischen Staat die volle Bürgerrechtsfähigkeit an das Bekenntnis zum wahren Glauben gekoppelt ist."[52] Ein Religionswechsel ist somit nicht nur eine persönliche, sondern für die islamische Gesellschaft eine öffentliche,sogar politische Angelegenheit.

Der Koran warnt den Muslim eindringlich davor, sich vom unvergleichlichen Islam abzuwenden. Dem vom wahren Glauben Abgefallenen droht die Strafe Allahs (Sure 16,106). Jemanden zum Glaubensabfall zu verführen wiegt im Koran schwerer, als die Person zu töten (Sure 2,217). Für den Apostaten gibt es keine Vergebung, auch alle verdienstvollen Taten können ihn nicht vor der Höllenstrafe Allahs bewahren (Sure 3,86-91; 5,5; 9,67f.; 8,39). Als abgefallen wird der bezeichnet, der sich offensichtlich von den Lehren und Verhaltensweisen des Islam abwendet, wer die Gebetszeiten regelmäßig versäumt, wer einen Koran schändet, Zauberei, Abgötterei oder Bilderverehrung praktiziert oder wer Mohammed verunehrt.[53]

Immer wieder wird Sure 4,89 von islamischen Gelehrten angeführt, um die Todesstrafe für abgefallene Muslime zu fordern.

„Und wenn sie sich abwenden, dann greift sie und tötet sie, wo immer ihr sie findet, und nehmt euch niemanden von ihnen zum Freund oder Helfer." Auch außerkoranische Überlieferungen belegen Mohammeds Forderung, vom Islam abgefallene Personen zu töten: „'Wer seine Religion wechselt, den tötet', und 'Wer sich von euch trennt (oder von euch abfällt), der soll sterben'. Muhammad soll nach der Überlieferung selbst auf unlegale Art und Weise Abtrünnige vom Islam ... verstümmelt und getötet haben."[54] Nach der islamischen Tradition können Abtrünnige enthauptet, gekreuzigt oder auf Lebenszeit verbannt werden. Frauen wurden manchmal in die Sklaverei verkauft. Der Besitz des Betreffenden wurde im Allgemeinen konfisziert. In der islamischen Geschichte wurden Abgefallene wahrscheinlich weit häufiger von der Bevölkerung gelyncht als von einem ordentlichen Gericht zum Tode verurteilt.

2.3. Gewalt in der islamischen Geschichte

„Der historische Siegeszug des Islam ist ein Sieg durch Schwerter wie durch Überzeugungskraft: 635 fiel Damaskus, 638 Jerusalem, 642 ganz Ägypten in die Hand der muslimischen Kämpfer. Dann wurde der Irak überrannt und von dort ein größer Teil Zentralasiens. Mohammeds Krieger setzten im Jahr 711 von Marokko nach Spanien über und drangen gleichzeitig 6000 Kilometer östlich ins heutige Afghanistan ein. Die neue Lehre des Propheten/ Feldherrn/Staatslenkers verbreitete sich auch durch Kaufleute. Sie trugen die göttlichen Gesetze bis nach Schwarzafrika, sogar bis über den Hindukusch."[55] Als Mohammed im Jahr 632 starb, hatte die gesamte Arabische Halbinsel seine Autorität anerkannt. In weniger als einem Jahrhundert eroberten Armeen unter arabischer Führung Territorien von Spanien bis Indien. Sie bildeten eine zentrale Verwaltungseinheit, das Kalifat, in dem die meisten der privilegierten, mit Macht verbundenen Ämter von Arabern bekleidet wurden.

Die durch Muslime in den ersten Jahrzehnten ihrer Expansion eroberten Länder behielten größtenteils ihre eigene Verwaltung und Kultur, weil die Eroberer über keinerlei vergleichbare Erfahrungen und keine islamische Alternative verfügten. Die ganze Omaijaden-Dynastie (661-751) zeichnete sich durch eine relative Toleranz fremder Religionen und Kulturen aus. Muslime begnügten sich zu regieren und die höchsten Ämter des Staates einzunehmen. Der Grund für diese Art der Politik der Omaijaden lag jedoch weniger in der Wohltätigkeit als vielmehr in praktischen Interessen. Die Araber sahen den Islam als ihre eigene Religion an. Solange sie die Politik fest unter Kontrolle hatten, stellten die Traditionen der unterworfenen Völker keine Bedrohung dar. Im Vergleich zu späteren muslimischen Herrschern war die Höhe der von den Andersgläubigen erhobenen Sondersteuer (Jizyah) auch noch in einem akzeptablen Rahmen. Viele Untertanen der Muslime wollten aber nicht mehr als Bürger zweiter Klasse angesehen werden und versprachen sich von einem Übertritt zum Islam eine Verbesserung ihrer sozialen, wirtschaftlichen und politischen Lage. Geschäftsleute sahen den Vorteil in bevorzugten Bedingungen und Konzessionen, die man den Muslimen gewöhnlich einräumte. Intellektuelle versprachen sich davon die Erlaubnis, besser ihre Ansichten und Ideen äußern zu können, wenn sie dies in einer der islamischen Religion entsprechenden Weise täten.

Wollte ein Christ aus den genannten Gründen Mitglied der arabischen Oberschicht werden, sah er sich mit einem schwerwiegenden Problem konfrontiert: Zwar konnte er durch das Aufsagen des islamischen Glaubensbekenntnisses relativ einfach Muslim werden, noch immer aber stand er so außerhalb der arabischen Standesgesellschaft. Denn ein Mitglied der arabischen Gesellschaft zu werden war etwas anderes. Ein Nichtaraber, der zum Islam konvertieren wollte, musste sich deshalb einen arabischen Schirmherrn suchen, der in dem jeweiligen arabischen Stamm für ihn bürgte. Doch schon bald wurden die Klagen über Vetternwirtschaft, übermäßigen Alkoholgenuss, Ausschweifung und andere Laster unter den neu gewonnenen Muslimen laut, die schließlich in den Aufstand und die Ermordung des vierten Kalifen Ali mündeten. Der Einfluss der neuen nichtarabischen Muslime wuchs im 8. Jahrhundert beständig an. Damit wurde es notwendig, konkrete Lehren für den Umgang miteinander zu formulieren. „Obwohl viele Muslime der Meinung sind, dass der Koran, korrekt interpretiert, einen Leitfaden für alle Lebenslagen enthält, weichen die tatsächlichen Auslegungen oftmals davon ab. Solange alle oder die meisten Muslime zugleich auch Araber waren, berief man sich auf die arabischen Gesellschaftsbräuche, wenn der Koran keine anderen Anweisungen enthielt. Nichtaraber folgten aber oft anderen Normen, und so kam es immer stärker zu Konflikten."[56] Also wurden neben dem Koran Anekdoten gesammelt, die vom Leben und der Lehre Mohammeds überliefert wurden. Durch die in der sogenannten Hadith überlieferten Verhaltensweisen des Propheten sollten die Muslime aller Welt erschließen, wie ein Allah gefälliges Leben auszusehen habe.

2.3.1. Die Ausbreitung des Islam

Die Ausbreitung des Islam unter den Nachfolgern Mohammeds richtet sich nach dem kriegerischen Vorbild des Propheten.[57] Vom Koran legitimierte Zwangsbekehrungen hat es in der Geschichte des Islam von Mohammed bis in die Gegenwart hinein gegeben.[58] Abu Bakr, der erste Kalif, lässt nach seinem Amtsantritt 632 zuerst alle Stämme bekämpfen, die sich nach Mohammeds Tod von den Muslimen losgesagt haben. 633 beginnen seine Feldzüge gegen Syrien und den Irak. Dabei geht es nicht um Verteidigungskriege, sondern um militärische Aktionen zur Verbreitung des Islam. 634 kämpft der Kalif erneut gegen die Byzantiner und besiegt sie bei Adschnadain. Der Nachfolger Abu Bakrs, Omar ibn al-Chattab, setzt die gewalttätige Ausbreitung des Islam fort, obwohl von ihm auch Aussagen überliefert sind, in denen er für eine friedliche Missionierung plädiert. Ab 634 führt Omar verschiedene Feldzüge gegen Syrien, Persien und Byzanz. 638 erobert er Jerusalem. Ab 639 beginnt die Eroberung Ägyptens und Nubiens. 643 stoßen die muslimischen Armeen bis nach

Tripolis vor. Unter dem dritten Kalifen Othman ibn Affan werden die Eroberungen fortgesetzt. Zum ersten Mal werden die Armeen auch von einer Flotte unterstützt. 649 wird Zypern besetzt. 652 werden die ersten Raubzüge gegen Sizilien unternommen. Von 645 bis 653 werden Rhodos, Aserbaidschan, Armenien, Georgien, Afghanistan und Persien besiegt und besetzt. In fast allen eroberten Ländern kommt es zu Plünderungen und zur Ausbeutung der einheimischen Bevölkerung. Zeitgenossen werfen dem Kalifen und seiner Führungsclique vor, sich persönlich zu bereichern, neu bekehrte Muslime von höheren Ämtern auszuschließen und unmoralisch zu leben. Die unzufriedenen Muslime rebellieren und ermorden Othman. Sein Nachfolger als Kalif wird Mohammeds Schwiegersohn Ali ibn Abi Talib. Sofort kommt es zu kriegerischen Auseinandersetzungen. Aischa, Mohammeds Lieblingsfrau, verbündet sich mit Muawiya, einem Vetter Othmans, gegen Ali. Nach zahlreichen blutigen Kämpfen, Verrat und Meuchelmorden kommt es zur Spaltung der Muslime in die Sunniten und Schiiten, die bis heute andauert. Die Schiiten halten Ali als Blutsverwandten Mohammeds für den einzig rechtmäßigen Nachfolger des Propheten, sie lehnen sowohl die Kalifen als auch die nachfolgenden Herrschergeschlechter der Omaiyaden und Abbasiden ab. Im Anschluss an die Ermordung Alis und die jahrhundertelange Verfolgung entwickeln sie eine Theologie des Leidens, das der Märtyrer im Stillen erleiden müsse.[59] Seit der Geburtsstunde der islamischen Gemeinschaft in Medina sind nicht einmal 40 Jahre vergangen und schon hat sich der Islam durch blutige Kriege über Nordafrika und weite Teile des Mittleren Ostens bis nach Indien und China ausgebreitet.

Immer wieder werden auch in den folgenden Jahrhunderten religiös begründete Kriege geführt, immer wieder werden Andersgläubige vertrieben, versklavt oder ermordet. Dazwischen liegen allerdings auch Zeiten, in denen zumindest regional Juden und Christen als „nicht so schlimme" Ungläubige in relativem Frieden leben konnten, wenn auch nur als Bürger zweiter Klasse mit Einschränkungen im öffentlichen, privaten und religiösen Leben. Kennzeichnend in der islamischen Geschichte sind auch die ständigen Auseinandersetzungen um Geld, Macht und die legitime Nachfolge des Propheten.

Im Folgenden können aus der 1400 jährigen Geschichte des Islam nur stellvertretend einzelne Beispiele gewaltsamen Vorgehens genannt werden. Wer sich darüber hinaus informieren will, kann dies in einer der geschichtlichen Darstellungen, die im Literaturverzeichnis angegeben sind, tun.

2.3.2. Islam in Europa

Vom 7. bis zum 10. Jahrhundert schließen sich weitere Eroberungs- und Raubzüge der islamischen Armeen an. Insbesondere die Küsten Griechenlands und Italiens, Nordafrika und Spanien werden erobert und geplündert. 711 landet Tariq ibn Ziyad in Spanien. Er schlägt die dort regierenden Westgoten und nimmt ihre Hauptstadt Toledo ein. Nach und nach werden auch die anderen Landesteile erobert. Währenddessen werden auch Raubzüge über die Pyrenäen unternommen. Bordeaux, Narbonne, Toulouse und das Tal der Rhône werden geplündert. In Europa wird der Vormarsch muslimischer Armeen erst vom Franken Karl Martell 732 bei Tours und Poitiers gestoppt, vor den Toren seiner Hauptstadt.[60] Die islamischen Gouverneure führen auch in Savoyen, in der Schweiz und in Oberitalien Beutezüge durch. 846 wird sogar Rom, später auch Genua und Pisa von muslimischen Armeen geplündert. In Italien werden Bari, Brindisi und Tarent eingenommen. Islamische Seeleute überfallen die Balearen und unternehmen im Auftrag des Kalifen Beutezüge durch das Mittelmeer.[61] Als 1148 die Almohaden Cordoba erobern, zwingen sie Christen und Juden, Muslime zu werden.[62] Während der spanisch-arabische Philosoph Ibn Ruschd (Averroës) in Europa großen Zuspruch erfährt, verbrennen Muslime seine Schriften.

Im 15. Jahrhundert bestimmt die Angst vor den Sarazenen-stürmen und der türkischen Sklaverei das Denken vieler Europäer. In zahlreichen Küstenstädten wird das Meer unablässig von Wach-posten beobachtet, die die Bevölkerung rechtzeitig vor einem türkischen Angriff warnen sollen. Die Politik Karl des Fünften war wesentlich auf die Verteidigung Europas gegen türkische Übergriffe ausgerichtet. Ein aggressiver Islam war für Europa nichts Neues. Im 8. und 12. Jahrhundert hatte Europa in ähn-lichem Maße unter dieser Bedrohung gelitten. Bis zur türkischen Niederlage bei der Schlacht am Kahlenberg vor den Toren Wiens (1683) wurde insbesondere die Bevölkerung des Balkans massiv zum Islam gedrängt.[63] Das Reich Osmans I. (1281 bis ca.1324) kam erst im Hochmittelalter zur Entfaltung. Im Heiligen Krieg (Dschihad) eroberten die Osmanen dann 1389 Serbien, 1453 Konstantinopel, 1526 Ungarn, um 1529 (Wien), 1683 (Wien) und 1699 (Friede von Karlowitz), um dann ihren Niedergang als schwächer werdender Militärstaat zu erleben.

Im 15. Jahrhundert führen islamische Heere erneut Kriege gegen Bulgarien, Albanien, Siebenbürgen, Serbien und Griechen-land. 1438 wird Hermannstadt erobert, 1440 Belgrad belagert und 1446-52 der Peleponnes geplündert und verwüstet. 1538 zwingen die muslimischen Osmanen das Fürstentum Moldau unter ihre Oberhoheit. 1541 erobern die Türken Bud und Pest, womit sie einen Großteil des christlichen Ungarns beherrschen.

Seit 1566 beherrschen die Osmanen die griechische Insel Chios. Um zu verhindern, dass sich die überwiegend christlichen Inselbewohner dem Unabhängigkeitskampf der Griechen an-schließen, ermorden sie 1822 100.000 Einwohner und zerstören ihre Dörfer. Nur wenigen Menschen gelingt die Flucht, einige

Christen können in abgelegenen Bergregionen überleben. Dieses Massaker der muslimischen Osmanen ruft in ganz Europa Entsetzen hervor.[64]

2.3.3. Islam in Indien[65]

Sultan Mahmud (998-1030) unternimmt 17 Raubzüge nach Nordindien, dabei zerstört er zahlreiche Hindutempel als Stätten der Götzenanbetung, obwohl Muhammad ibn Quasim ihnen schon 644 den Status als Schutzbefohlene zugesichert hat. Ist es also zu Beginn der Eroberung Indiens noch möglich, dem nichtmuslimischen Glauben nachzugehen, werden die Bewohner häufig zum Islam gezwungen, sobald die islamische Herrschaft gesichert ist. Die eroberten Gebiete werden bald auch zu islamischen Herrschaftsgebieten umgeformt. 1202 erobern Muslime Bengalen, plündern die Hauptstadt Nadiya und zerstören die letzten buddhistischen Zentren in dieser Region. Alaaddin Chaldschi ermordet 1296 seinen Onkel und übernimmt an dessen Stelle die Herrschaft über das Sultanat von Delhi. Damit wird der absolute Höhepunkt des islamischen Sultanats von Delhi erreicht. Dieses unterwirft Teile Mittel- und Südindiens. Die Bevölkerung wird unterdrückt, die Hindus werden grausam verfolgt. „Nach einem ausgesprochen erfolgreichen Eroberungszug im Osten Indiens und im Gebiet Dekkan eroberte und plünderte er 1296 Devagiri, die Hauptstadt der Yavada am Oberlauf des Godaveri. Mit reicher Beute kehrte Ala ad-Din in den Norden des Landes zurück, ermordete seinen Großvater, der noch Sultan war, und erkaufte sich mit dem Yavada-Gold die Loyalität des Adels. Ala ad-Din baute ... vor allem auf seine grausame Willensstärke. Er ging entschieden gegen jeden und alles vor, was seiner Herrschaft gefährlich werden konnte, und schaffte es aus der Welt. So ließ er z.B. in einer Nacht, nachdem ihm das Gerücht von einem möglichen Angriff der Mongolen zu Ohren kam, etwa 20.000 Mongolen, die im Dienst seines Vaters standen, ermorden. Um seine Schatztruhen noch weiter zu füllen, beschlagnahmte er die Ländereien der Priester und Gebietsverwaltungen."[66] Sultan Mohammed von Delhi erhielt von seinen

Zeitgenossen den Beinamen „der Blutvergießer", weil er aus Misstrauen seiner Bevölkerung gegenüber zahlreiche gewalttätige Vergeltungskriege führen ließ. Sein Nachfolger Firuz Sjah fiel besonders durch seine grausame Unterdrückung vermeintlicher Ketzer (Irrlehrer) auf. Zahlreiche Hindu- Bauwerke wurden von ihm zerstört und an ihrer Stelle islamische Moscheen gebaut.[67]

„Nach Abu Inan versank das Mariniden-Reich in Anarchie. Von den 17 Sultanen, die bis 1465 nominell regiert hatten, wurden sieben ermordet und fünf abgesetzt. Nur in fünf Fällen endete die Herrschaft mit dem natürlichen Tod des Sultans."[68] Muhammad wird 1320 Sultan in Delhi. Er gilt als grausamer und brutaler Herrscher. Er zerstört Delhi und zwingt die Bevölkerung zu einem mörderischen Fußmarsch nach Daulatabad, den viele nicht überleben. Muhammad führt weiter Raubzüge durch und presst die hinduistische Bevölkerung durch überhöhte Steuern aus. 1541 fällt der timuridische Prinz Haidar Dughlat in die Region ein. Als strenger Sunnit zwingt er die Schiiten zur Bekehrung oder rottet sie aus. Schah Churram Dschahan untersagt (1628-58) allen nichtislamischen Religionen die Mission. Scharfe Blasphemie- gesetze liefern die Grundlage für ein hartes Vorgehen gegen alle, die sich kritisch gegenüber dem Islam äußern. Nachdem sein Sohn Aurangzeb (1658-1707) den Vater gefangen genommen und die Brüder ermordet hat, erhebt er den Islam zur Staatsreligion. Alle Gesetze werden an den Vorgaben des Koran überprüft. Insbeson- dere die Hindus werden unterdrückt und ihre Tempel zerstört.[69] „Er ließ sich Welteroberer (Alamgir) nennen und führte zwanzig Jahre lang Krieg, um sein Reich zu erweitern und den Islam zu verbreiten. Als kompromissloser Anhänger des Islam ... herrschte er mit brutaler Härte über die Hindumehrheit der Bevölkerung; mit der Hinrichtung des neunten Guru Tegh Bahadur zog er sich auch die Feindschaft der Sikhs zu."[70]

Im 15. Jahrhundert entfalteten die Wals (wali allah - derjenige, der nahe bei Allah steht) in Java eine fieberhafte Missionsaktivität. Viele einheimische Hindus wurden von ihnen mit Gewalt zum Islam bekehrt.[71]

Im 19. Jahrhundert kämpften die Wahhabiten mit Aufständen und Anschlägen in Indien gegen die Besetzung ihres Landes durch die ungläubigen Briten.[72]

2.3.4. Islam im übrigen Asien[73]

Im 15. Jahrhundert wurden die christlichen Alfuren auf den heute zu Indonesien gehörenden Inseln Ternate und Tidore gewaltsam islamisiert.[74] Bei der Gründung Indonesiens drängen Islamisten auf einen Verfassungszusatz, der alle Muslime zur Einhaltung der Scharia verpflichten soll. Auch soll der Staat im Namen Allahs gegründet werden.[75] Amien Mohammad Rais (geb.1944) ist indonesischer Politiker und Oberhaupt der Muhammadiya, der mit 25 bis 30 Millionen Mitgliedern zweitgrößten Muslim-Bewegung weltweit. Seine Bemühungen, den indonesischen Islam von lokalen Traditionen zu reinigen und stärker an arabischen Bräuchen zu orientieren, führten zu einer Radikalisierung des indonesischen Islam. Im Zusammenhang mit diesen Erneuerungsbestrebungen wandte er sich auch immer wieder vehement gegen die Nichtmuslime. Seine verbalen Angriffe trugen maßgeblich zu den Pogromen gegen Christen und Chinesen in Indonesien bei.[76]

1526 erhält Faletahan von seinem Sultan den Auftrag, das überwiegend hinduistische Westjava zu erobern und anschließend zu islamisieren. Sein Nachfolger Abdalqadir (1596-1651 erhält selbst den Sultanstitel. Seine Regierung ist fast fanatisch islamisch. Die Zeit von Amangkurat I (1645 -77) ist durch Grausamkeit geprägt. Der scheinbar unter Verfolgungswahn leidende Sultan lässt seinen Bruder und zahlreiche andere Angehörige ermorden. Später verdächtigt er 6000 muslimische Geistliche zu Unrecht des Verrats. Er lässt sie in seinen Palast rufen und dort niedermetzeln.[77]

Um 1300 errichtet der Sultan von Pasai seine Herrschaft auf Sumatra. Er verbreitet den Islam in seinem Reich gewaltsam.[78] Auf Sumatra kommt es ab 1857 zu den sogenannten Padrikriegen. In dieser Zeit versucht die von Arabien eingeführte Wahhabiten-bewegung das Land gewaltsam zu islamisieren. Bekehrungsunwillige werden mit einer Geldstrafe verwarnt und auch zum Tode verurteilt. Die brutalen Auseinandersetzungen können erst 1839 mit Hilfe niederländischer Truppen beendet werden.

Mahmud von Ghasni war der Gründer eines islamischen Sultanats auf dem Territorium des heutigen Afghanistans. Zwischen 1001 und 1026 unternahm er insgesamt 17 Raubzüge nach Nordindien, wo er bis nach Bihar und nach Gujarat vordrang, und erbeutete dort große Schätze aus Tempeln und Palästen. Mit dem geraubten Gold baute er seine Residenz Ghasni zu einer der prächtigsten und größten Städte der damaligen Zeit aus. Der fromme und gottesfürchtige Herrscher rechtfertigte seine Plünderungen in Indien als Heiligen Krieg gegen die ungläubigen Hindus. Mit gleicher Hingabe verfolgte er in seinem Reich alle, die er für Häretiker hielt.[79]

Mit der militärischen Ausdehnung des Königreichs von Malakka auf die gesamte Malaiische Halbinsel im 15. Jahrhundert wurde auch der Islam den Eroberten aufgezwungen.[80]

2.3.5. Islam in Afrika

Die nordafrikanischen Berber wurden im 7. Jahrhundert von arabischen Heeren erobert und anschließend islamisiert. Reste der vorherigen christlichen Prägung sind in den Bräuchen und Glaubensvorstellungen der Berber bis heute wiederzufinden.[81]

Das islamische Volk der Kanembu beherrschte vom 9. bis zum 19. Jahrhundert ein Gebiet um den Tschadsee südlich der Sahara. Ihre aus 300.000 Kriegern bestehende Armee eroberte das größte afrikanische Reich seiner Zeit. Die Herrschaft weitete sich über die Haussa, Niger, dem Königreich Waidai bis nach Mali aus. Ihren Reichtum verdanken sie neben den Eroberungen vor allem dem Sklaven- und Karawanenhandel.[82] Vor allem Feinde und Nichtgläubige wurden unter anderem auch an die Europäer verkauft. Doch auch als die Sklaverei in Europa schon lange verboten war, wurden in den islamischen Ländern Afrikas weiterhin Sklaven gefangen und gehandelt.

Im 11. Jahrhundert erfolgte eine gewaltsame Islamisierung der afrikanischen Bevölkerung am Niger durch die Almoraviden. Durch den aufgezwungenen Glauben entstehen Mischformen zwischen Islam und Stammeskulturen. Immer wieder kam es in der Folge zu Reinigungsaktionen, die den Islam immer mehr an seine arabische Form annähern sollten. Währenddessen kam es zu Ausschreitungen, bei denen vermeintlich häretische Muslime niedergemacht wurden.[83]

Westafrika wurde im 18. und frühen 19. Jahrhundert von einer Welle islamischer Heiliger Kriege (Dschihads) überzogen, die hauptsächlich vom Volk der Fulbe ausgingen.[84] Nachdem bereits zwei kleine islamische Staaten im Gebiet der heutigen Staaten Guinea und Sierra Leone entstanden waren, bemühten sich die Fulbe, auch im heutigen Nigeria eine islamische Herrschaft aufzurichten.[85] Die muslimischen Fulbe eroberten und islamisierten im 19. Jahrhundert Senegal, Kamerun und Nordnigeria. Nach der Einwanderung der Fulbe in das fruchtbare Gebiet von Fouta Djalon (Guinea) kam es im 19. Jahrhundert durch beständige Versuche der Islamisierung zu anhaltenden Religionskriegen mit der einheimischen Bevölkerung, die erst unter dem französischen Protektorat über die Region beendet wurden. Ihre Eroberungen haben die Fulbe oft mit religiösen Motiven gerechtfertigt.[86] Die Ausbreitung des Islams in Guinea ist weitgehend auf den missionarischen Eifer des Torobe-Clans der Fulbe zurückzuführen. Die Torobe hatten zu Beginn des 18. Jahrhunderts einen theokratischen Staat im Gebirgsland des Fouta Djalon errichtet. Im 19. Jahrhundert errangen die Tukulor durch Heilige Kriege unter ideologischer Leitung der „Torobe" genannten religiösen Führer in weiten Teilen Westafrikas die politische Vorherrschaft. Ihr bekanntester Eroberer war al-Haji Omar aus Futa Toro, dessen riesiges Gebiet unter seinen Nachfolgern aber wieder verloren ging.[87]

Nachdem Omar El Hadj in Mekka zum Kalifen für Schwarzafrika ernannt worden war, begann er 1852 einen Heiligen Krieg (Dschihad) zur Verbreitung des Islam in Afrika. Mit militärischer

Gewalt eroberte und islamisierte er die Saaten Bambara und Mandinka in den Becken des Senegal und des Niger, Ségou (Mali) und Timbuktu.[88]

Um 1870 versuchte der westafrikanische Militärführer Samory Toure auf dem Territorium der heutigen Elfenbeinküste einen islamischen Staat zu gründen. Als französische Händler in das Gebiet eindrangen, versuchte er sie erst durch Verhandlungen, später durch einen letztlich erfolglosen Guerillakrieg und Terroranschläge aus dem Land zu drängen.[89]

Einen religiös-politischen Krieg führte auch der sich 1881 zum Mahdi (im Islam erwarteter Heilsbringer) erklärende sudanesische Islamistenführer. Der ursprünglich Mohammed Ahmed genannte Mahdi rief zum Heiligen Krieg (Dschihad) gegen Ägypten auf. Nachdem er das ägyptische Kordofan erobert hatte, wurde er vom britischen Gouverneur in Ägypten als Oberhaupt eines eigenständigen Staates Kordofan ernannt und später abgesetzt.[90] Leidtragende dieser Entwicklung waren die Äthiopier. Allerdings mussten sie sich nicht nur der Eroberungslust der Europäer erwehren; viel gefährlicher als eine drohende Kolonialisierung erschien ihnen die Gefahr der Islamisierung. Im Sudan hatte die Mahdi-Bewegung islamischer Fundamentalisten einen mächtigen Aufschwung erfahren. Ihr Ziel war die Verdrängung sämtlichen christlichen Einflusses aus der arabischen Welt. Zu den natürlichen Feinden der Islamisten zählte daher auch das christliche Abessinien. Als die Derwischheere 1889 von Westen her nach Abessinien eindrangen, konnten die Äthiopier zwar die entscheidende Schlacht gewinnen, doch ließ der abessinische Herrscher Johannes IV sein Leben auf dem Felde.

2.3.6. Islam in Persien

Bei der Eroberung Persiens durch Muslime wurde die persische Religion des Zoroastrismus fast vollständig ausgelöscht. Tempel wurden zerstört, heilige Schriften der Zoroastristen verbrannt und ihre Anhänger vertrieben oder getötet. Die Muslime zwangen die meisten Perser zum Übertritt, so dass nur eine kleine

Gruppe der islamischen Verfolgung nach Indien entkam, wo sie noch heute ihrem Glauben anhängen.[91]

In der letzten Hälfte des 8. Jahrhunderts setzten sich die iranischen Faktoren, die zur Grundlage für die Entwicklung der islamischen Kultur wurden, in verstärktem Maße durch (Abbasiden). Sitten, Gebräuche und wissenschaftliche Erkenntnisse der Perser veränderten und prägten den Islam dieser Zeit. In diesen Jahren wurde der Islam auch unter Anwendung von Gewalt in Teilen Afrikas und ganz Asien bis nach China und Indien hinein verbreitet. Einen Einschnitt gab es erst, als die Mongolen 1258 die islamischen Reiche angriffen und schließlich das Kalifat im Iran beendeten.

2.3.7. Die Assassinen

„Eine regelrechte Terrororganisation entstand dann beim Widerstand gegen die Kreuzzüge. Eine schiitische Splittergruppe in Persien wuchs sich bald zum gefürchteten Netz von Meuchelmördern aus, dessen lange Hand übers Mittelmeer bis ins Abendland hinein zustieß. Ihre Bezeichnung Haschaschin, d.h. die sich mit Haschisch und anderen Drogen in Blutrausch Hineinsteigernden, wurde als Assassinen bald zum Namen für alle Mörder. Bei dieser gefürchteten Organisation finden sich erstmals im Islam die Züge einer weitverbreiteten Terroristen-Bruderschaft, wie sie jetzt für die Al-Qaida (Die Führung) von Osama bin Laden typisch sind."[92] „Assassinen, eigentlich Nizariya, auch Nizari Ismailiten, europäische Bezeichnung für die Anhänger der Nizariya, einer aus einer Spaltung der Ismailiya hervorgegangenen schiitischen Glaubensgemeinschaft. ... Die von Kreuzfahrern und europäischen Reisenden, u.a. Marco Polo, kolportierten Geschichten über Gräueltaten und die Brutalität dieser politisch-religiösen Gemeinschaft haben schließlich bewirkt, dass die Bezeichnung Assassinen in Europa eine Bedeutungsverschiebung erlebte und zum Synonym für politisch motivierten Mord wurde."[93] Der aus dem Machtkampf um den Thron seines Vaters Kalif Imam al-Mustansir als Verlierer hervorgegangene Sohn Nizar zog sich mit seinen Anhängern Ende des 11. Jahrhunderts auf den Berg Alamut am Kaspischen Meer zurück. Dort schlossen sie sich einer ismailitischen Erneuerungsbewegung unter Hasan-i Sabah an. Bereits aus der islamischen Frühzeit sind politisch bzw. religiös motivierte Morde bekannt. Bei den Assassinen allerdings entstand im 12. Jahrhundert eine eigene Ideologie des heiligen Krieges durch Attentate und Morde. Zuweilen verlangte der als höchste Glaubensinstanz verehrte Imam von seinen Anhängern einen politischen Mord als Zeichen des Glaubensgehorsams. Den möglicherweise unter Drogen gesetzten Attentätern wurde versprochen, dass sie im Falle ihres Todes während des Einsatzes direkt in den Himmel gelangen. Ihren Höhepunkt erlebte die Bewegung unter Rashid ad-Din Sinan, der in die europäische Literatur als der „alte Mann aus den Bergen" einging und zweimal einen Mordanschlag auf Salahaddin verübte. Nachdem sie über 100 Jahre hinweg versuchten, die von ihnen geforderten politischen Veränderungen durch Attentate zu erzwingen, wurden sie durch die Mongolen besiegt. Unzweifelhaft ähneln die Assassinen in ihrem Vorgehen und ihrer Ideologie manchen in unserer Zeit agierenden islamistischen Terroristen.[94]

2.3.8. Islam in Arabien

Die Janitscharen (türkisch yeniceri: neue Truppe), Elitetruppe des osmanischen Heeres, bestanden seit etwa Mitte des 14. Jahrhunderts. Zunächst wurde die Truppe aus zum Islam übergetretenen christlichen Kriegsgefangenen gebildet; als nächstes führte man die Knabenlese (devshirme) ein: christliche Jungen mussten zum Islam übertreten, erhielten dann aber die beste militärische Ausbildung und wurden zur Elite der Armee.[95]

In Arabien übernahm Emir Muhammad Ibn Saud die Forderung der Wahhabiten nach einem Ur-Islam. Er eroberte benachbarte Gebiete, zwang deren Bevölkerung den neuen Glauben auf und wurde später zum Gründer des heutigen Saudi-Arabien.

Bis zum Ende des 19. Jahrhunderts widerstanden die Bewohner Nuristans (Zentralasien) den Islamisierungsbestrebungen ihrer

Nachbarn. Als die Briten das von Muslimen „Kafiristan" (Land der Ungläubigen) genannte Land 1895 verließen, wurde es von den muslimischen Nachbarn erobert und zwangsislamisiert.[96]

2.3.9. Antikolonialismus

Im 18. und 19. Jahrhundert kommt es in der islamischen Welt zu zahlreichen militanten Aktionen gegen die Kolonialmächte und gegen Andersgläubige. 1832-47 führt der Emir Abdalqadir in Algerien einen Heiligen Krieg gegen Christen allgemein und Franzosen insbesondere. Im Sudan entsteht 1881 ein islamischer Gottesstaat unter der Leitung eines Mahdi. Von 1895 - 1920 wird Somalia von einem Heiligen Krieg erschüttert, der sich gegen die Engländer, im Land lebende Christen und „häretische" Muslime richtet. Muslime im Kaukasus, in Kasan und Ostturkistan inszenieren im 19. Jahrhundert mehrere Heilige Kriege gegen Russen und einheimische Christen. Von 1818-73 führen chinesische Muslime in Yünnan einen Heiligen Krieg mit dem Ziel einen eigenen islamischen Staat zu schaffen. 1862-1877 kommt es in Chokand, Kansu und Schensi zu ähnlichen Aufständen. In Indien kommt es 1827-31 zu einem Heiligen Krieg gegen die Britten und Andersgläubige aus der Region. In Indonesien kämpfen 1802-52 Muslime gegen Holländer, um den Einfluss der Europäer und des Christentums zurückzudrängen.[97]

2.4. Islamische Judenverfolgung

Auch Juden werden in islamischen Ländern immer wieder verfolgt und unterdrückt. Unter dem Kalifen al-Hakim werden 1012 in Ägypten sowohl Christen als auch Juden verfolgt. Die Juden in Fustat werden in besondere Stadtviertel umgesiedelt. Seit 1050 werden Juden unter der Herrschaft muslimischer Seldschuken bedrängt. Auhad al-Zaman, der Leibarzt des Sultans, tritt noch im hohen Alter zum Islam über, um sein Leben zu retten. Der jüdische Beamte Joseph ha-Nagid wird 1066 nach einer Steuerreform, an der er beteiligt ist, ermordet. Sein Leichnam wird an ein Kreuz geschlagen. Es folgen Massaker an den Juden in Spanien. Auch einige Hetzschriften gegen Juden erscheinen in dieser Zeit. 1165-84 kommt es in Spanien massenhaft zu gewaltsamen Konversionen. Dabei werden sogar die Neumuslime wie Ungläubige behandelt und im öffentlichen Leben benachteiligt. Ab 1086 kommt es in Spanien unter der Herrschaft der muslimischen Almoraviden zur Unterdrückung von Juden und Christen. In Granada wird sogar das ganze Judenviertel zerstört und die Bevölkerung massakriert. Maimonides beklagt in einem Brief 1172 die verzweifelten und unterdrückten Juden im Jemen. 1198 werden die jemenitischen Juden zur Annahme des Islam gezwungen. 1276 wird in Fes ein Massaker angerichtet. Von dieser Zeit an müssen alle Juden in Ghettos wohnen. Um ungehindert seine Gedichte veröffentlichen zu können, konvertiert Abu ishaq Ibrahim ibn Sahl zum Islam. Als die Muslime zurückgedrängt werden, bekennt er sich auch öffentlich wieder zu seinem jüdischen Glauben. Ab 1301 müssen Juden und Christen in Ägypten spezielle Kopfbedeckungen tragen, die sie sofort erkennbar machen. Ihre Häuser müssen niedriger gebaut werden als die der Muslime. Als Ibn Kammuna in Bagdad ein Buch veröffentlicht, in dem er die Gleichwertigkeit von Judentum, Christentum und Islam behauptet, wird er 1284 vertrieben und in Abwesenheit zum Tode verurteilt. Der jüdische Leibarzt von Arghun Chan wird 1291 zum Tode verurteilt und hingerichtet. Im selben Jahr kommt es in Täbritz und Bagdad zu einer Judenverfolgung. 1465 findet in Fes, 1790 in Tetuan ein Massaker an den einheimischen Juden statt. 1697 werden die im Jemen verbliebenen Juden erneut verfolgt. Unter den Safawiden in Persien (17.-18-Jahrhundert) kommt es zu einer Welle der Judenfeindschaft. Übergriffe, Zwangsbekehrungen und Verfolgungen gehören zum Alltag. 1656 werden alle Juden, die nicht zum Islam übertreten wollen, aus Isfahan vertrieben. 1839 kommt es in Meschhed zu Massenmorden an Juden, 1867 ebenfalls in Baboe. 1855 geht der Bey von Tunis streng gegen die Juden vor. 1857 wird dort ein Jude angeklagt, den Islam verächtlich gemacht zu haben, und trotz europäischen Protests hingerichtet.[98]

Der Koran legt den Muslimen die Pflicht auf, die islamische Herrschaft zu verbreiten, damit, wo auch immer Muslime leben, sie nicht gezwungen wären, Gesetzen zu folgen, die im Widerspruch zu ihrem Glauben stünden. Diese Pflicht zum Dschihad hat in der islamischen Geschichte immer wieder die Form des „Heiligen Krieges" für den Islam angenommen. Durch die Erfüllung dieser Pflicht kann derjenige zum Märtyrer oder Shahid (jemand, der in einer heiligen Schlacht stirbt) werden.[99] Von Mohammeds Tod bis zu den Türken vor Wien im Jahr 1683 und bis zu Afghanistan am Anfang des 21. Jahrhunderts wird die Moslem-Herrschaft systematisch durch Eroberungskriege ausgebreitet.[100] Die Geschichte der christlichen Mission blickt im Gegensatz zum Islam auf eine weit friedvollere Vergangenheit

zurück. Selbst in den unschönen Jahrhunderten des europäischen Kolonialismus hat es in der beherrschten Ländern kaum eine Ausbreitung des christlichen Glaubens mit Mitteln der Gewalt gegeben. Die Missionsbestrebungen vom 17. bis zum 20. Jahrhundert, die den christlichen Glauben erst zur eigentlichen Weltreligion gemacht haben, verlaufen fast ausschließlich friedlich, durch soziale Hilfe, Inkulturation, Predigt und Überzeugungsarbeit.

2.5. Islamische Sklaverei

In den meisten islamischen Ländern des Mittelalters ist die Sklaverei weit verbreitet.[101]

Der im 7. Jahrhundert entstandene Islam kennt und legitimiert die Sklaverei von Anfang an.[102] Auch die im Rahmen des europäischen Kolonialismus vom 15. bis 17. Jahrhundert gehandelten Sklaven werden zu einem großen Teil von muslimischen Sklavenhändlern aus Afrika gekauft. Das ganze 15. Jahrhundert hindurch verkaufen arabische Händler Sklaven aus Zentralafrika auf Märkten in Arabien, im Iran und in Indien.[103]

Muslimische Flüchtlinge aus Spanien gründen im 14. Jahrhundert eine Organisation, die sich durch Seeräuberei hervortut. Insbesondere haben sie es auf christliche Schiffe abgesehen. Bejaia wird zum Zentrum dieser Piratentätigkeit. Die eroberten Schiffe werden ausgeraubt und die Seeleute als Sklaven verkauft.[104]

Wie in der Antike beruhen islamische Wirtschaft und Politik in der Vergangenheit wesentlich auf der Sklaverei. Sklaven werden in der islamischen Welt vom 7. Jahrhundert bis in die Gegenwart hinein eingesetzt. Sie arbeiteten in Minen, auf Plantagen, als Haussklaven in den Palästen der Herrscher und als Soldaten für die zahlreichen Kriegszüge. Sie erledigen körperlich anstrengende Arbeiten und Tätigkeiten, die einen Muslim verunreinigen könnten. Da es verboten ist, Muslime als Sklaven zu halten, stellt man die Kriegsgefangenen in Dienst. Als die Zeit der großen Expansion vorüber ist, müssen Sklaven importiert werden. Zu diesem Zweck begeben sich muslimische Sklavenjäger in das Gebiet der Slawen, der Türken (solange sie noch nicht islamisiert waren) und nach Afrika. In Afrika werden die Sklaven südlich der Sahara in Nubien und Ostafrika gejagt. Teilweise verkaufen geldgierige afrikanische Herrscher auch ihre eigene Bevölkerung. Die Entvölkerung der Savannen Afrikas und der damit versiegende Strom der Sklaven führt im 11. Jahrhundert zu einer Krise auf dem islamischen Arbeitsmarkt. Die Sklaverei an sich lebt jedoch bis in die Gegenwart hinein fort, wobei sich islamische Gelehrte bemühen, die Sklaverei argumentativ zu begründen.[105]

Statt die Grausamkeit und die Unmenschlichkeit der Sklaverei zu benennen und zu verurteilen, bemühen sich muslimische Geistliche wie Muhammad Qutub bis in die Gegenwart hinein, die islamische Sklaverei zu rechtfertigen. Qutub argumentiert, es sei human, nicht die eigene Bevölkerung, sondern nur die Kriegsgefangenen zu versklaven. Auch sei es besser, die Gefangenen arbeiten zu lassen als sie zu töten. Freilich erwähnt er nicht, dass zahlreiche Kriegszüge lediglich unternommen wurden, um Sklaven zu „ernten", und dass die islamische Wirtschaft bis ins 20. Jahrhundert hinein auf der Sklaverei aufgebaut war, dass der Sklavenhandel einer der wichtigsten Wirtschaftszweige war. „Oft wurden auch regelrechte Sklavenjagden unternommen. In Westafrika sprach man von Sklaven-Ernten. ... Wie bedeutend der Sklavenhandel war, zeigt die Tatsache, dass es regelrechte Handbücher über 'Die Kunst des Sklavenkaufs' gab, in denen die Vor- und Nachteile von Sklaven nach ihren Heimatländern und anderen Kriterien dargestellt wurden."[106] Weiter erwähnt Qutub, dass Sklaven nach dem Koran von ihren Herren freigelassen werden konnten bzw. unter bestimmten Umständen sich selbst freikaufen durften. Dabei vergisst er allerdings, dass solche Freilassungen recht selten stattfanden und Mohammed selbst sich gegen eine vorschnelle Freilassung der Sklaven wendet. „Ein Mann ließ bei seinem Tod sechs Sklaven frei, und diese waren auch sein einziger Besitz. Der Prophet rief sie zu sich, teilte sie in drei Gruppen auf und ließ das Los werfen. Danach wurden zwei Sklaven freigelassen, und die vier anderen blieben in der Sklaverei. Der Prophet aber sprach sehr ärgerlich über den Mann, der sie freigelassen hatte."[107] Die vage Aussicht auf Freilassung war keine Gnade für den Sklaven; sie sollte ihn eher motivieren, besonders gut und fleißig zu arbeiten, um sich die Chance auf eine spätere Freilassung zu erarbeiten. Darüber hinaus will Qutub die Fortschrittlichkeit der islamischen Sklaverei nachweisen, indem er darauf hinweist, dass Sklavinnen lediglich ihrem Herrn zur sexuellen

Verfügung stehen mussten, wohingegen europäische Prostituierte mit zahlreichen Männern verkehren würden. Außerdem argumentiert er, dass manche Menschen einfach zur Unfreiheit geboren seien, gar keine Freiheit vertragen können: „Er ist aber nicht imstande, die Verantwortung für etwas zu tragen, selbst wenn es sich um einfachste Dinge handelt. Und das nicht etwa deshalb, weil sein Körper nicht dazu in der Lage wäre oder sein Geist es nicht verstehen könne, sondern weil er nicht gewohnt ist, die Konsequenzen zu tragen." Der Islam gibt solchen Menschen durch die geregelte Sklaverei eine äußere Sicherheit und bereitet sie durch eine „innere Wandlung" und eine Angleichung „gewissensbildendender Faktoren in der Psyche" auf ein selbstständiges Leben in weiterer Zukunft vor.[108] Die Realität der islamischen Sklaverei wurde durch folgende rechtliche Verordnungen geregelt: 1. Muslime dürfen so viele Sklavinnen als Konkubinen haben, wie sie wollen (Sure 4,3; 4,29; 33,49). 2. Muslime dürfen auch verheiratete Frauen als Sklavinnen besitzen und geschlechtlich mit ihnen verkehren, ohne dass von Ehebruch oder Prostitution gesprochen werden kann (Sure 4,28). 3. Der Sklave ist seinem islamischen Herren bedingungslos ausgeliefert. Dieser bestimmt über seinen Besitz, sein Leben, seine mögliche Partnerschaft und seinen Willen (Sure 16,77). 4. Muslime sollen ihre Sklaven gut behandeln und ihnen die Möglichkeit zum Freikauf einräumen (Sure 4,40; 24,33). Diese Anweisung war allerdings in erster Linie auf die wirtschaftliche Leistungsfähigkeit des Sklaven bezogen. Mohammed sagt dazu: „Seine Sklaven gut zu behandeln ist ein Weg zum Wohlstand, sie schlecht zu behandeln aber ist ein Weg in den Ruin." 5. Im islamischen Wirtschaftsrecht wird der Sklave nicht als Mensch sondern als reines Handelsgut angesehen. 6. Sklaven besitzen keinerlei zivile Freiheiten. Ihre Besitzer sind ihre absolute Herren. Sklaven dürfen über kein Eigentum verfügen. Ihre Kinder sind von Geburt an auch Sklaven. 7. Da Sklaven keine eigenständige Persönlichkeiten sind, dürfen sie vor Gericht nicht aussagen, allerdings erhalten sie bei manchen Vergehen auch nur die halbe Strafe. Die Praxis der durch den Islam legitimierten

Sklaverei erstreckt sich von der Zeit Mohammeds bis in die Gegenwart. Noch in den 50-er Jahren des 20. Jahrhunderts fanden in arabischen Ländern öffentliche Sklavenmärkte statt.[109]

Gelegentlich werden auch in der Gegenwart konkrete Fälle von Sklaverei in islamischen Ländern bekannt. In den vergangenen Jahren wurde, diese insbesondere aus Mauretanien, Kuwait, Jemen, Oman, Qatar und Sudan berichtet. Noch 1981 klagt die „Gesellschaft gegen die Sklaverei" Mauretanien an, nichts gegen die Sklaverei im eigenen Land zu unternehmen, obwohl es ein Jahr zuvor ein Dekret zur Abschaffung des Sklaverei verfügte. Nach Angaben der Organisation sollen dort bis zu 100.000 Sklaven für die Haus- und Feldarbeit eingesetzt sein.[110] Der frühere „Back Panther"-Führer Eldridge Cleaver berichtete noch 1977 nach einem längeren Aufenthalt in Afrika: „Nach Jahren engsten Zusammenlebens mit den Arabern weiß ich, dass sie zu den Völkern der Erde gehören, die die stärksten rassischen Tendenzen haben. ... Viele arabische Familien, die es sich leisten können, halten sich ein oder zwei schwarze Sklaven für ihre Hausarbeit. Manchmal besitzen sie auch eine ganze Familie. Ich habe solche Sklaven mit eigenen Augen gesehen."[111] Ende September 2001 berichtet die internationals Hilfsorganisation CSI, dass es ihr gelungen war, 4041 Sklaven von ihren muslimischen Besitzern freizukaufen. In Interviews gaben drei Viertel der befragten Frauen an, von Massenvergewaltigungen betroffen worden zu sein. Die meisten waren zudem Zeugen von Exekutionen anderer Sklaven geworden. Viele der Opfer wiesen darüberhinaus schwere Foltermale auf.[112]

3. Gewalt gegen Christen

In Gesprächen über den Islam wird immer wieder auf dessen vorgebliche Toleranz hingewiesen, die sich insbesondere in der Akzeptanz von Christen zeige, die Mohammed im Koran fordere. Dass der Koran Christen keine Religionsfreiheit oder gar eine Gleichberechtigung anbietet, haben die vorherigen Kapitel zur Genüge aufgezeigt. Allerhöchstens wird ihnen ermöglicht ihrem Glauben im Privatleben nachzugehen, soweit dies nicht im Konflikt zu den Ordnungen des Islam steht und kein Muslim daran Anstoß nimmt. Ein solches Leben ist allerdings stets auf das wechselnde Wohlwollen islamischer Herrscher angewiesen und ermöglicht bestenfalls ein Leben als Bürger mit eingeschränkten Rechten und Pflichten. Anhängern anderer Religionen ergeht es in der Regel noch weit schlechter. „Die Beziehungen zwischen den muslimischen Herrschern und den Dhimma waren von Beginn an konfliktreich, weil die Dhimma auch als Schutzbefohlene nur Bürger zweiter Klasse waren. Dennoch wechselten Zeiten schlimmster Verfolgung und Unterdrückung mit Perioden von Toleranz und Anerkennung"[113]

Alle Andersgläubigen werden in islamischen Ländern als Ungläubige angesehen. Da sie täglich mit den Wahrheiten des Islam konfrontiert werden, ohne sich dieser Lehre anzuschließen, ist ihre Hartnäckigkeit für einen Muslim noch stärker abzulehnen als der mit Unwissenheit entschuldbare Unglaube eines Menschen in einem nichtislamischen Land. „Solche Menschen sind nicht nur Kafirun (Ungläubige), sondern ihre Verhaltensweise ist auch unklug und unnatürlich, denn dem Propheten nicht zu folgen, nachdem man ihn als wahr anerkannt hat, bedeutet, dass man wissentlich die Unwahrheit verfolgt."[114] Vollkommen unentschuldbar ist es aus islamischer Sicht, wenn ein zum Islam konvertierter Christ sich wieder seiner ursprünglichen Religion zuwendet oder wenn ein im Islam aufgewachsener Mensch diesem den Rücken zuwendet. Wer so den einmal als Wahrheit erkannten Islam ablehnt, dem wird Böswilligkeit unterstellt, welche die Strafe Allahs und die des islamischen Staates nach sich ziehen muß. „Allah ist der Herr des Universums, der wirkliche Herrscher, der König aller Könige, und es ist bindende Pflicht für jeden Menschen, die Autorität seiner Gesandten und Apostel anzuerkennen und ihnen als den bevollmächtigten Propheten Gehorsam entgegenzubringen. Jeder, der sich vom Propheten Allahs abwendet, ist in Wahrheit ein Kafir, ob er nun an Allah glaubt oder nicht."[115] Dass vor diesem Hintergrund keine Religionsfreiheit entstehen konnte und kann, ist offensichtlich.

Für die Diskussion um religiöse Toleranz im Islam muß darauf hingewiesen werden, dass muslimische Gelehrte aus Vergangenheit und Gegenwart unter eben dieser Toleranz lediglich das „Lebenlassen" verstehen, von einer religiösen Toleranz im Sinne der westeuropäischen Demokratien aber meilenweit entfernt sind. Die in Europa propagierte Toleranz hat für viele tonangebende Islamisten den einzigen Zweck, Europäer für den Islam zu gewinnen und unter dem Schutz gesetzlich verbürgter Religionsfreiheit besser für einen islamistischen Staat werben zu können. Wenn der allerdings erst einmal existiert, hat sich die auf Gleichwertigkeit abzielende Religionsfreiheit erübrigt. „Grundsätzlich sind wir Muslime zur Toleranz verpflichtet ... islamische Toleranz hat Erziehungsfunktion und beinhaltet den Ruf zum Guten! ... Der Islam ist ein Glaube, der seine Grenze zu anderen Religionen und Weltanschauungen ganz deutlich zieht und kein Interesse daran hat, sich eben im Sinne einer als Wertneutralität verstandenen Toleranz und Akzeptanz anderen Vorstellungen anzunähern ... Damit ist Toleranz Mittel zum Zweck der Pflichterfüllung, nämlich der dawa [Mission]. Dies sollte man sich immer vor Augen halten."[116]

Im Gespräch über die Toleranz des Islam wird relativ häufig auf Sure 2,256 Bezug genommen: „Zwingt keinen zum Glauben, da die wahre Lehre vom Irrglauben ja deutlich zu unterscheiden ist." Hier ist aber nicht gemeint, tatsächlich keine Gewalt gegen Andersgläubige anzuwenden, das entspräche auch nicht dem historischen Vorgehen Mohammeds. Dieser Vers will lediglich ausdrücken, dass niemand dem Islam blind zu folgen braucht, da er ja für jeden erkennbar ist. Außerdem soll in diesem Vers auf die schlichte Wahrheit hingewiesen werden, dass es unmöglich ist, jemanden zu einem Glauben zu zwingen, den die Person innerlich ablehnt. Solchermaßen gezwungene Menschen werden kaum zu überzeugten Muslimen. Trotzdem gehörte die Zwangsmission stets zum Repertoire islamischer Staaten. Oft allerdings wurde die Bevölkerung nur oberflächlich islamisiert und im Laufe der Jahre entstanden Mischreligionen, in denen nichtislamische Riten und Vorstellungen mit einer neuen islamischen Interpretation weiterleben. So finden sich gerade im Volksislam bis heute zahlreiche dem Koran widersprechende Bräuche und Vorstellungen. Manchmal führte die Feststellung „niemanden zum Glauben zwingen zu können" aber auch zu Massenmorden, Vertreibungen und Versklavungen; denn wenn es vergeblich ist, die Menschen durch Druck zu Muslimen zu machen, kann man sich ihrer auch gleich entledigen.

3.1. Christenverfolgungen in der Vergangenheit

Natürlich kann hier keine vollständige Geschichte der von Muslimen betriebenen Christenverfolgungen angeführt werden. Doch sollen hier ergänzend zur „Gewalt in der islamischen Geschichte" einige Beispiele für ein gewaltsames Vorgenen von Muslimen gegen Christen genannt werden. Dabei handelt es sich keinesfalls um Einzelfälle, sondern um Ausdrücke einer religiös verwurzelten Ablehnung der Christen, die seit der Zeit Mohammeds den Umgang mit christlichem Minderheiten in islamischen Ländern kennzeichnet. Natürlich gab es auch immer wieder Phasen relativer Toleranz und Freiheit für Christen unter islamischer Oberhoheit. Diese war aber meist nur kurzzeitig und eher politisch und wirtschaftlich als religiös begründet.

Gegenüber den Animisten seiner Umgebung hebt Mohammed die Stellung der Christen als „Schriftbesitzer" positiv hervor. Sie verfügen aus seiner Sicht über eine, wenn auch verfälschte, Offenbarung Allahs. Darüber hinaus hofft er zu Beginn seiner Wirksamkeit durchaus noch, von den Juden und Christen als Prophet anerkannt zu werden. Mohammed lobt die Liebe der Christen gegenüber den Muslimen, ihre Bescheidenheit (Sure 5,82) und ihren wahren Glauben (Sure 3,110), der es ihnen auch ermögliche, ins Paradies zu kommen. Als Mohammed jedoch von Juden und Christen seiner Umgebung abgelehnt wird, beginnt er auch sie zu kritisieren (Sure 2,111; 5,15). Seit der Aufrichtung seines Gottesreiches (624) in Medina beginnt er christliche Auffassungen vehement abzulehnen. Er wirft den Christen vor, fälschlicherweise an die Gottessohnschaft Jesu und die Trinität zu glauben (Sure 2,116; 5,72-73, 9,30) sowie die klare Wahrheit Allahs in ihren Schriften zu verdunkeln (Sure 3,71).

Die Freundschaft zwischen Muslimen und Christen wird im Koran daraufhin deutlich abgelehnt: „O ihr, die ihr glaubt, nehmt nicht Juden oder Christen zu Freunden, denn Freunde sind sie nur gegeneinander. Und wer von euch sie als Freunde nimmt, wahrlich

er gehört zu ihnen. Wahrlich, Gott leitet nicht das Volk der Frevler recht" (Sure 5,56, vgl. Sure 5,51). Außerdem finden sich im Folgenden mehrerer Aufforderungen, die „Ungläubigen" zu töten (z.B. Sure 4,89).

Durch die explosionsartige Ausbreitung des **Islam** im 7. und 8. Jahrhundert verloren zahlreiche Christen in Nordafrika, Arabien und Persien ihre Freiheit und ihr Leben. [117] In den überwiegend von Moslems bewohnten Staaten litten die unterdrückten Christen unter dem Hass und Misstrauen ihrer islamischen Herren. Insbesondere nach den verlustreichen Kämpfen mit den katholischen Kreuzfahrern in Palästina wuchs die Ablehnung gegenüber den Christen, die als Feinde im eigenen islamischen Lande verstanden und behandelt wurden. Christen in arabischen Ländern wuden in dieser Zeit von der Bevölkerung schikaniert, vom Staat überwacht und immer wieder vertrieben oder getötet. Gleichzeitig wurden die **nestorianischen Christengemeinden** in Nordwest-**China** unter dem Ansturm der Mongolen und Türken vernichtet.[118]

Noch im 12. Jahrhundert sind weite Teile Ostafrikas christlich geprägt. 1171 besetzen islamische Truppen Nubien und beginnen die Zwangsmissionierung mit Massakern unter der Bevölkerung. Da sich einige Christen weigern, Muslime zu werden oder unter islamischer Oberhoheit zu leben, wird 1315 von Kairo aus ein König eingesetzt, der die gewaltsame Islamisierung der Region weiter vorantreiben soll. Ab 1315 werden die christlichen Kirchen in Moscheen verwandelt und die Dongola zum neuen Glauben gezwungen.[119]

Im 13. Jahrhundert kommt es in zahlreichen islamischen Ländern zur gewaltsamen Verfolgung der Christen. Aus weiten Teilen der heutigen Türkei werden die Christen vertrieben, die ehemals christliche Bevölkerung Nubiens wird fast geschlossen islamisiert, auch die Kopten in Ägypten werden zum Islam gezwungen, die Kirche der Jakobiten in Syrien wird schwer verfolgt. Seit die Mongolen zum Islam übergetreten sind, kommt es in ihrem Herrschaftsgebiet „zu gewaltsamen Bekehrungen, Deportationen, ja Ausrottung ganzer christlicher Bevölkerungsgruppen. Die Nestorianer, die zu Beginn des 13. Jahrhunderts noch 200 Bistümer von Syrien bis China besaßen, schrumpfen nun bis auf unbedeutende Reste zusammen."[120]

Ende des 14. Jahrhunderts kommt es zu einem 25 Jahre währenden Kampf der christlichen Albaner gegen die in ihr Land einfallenden muslimischen Türken. Nach dem Tod Skanderbegs wird Albanien dem Osmanischen Reich eingegliedert. Es kommt zu einer großen Flüchtlingswelle der christlichen Bevölkerung nach Süditalien und Sizilien. Die in Albanien verbliebenen Menschen treten zum Islam über.[121]

1886 erreichen die von Muslimen geförderten Christenverfolgungen in Buganda (Ostafrika) ihren Höhepunkt. Daraufhin wird Buganda zunächst britisches Protektorat und 1962 dann Teil der unabhängigen Föderation Uganda.[122]

1894 setzen die Osmanen irreguläre Truppen ein, um ein Massaker an den christlichen Armeniern in ihrem Herrschaftsbereich zu verüben. 1905 folgt ein weiteres durch die Regierung angeordnetes Massaker an den Armeniern.[123] Zwischen 1894 und 1896 werden in der Türkei 110.000 christliche **Armenier** getötet.[124] Bis 1916 sterben weitere 1,5 Mill. Armenier, ca. 100.000 Frauen müssen den Rest ihres Lebens in moslemischen Harems verbringen.[125] „Mit den 1914 bis 1916 ungefähr 1,5 Millionen ermordeten Armeniern wurden schätzungsweise eine halbe Millionen Assyrer ausgelöscht - damals etwa zwei Drittel dieses Volkes."[126] Während einige kurdische Organisationen sich für diese Verfolgung entschuldigen, fehlt bei der türkischen Regierung und in der türkischen Öffentlichkeit bislang jegliches Unrechtsbewusstsein. Erinnerungen an diese Grausamkeiten werden eher unterdrückt und die christliche Minderheit im Lande weiterhin drangsaliert. Gegenwärtig ist die armenische Kirche in der Türkei von einer weiteren Enteignungswelle betroffen.

Ungefähr 120.000 christliche **Assyrer** sterben bei einer Verfolgung in Mesopotamien 1933.

Zu Beginn der 60-er Jahre richten die islamischen Haussa und Fulani im Osten Nigerias ein Massaker an ca. 30.000 christlichen

Ibo an. Zum Schutz gegen weitere durch die Landesregierung legitimierte Übergriffe der Muslime schliesst sich die Bevölkerung
Ostnigerias zusammen und ruft 1967 einen eigenen Staat namens
Biafra aus. Nach dreijährigem Bürgerkrieg, bei dem schätzungsweise eine Millionen Menschen in Biafra ihr Leben verlieren, wird
die Region wieder Nigeria eingegliedert.[127]

In fast allen islamischen Staaten der Welt werden Christen
heute verfolgt; in **Saudi-Arabien** werden 1993-95 ca. 300
Menschen wegen eines Gottesdienstbesuchs verurteilt[128], im
Sudan werden Christen gekreuzigt und 45.000 in islamischen
Umerziehungslagern interniert[129].

Ungezählt sind viele hundert **Missionare**, die in diesem Jahrhundert aufgrund ihrer Arbeit gefangen genommen und getötet
werden. Noch 1988 werden ca. 300.000 Christen wegen ihres
Glaubens getötet. 1999 sterben weltweit 165.000 Christen für
ihren Glauben.[130]

Auch wenn **nicht immer nur religiöse Motive** bei der Verfolgung der Christen eine Rolle spielen, ist es, nach einem kurzen
Gang durch die Leidensgeschichte der Christen, beeindruckend
zu bemerken, wie viele Christen bereit waren, **für ihren Glauben
zu sterben**, wie **Gott diesen Christen** in ihrer Unterdrückung
beistand und wie trotz alledem der **Glaube** an Jesus Christus
überlebt hat und heute mehr Menschen Christen werden als je
zuvor.

Nach entsprechenden Untersuchungen der Hilfsorganisation
„Offene Grenzen" sind die Länder mit den gegenwärtig größten
religiösen Diskriminierungen fast ausschließlich islamische Länder: Saudi-Arabien, Afghanistan, Tschetschenien, Sudan, Jemen,
Malediven, Iran, Marokko, Tunesien, Libyen ...[131]

3.2. Wenn Muslime zum Glauben kommen[132]

In einer großen Zahl islamischer Länder existieren vom Koran unabhängige Menschenrechte nicht. Islamische Menschenrechtserklärungen wie die „Kairoer Erklärung der Menschenrechte" von 1990 machen das auch unmissverständlich deutlich: „Alle Rechte und Freiheiten, die in dieser Erklärung genannt wurden, unterstehen der islamischen Scharia." Wenig später heißt es: „Die islamische Scharia ist die einzig zuständige Quelle für die Auslegung oder Erklärung jedes einzelnen Artikels dieser Erklärung."[133] An den oben genannten Grenzen religiöser Toleranz im Koran orientieren sich also auch die islamischen Menschenrechte. Der Koran aber macht Christen beispielsweise zu Bürgern zweiter Klasse mit eingeschränkten Menschenrechten in islamischen Gesellschaften.

Besonders hart wird in muslimischen Ländern gegen Personen vorgegangen, die sich vom Islam abwenden wollen. Wo „der Islam Staatsreligion und tragende Säule der staatlichen Ordnung ist, bedeutet Glaubensabfall Erschütterung der muslimischen Gemeinschaft und Lebensordnung. Als loyaler Staatsbürger gilt, wer am Islam festhält. Wer vom Islam abfällt, begeht Staatsverrat."[134] Die Abkehr des Muslims von seinem Glauben wird gleichbedeutend mit einer Nichtanerkennung Allahs gesehen. Männer, die im Vollbesitz ihrer geistigen Kräfte sind, sollen daraufhin mit dem Tod bestraft werden. Für Frauen werden im allgemeinen Schläge, Gefängnisstrafe oder der Verkauf in die Sklaverei vorgesehen (Sure 4,15; 24,2).[135] „Und wenn sie sich abwenden, dann greift sie und tötet sie, wo immer ihr sie findet, und nehmt euch niemanden von ihnen zum Freund oder Helfer!" (Sure 4,89) Wer den Islam vernachlässigt, steht unter dem Zorn Allahs und muss eine harte Strafe befürchten (Sure 16,106; die Verführung eines Muslims zum Abfall wird schlimmer beurteilt als Mord (Sure 2,217); der Abgefallene steht unter dem Fluch Allahs (Sure 9,68), der sein Vergehen keinesfalls vergeben wird (Sure 4,137). Als Ungläubiger kann schon gelten, wer absichtlich mehrere Tage hintereinander das vorgeschriebene islamische Gebet vernachlässigt, wer einen

Koran beschädigt, Zauberei betreibt, eine Kirche besucht oder sich ernsthaft für einen anderen Glauben interessiert.[136] In der für die islamische Rechtsprechung relevanten Überlieferung wird der harte Umgang mit den Abgefallenen bestätigt: „Wer seine Religion wechselt, den tötet." Oder „Wer sich von euch trennt, der soll sterben." Nach derselben Überlieferung soll Mohammed selbst vom Islam Abtrünnige verstümmelt und getötet haben.[137] Die heutigen islamischen Rechtsgelehrten sind sich darüber einig, dass Apostasie, Gotteslästerung oder die Verspottung des Propheten mit dem Tod bestraft werden soll, auch wenn ein entsprechendes Gerichtsverfahren nicht immer stattfindet.[138] Meist wird ein Abgefallener lediglich von seiner Familie ausgestoßen und gesellschaftlich geächtet. Damit einhergehen kann der Verlust des Arbeitsplatzes und der Freunde, die Scheidung aus religiösen Gründen, die Verwehrung des Erbes und öffentliche Beschimpfungen. Manchmal wird auch versucht, die ehemaligen Muslime durch magische Beschwörungen oder psychiatrische Behandlungen zur Umkehr zu bewegen.[139] Immer wieder werden Abtrünnige auch von eigenen Familienangehörigen und Freunden getötet, weil sie auf diese Weise die Schande des Abfalls von der Familie abwaschen möchten. Da es sich hierbei nur um eine Vorwegnahme einer islamisch legitimen Strafe handelt, muss der Mörder nur mit einer leichten Verwarnung vor Gericht rechnen, soweit ihn jemand verklagt.[140] Kommt es doch zu einer juristischen Verurteilung des Abgefallenen, wird dieser enthauptet, an einen Pfahl gebunden und durchbohrt oder gekreuzigt.[141]

„Die aus der europäischen Diaspora agierenden Islamisten haben die Doppelzüngigkeit erlernt: Unter sich sprechen sie die antiwestliche Sprache des politischen Islam, der nach einer Gottesordnung strebt; mit den anderen, den Europäern, sprechen sie die Sprache der Toleranz und stellen sich als Opposition dar, die für Grundrechte kämpft, die sie natürlich nur für sich selbst einfordern. Die Islamisten haben aber auch gelernt, jede rechtsstaatliche Verfolgung ihrer Aktivitäten durch den Vorwurf des 'Feindbilds Islam' zu diskriminieren. Auf diese Weise waren sie bisher in der Lage, die säkulare Rechtsstaatlichkeit, wann immer sich diese gegen sie richtete, mit Islamophobie gleichzusetzen."[142]

3.3. Christen in islamischen Ländern[143]

Die islamische Welt ist zur Zeit sehr weit von Toleranz entfernt, auf die islamische Gemeinschaften in Deutschland mit Blick auf den Koran so gerne verweisen und dabei die religiöse Toleranz in diesem Land ganz selbstverständlich genießen. Doch während in Deutschland und anderen Ländern Europas Moscheen gebaut werden, bekommt in Saudi-Arabien schon derjenige ernste Schwierigkeiten, der ein kleines goldenes Kreuzchen um den Hals trägt. Die Situation der Christen in islamischen Ländern hat mit Toleranz wenig zu tun; wenn der christliche Glaube nicht generell verboten ist, so werden die Bürger christlichen Glaubens als Menschen zweiter Klasse behandelt, denen es unter anderem verwehrt ist, sich öffentlich zu ihrem Glauben zu bekennen.[144] Christliche Minderheiten in islamischen Ländern haben dort „innerhalb ihrer eigenen Religionsgemeinschaft Existenzberechtigung und das Recht auf Selbstverwaltung, unterliegen aber nach außen starken Beschränkungen sowie der Kontrolle und Oberaufsicht durch den islamischen Staat ... Unter der staatlichen Kontrolle werden häufig die offiziell erforderlichen Genehmigungen für Gebäudereparaturen jahrelang verschleppt oder ganz verweigert, so dass Kirchen verfallen und unbrauchbar werden. In einigen Ländern darf die Ausübung des christlichen Glaubens überhaupt nicht für die Öffentlichkeit sichtbar werden. Immer wieder kommen in islamischen Ländern Übergriffe, ja teilweise Ausschreitungen gegen Christen und christliche Einrichtungen vor."[145] Religionsfreiheit meint in zahlreichen muslimischen Staaten lediglich den Verzicht auf einen erzwungenen Übertritt zum Islam.

Die Benachteiligung und Verfolgung von Christen in islamischen Ländern zeigt sich in unterschiedlichen Verhaltensweisen und kann durch politische und wirtschaftliche Krisen plötzlich verschärft werden. Der Finne Johan Candelin von der „Kommission für Religionsfreiheit" der weltweiten Evangelischen Allianz erläuterte die drei Schritte zur Verfolgung: „Am Anfang steht die Desinformation, zu der Massenmedien beitragen. Darauf folgt die Diskriminierung, die Christen zu 'Bürgern zweiter Klasse' macht. Schließlich kommt es zur Verfolgung. Sie kann nach Candelin ausgehen vom Staat, von der Polizei oder dem Militär, von radikalen Organisationen, vom Mob, von paramilitärischen Gruppen oder den Repräsentanten anderer Religionen."[146]

Vereinzelt wird auch im demokratischen Europa auf die unerträgliche Situation vieler Christen in islamischen Ländern aufmerksam gemacht. Der CDU- Bundestagsabgeordnete Herr Gröhe erarbeitet eine Große Anfrage zum Thema „Verfolgung von Christen in aller Welt" für den Deutschen Bundestag. Er betont, dass sich auch die Politik für die Einhaltung der Menschenrechte und der Glaubensfreiheit einsetzen muss, welche insbesondere in islamischen Ländern mit Füßen getreten werden. Durch diesen Einsatz wirkt die Politik humanitär und leistet einen Beitrag zur Entwicklung der Demokratie in den betreffenden Staaten. Gleichzeitig kann durch eine offene Diskussion mit den Regierungen dieser Länder der Einfluss des Islamismus bewusst gemacht und möglicherweise eingeschränkt werden.[147] Außerdem muß laut Rüdiger Durth auch in der Politik zur Kenntnis genommen werden, „dass sich die Christen zum Sprecher von Demokratie und Menschenrechten machten, für die Aufdeckung der Wahrheit eintreten würden. Zudem seien die Christen nur schwer zu kontrollieren, da ihre höchste Autorität nicht von dieser Welt sei, außerdem verfügten sie über weltweite Kontakte."[148] Insofern wäre es auch im ureigensten Interesse europäischer Politiker, wenn sie sich für die Belange christlicher Minderheiten einsetzen, da sie auf diese Art und Weise eine effektive Förderung demokratischen Denkens und Handelns in zahlreichen Ländern der Welt fördern würden. Ohne eine Hilfe von außen werden Diskriminierung, Christenverfolgung und Bürberkriege auch weiterhin den Alltag vieler islamischer Staaten bestimmen. „Jedenfalls ist seit 1648 in Europa klar, dass es in der Politik nicht mehr um Wahrheit und Erlösung, sondern um Praxis und Verfahren geht. Die Aufgabe des transzendentalen Bezuges der Politik hat die gedankliche Konsequenz gehabt, dass Bürgerkriege und Kriege auch einmal beendet werden müssen. Genau diese Konsequenz fehlt in der islamischen Welt. Deshalb ist sie auch eine Welt der Christenverfolgungen."[149]

Hans Joachim Heintze, Dozent für Friedenssicherung und Völkerrecht, begründet, warum sich europäische Staaten bei Menschenrechtsverletzungen im Ausland engagieren dürfen und sollen: „Wenn es um den Schutz der Menschenrechte geht, dann können andere Staaten durchaus vorstellig werden, um den Rechtsverletzer auf seine Pflichten hinzuweisen. Dies ist deshalb zulässig, weil die Mitgliedsstaaten der UNO sich verpflichtet haben, die Menschenrechte und Grundfreiheiten einzuhalten. ... Kommt es jedoch in einem Staat zu massenhaften und schweren Menschenrechtsverletzungen, so werden diplomatische Mittel nicht ausreichen ... so dass andere Staaten zu Repressalien gegenüber diesem Staat berechtigt sind, um ihn zu einem völkerrechtsgemäßen Verhalten zu veranlassen. So können beispielsweise Wirtschaftskontakte unterbrochen werden ... Bei aller politischer Zurückhaltung sehen sich die Staaten zunehmend in der Pflicht, auf Menschenrechtsverletzungen massiv zu reagieren."[150]

Auf der internationalen Lambeth- Konferenz der Anglikanischen Kirche forderten insbesondere die Vertreter der Dritten Welt „die Auseinandersetzung mit dem Islam. Offen wurde über die Verfolgung der Christen in islamischen Ländern gesprochen, etwa in Pakistan und im Sudan. Hier waren es umgekehrt Bischöfe aus westlichen Ländern, die das Idealbild eines am Dialog mit den Christen interessierten Islam entwarfen. „Den gibt es bei uns aber nicht", kommentierte ein afrikanischer Bischof.[151]

Weit verbreitet ist das Wissen um die Menschenrechtsverletzungen an Christen in islamischen Ländern und die damit zusammenhängenden Probleme des Islamismus und der Intoleranz in vielen arabischen, afrikanischen und asiatischen Staaten allerdings nicht. Politiker meiden dieses nicht publikumsträchtige Thema, weil ihnen religiöses Denken und Empfinden oftmals abgeht, so dass sie den Islamismus und die religiösen Konflikte in islamischen Ländern eigentlich nicht verstehen oder nur soziologisch und wirtschaftlich begutachten. Auch fürchten sich viele Volksvertreter vor dem Vorwurf der Ausländerfeindschaft. Dabei hat sich die islamistische Propaganda, die sich offen gegen den christlichen Glauben und gegen demokratische Strukturen ausspricht, längst auch in Deutschland etabliert. Offen und direkt spricht Basam Tibi das Problem der religiösen Intoleranz im klassischen Islam an und berührt damit ein für das Zusammenleben der Religionen wichtiges Thema, das von zahlreichen Politikern übersehen oder aus Angst vor negativer Publicity gemieden wird. „Wir Moslems in Europa müssen uns vom Islamismus der Taliban distanzieren. Und noch mehr: Es darf nicht mehr verschwiegen werden, dass nicht nur die Islamisten, sondern auch die islamische Orthodoxie den Islam als die einzig 'wahre Religion' betrachtet. Nach islamischer Theologie gilt die islamische Toleranz nur für Christen und Juden, also nicht etwa für Buddhisten, Sikhs oder Hindus. Weiter gilt die islamische Toleranz für Juden und Christen nur beschränkt in ihrer Eigenschaft als 'Dhimmi', das heißt 'geschützte Minderheiten', stets unter islamischer Obhut, nicht als souveräne Gemeinschaft."[152]

Nach fundierten Schätzungen werden jährlich etwa zwei Millionen Christen aufgrund ihres Glaubens schikaniert, verhaftet, gefoltert oder zur Flucht gezwungen.[153] Die beispielhafte Beschreibung der Situation von Christen in einigen muslimischen Ländern soll vor Augen führen, wie Andersgläubige unter der Gewalt islamischer Fundamentalisten leiden.

3.3.1. Christen in Ägypten

Zur Zeit der islamischen Eroberungen war Ägypten ein überwiegend christliches Land. Unter dem Druck der neuen Herren konvertierten zahlreiche Christen zum Islam. Trotz einer kontinuierlichen Benachteiligung und mancher Verfolgungen bekennen sich bis heute etwa 10% der Bevölkerung zum christlichen Glauben.

Seit Jahrzehnten wird von der Unterdrückung der ägyptischen Christen durch die einheimischen Muslime berichtet.[154] Im Dezember 1972 brannten moslemische Fanatiker Kirchen, Häuser und Geschäfte nieder. Kopten in Alexandrien, El Mansura, Dimanhour und El Hanka wurden von Islamisten überfallen und zusammengeschlagen. 1976 beklagt sich der Präsident der Amerikanischen Koptischen Gesellschaft über die systematische Benachteiligung der Christen in Ägypten. Führungspositionen werden ihnen verweigert, öffentliche Stellen werden vor allem an Muslime vergeben, christliche Studenten erhalten regelmäßig schlechtere Noten als ihre islamischen Kommilitonen, christliche Studenten bekommen keine Assistentenstellen und werden fast nie als Professoren berufen usw. Im Oktober 1977 wurden mehrere christliche Kirchen in Ägypten überfallen und entweiht. 1881 initiierten Islamisten Unruhen in einem Kairoer Vorort, denen rund 80 Christen zum Opfer fielen. Wenig später wurde ein Bombenanschlag auf eine koptische Kirche verübt, dem 3 Christen zum Opfer fielen. 1983 wurde Shenouda, das geistliche Oberhaupt der Kopten, von der ägyptischen Regierung in ein Wüstenkloster verbannt.

Auch in der Gegenwart gibt es zahlreiche muslimische Übergriffe auf christliche Institutionen und Privatpersonen. Beispielsweise kam es im Januar 2000 zu einem Massaker an 20 Christen, das sich an einer Auseinandersetzung zwischen einem muslimischen Kunden und einem christlichen Geschäftsmann entzündet hatte. Vielfach werden die geringsten Vorwürfe gegen Christen benutzt, um unverhältnismäßige Rache zu üben. Auch heute noch halten die meisten ägyptischen Muslime die Christen für keine gleichwertigen Staatsbürger.[155] Christen haben in Ägypten keinen Zugang zu den staatlich kontrollierten Medien. Christliche Veranstaltungen dürfen nicht außerhalb der Kirchen stattfinden. Die koptische Sprache der Christen wird in den Schulen nicht gelehrt. Christliche Kinder müssen in der Schule den Koran lesen, Bibeltexte kommen im Unterricht hingegen nicht vor. Christliche Frauen müssen ihre Kinder muslimisch erziehen, wenn sie einen muslimischen Mann heiraten; ein christlicher Mann hingegen darf keine muslimische Frau heiraten. Lernt ein Mann eine aus dem Islam konvertierte Frau kennen und will sie heiraten, ist das staatlich unmöglich. Sie leben nach ägyptischem Recht in wilder Ehe, ihre Kinder sind formal Muslime und müssen auch als solche erzogen werden. Einige Regierungsposten sind Christen prinzipiell verwehrt. In der muslimischen Gesellschaft wird darüber hinaus ein ständiger Druck ausgeübt, zum Islam als der „besseren" Religion zu konvertieren. Christen werden bei Stellenvergaben und Prüfungen regelmäßig benachteiligt. In der Schule und in den Moscheepredigten werden Christen immer wieder verbal angegriffen. Ägyptische Muslime, die zum christlichen Glauben konvertieren wollen, haben schärfste Sanktionen zu fürchten. „Zur gesellschaftlichen Verfolgung gehören Schikanen wie Verlust der Arbeit, Enterbung seitens der Eltern, Raub der Kinder und Morddrohungen. Fanatische Muslime schrecken nicht davor zurück, einen Konvertiten umzubringen."[156] Häufig muss die Ehe geschieden werden, wenn der Ehepartner nicht auch Christ geworden ist. Rein rechtlich gesehen ist ein Übertritt zum christlichen Glauben für einen Muslim eigentlich nicht möglich.

Auch wenn von öffentlichen Gerichten bisher nicht die von der Scharia geforderte Todesstrafe ausgesprochen wurde, sind zahlreiche Konvertiten wegen „Unruhestiftung" mit bis zu zwei Jahren Gefängnis bestraft worden.

Immer wieder sind in den vergangenen Jahren gewalttätige Übergriffe von ägyptischen Islamisten gegen christliche Kopten in zahlreichen Städten des Landes bekannt geworden.[157]

3.3.2. Christen in Indonesien

Seit über 450 Jahren leben in Indonesien Christen. Heute machen sie neben den mehrheitlich islamischen Menschen etwa 10% der indonesischen Bevölkerung aus. Seit mehr als zehn Jahren drängen islamistische Kräfte die Regierung dazu, sich stärker am Koran zu orientieren. Der Ärger über die Misswirtschaft Suhartos und die asiatische Wirtschaftskrise 1997 entlädt sich insbesondere über den einheimischen Christen. Spannungen treten insbesondere in den stark christlich geprägten Landesteilen Sumatra, Java, Kalimantan, Sulawesi, Nusa Tenggaru, Timor und Irian Jaya auf. Besonders hart sind die chinesischen Christen, die beispielsweise in Kalimantan etwa 25% der Bevölkerung ausmachen, von der Verfolgung betroffen. Unter Suharto wurden 700.000 Chinesen und Christen ermordet und weitere 200.000 gefangengenommen. Im Anschluss an die asiatische Wirtschaftskrise kam es 1998 zu gewalttätigen Ausschreitungen, unter denen besonders die Chinesen zu leiden hatten. „Moslemische Banden führten eine brutale und systematische Kampagne durch. Sie vergewaltigten, misshandelten und ermordeten Hunderte von chinesischen Frauen und Mädchen, von denen manche jünger als 11 Jahre alt waren während sie „Allahu Akhbar" („Allah ist größer" oder „Allah ist am größten") riefen. Mehrere Frauen erlitten dabei ein so schweres Trauma, dass sie später Selbstmord begingen."[158]

Ausländische Christen werden ausgewiesen, wenn sie öffentlich von ihrem Glauben sprechen. Christliche Versammlungsräume dürfen nur nach Zustimmung der örtlichen Bewohner gebaut werden. In einer überwiegend muslimischen Umwelt ist es daher fast nicht möglich, christliche Kirchen zu errichten. Darüber hinaus siedelt die indonesische Regierung seit dreißig Jahren gezielt Muslime in stärker christlich geprägte Landesteile um, so dass sich die Mehrheitsverhältnisse in den betreffenden Regionen zugunsten der Muslime verschieben. Diese Umsiedlungspolitik hat immer wieder zu Spannungen geführt. Anfang 2000 starben dabei allein auf den Molukken über 3000 Personen. Die Unruhen schlugen auch auf Lombok über. Dort zogen Muslime durch die Strassen und forderten lautstark den Tod der Christen. In Jakarta riefen gleichzeitig Zehntausende zum Heiligen Krieg gegen die Christen auf.[159]

Politisch und gesellschaftlich werden Christen seit den 80-er Jahren bewusst benachteiligt und der Islam wird gefördert. Die höheren Ränge in Politik und Militär werden fast ausschließlich mit konservativen Muslimen besetzt. Darüber hinaus fördert der Staat den Bau neuer Moscheen, islamischer Schulen und Wohlfahrtseinrichtungen. In staatlichen Bildungsprogrammen wird eine enge Zusammenarbeit mit den arabischen Staaten des Mittleren Ostens praktiziert. Bei gewalttätigen Übergriffen gegen Christen verhält sich die Polizei meist abwartend und beobachtend. Während der Auseinandersetzungen in Ost- Timor und auf den Molukken stellten sie sich sogar auf die Seite der extremistisch muslimischen Angreifer.[160] An den Übergriffen auf die christliche Bevölkerung waren auch militante Extremisten aus anderen Teilen Indonesiens und sogar aus dem Mittleren Osten beteiligt. Örtliche Beobachter vermuten hinter den immer wiederkehrenden Auseinandersetzungen eine bewusst gesteuerte Strategie, die das Ziel verfolgt, Indonesien zu einem rein islamischen Land zu machen. Die Angriffe auf christliche Institutionen und Einzelpersonen wird durch die islamische Gruppe „Green" innerhalb der Armee unterstützt und durch die „Association of Indonesian Muslim Intellectuals" (ICMI) in den Medien begleitet und gerechtfertigt.

Durch kontinuierliche islamische Propaganda wandten sich in den letzten 15 Jahren immer mehr Indonesier von Gedanken wie Demokratie, Menschenrechte und freiem Handel ab. Diese Begriffe werden von den Islamisten mit finanzieller Korruption, Unmoral, Säkularismus usw. in Zusammenhang gebracht und allesamt als unislamisch eingestuft. Unter diesem religiösen und ideologischen Umschwung haben insbesondere die Christen zu leiden. So wurden in den vergangenen sechs Jahren über 360 Kirchen attackiert und zerstört. Islamische Extremisten greifen christliche Einrichtungen mit Drohbriefen, Steinwürfen oder Brandanschlägen an. Muslimische Extremisten bringen ihre Verachtung des christlichen Glaubens auch in öffentlichen Predigten und antichristlicher Literatur zum Ausdruck. Radikal islamistische Parteien verfügen mittlerweile über 10% der Stimmen und bemühen sich, ihre Interessen in der Politik noch stärker durchzusetzen.

Im Dezember 1999 kam es zu einer der gewaltsamsten Verfolgungen von Christen seitens der muslimischen Bevölkerung auf den Molukken. Innerhalb einer Woche starben 550 Menschen. Umherstreifende Banden junger Männer töteten im Verlauf der mehrmonatigen Auseinandersetzungen Tausende von Christen. Männer, Frauen und Kinder wurden mit Macheten, Speeren, Schwertern, Steinen, Pfeilen und Gewehren ermordet. Zehntausende flohen in den Urwald oder suchten in öffentlichen Gebäuden Schutz. Hunderte von Häusern und Kirchen wurden zerstört. Auch zahlreiche Muslime verloren bei den Auseinandersetzungen ihr Leben. Muslime in Jakarta und Lombok wollten deren Tod rächen und brannten die Häuser der meisten Christen ab; deren Bewohnern blieb nichts anderes übrig als zu fliehen.[161] Im April 2000 versammelten sich 5000 muslimische Extremisten in einem Stadion von Jakarta und riefen die Bevölkerung zu einem Dschihad (heiligen Krieg) gegen die Christen auf.

Der Nobelpreisträger Bischof Belo beschreibt die Situation der christlichen Osttimoresen im überwiegend muslimischen Indonesien: „Von da an wurden die Osttimoresen von den Indonesiern und dem indonesischen Militär wie Menschen zweiter Klasse behandelt. Aber nicht nur das. Die Steuern, die hier erhoben wurden, flossen nach Jakarta, und von dort kam praktisch nichts mehr zurück. Ein Teil der Bevölkerung Osttimors verarmte, die Ausbildung in den Schulen wurde reduziert."[162]

Auch im Jahr 2001 ist die Verfolgung der Christen in Teilen Indonesiens weiter vorangeschritten. Zehntausende sind um ihr Leben geflüchtet. Eine radikale moslemische Bewegung, Laskar Dschihad, zielt darauf ab, das Christentum auf den Molukken auszulöschen. Von Zeit zu Zeit gibt es Überfälle, bei denen Menschen getötet werden. Im April wurden auf der Insel Buru drei Christen getötet. Mindestens sechs Menschen starben in Ambon, als die Laskar-Dschihad-Kämpfer im Mai noch einmal zuschlugen. Im Juni wurden weitere acht Christen in Ambon getötet. Verschiedene islamische Gruppen versuchen indonesische Christen zu zwingen, Muslime zu werden. Die Christen versuchen sich dadurch zu schützen, indem sie ihre Heimat verlassen und sich in bestimmten Gegenden konzentrieren.[163]

Presseberichte sprechen im Frühjahr 2001 von 5.000 Toten und 500.000 Vertriebenen als Folgen der Übergriffe muslimischer Extremisten auf die sich zum christlichen Glauben bekennende Bevölkerung der Molukken. Zahlreiche Christen wurden von Islamisten unter Todesdrohungen gezwungen, Muslime zu werden. Christen, die sich weigerten, wurden mit Messern misshandelt, Frauen wurden zu einer Genitalbeschneidung gezwungen. Aus den Orten Salas, Bolan, Bonfia und Dalan wurden alle Christen vertrieben, die nicht zum Islam konvertieren wollten. Zahlreiche Christen wurden unter den Augen der Polizei misshandelt und getötet.[164] Den 700 in Hatu und Hatumete wohnenden Christen wurde ein Ultimatum gestellt, innerhalb eines Monats Muslime zu werden oder die Stadt zu verlassen. Für die Untaten zeichnen insbesondere die 2000 auf den Molukken agierenden Islamisten der „Laskar Dschihad" verantwortlich. Die Gruppe steht in Verbindung mit Islamisten anderer Länder, von denen sie auch unterstützt wird.[165]

3.3.3. Christen in Afghanistan

Schon seit mehr als zehn Jahren werden die vereinzelt im Land lebenden Christen schwer bedrängt und teilweise zur Auswanderung gezwungen. Seit der Machtübernahme durch die Taliban hat sich die Situation in- und ausländischer Christen in Afghanistan weiter verschlechtert. Im Januar 2001 erließ das Taliban-Regime in Afghanistan die Todesstrafe für alle vom islamischen Glauben Abgefallene. Alle Nicht- Muslime müssen besondere Zeichen an ihrer Kleidung tragen, um sofort erkennbar zu sein.[166]

Im Juli 2001 erhielten die meisten der in Afghanistan arbeitenden internationalen Hilfsorganisationen einen Brief der Taliban, in dem neben der Verbreitung von Material gegen das Regime auch der Versuch der Missionierung, der Genuss von Alkohol und lauter Musik, der Verzehr von Schweinefleisch und Autofahren für Frauen verboten wurden. Für die sich als konsequente Muslime verstehenden Taliban kann es keine Freiheit religiöser Überzeugungen geben. Anfang August 2001 verhafteten sie kurzerhand mehrere Angehörige einer christlichen Hilfsorganisation, weil diese im privaten Gespräch über ihren Glauben gesprochen haben sollen. „Nach Angaben der Taliban hatte die Religionspolizei das Büro von Shelter Now durchsucht. Sie habe dabei eine afghanische Familie angetroffen, die über das Christentum informiert worden sei."[167] Shelter Germany habe sich nicht an die Vorschriften gehalten, lautete der Vorwurf der Taliban. „Andere Länder sind entsetzt über die Verhaftungen, doch was ist mit uns und unserer Religion? Sie haben unseren Glauben missachtet", sagte Salim Hakkani vom „Ministerium zur Förderung von Moral und Verhütung von Lastern" in Kabul.[168] Im Büro der Organisation beschlagnahmte die Kulturpolizei der Islamisten nach eigenen Angaben Kassetten und Filme über das Christentum und Bibeln in der lokalen Sprachen Pushtu und Dari. Der Sprecher von „Shelter Germany" wies die Angaben der Taliban zurück, wonach in einem Büro der Organisation Beweise gefunden worden seien, die eine Missionierung belegen würden. Es gebe keine Flugblätter mit christlichem Inhalt in den lokalen Sprachen

Pushtu und Dari; auch die gefundene Bibel sei ein persönlicher Gegenstand der Mitglieder der christlichen Organisation.[169] Nach ihrer Festnahme sahen sich die Mitarbeiter von „Shelter Now" monatelang einer drohenden Todesstrafe wegen verbotener Missionierung ausgesetzt, ohne die Möglichkeit, ihre Rechte vor einem freien Gericht vertreten zu können. Anfang September 2001 wurden in Afghanistan weitere 35 Mitarbeiter der christlichen Hilfsorganisation „International Assistance Mission" gefangengenommen.[170] Nachdem die von amerikanischen Truppen unterstützten Kämpfer der afghanischen „Nord-Allianz" Ende November 2001 auch die Hauptstadt Kabul unter ihre Kontrolle bringen konnten, kamen die schon verloren geglaubten Mitarbeiter der Hilfsorganisation „Shelter Now" frei, nachdem sie vorher noch die flüchtenden Taliban-Truppen begleiten mußten.

3.3.4. Christen in Pakistan

Erste Christen in Pakistan sind historisch schon im 2. und 3. Jahrhundert belegt, wenn auch die größte Zahl der gegenwärtigen Gemeinden erst vor 150 Jahren entstanden. Nach den Islamisierungsbemühungen des damaligen Präsidenten Zia ul-haq ab 1977 werden Christen, die 2-3% der Bevölkerung ausmachen, massiv unterdrückt.[171] Aus Protest gegen die offiziell geplante Einführung der Scharia (des islamischen Gesetzes) 1998 beging der katholische Bischof John Joseph vor dem pakistanischen Parlament Selbstmord. Bis heute werden Christen in Pakistan wirtschaftlich und politisch offen diskriminiert. In der Nationalversammlung sind 207 der 217 Sitze von vornherein Muslimen reserviert, so dass die 3 Millionen Christen praktisch keine politische Einflussmöglichkeiten haben. Bei Wahlen zu Dorfversammlung hat jeder Christ oder Stadtrat eine Stimme, jeder Muslim aber fünf. Darüber hinaus können Christen häufig nur in rein christlich bewohnten Stadtteilen eine Wohnung beziehen, so dass regelrechte Ghettos entstehen. Insbesondere zu den einfachen und unbeliebten Arbeiten wie Straßenreinigung und Müllsammeln werden Christen herangezogen. Manche Stellenanzeigen für Reinigungsarbeiten werden sogar mit Vermerken wie „Nur für Christen" versehen.

Seit 1982 haben die Christen außerdem unter dem häufig willkürlich eingesetzten Blasphemiegesetz zu leiden. So können sie beispielsweise für die „Verunglimpfung" des Koran mit lebenslanger Haft bestraft werden. Wann dieser Tatbestand erfüllt ist, liegt im Ermessen der häufig extremistischen Richter. 1986 wurde das Gesetz folgendermaßen ergänzt: „Wer immer durch Worte, seien sie gesprochen oder geschrieben, oder durch sichtbare Darstellungen oder durch irgendeine Form von Angriff, Andeutung oder Anspielung, sei es direkt oder indirekt, den heiligen Namen des heiligen Propheten Mohammad (Friede sei mit ihm) entweiht, soll mit dem Tode oder mit lebenslänglicher Haft und einer zusätzlichen Geldbuße bestraft werden."[172]

Dieser Sachverhalt kann schon vorliegen, wenn ein muslimischer Zeuge seinem christlichen Nachbarn öffentlich vorwirft, sich in einem persönlichen Gespräch abfällig über den Islam geäußert zu haben, oder wenn ein Christ seinen Glauben einem Muslim gegenüber verteidigt. Im Jahr 1991 wurde dieser Paragraph noch einmal verschärft, indem festgeschrieben wurde, dass die Beschmutzung des Namens Mohammeds in jedem Fall mit dem Tode bestraft werden muss. In den letzten Jahren sind im Ausland einige Fälle bekannt geworden, wo persönlicher Groll gegen Christen zu weitgehend fingierten Anklagen geführt hat. Im Mai 2000 wurden die Brüder Rasheed Masih und Saleem Masih in der Provinz Punjab wegen „hässlicher Bemerkungen über den Koran und Mohammed" zu 35 Jahren Gefängnis und hohen Geldstrafen verurteilt worden. Sie wurden angeklagt, weil sie es gewagt hatten sich wegen einer geschäftlichen Benachteiligung zu beschweren.[173] Andere Christen verbringen Jahre ohne Begründung im Gefängnis, ehe sie überhaupt einen Prozess aufgrund der ihnen vorgeworfenen Blasphemie bekommen.

Nach einem Streit um ein Landstück der Familie Masih in Arifwala, das sich ein muslimischer Nachbar widerrechtlich aneignen wollte, klagte dieser vor Gericht, Ayub Masih habe zu ihm gesagt: „Wenn du über deine Religion Bescheid wissen willst, dann lies bei Salman Rushdie nach!" Aufgrund dieser Aussage wurde Ayub Masih 1996 festgenommen und 1998 wegen Beleidigung des Islam zum Tode verurteilt. Sein Nachbar, der ihn vor einer gerichtlichen Anhörung in den Arm schoss, ging straffrei aus. Doch nicht nur das: nach der Entscheidung örtlicher Verwaltungsbeamter besitzt Muhammad Akram das umstrittene Landstück seines christlichen Nachbarn und sein ehemaliges Haus. Die 14 christlichen Familien am Ort, darunter Masihs Familie, mussten ihre Heimat aufgrund mehrfacher Morddrohungen zwischenzeitlich verlassen.[174] Im August 2001 meldet das internationale Hilfswerk „Kirche in Not" die Bestätigung des Todesurteils gegen Ayub Masih durch den obersten pakistanischen Gerichtshof. Der Verhandlung waren Demonstrationen muslimischer Extremisten vorausgegangen, die das Todesurteil für Masih forderten und die mit dem Fall betrauten Richtern bedrohten.[175]

Seit dem Scharia-Gesetz von 1991 können pakistanischen Bürgern Arbeisplätze in staatlichen Einrichtungen verweigert werden, weil sie Christen sind. Parteien werden nur zugelassen, wenn sie ein islamisches Staatsverständnis haben. Christliche Bildungs- und Erziehungseinrichtungen werden 1972 kurzerhand verstaatlicht. Im Juli 1997 wird eine junge muslimische Frau von ihrem eigenen Bruder ermordet, weil sie an einem Bibelkurs teilnahm. Bibeln müssen mit dem Vermerk „Nur für Christen" versehen werden. Der Schulrektor Cornelius Datt sollte ins Gefängnis kommen, weil er einen Koran zu heftig auf den Tisch gelegt haben soll. Häufig werden christliche Gottesdienste von extremen Muslimen gestört und Kirchen beschädigt. Islamisten fordern die Todesstrafe für Muslime, die zum christlichen Glauben übertreten wollen. Mehrere Fälle von Entführung, Zwangsverheiratung und Zwangsislamierung wurden in den vergangenen Jahren bekannt. Juristen, die sich für Christen einsetzen, werden ermordet - wie Richter Bhatti, der im Oktober 1997 zwei Christen vom Vorwurf der Blasphemie freisprach. Andere Christen werden trotz eines offiziellen Freispruchs von Islamisten ermordet, so Manzoor Masih, der 1994 beim Verlassen des Gerichtsgebäudes erschossen wurde. 1997 werden von fundamentalistischen Muslimen rund 5.000 Häuser christlicher Familien und 13 Kirchen zerstört, so dass 40.000 Menschen obdachlos werden, weil den Christen vorgeworfen wurde, sie verunglimpften den Koran. Nach diesem massiven Übergriff sah sich die Regierung gezwungen, den Wiederaufbau der zerstörten Gebäude zu unterstützen, der 1999 abgeschlossen wurde. Nach dem Selbstmord von Bischof John Joseph entschließt sich das europäische Parlament 1998, eine Entschließung gegen die Diskriminierung religiöser Minderheiten in Pakistan zu verabschieden. Der im Herbst 1999 an die Regierung gekommene Pervez Musharraf verspricht den religiösen Minderheiten volle Rechte und vollen Schutz des Staates. Nach erhöhtem Druck radikaler Muslime wird eine Reform des Blasphemie-Paragraphen im Jahr 2000 aber wieder zurückgezogen. In Pakistan sind auch 2001 wieder Christen aufgrund des Blasphemie-Paragraphen angeklagt worden, weil man ihnen vorwirft, sich abfällig über den Islam geäußert zu haben. Das Redaktionsgebäude einer Zeitung wird von religiösen Eiferern gestürmt, nachdem dort Artikel über dieses Thema erschienen waren. Nach wie vor ist in Pakistan der radikale Islam einflussreich und sehr populär.[176] Anfang August 2001 wurde in Pakistan ein 23jähriger Theologiestudent von militanten Muslimen ermordet. Der Student wollte sich mit an ihn herangetretenen Muslimen über den christlichen Glauben unterhalten. Wenige Tage später wurde seine Leiche vor dem Eingang seiner Kirche gefunden. An seine Leiche war ein Zettel geheftet mit den Worten „Keine Predigten an Muslime".[177] Der Krieg gegen die Taliban im Nachbarland führte zu einer immer deutlicher werdenden Christenfeindschaft. Ende September 2001 berichteten die Presseagenturen von einem „Massaker an 18 Christen in Pakistans östlichem Punjab: Sechs maskierte Attentäter hatten eine Kirche bei Bahawalpur gestürmt, einen schlafenden Polizeiwächter erschossen, mit dem Ruf 'Allah-u-Akbar' (Gott ist groß) das Haupttor der Kirche verriegelt und aus Säcken AK-47-Sturmgewehre gezogen, mit denen sie wahllos in die Menge feuerten.

18 Menschen starben, die meisten übrigen erlitten Schusswunden... Rund 100 Gläubige hatten sich in der Saint-Dominic-Kirche zur Morgenmesse befunden... Ein Augenzeuge berichtete später, die Attentäter seien mit den Rufen 'Pakistan und Afghanistan - Friedhof der Christen' in die Kirche gestürmt und hätten 'Das ist erst der Anfang' geschrien.[178]

3.3.5. Christen im Sudan

Im mehrheitlich muslimischen Sudan leben auch etwa 15% Christen. Die Anfänge der christlichen Kirchen im Sudan reichen weit zurück. Das Christentum kam im 6. Jahrhundert n.Chr. in den Sudan und bestand im Reich um Dongola im Norden und im Staat um Soba im Süden bis ins 14. bzw. 16 Jahrhundert. Dann wurden beide Reiche islamisiert.[179] Heute befinden sich die meisten Christen im Süden des Landes, wo sie in einigen Regionen sogar die Bevölkerungsmehrheit stellen. Seit 1956 tobt, mit kurzen Unterbrechungen, im Südsudan ein Bürgerkrieg, in dem die Muslime des Nordsudans versuchen, die überwiegend christlichen Südsudanesen zu arabisieren und zu islamisieren. „Die Abneigung der Nordsudanesen gegen die schwarzen Barbaren im Süden sitzt tief. Bis 1898 waren die Südsudanesen vor allem Sklavenware. ... Es wird geschätzt, dass durch den Bürgerkrieg direkt und indirekt (Hunger, Krankheiten) 1 bis 2 Millionen Menschen, vor allem Südsudanesen, umgekommen sind."[180] In dieser Situation sind die Christen des Südsudans massiver Gewalt ausgesetzt. „Der anglikanische Bischof Wilson Arop Ogwok, der selbst viele Jahre als Flüchtling in Uganda leben mußte, gab einen bewegenden Einblick in das Leben der Christen im südlichen Sudan. Er verknüpfte das mit dem Appell an die westlichen Staaten, seine Heimat nicht zu vergessen: Die Menschen finden kaum Schlaf, weil sie nie vor den nächtlichen Luftangriffen der sudanesischen Armee sicher sind, die auch chemische Waffen einsetzt. Häuser werden zerstört, Menschen erschlagen, erschossen. Es fehlt an Nahrung, Medikamenten, Schulen."[181] In den vergangenen Jahren hat es im Südsudan sogar wieder Sklavenjagden gegeben, in denen insbesondere Kinder christlicher Eltern entführt und in islamische Umerziehungslager oder zu islamischen Familien im Nordsudan gebracht wurden.

Zahlreiche aus dem Krisengebiet geflohene Christen werden im islamischen Norden des Landes an den Rand gedrängt. Einerseits werden sie als billige Arbeitskräfte missbraucht, andererseits werden ihre Versammlungsräume erst gar nicht genehmigt oder später abgerissen. Seit 1983 ist die Scharia die Grundlage sudanesischen Rechts. Dadurch werden die Christen des Landes zu Bürgern zweiter Klasse erniedrigt, mit eingeschränkten Bürger- und Menschenrechten. Immer wieder werden Christen aufgrund ihres Glaubens wegen „subversiver Tätigkeit" angeklagt und in Gefängnisse geworfen. Auf den Religionswechsel eines Muslims steht schwere Gefängnisstrafe. Seit 1989 wird das Land von einem streng islamistischen Regime regiert. Der muslimische Führer Omar Hassan Al-Turabi hat öffentlich erklärt, dass jeder, der gegen den Islam ist, keine Zukunft hat! Muslimischen Universitätsstudenten wurde versprochen, dass sie die Häuser der Christen plündern dürften, wenn sie am Heiligen Krieg gegen die Ungläubigen teilnähmen. Christen aus dem Nordsudan, die sich weigern, gegen ihre Glaubensgeschwister im Süden anzutreten, werden zum Minenräumen verpflichtet. Zahlreiche Personen finden bei diesen Aktionen den Tod.[182]

Al- Faki Kuku ist ein Beispiel für die Verfolgung von Christen im Sudan. Als islamischer Religionslehrer kam er mit dem christlichen Glauben in Berührung. 1998 schloss er sich einer Gemeinde von Nuba-Christen an, wurde er verhaftet und ein Jahr unter schlechtesten Bedingungen inhaftiert. Erst durch den massiven Druck verschiedener Menschenrechtsorganisationen wurde er, zwischenzeitlich schwer erkrankt, aus der Haft entlassen.

Im Frühjahr 2001 werden im sudanesischen Khartum eine Gruppe zum Christentum übergetretener Muslime von den Behörden verfolgt. 105 Christen werden wegen ihrer Missionsarbeit inhaftiert und zum Teil ausgepeitscht.[183]

Über Ostern 2001 werden im Sudan 47 Mitarbeiter christlicher Gemeinden geschlagen und inhaftiert. Am 11. April 2001 versammeln sich muslimische Extremisten vor der „All Saints Kathedrale" in Khartoum. Sie wollen die zum Gottesdienst versammelten Christen durch Zurufe und Steinwürfe provozieren. Wenig später schreitet die Polizei ein und beginnt auch auf die Gottesdienstbesucher zu schießen, von denen einige schwer verletzt werden. 56 Christen nimmt die Polizei in Haft und hält sie bis zu 20 Tagen fest.[184]

Ende September 2001 berichtet die internationals Hilfsorganisation CSI, dass es ihr gelungen ist, weitere 4.041 Sklaven von ihren muslimischen Besitzern freizukaufen. Damit konnten in den vergangenen Jahren etwa 60.000 der nach Schätzungen mehr als 200.000 im Sudan versklavten Menschen freigekauft werden. Bei den im September befreiten Sklaven handelt es sich überwiegend um Frauen und Kinder. In Interviews gaben drei Viertel der befragten Frauen an, von Massenvergewaltigungen betroffen worden zu sein. Die meisten sind darüber hinaus Zeugen von Exekutionen anderer Sklaven geworden. Viele der Opfer weisen zudem schwere Foltermale auf. 80% der freigekauften Christen berichten von Versuchen, sie zum Islam zu zwingen.[185]

3.3.6. Christen in der Türkei

Bis zur Eroberung des Landes durch muslimische Heere war die Türkei ein fast ausschließlich christliches Land. Im Verlauf mehrerer Jahrhunderte wurde die christliche Bevölkerung durch Vertreibung, Unterdrückung und Zwangsislamisierung verdrängt. Auch im 20. Jahrhundert erlebte die Türkei mehrere schwere Christenverfolgungen. Waren um 1900 noch 20% der Bevölkerung Christen, liegt die Zahl gegenwärtig bei 0,3% und ist weiter im Abnehmen begriffen. Zwar gibt es nach der gegenwärtigen Verfassung eine formale Religionsfreiheit, gleichzeitig jedoch werden Religion, Rasse und Sprache bewusst der Einheit der Nation untergeordnet. De facto wird der sunnitische Islam als einigendes nationales Band interpretiert und als solches gefördert. Bis heute wird der Völkermord an 1,5 Millionen armenischen Christen in der Türkei (1915/16) offiziell tabuisiert. Weiter Massenexekutionen fanden 1926 und 1928 im Gebiet des Tur Abdin statt. Nach 1945 gab es mehrfach Pogrome gegen die orthodoxen Christen in der Türkei. Patriarchengräber wurden geschändet, die ausgegrabenen Gebeine als Knochen den Hunden vorgeworfen. In den 60-er Jahren wurden Zehntausende assyrischer Christen vom Militär und von Islamistenorganisationen vertrieben und getötet. Waren vor sechzig Jahren noch 30.000 syrisch-orthodoxe Christen in Ostanatolien, so sind es jetzt nur noch 2000. Seit Jahren will der türkische Staat die Mönche Anatoliens aus ihren 1600 Jahre alten Klöstern vertreiben. Gerade hat man den Christen verboten, Gäste aufzunehmen und in ihren Schulen Aramäisch, die Sprache Christi, zu lehren. Bis in die Gegenwart hinein werden die wenigen verbleibenden Christen Opfer von Anschlägen, Übergriffen und Hetzkampagnen in den Medien.[186] Die türkische Hizbullah kämpft seit Jahren auch mit Gewaltanwendung für eine „christenfreie" Türkei. Am 1. Mai 1990 wurden Gevriye und Samuel Bulut in ihrem eigenen Haus von diesen Islamisten ermordet. Im Februar 1997 wurden zwei Bombenanschläge auf die Marienkirche im Istanbuler Stadtteil Eyüb geworfen. Wie schon andernorts kam es im selben Monat in Diyabakir zur Enteignung des christlichen Friedhofs. Auch in christlichen Ausbildungsstätten müssen mulimische Co-Direktoren eingestellt werden, die die Schule überwachen und beeinflussen können. 1998 kam es zu Behinderungen der Wahl des neuen armenischen Patriarchen. Wie an anderen Orten wurde im Februar 1999 eine christliche Grundschule im Istanbuler Stadtbezirk Bomonti geschlossen. Im November desselben Jahres wurden Land und Gebäude einer armenischen Gemeinde in Kirikhan unter fadenscheinigen Gründen enteignet. Während eines Deutschlandbesuchs bezeichnete Patriarch Mesrob Mutafyan die Situation der Christen in der Türkei als nicht einfach. Es gebe keine Gleichberechtigung zwischen Muslimen und Christen.[187] Auf den Amtssitz des griechisch-orthodoxen Patriarchen wurden in den vergangenen Jahren drei Anschläge verübt, bei dem Teile des Gebäudes zerstört und ein Mitarbeiter schwer verletzt worden ist. Im Januar 1998 wurde ein Gemeindemitarbeiter der griechisch- orthodoxen Kirche Hagias Theraon in Istanbul bei einem Anschlag getötet. Das theologische Seminar der orthodoxen Kirche auf der Insel Halki wurde schon 1971 ohne besondere Begründung geschlossen. Im Gegensatz zu islamischen Imamen dürfen christliche Geistliche weder an öffentlichen noch an kirchlichen Schulen unterrichten.

Syrisch-orthodoxe Christen in der Türkei dürfen keine eigenen Schulen unterhalten und ihre Sprache Turoyo weder unterrichten noch öffentlich gebrauchen. In der Provinz Mardin darf nicht einmal außerschulischer Religionsunterricht abgehalten werden, und den Klöstern wurde verboten, Christen aus anderen Teilen des Landes zu beherbergen. In den vergangenen 12 Jahren sind allein in dieser Region 35 syrische Christen von Muslimen ermordet worden.

Russisch-orthodoxe, katholische und evangelische Kirchen dürfen offiziell in der Türkei weder Vereine gründen oder über Grundbesitz verfügen bzw. Kirchen bauen noch eine eigene Religionsgemeinschaft bilden.

Evangelikale Gemeinden wurden, wie auch schon im Jahr 2000, immer wieder wegen missionarischer Tätigkeit vor Gericht angeklagt. Manchmal werden christliche Missionare oder Mitarbeiter örtlicher Gemeinden wegen „Unruhestiftung" angeklagt, wobei es nur selten auch zu rechtskräftigen Verurteilungen kommt. Unter dem Vorwand, „illegal eine Kirche zu betreiben", werden im Herbst 1999 40 Personen einer evangelischen Gemeinde in Izmir und wenig später 30 Gottesdienstbesucher in Zeytinburnu verhaftet. Nach wie vor werden christliche Organisationen und Einzelpersonen juristisch benachteiligt; so ist es Christen beispielsweise auch verwehrt Offizier, Gouverneur oder Staatsanwalt zu werden. Im Januar 2000 werden Massengräber mit verstümmelten Leichen entdeckt. Die Personen wurden allem Anschein nach aus ideologischen Gründen von der Hizbullah (Partei Gottes) ermordet.[188] Diese kämpft auch weiterhin für die

Einführung der Scharia in der Türkei. Häufig waren in den vergangenen 10 Jahren auch islamistische Parteien an der Regierungsbildung in der Türkei beteiligt, so die Nationale Bewegung (MHP).

Christen aus anderen europäischen Staaten werden auch von staatlicher Seite offen angegriffen und behindert. „Beispielsweise Gerhard Duncker, Pfarrer der Evangelischen Gemeinde deutscher Sprache in der Türkei. Auf einer jetzt von Gröhe initiierten Tagung der Konrad-Adenauer-Stiftung in Berlin berichtete er, dass er in seiner Eigenschaft als Pfarrer nicht einmal in die Türkei einreisen darf, weil die Protestanten dort nicht registriert sind."[189] M.N. Yilmaz, ehemaliger Leiter des türkischen Religionsministeriums, polemisierte 1992 offen gegen das Christentum: er erklärte, dass die „Aktivitäten christlicher Missionare, die junge Türken zum Übertritt zum Christentum überreden, intensiv beobachtet und die notwendigen Gegenmaßnahmen ergriffen werden". Es sei gegen jede Vernunft, dass sich ein Mensch nach dem Vergleich von Koran und Bibel für das Christentum entscheiden könne.[190]

In der Praxis ist die Trennung von Staat und Religion und damit die Religionsfreiheit in der Türkei kaum zu finden. „Heute gibt es in allen türkischen Schulen wieder Islamunterricht. Der Gebetsruf wird wieder arabisch, nicht länger türkisch formuliert. Es gibt über 600 islamische Predigerschulen - und täglich werden es mehr. Schon 1961 wurde das 'Präsidium für religiöse Angelegenheiten' geschaffen, das alle müftüs (Muftis) im Lande einsetzt. 1970 sind die Religionsdiener zu Staatsbeamten ernannt worden. Damit ist der Islam (99 Prozent der Bevölkerung bekennen sich zu ihm) faktisch zur einzigen Staatsreligion geworden.

Auf den Laizismus vereidigte Beamte verwalten eine Religion, die keine Trennung von Staat und Politik kennt, die die Theokratie will. Diese Staatsbeamten sind auch in Deutschland tätig, entsandt und besoldet vom türkischen Staat."[191] Andere Religionen, insbesondere christliche Kirchen, werden streng überwacht, politisch benachteiligt und eingeschüchtert. Schon seit 1923 durfte in der Türkei keine Kirche neu gebaut werden. In der türkischen Hauptstadt Ankara darf es nur wenige christliche Kirchen geben - unter anderem auf dem Gelände der Botschaften Italiens und des Vatikans. Kirchengeläut ist überall in der Türkei verboten. Auf christliche Missionierung stehen bis zu drei Jahren Haft. Selbst christliche Pfarrer, die in Urlaubshotels für Touristen Andachten abhalten wollen, werden ausgewiesen.

Der ehemalige türkische Ministerpräsident Demirel hat schon 1976 erklärt, zwar sei „der Staat laizistisch, nicht aber die Nation". Und gegenwärtig wird auch der Staat immer mehr islamisch.[192]

3.3.7. Christen in anderen islamischen Staaten

Im Januar 2001 starben zehn Gottesdienstbesucher bei einem Bombenanschlag radikaler Muslime auf eine Kirche in Dushanbe, der Hauptstadt **Tadschikistans**.[193]

In **Aserbaidschan** wurden 2001 unter anderem die Kirche der Lutheraner enteignet; zwei Christen wurden festgenommen und ein Christ verlor aufgrund seines Glaubens seine Arbeit.

Moslemische Fundamentalisten versuchen auch in **Kirgisistan** immer mehr Einfluss zu gewinnen. In der Öffentlichkeit werden Christen immer wieder angegriffen. Im Januar 2001 wurden mehrere usbekische Christen kurzfristig aus ihrer Heimatstadt verwiesen.[194]

In **Usbekistan** wird evangelischen Gemeinden die notwendige Registrierung verweigert; anderen Gemeinden wird verboten, christliche Kinder- und Jugendarbeit zu betreiben. Außerdem wurde ein freikirchliches Predigerseminar geschlossen und die Sonntagsschularbeit der Baptistengemeinden untersagt.[195]

In **Turkmenistan** werden 2001 alle ausländischen Missionare und Mitarbeiter christlicher Hilfsorganisationen ausgewiesen. Einheimische christliche Leiter werden in Haft genommen oder müssen das Land verlassen. Gottesdienste werden gestört, Kirchen abgerissen und auch einfache Christen ohne Anklage festgehalten und inhaftiert. Drei einheimische Familien, die sich zum christlichen Glauben bekennen, werden aus ihren Häusern vertrieben. Im Februar 2001 findet in einer evangelischen Kirche in Ashgabat eine Razzia statt, die letzte baptistische Gemeinde wird kurz darauf geschlossen und verboten. Mehrere Gemeindemitarbeiter und Evangelisten befinden sich noch immer in Haft. Die Familie des Predigers Shageldy Atakov wird unter Druck gesetzt, zum Islam überzutreten oder ihre Heimat zu verlassen. Im Mai 2001 wird der Baptist Dmitri Melnichenko gefoltert, weil er das Soldatengelöbnis verweigerte, als er eingezogen wurde. Darüber hinaus bereitet die Regierung ein Gesetz vor, das den Verkauf von Bibeln verbieten soll.[196]

Albaniens Christen aller Konfessionen beklagen sich seit 2001 zunehmend über Islamisierungsdruck. Albanische Muslime werden bei ihrem Vorgehen gegen die christliche Bevölkerung von Chimarra durch den Staat unterstützt. So wird die enteignete Hauptkirche der Stadt einem muslimischen Missionswerk übergeben. Auch sollen Christen mittels Zusagen materieller Unterstützung für den Islam gewonnen werden.[197]

Im Juni 2000 setzen muslimische Extremisten 1000 $ Prämie für jeden in **Nigeria** getöteten katholischen Priester aus. Wahrscheinlich wurden die 200 Priestermorde der vorangegangenen Wochen durch diesen Aufruf mitverursacht. Der vom Islam zum christlichen Glauben konvertierte Clemente Ozi Bello wird auf offener Straße von Islamisten angehalten, die ihn zusammenschlagen, seine Augen ausstechen und ihn dann töten. Im Jahr 2000 werden allein in der nigerianischen Provinz Kanduna 186 Mitarbeiter christlicher Kirchen durch radikale Muslime ermordet.[198] Im nördlichen Teil Nigerias versuchen Politiker weiterhin die Scharia einzuführen. In der ersten Jahreshälfte 2001 hat es in dieser Region zahlreiche Prozesse gegen Christen sowie Auspeitschungen gegeben. Im Bundesstaat Zamfara startet der Gouverneur eine gegen Christen gerichtete Kampagne. Der Bundesstaat Katsina ordnet an, dass christliche Gemeinden aus moslemischen Gebieten wegziehen müssen. Auch werden Kirchen zerstört und Christen aus muslimisch dominierten Gebieten vertrieben. Rückblickend sagt die nigerianische Kirche, dass 89 ihrer Mitglieder während der Unruhen des Jahres 2000 in Kaduna getötet wurden.[199] Innerhalb von fünf Tagen werden in der nordnigerianischen Stadt Jos 500 christliche Einwohner von muslimischen Extremisten ermordet.[200]

Im März 2000 entführen muslimische Extremisten der Al Haratul Islamiya 26 Personen aus einer katholischen Kirche im Süden der **Philippinen**, um ihren Forderungen nach einem islamischen Staat Nachdruck zu verleihen. [201]Im Mai 2001 werden im südphilippinischen Badeort Dos Palmas drei amerikanische Missionare von islamistischen Terroristen der Abu Sayyaf entführt. Zwischenzeitlich soll eine Geisel enthauptet worden sein, die übrigen wollen die Extremisten gegen die Zahlung eines Lösegeldes freilassen.[202]

In **Brunei** werden allein in der ersten Hälfte des Jahres 2001 sieben Personen unter dem Vorwurf, christliche Mission zu betreiben, festgenommen. Ein Mann wird wegen illegaler Verbreitung der Bibel zu zwei Jahren Haft verurteilt. Zwei zum christlichen Glauben übergetretene Muslime werden so lange in Haft gehalten, bis sie sich bereit erklären, ihrem neuen Glauben abzuschwören.[203]

Und noch ein Blick nach **Saudi-Arabien**: Dort werden vor allem christliche Gastarbeiter, die sogenannte Hauskreise leiten, erbarmungslos verfolgt, in Haft genommen und gefoltert. In Saudi-Arabien und den Vereinigten Arabischen Emiraten sind auch 2001 wieder mehrere Christen festgenommen und wenig später des Landes verwiesen worden.[204] Beispielsweise werden im Juli 2001 verschiedene Personen in Jeddah mit dem Vorwurf verhaftet, christliche Versammlungen in ihrer Wohnung abzuhalten. Gegen 23.00 Uhr dringt die Polizei in die Wohnung der Familie Prabhu ein, verhört das Ehepaar bis 3.00 Uhr morgens und beschlagnahmt ihre Bibel, Musik- und Videokassetten sowie weitere private Gegenstände. Schon im Dezember 2000 wird der Geschäftsmann Ernesto Miranda aus Riad festgenommen, weil sich in seinen Räumen Christen getroffen haben. Nachdem Miranda offiziell zum Islam konvertiert ist, wird er aus dem Gefängnis entlassen.[205] Im September 2001 werden in Saudi-Arabien 14 Personen verhaftet, unter ihnen der Familienvater Dennis Moreno-Lacalle aus Jedidiah. Ihnen wird lediglich vorgeworfen, ihren christlichen Glauben zu praktizieren. Ihre Wohnungen wurden durchsucht und persönliches Eigentum konfisziert. Ihre Häuser stehen unter polizeilicher Beobachtung und ihre Telefone werden abgehört. Sieben Familien der Inhaftierten stehen ohne jegliche finanzielle Unterstützung da. Frauen ist es nach saudischem Recht im allgemeinen verboten, einer beruflichen Tätigkeit nachzugehen.[206]

4. Gewalt gegen Frauen[207]

Fatima Mernissi „schrieb schon zu Beginn ihrer Universitäts-laufbahn gegen die 'fadenscheinig mit dem Islam gerechtfertigte' Unterdrückung der Frau in ihrer Heimat und in der gesamten islamischen Welt. Mernissi geißelt die Diktatur der muslimischen Männergesellschaft und ruft ihre Geschlechtsgenossinnen dazu auf, gegen die Verkrustungen in der islamischen Welt zu kämp-fen."[208] Gewalt, Unterdrückung und Benachteiligung gegenüber Frauen durchziehen die Geschichte des Islam von den Aussprü-chen Mohammeds bis zu den Rechtfertigungsversuchen moderner Islamisten.

In der Hadith Mohammed ist folgender Ausspruch über die Frauen überliefert: „Ich habe keine Versuchung hinterlassen, die für meine Gemeinde schädlicher wäre als die, die Frauen für die Männer darstellen."[209] Der zweite Kalif Omar soll gesagt haben: „Nimm deine Zuflucht zu Allah vor den Übeln, die die Frauen verursachen, und hüte dich selbst vor den Frömmsten unter ihnen!"[210] Der islamische Theologe al Ghasali gibt den Herrschen-den den Hinweis, dass Gedeihen und Bevölkerung der Welt von den Frauen abhängen, und fährt fort: „Es ist eine Tatsache, dass alle Prüfungen, Unglücksfälle und Leiden, die die Männer treffen, von den Frauen herrühren."[211]

Die Frau wird aufgrund ihrer „natürlichen Anlagen" dem Mann untergeordnet, so wird zumindest von islamischen Autoren der Gegenwart argumentiert. „Das Herausragende am Islam ist, dass er ein realitätsbezogenes System ist, das die Natur des Menschen berücksichtigt, ihr gleichzeitig jedoch entsprechende Grenzen setzt, um der Menschheit den ethischen Aufstieg zu ermöglichen. ... So trachtet der Islam danach, Mann und Frau gleich zu behandeln in jenen Bereichen, in denen sie von Natur aus gleich sind, während er zwischen ihnen unterscheidet, wo von der Veranlagung her Verschiedenheiten zu bemerken sind."[212] Demnach muss der Mann einen doppelt so großen Anteil aus dem Erbe der Eltern erhalten wie die Frau, da der Mann zum Unterhalt der Familie verpflichtet sei, die Frau aber ihr Geld ausgebe, wie es ihr beliebe. Diese Beschreibung entspricht allerdings nicht der islamischen Realität, in der das Erbe der Frau natürlich ebenso zum Unterhalt der Familie eingesetzt wird wie das des Mannes. Außerdem soll der Mann seine Familie nicht durch das Erbe, sondern durch seine Arbeit unterhalten. Die koranische Ordnung, nach der die Aussage einer Frau vor Gericht nur halb so viel gilt wie die eines Mannes, wird folgendermaßen begründet: „Diese Bestimmung wurde nur als Vorsichtsmaßnahme erlassen, um eine genaue und verlässliche Zeugenaussage gewährleisten zu können ... Da die Frau über eine gefühlsbetontere Anlage verfügt, die sie eher dazu veranlassen kann, sich von den Umständen der Gerichtsversammlung beeinflussen und ablenken zu lassen, stellt man ihr eine zweite zur Seite ..."[213] Ob die Aussagen von Frauen tatsächlich ungenauer sind, konnte bisher allerdings nicht eindeutig nachgewiesen werden. Frauen ordnen sich nach Qutub in Familie und Öffentlichkeit naturgemäß unter. Die Frau ist diejenige, die „seine starken Muskeln und die breite Brust bewundert, um sich schließlich daran zu lehnen, nachdem sie sich seiner Stärke im Vergleich zu ihrer Schwäche versichert hat. Man kann auch beobachten, dass die Frau den Gedanken an die Führungsposition innerhalb der Familie hauptsächlich in der Anfangszeit ihrer Ehe pflegt, in der sie noch nicht mit den ständigen Anstrengungen und der nervlichen Anspannung der Kindererziehung beschäftigt ist. Sobald diese Arbeit jedoch begonnen hat, ist oft ihr geistiger und nervlicher Energievorrat sehr rasch erschöpft, und es verlangt sie nicht mehr nach zusätzlicher Verantwortung."[214]

4.1. Die islamische Ehe

Natürlich werden auch in islamischen Ländern harmonische Ehen geführt; Männer behandeln ihre Frauen mit Hochachtung und sehen sie als gleichberechtigte Partnerin. Auch lassen sich verschiedene Aussagen des Koran und islamischer Gelehrter nennen, die von einer religiösen Gleichheit von Mann und Frau (z.b. Sure 33,35), von den Vorzügen der Frauen und einer echten Liebe sprechen. Auf der anderen Seite finden sich aber bis heute wirksame Aussagen, die im Denken vieler Muslime und in der Rechtsprechung zahlreicher islamischer Staaten Frauen bewusst herabsetzen und unterdrücken. Dieser Strang islamischer Tradition sollte dem Nicht-Muslim bekannt sein, weil er andernfalls das Denken der meisten Muslime nicht versteht, die mit den Auswirkungen dieser Argumentationen tagtäglich konfrontiert werden.

So fordert schon der Koran Männer dazu auf, ihre Frauen unter Druck zu setzten, sie einzusperen oder zu schlagen, bis sie sich willig unterordnen: „Die Männer stehen über den Frauen, weil Allah sie (von Natur vor diesen) ausgezeichnet hat, und wegen der Ausgaben, die sie von ihrem Vermögen (für die Frauen) gemacht haben. Und die rechtschaffenen Frauen sollen gehorsam, treu und verschwiegen sein, damit auch Allah sie beschütze. Und wenn ihr fürchtet, dass Frauen sich auflehnen oder euch durch ihr Betragen erzürnen, dann vermahnt sie, meidet sie im Ehebett, sperrt sie in die Gemächer und schlagt sie! Wenn sie euch (daraufhin wieder) gehorchen, dann unternehmt nichts (weiter) gegen sie" (Sure 4,34). Allerdings zitiert der islamische Gelehrte Ibn al-Dschausi in seinem „Buch der Satzungen für Frauen" Hadithe, nach denen normalerweise ein bis zwei Peitschenhiebe genügen sollten, da die Frauen verstockt würden, wenn man sie zu viel schlägt. Manchmal sei es jedoch auch nötig, kräftiger zuzuschlagen.[215] Immerhin kann es vorkommen, dass ein Mann sich vor Gericht verantworten muss, wenn seine Frau an den ehelichen Schlägen stirbt, vorausgesetzt, es findet sich ein Geschädigter, der als Kläger auftritt. „Ta´zir" nennt sich die islamische Lehre von der Züchtigung für Verbrechen, deren Ahndung im Koran nicht eindeutig festgelegt wurde. Diese Züchtigung soll zur Besserung und zur Vermeidung einer Wiederholung beitragen. „So erlaubt es der Koran ausdrücklich, dass ein Ehemann seine Frau züchtigen darf, um sie zu bessern und zu warnen. ... Wenn jemand an den Folgen einer obrigkeitlich angeordneten Züchtigung stirbt, so ist niemand dafür verantwortlich ... denn die Obrigkeit ... ist nicht zu besonderen Vorsichtsmaßnahmen verpflichtet. ... Anders ist es jedoch, wenn eine Ehefrau an den Folgen einer Züchtigung durch ihren Ehemann stirbt, denn diese Züchtigung ist nur erlaubt und nicht vorgeschrieben, und eine Handlung, die nur erlaubt ist, unterliegt der Vorsichtspflicht."[216]

Schon bei der Eheschließung[217] wird über die Frau mehr verfügt, als dass sie selbst bestimmen kann. Der interessierte Mann und der Vormund der Frau verhandeln über die zukünftige Ehe, als handele es sich um den Kauf eines Menschen. Schließlich ist eine der wichtigeren Fragen nicht die gegenseitige Sympathie, sondern die Höhe des zu zahlenden Brautgeldes. Allerdings wird die Frau trotzdem nach ihrer Zustimmung gefragt, wobei schon ein Schweigen, Lächeln oder Lachen als Einverständnis gewertet wird. In der Hadith lesen wir dazu: „Worin besteht die Zustimmung einer Jungfrau? Ihre Zustimmung besteht in ihrem Schweigen." Ihre Zustimmung kann die Frau auch ohne direkten Kontakt über einen Heiratsvermittler aussprechen. Dass eine junge, zum Gehorsam erzogene Frau ihre mögliche Opposition gegen die Hochzeit durch mehr als ein Schweigen zum Ausdruck bringt, ist allerdings mehr als unwahrscheinlich. Fast noch wichtiger erscheint allerdings die Zustimmung ihres Vaters: „Wenn eine Frau ohne Zustimmung ihres Vormunds heiratet, dann ist die Ehe null und nichtig, null und nichtig, null und nichtig." Solange die Frau noch nicht in der Pubertät ist, kann ihr Vormund sie auch ohne ihre Zustimmung verheiraten. Dem Ehemann wird empfohlen, sich vor der Hochzeit über das Aussehen der erworbenen Frau zu informieren: „Wenn jemand von euch eine Frau ehelichen möchte, dann soll er es möglichst so einrichten, dass er sie vorher sieht." Für die Frau existieren ähnliche Ratschläge nicht. Wobei auch der Eindruck des Mannes minimal bleiben dürfte, da die keusche Frau von oben bis unten verhüllt ist und im Extremfall selbst das Gesicht verschleiert. So bleibt dem Bräutigam nicht viel mehr als eine Abschätzung der Figur seiner Zukünftigen. In der

Praxis sieht sich das Paar zum ersten Mal in der Hochzeitsnacht nach der Eheschließung: „Man kann im allgemeinen davon ausgehen, dass der Bräutigam seine Frau zum ersten Mal sieht, wenn er sie in das Brautgemach führt."[218] Bei dem vor mindestens zwei Zeugen abgeschlossenen Ehevertrag spielt die Frau keine Rolle mehr, lediglich der Mann wird gefragt: „Für die Tochter des Soundso ist in Anwesenheit ihres Vertreters und zweier Zeugen für eine Ehe mit dir ein Brautpreis in der und der Höhe festgelegt worden. Bist du damit einverstanden?" Darauf antwortet der Bräutigam: „Mit ganzem Herzen und mit ganzer Seeele stimme ich der Ehe mit dieser Frau und dem festgesetzten Brautpreis zu. Ich stimme zu, ich stimme zu, ich stimme zu." Damit sind die beiden verheiratet und der Mann kann seinen neuen Besitz in Empfang nehmen.

Natürlich muß auch die Frau nach Mohammed jeden Streit mit ihrem Ehemann von vornherein erkennen und aus dem Weg räumen. Der Mann soll zwar versuchen, seine verschiedenen Frauen gleich zu behandelnn, darf sie seine Zuneigung aber nicht zu sehr spüren lassen, da sie aus falscher Selbstsicherheit aufsässig werden könnten: „Wenn eine Frau von ihrem Mann Zwistigkeit befürchtet oder Abneigung, so ist es kein Vergehen von ihnen, wenn sie untereinander Frieden herstellen. Der Friede ist besser. Und die Menschen neigen zum Geiz. Wenn ihr aber gut seid und gottesfürchtig - wahrlich, Gott ist kundig dessen, was ihr tut. Ihr könnt euren Weibern nicht gleich zugetan sein, wenn ihr es auch begehret, immerhin aber zeiget nicht die ganze Zuneigung; lasset sie wie im Zweifel. Und wenn ihr Frieden haltet und gottesfürchtig seid, wahrlich, Gott ist allverzeihend und allbarmherzig. Wenn sie sich voneinander trennen, so wird Gott ihnen das Ganze seiner Fülle gewähren. Und Gott ist allumfassend und allweise" (Sure 4,127-129). Die Unterwerfung der Frau unter den Mann findet ihren Niederschlag sowohl im Koran als auch in den islamischen Überlieferungen. So schreibt al Ghasali in seinem „Buch der Ehe": „Wenn einem Menschen geboten werden könnte, vor einem anderen auf die Knie zu fallen, dann der Frau vor dem Mann!"

Noch extremer wird die Unterordnung der Frau unter den Mann an anderer Stelle beschrieben: „Wenn der Körper eines Mannes gänzlich mit eiternden Schwären bedeckt wäre, hätte die Frau die Pflicht an ihm noch nicht erfüllt, wenn sie ihn von oben bis unten ableckte."[219]

Der muslimische Mann wird gewarnt, seiner Frau keine übermäßige Liebe zu widmen, da ein solches Verhalten die familiäre Ordnung erschüttern und der Frau eine ungute Vormachtstellung verschaffen würde. Ferner solle er seine Frau in Fragen von wirklicher Bedeutung nicht um Rat fragen oder ihr die Größe seines Vermögens mitteilen, da sie nur über eine schwache Urteilsfähigkeit verfüge. Außerdem solle er seiner Frau Musikinstrumente, auswärtige Besuche und Erzählungen von Männern verbieten.[220]

Ehebruch und die echte oder vermeintliche Schändung einer Frau wird im Islam als todernste Angelegenheit aufgefasst. Zur Zeit Mohammeds wurden beim Ehebruch ertappte Frauen auch bei lebendigem Leib eingemauert. Später wurde diese Strafe nur noch symbolisch ausgeführt. „Wenn eure Frauen sich durch Unzucht versündigen und vier Zeugen aus eurer Mitte dies bezeugen, dann kerkert sie in eurem Haus ein, bis der Tod sie befreit oder Gott ihnen einen Ausweg zeigt" (Sure 4,16). „Wenn ein betrogener Ehemann ... seine Frau mit ihrem Liebhaber beim Beischlaf überrascht, konnte er sie - ohne rechtliche Folgen - beide töten. Besonders grausam rächte sich einst ein Perser an seiner untreuen Frau, die er und seine Helfer lebendig schächteten und ihre Haut zur Abschreckung an die Wand des Hausflurs hing."[221] Empfängt die muslimische Frau ohne Anwesenheit ihres Herrn und Gebieters männlichen Besuch, zu welchem Zweck auch immer, kann sie der Untreue angeklagt werden. Trennt sich ein Jugendlicher von seiner muslimischen Freundin, nachdem sie miteinander geschlafen haben, kann die dadurch entstandene Schande nur durch den Tod des ehemaligen Freundes ausgelöscht werden. Auf diesem Ehrverständnis beruhende Mordfälle sind in den vergangenen Jahren auch in Deutschland ausgeübt worden.

Einem muslimischen Mann ist es schon im Koran gestattet, mehrere Frauen zu ehelichen (Polygamie). Dieses Recht wird bis in die Gegenwart hinein akzeptiert und praktiziert. Dabei wird allerdings vom Mann gefordert, seine Frauen angemessen zu versorgen und sie nach Möglichkeit gleich zu behandeln. Selbst in Staaten wie die Türkei, die solche Polygamie offiziell verbieten, leben zahlreiche Muslime mit mehreren Ehefrauen zusammen. Viele Türken schließen eine Ehe vor dem Standesamt und weitere lediglich religiös vor einem Imam. Immer wieder erlässt die türkische Regierung dann ein Amnestiegesetz, das die sogenannten „Imam-Ehen" und damit die zweite oder dritte Ehefrau legalisiert. Allein in der Zeit von Mai 1991 bis Dezember 1993 wurden in der Türkei 67.074 solcher „Imam-Ehen" registriert. Diese Praxis führt zu einer faktischen Anerkennung der Polygamie. In der Bundesrepublik lebende Muslime nutzen die Möglichkeit, ohne Trauung mit mehreren Frauen zusammenzuleben oder in der Türkei eine zweite Frau in einer Imam-Ehe zu heiraten. Verschiedene islamische Vereinigungen, darunter die „Muslim Liga", versuchen die Mehrehe für Muslime auch in Deutschland zu legalisieren; darüber hinaus halten sie die Regeln der Scharia als den deutschen Gesetzen übergeordnet, so dass sie sich an das bundesdeutsche Bigamieverbot nicht gebunden fühlen.[222] Die vom Koran akzeptierte Ehe mit mehreren Frauen ist in anderen islamischen Ländern hingegen auch heute noch legitim. Die schon angetraute Ehefrau hat natürlich kein Recht, gegen eine weitere Eheschließung ihres Mannes Einspruch zu erheben.

Wem es nicht möglich ist, seine Frau standesgemäß zu unterhalten, der kann seine sexuelle Lust immer noch auf seine Sklavinnen lenken, die ihm zu Willen sein müssen und deren Zahl vom Koran nicht begrenzt wurde: „Und wenn ihr fürchtet, in Sachen der (eurer Obhut anvertrauten weiblichen) Waisen nicht recht zu tun, dann heiratet, was euch an Frauen gut ansteht (oder: beliebt), ein jeder zwei, drei oder vier. Wenn ihr aber fürchtet, (so viele) nicht gerecht zu behandeln, dann (nehmt nur) eine, oder was ihr (an Sklavinnen) besitzt! So könnt ihr am ehesten vermeiden, Unrecht zu tun" (Sure 4,3).

Da im Islam keine offizielle Prostitution existiert und sich nicht jeder Muslim einen Harem oder eine Schar von Sklavinnen halten kann, genehmigt Mohammed sogenannte „Ehen auf Zeit" (Muta = Nießbrauch, Genuß). Nach dieser im schiitischen Recht bis heute gültigen Regelung kann gegen Zahlung einer bestimmten Summe eine Ehe für einen Tag, für einige Wochen oder Monate eingegangen werden. Dabei stützen sich Muslime auf Aussagen Mohammeds in der Hadith und Sure 4,28: „Und (verwehrt sind euch) verheiratete Frauen, außer denen, die eure Rechte besitzt (Sklavinnen). ... Und erlaubt ist euch außer diesen, dass ihr mit eurem Geld Frauen begehrt, zur Ehe und nicht zur Hurerei. Und woran ihr euch durch sie erfreut, dafür setzt ihnen zur Belohnung eine Gabe aus ... ." Das der Frau auf Zeit entrichtete Geld wird als eine Art Brautpreis interpretiert. Diese Ehen gelten für Muslime nicht als anstößig. Natürlich kann die zeitlich begrenzte Ehe nicht geschieden werden. Falls aus der Verbindung ein Kind hervorgeht, ist der Mann frei, das Kind anzuerkennen oder nicht. Die Frau kann gegen diese Entscheidung keinen Einspruch erheben.[223] Immer wieder gehen deutsche Frauen Ehen mit Muslimen ein und bemerken erst später, dass es sich dabei um eine im Islam mögliche Ehe auf Zeit handelte. Wenn der Mann dann geht, steht die Frau ohne jegliche rechtliche Unterstützung oder materielle Ansprüche da.[224]

Der islamischen Überlieferung zufolge antwortete Mohammed auf die Frage, welche Eigenschaften eine ideale islamische Frau auszeichnen sollen: „Die ihn erfreut, wenn er sie ansieht, ihm gehorcht, wenn er befiehlt, und sich ihm in Dingen, die er für sie und für sich ablehnt, nicht widersetzt."[225]

4.2. Die islamische Scheidung

Auch in Scheidungsfragen werden Frauen nach islamischem Recht massiv benachteiligt. Eigentlich kann nur der Mann eine Scheidung einreichen; das kann allerdings auch aus einer Laune heraus oder wegen geringfügigen Anlässen geschehen. Dazu genügt der dreimalige Ausspruch: „Du bist geschieden" oder „Du bist frei" oder „Suche dir einen anderen!" oder „Verhülle dich!". Irregulär genügen sogar drei vom Mann auf den Boden geworfene Steine oder das Erheben von drei Fingern, um einer Scheidung Gültigkeit zu verleihen. Die Frau hat dann keine Möglichkeit, eine Scheidung zu verhindern. Auch wenn der Ehemann seine Scheidung nicht begründen muß, werden in der Literatur Beispiele für legitime Scheidungsgründe genannt: Mann oder Frau sind impotent, der Brautpreis wird nicht ausgezahlt, einer der Ehepartner will nicht Muslim werden oder äußert sich abfällig über den Islam, der Mann wirft seiner Frau Ehebruch vor - unabängig davon, inwiefern diese Behauptung zutreffend ist oder nicht - , der Mann kauft seine Frau als Sklavin, der Mann hat mindestens vier Monate keinen Geschlechtsverkehr mit seiner Frau, oder der Ehepartner weigert sich, von einem nichtislamischen Land in ein islamisches Land umzuziehen.[226] Will die Frau sich ohne den Willen des Mannes von ihm trennen, ist das nach der Scharia nicht möglich, selbst wenn der Mann seine Frau schlägt oder sich weigert, sie zu versorgen. Von einem solchen Fall berichtet die „Deutsche Muslim Liga": Eine Deutsche hatte einen muslimischen Asylbewerber geheiratet, „um ihm die Abschiebung zu ersparen. Doch die Ehe wird für die Frau, die zum Islam übergetreten ist, zum Fiasko. Der Mann arbeitet nicht, sorgt nicht für den Lebensunterhalt seiner Familie und lebt satt von dem Geld seiner Ehefrau. Obgleich er sie rüde beschimpft und schlägt, will er sich nicht von seiner einträglichen Frau trennen, die die Scheidung begehrt."[227] Lediglich durch eine Geldzahlung aus dem Vermögen der Frau kann eine Scheidung seitens der Frau erwirkt werden, sofern der Mann mit der entsprechenden Summe einver-

standen ist. Mohammed warnt Frauen vor dem Verlust des Paradieses, wenn sie versuchen, eine Scheidung von ihrem Mann
zu erzwingen: „Der Frau, die von ihrem Mann grundlos die
Scheidung verlangt, ist es verwehrt, die Düfte des Paradieses zu
riechen." Nicht selten setzen muslimische Ehemänner ihre Frauen
durch die einfache Drohung, sich von ihnen Scheiden zu lassen,
psychisch unter Druck. Die gesellschaftliche und materielle
Abhängigkeit der Frau führt meistens zu dem gewünschten Erfolg,
dass die Ehefrau sich gefügig dem Willen ihres Mannes unterwirft.[228] Nach einer Scheidung verfügt im Normalfall der Vater
über die Kinder, nur Säuglinge können mit dem Einverständnis
des Mannes bis zum Abschluß des zweiten Lebensjahres bei der
Mutter bleiben, soweit der Vater bereit ist, für diese „Dienst-
leistung" zu zahlen. Auch nach einer Scheidung hat der Mann ein
Anrecht auf Kinder, die sich im Verlauf von drei Monaten
ankündigen. Wird seine Frau in diesem Zeitraum schwanger, kann
der Ehemann sie wieder als Ehefrau aufnehmen, wenn er will (vgl.
Sure 2,227-238; 65,1-8). Die Frau hat nach einer Scheidung nur
Anspruch auf das in die Ehe eingebrachte Vermögen, ihr Braut-
geld und mögliche Geschenke, die sie während der Verbindung
erhalten hat. Selbst wenn sie sich zivilrechtlich in Deutschland
von ihm scheidet, besteht die Ehe nach islamischem Recht weiter,
der Mann braucht keinen Unterhalt zu zahlen, er kann Einlass in
die gemeinsame Wohnung erzwingen, ebenso den Geschlechtsverkehr, und er kann seine Frau vor einem islamischen Gericht
wegen Ehebruchs anklagen, sobald sie mit einem anderen Mann
zusammenlebt.

4.3. Frauen in islamischer Gesellschaft

In der frühen islamischen Tradition werden Mohammed auch
folgende Zitate zur Stellung der Frauen zugeschrieben:[229] „Ich
habe keine Unbill schädlicher für die Menschheit gefunden als

Frauen."- „Ein schlechtes Omen findet sich in einer Frau, in einem Haus und in einem Pferd."- „Die besten Frauen sind die, die auf Kamelen reiten, und die tugendhaften Frauen der Koreischiten sind jene, die zärtlich zu den Kindern sind und sparsam mit dem Besitz ihres Mannes umgehen." - „Achte darauf, was du tust, und halte dich fern von der Welt und von den Frauen, denn die erste Sünde, die die Kinder Israels begingen, ging auf die Rechnung von Frauen."

Kalif Mussa al Hadi (785) weist seine aufdringliche Mutter mit folgenden Worten auf den ihr nach seiner Auffassung gebührenden Platz: „Es ist den Frauen vom Schicksal nicht bestimmt, sich in Herrschaftsangelegenheiten einzumischen. Du hast zu beten, Allah zu preisen, dich von der Welt zurückzuziehen und dich den Diensten Allahs zu weihen. Danach hast du zu gehorchen, wie es sich für Frauen geziemt. ... Hast du denn keine Spindel, die dich in Anspruch nimmt, oder ein Koranexemplar, das dich zum Gehorsam aufruft, und kein Haus, das dich beschützt? Hüte dich, zu mir zu kommen, um mich zu langweilen oder zu tadeln!"[230]

Zur Rolle der Frau im öffentlichen Leben noch folgende Hadith: „Wenn Männer den Frauen gehorchen, sind sie zum Untergang bestimmt." Und: „Ein Volk, das seine Angelegenheiten einer Frau überlässt, muss scheitern."[231]

Bis in die Gegenwart hinein betonen arabische Literaten und Historiker die fehlende intellektuelle und politische Begabung von Frauen, aufgrund derer sie sich ausschließlich in ihren häuslichen Aufgaben engagieren soll.[232]

Interessanterweise ist es nach islamischem Recht möglich, dass eine Frau das Richteramt ausübt und sogar mit Regierungsgeschäften eines islamischen Staates betraut wird, wie wir es aus Pakistan kennen. Andererseits ist die Frau juristisch gesehen nur ein halber Mensch. Bei Geldbußen muss sie lediglich die Hälfte dessen bezahlen, was ein Mann entrichten müsste. Vor Gericht gelten die Aussagen von zwei Frauen gleich viel wie die Aussage eines Mannes. Wenn sie vom Islam abfällt, muss sie nicht getötet werden. Es genügt, sie ins Gefängnis zu werfen, bis sie wieder vernünftig geworden ist und zum Islam zurückkehrt. Eine Frau ist eben nicht ganz zurechnungsfähig und für ihre Taten nicht voll verantwortlich zu machen. Bei Ehebruch allerdings muss auch die Frau gesteinigt werden, auf die ausdrückliche Weisung des Koran hin.

Ein besonderes Augenmerk richtet der Islam auf die sexuelle Ausstrahlung der Frau: „Sage auch den gläubigen Frauen, sie möchten ihre Blicke niederschlagen, ihre Keuschheit bewahren und ihre Reize nicht enthüllen, bis auf das, was sichtbar ist. Sie möchten ihre Schleier um ihre Busen schlagen und ihre Reize vor niemandem entblößen als vor ihren Männern, ihren Vätern, den Vätern ihrer Männer, ihren Söhnen, den Söhnen ihrer Männer, ihren Brüdern, den Söhnen ihrer Brüder, den Söhnen ihrer Schwestern, ihren Mägden, ihren Sklaven, über die ihre Hände verfügen, und ihrem Gefolge, soweit es Männer ohne Bedürfnis sind, oder Kindern, die Frauenblöße nicht gewahren. Auch sollen sie nicht ihre Füße werfen, dass man merke, was verborgen ist von ihren Reizen [die Gestalt könnte unter dem Gewand sichtbar werden]. Bekehret euch zu Gott, o ihr Gläubigen, auf das ihr Glück habet"(Sure 24,31). Für eine unrechtmäßige Verführung ist nicht einmal die Anwesenheit einer Frau nötig; es genügt schon, ihre körperlichen Vorzüge in Worte zu fassen. „Zwei Frauen sollen nicht zusammensitzen, denn die eine könnte die andere ihrem Mann beschreiben, so dass man sagen könnte, dass er sie persönlich gesehen habe." Deshalb muß sich der Muslim jederzeit der Gefahr bewußt sein, sich mit seinen Blicken zu versündigen. „Schaue eine Frau nicht zum zweiten Mal an, denn der erste Blick ist entschuldbar, der zweite jedoch ist ungesetzlich." „Gott belohnt den Muslim, der die Augen schließt, wenn er weibliche Schönheit erblickt." Bis heute ist es in islamischen Ländern unvorstell-

bar, dass sich ein Mann mit einer fremden Frau in einem Haus allein aufhält. Dadurch würde die Ehre der Frau unwiederbringlich geschädigt werden, da nach islamischer Auffassung ein Mann den sexuellen Reizen einer Frau kaum widerstehen könne. „Besuchet nicht die Häuser von Männern, wenn sie nicht zu Hause sind, denn der Teufel kreist in euren Adern, wie es das Blut tut. Es wurde gesagt: O Prophet, in deinen Adern auch? Er antwortete: In meinen Adern auch! Aber Gott hat mir Macht über den Teufel gegeben, und ich bin frei von Bosheit."

Frauen sind ein Besitztum, das erobert und bezahlt werden kann. Allerdings verlieren sie an Wert, wenn sie ungehorsam werden oder einem anderen Glauben huldigen. „Und wenn von euren Frauen manche zu den Ungläubigen entkommen und ihr dann Beute macht, so gebt denen, deren Frauen entlaufen sind, soviel sie aufgewandt. Und fürchtet Gott, an den ihr glaubet. O Prophet, wenn die gläubigen Frauen zu dir kommen und dir schwören, Gott nichts beizugesellen, nicht zu stehlen, nicht zu huren, ihre Kinder nicht zu töten, keine Verleumdung vorzubringen, die sie zwischen ihren Händen und Füßen ersinnen, und dir nicht ungehorsam zu sein in Gebührlichem, so nimm ihren Schwur an und bitte für sie Gott um Vergebung. Wahrlich, Gott ist reich an Vergebung und barmherzig" (Sure 60,12).

Das Kopftuch ist für muslimische Frauen ein Zeichen ihrer Unterordnung unter den Mann und unter die Ordnungen Allahs. Es ist damit nicht nur Ausdruck einer kulturellen Prägung, sondern religiöses Bekenntnis zum traditionellen Islam.[233] Das Kopftuch, sagt die Istanbuler Wirtschaftsstudentin Aynur, „sei mitnichten ein Symbol des Individualismus und der Menschenrechte - es ist ein Symbol von Fanatismus und Unterdrückung". Als vom Minarett gegenüber der Gebetsruf des Muezzins ertönt, schließt sie wütend das Fenster. „Ganz kühl und ohne Fanatismus zählt dagegen die Informatikstudentin Nuray Canan Bezirgan, 23, auf, warum sie von Kopf bis Fuß in Schwarz gehüllt auftritt. Das Kopftuch, sagt Nuray, sei Ausdruck ihres Glaubens. Es verberge ihre Reize und schütze sie vor den Blicken der Männer; sie denke nicht daran, in dieser Sache einen Kompromiss einzugehen."[234] In der Türkei wie in Deutschland wird das Kopftuch benutzt, um islamistische Überzeugungen in der Öffentlichkeit zu propagieren. „Im Sommer des vergangenen Jahres, wenige Wochen nach dem verheerenden Erdbeben von Izmir, hatten islamistische Studentinnen mit einem provozierenden Spruchband gegen das Kopftuch-Verbot demonstriert. 'Reicht 7,4 etwa nicht aus?' stand auf dem Banner, das die Katastrophe als göttliches Strafgericht gegen die verhassten Laizisten darstellte."[235]

Die Stellung der Frau in islamischen Ländern muß auch von Reisenden aus Europa beachtet werden. Natürlich darf ein Mann sich nicht mit einer Muslima allein treffen oder gar sexuell mit ihr verkehren, es sei denn, er hat fest vor, sie zu heiraten. Frauen, insbesondere alleinreisende, sind in ihren Verhaltens- und Bewegungsfreiheiten deutlich stärker eingeschränkt. Da Frauen in der islamischen Öffentlichkeit sowieso ihren ganzen Körper bedecken müssen, warnt al Ghazali vor dem unheilvollen Blick. Seiner Meinung nach können die Augen ebenso viel Vergnügen bereiten wie das Geschlecht. Ein Mann könne durch seine Augen eine Frau verunehren. Wenn er sie intensiv ansieht, ist das, als würde er sie mit seinen Händen betasten. Insofern ist es verständlich, dass leicht gekleidete Touristinnen aus dem Westen in islamischen Ländern als sittenlose und verkommene Prostituierte angesehen werden, zumal dann, wenn sie einem Mann noch direkt in die Augen schauen.[236]

Um die Grenze zwischen Haus und Straße für die Frauen aufrechtzuerhalten, werden subtile Unterdrückungsmechanismen verwandt. Dabei geht es in erster Linie darum, die weibliche Sexualität unter Kontrolle zu bekommen, weil diese gefährlich für den Mann und die Ordnung der Gesellschaft ist. „Die Verteufelung des Weiblichen bezieht sich dabei auf den Begriff fitna, der untrennbar mit der Frau verknüpft wird. Als Verführungskunst verstanden, soll diese Kraft die bestehende Ordnung umstürzen und Aufstand sowie Gesetzlosigkeit auslösen können. Als potentielle Gefahr des Mannes muss die Frau folglich durch frühe Heirat

unter seinen Schutz gestellt und in den Bereich der Familie
gedrängt werden."[237] Frauen werden als Verführer zur Sünde gesehen, die über unheilvolle zerstörerische Kräfte verfügen.

In ihrer Anleitung für Frauen weist Christine Pollok auf die Stellung der reisenden Europäerin in islamischen Ländern hin: „Vor
dem Hintergrund einer traditionellen Lebensweise tauchst Du als
die Verkörperung dessen auf, womit durch die Werbung unaus-
gelebte sexuelle Energien in den Warenkauf umgeleitet werden
sollen. Als wandelndes Lustobjekt solltest Du Dir bewusst darüber
sein, dass jede Anmache eine Reaktion auf Dein Eindringen in
eine Welt ist, in der Du faktisch keine Daseinsberechtigung hast.
... Du läufst Gefahr, als erotisches Objekt im wahrsten Sinne des
Wortes angegriffen zu werden."[238]

In islamistisch geführten Ländern begnügt man sich nicht mit
einem Appell an die Sittlichkeit der Frauen. Immer wieder werden
auch Gesetze erlassen, die das Auftreten und Verhalten von Frauen
streng reglementieren. Nach ihrer Machtübernahme verfügten die
Taliban eine Schließung der Mädchenschulen, ein Berufsverbot
für Frauen, mit Ausnahme weniger Bereiche, und die gesetzliche
Pflicht zum Tragen eines Ganzkörperschleiers. Damit sollen die
Männer vor der möglichen Sünde durch die Verführung von seiten
der Frauen geschützt werden.

Bis heute werden Jungen schon als Kinder bevorzugt und dazu
erzogen, über ihre Schwestern und ihre Mütter zu bestimmen.
Meist müssen sie weniger als ihre Schwestern arbeiten, bekommen
eher eine Schulbildung (z.B. 1995 in der Türkei 28% weibliche
Analphabeten) und werden weniger häufig bestraft.[239] „Während
die Geburt eines Sohnes Freudenschreie auslöst, wird ein zur Welt
kommendes Mädchen lediglich geduldet. Auf die Tochter richten
sich lebenslang gesellschaftliche Aggressionen und die Angst des
Vaters um die Familienehre. Je älter das Mädchen wird, um so
mehr beschränkt sich seine weibliche Bewegungsfreiheit, bis es
aus der Obhut der männlichen Familienmitglieder unter den Schutz

des Ehemannes gestellt wird. Gegenüber den Söhnen als kleinen Prinzen und Augäpfeln der Familie werden Töchter zu Dienerinnen erzogen ... Mit zunehmendem Alter und der Anzahl der Söhne wächst die Stellung der Frau in der Familie."[240]

In diesem Jahrhundert bemühen sich verschiedene Frauenbewegungen um eine Verbesserung des sozialen Status der Frauen in islamischen Ländern. Um dieses Ziel zu erreichen, kämpfen sie beispielsweise gegen diskriminierende Rechts- und Sozialpraktiken wie das purda (Einsperren von Frauen) in arabischen und anderen islamischen Gesellschaften, muslimische Scheidungsregeln und die weibliche Genitalbeschneidung.[241]

4.4. Das Alltagsleben islamischer Frauen

Frauen stehen in der islamischen Großfamilie auf der untersten Rangstufe. Ihren Wert bekommen sie durch ihren Gehorsam und ihre Jungfräulichkeit. Als Kinder stehen sie unter der Verantwortung und Kontrolle ihres Vaters oder, wenn der stirbt, des Bruders oder des Onkels. Wenn sie heiratet, übernimmt ihr Ehemann diese Aufgabe; sollte er sterben, steht sie unter der Vormundschaft ihres Vaters, Bruders, Onkels oder ihres eigenen Sohnes.

In zahlreichen islamischen Ländern sind Frauen auch heute noch vom öffentlichen Leben ausgeschlossen. So dürfen sie bestimmte Berufe weder erlernen noch ausüben, sie dürfen kein Auto fahren, sich nicht allein außer Haus begeben und müssen sich verschleiern.[242] Seit dem Antritt der Taliban-Regierung in Afghanistan wird von Frauen sogar erwartet, in der Öffentlichkeit über die Verhüllung des Gesichts hinaus einen Ganzkörperschleier zu tragen.[243]

In zahlreichen islamischen Ländern ist es Frauen verboten, zu wählen oder sich wählen zu lassen. In Saudi-Arabien haben Frauen 1999 erstmals eigene Personalausweise erhalten.

Die Scharia legt auch den Lebensbereich der Frau genau fest: „Die Frauen sollen sich hauptsächlich den Haushaltspflichten in ihrem Heim widmen ... Außerhalb des Kreises, der die nächsten Anverwandten umfasst, ... werden Männer und Frauen dazu angehalten, nicht frei miteinander zu verkehren, und auch wenn sie miteinander Verbindung aufnehmen müssen, dann sollen sie dies nur unter Beachtung des Hidschab (Gebot der Verschleierung) tun. Das heißt, dass Frauen, die ihr Heim verlassen, einfach angezogen und gut verschleiert gehen sollten. Nur wenn es unumgänglich nötig wird, können sie den Schleier heben, sie müssen sich jedoch wieder vollkommen umhüllen, wenn die außergewöhnliche Gelegenheit vorüber ist. Die Männer ihrerseits sind dazu angehalten, ihre Augen gesenkt zu halten und Frauen nicht direkt anzuschauen. Und sollte jemand zufällig doch eine Frau ansehen, dann sollte er sogleich den Blick abwenden."[244]
In islamischen Ländern wird die Ethik nicht so stark durch eine innere Überzeugung, einen Sittenkodex im Denken und Empfinden, sondern durch äußere Verhaltensregeln und Vermeidungsstrategien vermittelt. So wird die Frau den Blicken der Männer entzogen, damit keine verbotenen Gedanken und Taten aufkommen können. Es geht in der Beziehung zwischen Mann und Frau nicht primär darum, sexuelle Bedürfnisse zu unterdrücken, sondern Situationen vorzubeugen, in denen der Mann der weiblichen Verführungskunst unterliegen könnte.

4.5. Genitalbeschneidung in islamischen Ländern[245]

Wenn auch aus vorislamischen Traditionen stammend, wird die Genitalverstümmelung heute vor allem noch in islamisch dominierten Staaten Afrikas praktiziert. Nach UN- Schätzungen werden täglich etwa 6.000 Mädchen und Frauen die Schamlippen abgetrennt und die Reste miteinander vernäht.[246] Diese Verstüm-

melung wird aus rituellen Gründen vorgenommen und um einen
möglichen Geschlechtsverkehr der betreffenden Frauen vor ihrer
Eheschließung zu verhindern. Folgen sind Blutungen, Infektionen
und vielfältige spätere organische und psychische Probleme.

Bei der heute noch in 20 islamischen Staaten Afrikas verbreiteten Genitalbeschneidung werden die weiblichen Geschlechts-
organe aus religiösen Motiven verstümmelt. Dabei werden Teile
der Klitoris sowie der großen und kleinen Schamlippen operativ
entfernt. Manchmal wird auch eine Infibulation vorgenommen,
bei der die Schamlippen bis auf eine kleine Öffnung, durch die
Urin und Menstruationsblut abfließen können, zugenäht werden
Immer wieder sterben Patientinnen bei den unter schlechten
hygienischen Bedingungen vorgenommenen Operationen. Andere
infizieren sich mit Tetanus, blieben ihr Leben lang gefühllos oder
leiden unter langwierigen Entzündungen.[247] „Insgesamt sind 130
Millionen Frauen an ihren Genitalien verstümmelt. Bei der über-
wiegenden Mehrheit der Eingriffe (80 Prozent) wird die Klitoris
samt Schamlippen, partiell oder total, entfernt. Diese Art der
Beschneidung bezeichnet man als Exzision. Die extremste Form
ist die Infibulation, auch pharaonische Beschneidung genannt, bei
der die äußeren Genitalien komplett entfernt werden. Sie macht
etwa 15 Prozent aller Eingriffe aus."[248]

Durch die Genitalbeschneidung soll der Frau ihre unheimliche
sexuelle Macht genommen werden, mit der sie Männer verführen
und Chaos in der Gesellschaftsordnung hervorrufen könnte. In
Ägypten und im Sudan kursiert die Vorstellung, dass die weibliche
Klitoris beim Mann Impotenz verursache oder dass ein Mann sein
Leben gefährde, wenn er mit einer nicht beschnittenen Frau
schlafe.[249]

4.6. Frauen im Glauben

Frauen sind traditionell von der Teilnahme am Freitagsgebet ausgeschlossen, auch dürfen sie keinen Turban tragen, der als Zeichen der Macht gilt. Einige dieser Einschränkungen gehen nicht direkt auf Mohammed zurück, haben sich durch die Tradition aber zu einer festen Ordnung entwickelt.

Der Unterschied zwischen Mann und Frau wird auch in ihrer Beziehung zu Allah und zur Religion insgesamt hervorgehoben. In der islamischen Mystik finden sich Aussagen wie: „Eine leichtfertige Frau ist schlimmer als hundert leichtfertige Männer. Aber eine fromme Frau empfängt denselben Lohn wie hundert fromme Männer." Man glaubte nämlich, dass Frauen stärkeren Versuchungen ausgesetzt seien als Männer, aber eine geringere Widerstandskraft besäßen als diese. Deshalb sei eine einmal auf die schiefe Bahn geratene Frau schlimmer und unmoralischer als ein vergleichbarer Mann. Wenn sie es trotz ihrer eingeschränkten Möglichkeiten schafft, so fromm zu leben wie ein durchschnittlicher Mann, muss sie mehr belohnt werden als dieser, denn sie hat wesentlich mehr Mühe dafür einsetzen müssen. Ein anderer Mystiker sagt: „Wenn eine Frau auf dem Pfad Allahs wandelt wie ein Mann, kann man sie nicht als Frau bezeichnen", das heißt, sie verliert die negativen Eigenschaften, die ihr als Frau, wie man meinte, angeboren waren.[250]

Frauen ist es nicht gestattet, die Pilgerfahrt ohne ihren Mann oder nahe männliche Verwandte zu unternehmen. Wie lange eine Frau allein verreisen darf, darüber sind die Meinungen geteilt. Sie schwanken zwischen gar nicht und zwei Tagen.[251]

In den Jenseitsbeschreibungen Mohammeds kommen Frauen fast nicht vor. Als Genussmittel der islamischen Männer im Jenseits finden sie allerdings Erwähnung. Den Gläubigen werden im Paradies reine Gattinnen (frei von Menstruation), aber auch großäugige Jungfrauen, die ihre Augen sittsam niederschlagen und auf Kissen ruhen, versprochen. Diese Frauen stehen den Männern zu

Diensten und bleiben auch nach dem Geschlechtsverkehr ewig Jungfrauen, sie altern natürlich auch nicht (Sure 37,48ff.).

Einer Überlieferung zufolge soll Mohammed gesagt haben: „Ich stand an der Tür des Paradieses, da waren die meisten, die eintraten, Arme, und ich stand an der Höllenpforte, da waren die meisten, die hineingingen, Frauen."[252] Das liegt daran, dass sie „alles verraten, wenn sie jemandem etwas anvertrauen, zu hartnäckig sind, wenn sie bitten, und undankbar, wenn man ihnen etwas schenkt."[253]

5. Gewalt in der Politik

Die Mehrheit der in Europa lebenden Muslime gehört natürlich nicht zu den Islamisten und sind von einer Kritik am Islamismus ausgenommen, solange der Unterschied zwischen dem Islam als Religion und dem Islamismus als demokratiefeindlicher Ideologie klar gemacht wird.

Allerdings ist es eine gefährliche Illusion zu meinen, dass der gewalttätige Islamismus international eine unbedeutende islamische Partei sei, die nur über wenig Einfluß verfüge. Das Gegenteil ist der Fall: denn die Regierung mag pro-westlich sein, die Bevölkerung ist pro-fundamentalistisch. Desshalb ist das bloße Beharren auf Demokratie und Menschenrechten gegenüber den islamischen Staaten nur bedingt sinnvoll. „Die westliche Hoffnung, Konkurrenz um Wählerstimmen werde automatisch entwicklungsorientierte Eliten an die Macht bringen, verkennt, dass auch in den Entwicklungsländern der Wähler in erster Linie nicht die Prosperität der Nation, sondern Vorteile für seine Gruppe erhofft. Gruppen innerhalb der Gesellschaft verhalten sich in der Regel egoistisch: Sie wollen nicht den Kuchen vergrößern, sondern ihren Anteil daran."[254] Demnach wäre es eine Illusion anzunehmen, allein die Einführung der Demokratie und einer freien Presse würde die islamischen Staaten zu modernen, leistungsfähigen und stabilen Gesellschaften machen.

Uwe Simson vergleicht die repressiven Bedingungen der industriellen Revolution in Europa mit den politischen Bedingungen für die wirtschaftliche Entwicklung der islamischen Länder der Dritten Welt. Dabei kommt er zu der zweifelhafte These: „Die heutigen Entwicklungsländer stehen vor demselben Problem; die Unterdrückung muß allerdings schärfer sein, denn der Abstand ist größer. Wenn es richtig ist, dass bei Wahlen nicht die langfristige Produktivitätssteigerung den Ausschlag gibt, sondern die Erwartung kurzfristig konsumierbaren Einkommens, dann werden Wahlen wahrscheinlich keine entwicklungsorientierte Elite an die Macht bringen. Auch die freie politische Meinungsäußerung darf unerfreulicherweise nicht zugelassen werden, solange ein unterentwickeltes Land sich die beschleunigte wirtschaftliche Entwicklung zum Ziel setzt."[255]

Natürlich ist es undenkbar, die undemokratischen autoritären Strukturen islamischer Staaten nur aufgrund ihres besseren Potentials zur wirtschaftlichen Entwicklung zu akzeptieren oder gar zu fördern. In der Praxis scheinen aber einige Industriestaaten gerade diese Überlegungen zu beherzigen. Unzweifelbar wird der bloße Zwang zur Demokratie in einem von islamistischen Überzeugungen geprägten Land nicht automatisch zu einer freiheitlichen Gesellschaft führen. Aus diesem Grund kommen Politiker nicht drumherum, immer wieder grundsätzliche weltanschauliche und religiöse Fragen zu erörtern.

Uwe Simson befürchtet, dass die größtenteils arme und ungebildete Bevölkerung der islmaischen Staaten bei einer freien Wahl höchstwahrscheinlich die Islamisten zur stärksten politischen Kraft machen würde.[256] Wahrscheinlich sind diese Annahmen zutreffend, doch stellen sie für westlich demokratisches Selbstverständnis ein nicht unerhebliches Problem dar. Fast scheint es so, dass Muslime erst ihre religiösen Überzeugungen gegen eine säkulare Weltanschauung eintauschen müssten, ehe sie von den Industrieländern als gleichberechtigte Kandidaten für Demokratie und Mitbestimmung gesehen werden. Was ist aber, wenn die in den betreffenden Ländern lebenden Menschen das nicht wollen? Muss wohlmöglich ihr Wille ignoriert werden, weil westliche Staatsmänner besser wissen, was gut für diese Menschen ist? Eine solche Annahme würde die Grundlagen der modernen Gesellschaft pervertieren. Es könnte allerdings auch sein, dass auch eine bewusste religiöse Auseinandersetzung mit den betreffenden Ländern stattfinden muss, statt wie bisher den Bereich des Glaubens, der nun als Demokratiehindernis gesehen wird, aus wirtschaftlichen und politischen Erwägungen auszuschließen.

Die kulturellen und religiösen Unterschiede zwischen den christlich-westlichen und den islamischen Staaten sind erheblicher und tiefgreifender, als lange Zeit über angenommen wurde. „Seit dem Ende des Kalten Krieges und der Auflösung der künstlichen Weltblöcke von Ost und West ist den meisten Menschen klar geworden, was der große jüdisch-französische Sozialwissenschaftler Raymond Aron einst mit 'Heterogenität der Zivilisation' als der wahren Trennungslinie innerhalb der als Einheit begriffenen Menschheit gemeint hat. Alle Zivilisationen, außer der westlichen, basieren auf Weltreligionen."[257] Was die Amerikaner seit dem Ende des Kalten Krieges 'The Greater Middle East' nennen, sind die umstrittenen Zentren der Unruhe von Assuan bis Baku und von Casablanca bis Kabul. Da geht es nicht nur um Israelis und Muslime, um Öl und Investitionen, Terror und Rauschgift, Massenvernichtungswaffen und Raketen. Es geht auch um die große Bruchlinie zwischen arabischer Frustration und westlicher Globalisierung, zwischen Säkularismus und Islamismus.[258] Sicher ist die These Huntigtons zu vereinfacht, anstelle der Ost-West-Konfrontation des Kalten Krieges einen weltweiten Konflikt zwischen islamischen und westlich-christlich geprägten Staaten zu benennen. Zu Recht verweisen zahlreiche Autoren auf die lange gemeinsame Geschichte von Muslimen und Christen, die von religiöser Gewalt, aber auch von Phasen gegenseitiger Toleranz und Symbiose gekennzeichnet war.[259] Auf der anderen Seite vergessen viele weltliche Politiker nur zu gerne die Bedeutung von Kultur und Religion, indem sie ihre säkularisierte, häufig areligiöse Ausrichtung als den selbstverständlichen Normalfall ansehen. Zum wiederholten Mal macht Bassam Tibi auf diesen grundlegenden Aspekt unserer gegenwärtigen Gesellschaften aufmerksam, der zu gerne von westlichen Regierungen ignoriert wird. Diese gehen häufig eurozentrisch davon aus, dass die säkularisierten Positionen der Aufklärung und ihre weitgehende Gleichgültigkeit religiösen Fragen gegenüber weltweiter Konsens sei. Auch der Kulturkolonialismus der insbesondere durch die Wirtschaft vorangetriebenen Globalisierung beachte kulturelle Unterschiede in den Lebens- und Denkweisen kaum, was nicht nur in islamischen Ländern unvermeidlich zu Konflikten führt. Darüber hinaus vertritt der heute der in vielen Ländern dominante Islam tatsächlich einen weltumfassenden

Anspruch und legitimiert Gewalt gegen Andersdenkende, die als Bedrohung des eigenen Lebens, ja sogar als Bedrohung der ganzen Welt gesehen werden.

Es ist auch zu einfach und vor allem zu vorschnell, das Ende des politischen Islam einzuläuten, weil in einigen Ländern die offensichtliche Unterstützung der Islamisten durch die Bevölkerung zurückgegangen ist.[260] Hier scheint der Wunsch der Vater des Gedankens zu sein. Der überwiegende Trend zeigt eher einen verstärkten Einfluss islamischen Denkens in muslimischen Staaten. Darüber hinaus handelt es sich bei dem politischen Islam keinesfalls um eine kurzzeitige Mode; in mehreren Wellen hat der Islamismus die Politik muslimischer Länder seit etwa 200 Jahren beeinflusst. Eine breite Zustimmung zu islamistischen Vorstellungen ist allerdings auch immer von äußeren Bedingungen abhängig. In einer erneuten Wirtschaftskrise, einer mutmaßlichen militärischen Bedrohung durch den Westen oder in erneuten ethnischen Konflikten kann islamistisches Gedankengut innerhalb kürzester Zeit zur treibenden Ideologie muslimischer Staaten werden, wie es Beobachtungen der vergangenen Jahrzehnte zeigen. Die Islamisten verschiedener Länder wollen nach wie vor eine Alternative zu dem als kalt, unmoralisch und areligiös empfundenen Gesellschaftsmodell des Westens aufbauen. Allen gemeinsam ist, dass sie die Religion als sinn- und identitätsstiftenden Faktor einsetzen und den Islam für ihre Zwecke missbrauchen. Sie geben vor, über die Religion einen eigenen Weg in die Moderne formulieren zu können, und bauen in Konkurrenz zum nicht oder nur unzureichend funktionierenden Staat soziale Netzwerke und Selbsthilfeorganisationen auf. Dahinter steht „die etwa in der islamischen Welt verbreitete Illusion, man könne die jeweils modernste Technologie übernehmen und sonst alles beim Alten lassen, [doch das] ist der sicherste Weg in die Erfolglosigkeit."[261]

In 45 Staaten der Erde ist der Islam die Mehrheitsreligion. In fast jedem dieser Länder gibt es Islamisten, die die bestehende Staatsform bekämpfen. Und allen ist der Islam Zeuge und Bezugsgröße. Diese Berufung auf traditionelle Werte weckt bei den Moslems große Hoffnungen. Für die politische Klasse und die Bürger des Westens ist es schwer zu fassen, dass die Weltpolitik in eine Epoche des Kampfes zwischen Weltkulturen, vor allem zwischen dem Islam und dem post-modernistischen Abendland als der einst bedingungslos dominierenden Größe eingetreten ist.[262] Was jedoch die Interpretation solcher Anstrengungen schwierig, wenn nicht undurchsichtig macht, ist das Fehlen der kulturellen Analyse, die den Konflikt-Status zwischen der westlichen und der islamischen Welt erklärt. Wie tief der Graben ist, zeigt sich daran, dass der Globalisierung westlicher Ordnungen und Regierungstechniken wie Nationalstaat, Demokratie, Selbstbestimmung und Menschenrechte eine zunehmende „kulturelle Fragmentation" (Bassam Tibi) gegenübersteht, die auf ideelle westliche Werte geradezu kulturrevolutionär reagiert.

5.1. Staatliche Gewalt im Iran[263]

Ajatollah Khomeini, der Kopf der islamischen Republik Iran, lehrte den Islam in der Stadt Ghom. Bei den Studenten war er beliebt, beim Schah weniger, hatte er ihm doch die von Allah nötige Legitimation abgesprochen. 1972 ausgewiesen kehrte er 1989 aus dem Pariser Exil nach Teheran zurück. Er wurde begeistert aufgenommen, und innerhalb kürzester Zeit richtete er eine islamische Theokratie auf, an deren Spitze er sich selbst stellte.[264]

Ruhollah Mussawi Hendi Khomeini schrieb mehr als 20 verschiedene Bücher über Themen des Islam. Nach seiner Verhaftung im Iran ging er zunächst ins Exil in die Türkei und dann in den Irak, wo er sich 1964 in an-Najaf, der heiligen Stadt der Schiiten, niederließ. 1978 begab er sich vorläufig nach Paris.

Nach der Vertreibung des verhassten Schahs ließ sich Khomeini zum religiösen Führer auf Lebenszeit ernennen. Islamische Revolutionsgerichte verurteilten viele Repräsentanten und Anhänger der Monarchie im Iran zum Tode. Im Rahmen der radikalen Umgestaltung der Gesellschaft im Sinne eines fundamentalistischen Islam ging die politische Führung des Landes mit Härte gegen religiöse und ethnische Minderheiten sowie oppositionelle Strömungen vor. Im November 1979 führten Khomeinis Hetztiraden gegen die Vereinigten Staaten von Amerika zur Erstürmung der US-Botschaft in Teheran. Über 50 US-Bürger wurden bei dieser, später von Khomeini gebilligten Aktion als Geiseln genommen. Schließlich wurden die Geiseln 1981 freigelassen. Auch in den folgenden Jahren unterstützte das Regime aktiv den Terrorismus und die Verbreitung von radikalfundamentalistischen islamischen Überzeugungen.[265] Der Mordaufruf, mit dem Khomeini 1989 den indischstämmigen britischen Schriftsteller Salman Rushdie für dessen „gotteslästerliches" Buch „Die satanischen Verse" bedachte, ist ein Zeichen der Intoleranz des iranischen Islamismus. Nach der Besetzung des ölreichen Khusistans durch irakische Truppen brach ein langjähriger Krieg zwischen beiden Staaten aus, der vom Iran auch als Heiliger Krieg bezeichnet wurde. Der Krieg wurde erst 1988 beendet. Eine Million Menschen war dabei ums Leben gekommen, 1,7 Millionen wurden verwundet.[266] Interne Auseinandersetzungen führten zu zahlreichen Terroranschlägen, bei denen 1981 auch der damalige Präsident Rajai ums Leben kam. Nach dem Tod Khomeinis 1989 wurde Khameni Präsident des Iran. Im Januar 1993 bestätigte Regierungschef Rafsandjani das 1989 ausgesprochene Todesurteil gegen den indischen Autor der „Satanischen Verse", Salman Rushdie.

Im Nahostkonflikt trat Iran als einer der kompromisslosen Gegner des Staates Israel hervor. Unter der Beschuldigung, Iran strebe nach Atomwaffen und unterstütze den internationalen Terrorismus, verhängten die USA 1995 gegen Iran ein Handelsembargo.[267]

Mitte Juli 1999 kam es zu ausgedehnten Protestkundgebungen in Teheran. Erst demonstrierten Hunderttausende gegen die konservative islamische Führung und forderten mehr Mitbestimmung und freie Meinungsäußerung; dann mobilisierte der geistliche

Führer der iranischen Revolution, Ajatollah Ali Chamenei, seine Anhänger. In der Folge griff die Polizei ein, einige Studenten wurden festgenommen, auch sechs Todesopfer waren zu beklagen.[268] „Es gebe Menschen, die 'im Namen des heiligen Islam Zwischenfälle provozieren', sagte der Geistliche. Die Studenten haben den Verdacht geäußert, dass in die blutigen Zusammenstöße am Freitag auch Mitglieder der fundamentalistischen 'Ansar Hisbollah' (Anhänger der Partei Allahs) verwickelt waren. Der Nationale Sicherheitsrat hatte zugesagt, gegen die radikalen Islamisten vorgehen zu wollen."[269] Am sechsten Tag der Unruhen bekamen die Islamisten die Oberhand und die Proteste gegen Repression und Freiheitsbeschränkung durch die geistliche Führung des Iran waren vorerst beendet.[270]

Auch nach Khomeini wurde die Politik von islamistischer Gewalt beeinflusst. Im Frühjahr 2000 wurden auf Betreiben der Islamisten hin 17 Zeitungen verboten, weil man ihnen vorwarf, den Islam zu verunglimpfen. Im Februar 2000 verübten die Volksmudschaheddin einen Anschlag auf den reformwilligen Präsidenten Khatami, wobei eine Person getötet und fünf verletzt wurden. Im März desselben Jahres wurde Saied Hadscharin, einer der engsten Vertrauten des Präsidenten, aus Protest gegen dessen freiere politische Auffassung getötet. Der ehemalige Innenminister Abdullah Nouri wurde zu fünf Jahren Haft verurteilt, weil er den Islam angegriffen haben sollte. Der erst zum Tode verurteilte Geschäftsmann Helmut Hofer wurde nach zweieinhalb Jahren Gefängnis im Januar 2000 gegen eine Geldstrafe von 12.600 DM freigelassen. Ihm wurde vorgeworfen, sexuelle Beziehungen mit einer muslimischen Frau gehabt zu haben, woraufhin er erst zum Tode verurteilt worden war.[271]

5.2. Staatliche Gewalt in Afghanistan[272]

1978 wurde Mohammed Daud, König von Afghanistan, durch die sozialistisch orientierte Demokratische Volkspartei gestürzt, die das rückständige Land zu modernisieren und Reformen im Sinn des realen Sozialismus durchzuführen suchte, z.B. eine Bodenreform, Sicherstellung von medizinischer Versorgung, Schulbildung auch für Mädchen, Gleichstellung der Frau, Abschaffung des Schleierzwanges etc. Diese Vorhaben stießen bei Stammesführern, Großgrundbesitzern sowie islamischen Mullahs auf Ablehnung. In der Folge bildeten sich etwa 30 Mudschaheddin-Gruppen, die es sich zum Ziel setzten, die Regierung mit Gewalt abzusetzen. Die zersplitterten Einzelgruppen wurden durch ihren Heiligen Krieg gegen die ungläubigen Sozialisten in Kabul geeint. Die bedrohte Regierung rief 1979 zu ihrer Unterstützung sowjetische Truppen ins Land. Um den islamischen Fundamentalismus einzudämmen und ein Überspringen der islamischen Revolution vom Iran auf Mittelasien zu verhindern, versuchte die Sowjetunion ab 1979 Afghanistan zu besetzen. Nach endlosen Partisanenkämpfen führten diese Auseinandersetzungen zu einer Radikalisierung der muslimischen Bevölkerung. Die 100.000 russischen Soldaten sicherten insbesondere die Infrastruktur und die größeren Städte. Nach anhaltenden Verlusten durch die von den USA mit Waffen versorgten Islamisten zogen sich die russischen Truppen 1989 zurück.[273]

Afghanische Islamisten organisierten den Widerstand gegen die sowjetische Besetzung. Die muslimischen Partisanenkämpfer, die durch arabische Muslime verstärkt wurden, nannten sich selbst Mudschaheddin. Mudschaheddin ist der arabische Begriff für „Kämpfer für den Glauben, der einen Feldzug gegen die Ungläubigen führt". Der Kampf gegen die Ungläubigen (arabisch Kafir) wird im Koran ausdrücklich gutgeheißen, um die Lehre des Islam durchzusetzen. Die islamische Gemeinschaft sieht es als ihre Pflicht, die Rechte Allahs und sich selbst zu verteidigen und sich für den Glauben einzusetzen, bis der Unglauben schließlich aus der Welt geschafft ist ... Dieser Kampf erfordert den ständigen Einsatz der Gläubigen, d.h. er durchdringt ihr tägliches Leben; im Unterschied zum normalen Krieg (harb) wird dieser Kampf als 'Heiliger Krieg' (Dschihad) bezeichnet; der Gebrauch von Waffen ist legitim, aber nicht Voraussetzung."[274]

Die von Pakistan aus seit 1994 in den afghanischen Bürgerkrieg eingreifenden Taliban gewannen neben den traditionellen Islamisten rasch an Einfluss. Nach dem Rückzug russischer Truppen 1989 kam es zu einem Bürgerkrieg, aus dem die Taliban, eine fundamentalistische Islampartei, 1996 siegreich hervorging. Sie haben das Ziel, in Afghanistan eine auf den Grundsätzen des Koran aufbauende Gesellschaft zu errichten. Die seit Frühjahr 1992 in Afghanistan regierenden Islamistenparteien verboten nach ihrem Machtantritt die übrigen Parteien und leiteten einen verstärkten Islamisierungsprozess ein. Darüber hinaus begannen die afghanischen Mudschaheddin, islamistische Bestrebungen in den Nachbarländern zu unterstützen, was zur Destabilisierung der Region beitrug und in Tadschikistan zu einer direkten Konfrontation mit der russischen Armee führte. Sie errichteten 1996 unter der Leitung Mohammed Omars ein islamisches Emirat. Unter den neuen islamischen Gesetzen hatten insbesondere Andersgläubige und Frauen zu leiden.[275] Der UN wurden Massenvergewaltigungen und Verschleppungen von Frauen in spezielle Arbeitslager bekannt. Darüber hinaus betrieben die Taliban eine massive Umsiedlungspolitik, zerstörten Privathäuser, ließen Zivilisten hinrichten, nahmen willkürliche Verhaftungen vor, praktizierten Zwangsarbeit und setzten Kindersoldaten ein. Mit den Erlösen aus einem ausgedehnten Drogenanbau und -verkauf finanzierten die Taliban die militärische Ausbildung islamischer Extremisten, insbesondere für Tschetschenien und Kaschmir. Unter der Führung der Taliban kam es zur verstärkten Verfolgung von schiitischen Muslimen und hinduistischen, buddhistischen und christlichen Bürgern, die Rechte der Frauen wurden weiter beschnitten und ausländische Hilfsorganisationen in ihrer Arbeit behindert. „Seit die Taliban die Macht über Leben und Tod in ihren Händen halten, werden die

Menschenrechte in diesem geschundenen Land buchstäblich mit Füßen getreten. Die Machthaber berufen sich dabei auf den Islam. Nun gibt es weltweit für die Taliban durchaus Sympathien bei radikalen Moslems, nicht nur vom Zuschnitt eines Osama bin Laden."[276]

„Alle Aktivitäten der Taliban, ihre Kriegsführung, ihre Praxis der Geschlechter-Apartheid ... sind geprägt von ihrem Verständnis von Dschihad. Dschihad bedeutet heute Heiliger Krieg, genauer Heiliger Krieg gegen alles Nichtislamische. Weil für sie, wie auch für andere religiös-politische Bewegungen in der islamischen Welt, Dschihad zu dem zentralen Leitbegriff geworden ist, spricht man inzwischen von Dschihadi-Kultur und Dschihadi-Gruppen."[277] Allerdings verstehen Muslime darunter nicht nur den gewalttätigen Kampf gegen Ungläubige, sondern jegliche Bemühungen für eine Gesellschaft und ein persönliches Leben nach den Ordnungen Allahs in Koran und Scharia. Moralische Ordnungen müssen festgelegt und eingehalten werden, der Muslim muss gegen die moralische Versuchung kämpfen, und alles, was den Ordnungen Allahs widerspricht, muss ausgelöscht werden. Der

127

führende Talibangelehrte Mullah Wakil erklärte dazu: „Wir wollen ein Leben leben, wie es der Prophet vor 1400 Jahren lebte, und Dschihad ist unser Recht. Wir wollen die Zeit des Propheten wiedererschaffen und wir führen nur das aus, was das afghanische Volk schon seit 14 Jahren verlangt."[278]

Ihre Wurzeln hat die islamistische Talibanbewegung in der islamischen Reformbewegung der Deobandis, die sich im 19. Jahrhundert insbesondere gegen die britischen Kolonialherren und die Koraninterpretation der Schiiten wandten. Die Gedanken dieser antiwestlich eingestellten Bewegung befruchtete wiederum die islamische Revolution im Iran (1978-79) und die Entstehung der Islamischen Partei (Jamat-e Islami) unter Maulana Abdul Ala Maududi im selben Zeitraum. Die islamistisch ausgerichteten Mudschaheddin (religiöse Kämpfer) wandten sich nach dem Einmarsch sowjetischer Truppen 1979 gegen den Atheismus Russlands und gegen das Christentum und den Materialismus des Westen als Gefahr für die Gesellschaft und die Seele der Afghanen.

Anfang 2001 machten die afghanischen Taliban auf sich aufmerksam, als sie unter Aufmerksamkeit der Weltpresse 1000 Jahre alte Buddhastatuen zerstörten, weil diese ihrer Auffassung gemäß Abgötterei darstellten. Selbst vielfältiger internationaler Protest ließ sie nicht von ihrem Vorhaben abrücken. Dabei handelt es sich nicht nur um die Zerstörung von Kunstgegenständen des Weltkulturerbes, sondern um einen Angriff auf die Religionsfreiheit.[279] Europäische Politiker beklagen in Verkennung der Lage im Wesentlichen den Verlust eines Kulturdenkmals, ohne zu beachten, dass es sich dabei um die Schändung einer Weltreligion handelt. Dieser Aspekt ist für das Zusammenleben der Menschen in der Welt weit wichtiger als der Verlust eines Kunstwerks.

Im Rahmen der Recherchen im Zusammenhang mit den Anschlägen in den USA im September 2001 bestätigte ein afghanischer Pilot, dass die Taliban in den letzten Jahren 14 fanatische Muslime zu Piloten von Passagierflugzeugen ausbilden ließen. Auch wurde bestätigt, dass der Terroristenführer bin Laden

mit Unterstützung der Regierung in Afghanistan ein Ausbildungslager für islamische Extremisten unterhält, in dem unter anderem
Kämpfer für tschetschenische Rebellen und die Terrorszene in
Kaschmir ausgebildet wurden.[280] Nach dem Anschlag von New
York fühlten sich die Taliban in Afghanistan von den USA bedroht
und riefen ihre 45.000 Kämpfer zur Auseinandersetzung mit den
USA auf. „Ich möchte unserem Volk sagen, dass der Heilige Krieg
wieder aufgenommen werden wird", verkündigte dazu der stell-
vertretende Vorsitzende des Taliban- Ministerrats.[281]

Nach dem Bekanntwerden ihrer mutmaßlichen Begünstigung
der Terroranschläge von New York rufen die Taliban ihre Bevölkerung offen zum Heiligen Krieg gegen den verkommenen
Westen auf.[282] Im Internet fordern die Taliban alle echten Muslime
zur finanziellen und tätigen Unterstützung ihrer Regierung in
Afghanistan auf. Der Untergang des islamischen Afghanistan
wäre eine Katastrophe für die muslimische Welt. www.quoqaz.de,
ummah.com und teleban.com geben auch ausführliche Anleitungen, wie der vermeintlichen Falschinformation westlicher Medien
entgegengetreten werden kann: „Gegen die Attacken der
westlichen Medien, die 'beleidigende Artikel über die Taliban
verbreiten' und 'in Afghanistan gar eine Demokratie einführen
wollen, in der Homosexualität, Alkohol, Musik und Tanz erlaubt
und gefördert werden', sollen sich die Muslime in Diskussions-
foren, Newsgroups, Chats und Newslettern aktiv zur Wehr setzen.
Die Zeit sei gekommen, 'die legitime Regierung Afghanistans, die
alle Bedingungen und Prinzipien der UNO respektiert', endlich
anzuerkennen."[283] Nur im islamischen Afghanistan verfügen die
Frauen angeblich über echte Freiheit und werden ihrem Wesen
gemäß gebildet. Auch kämpfen die Taliban unermüdlich gegen
den Terrorismus. So wird darauf hingewiesen, dass sie Osama bin
Laden bewachen, da er vor terroristischen Attentaten des Westens
geschützt werden müsse. Er kämpfe als einziger Muslim allein
gegen die amerikanische Unterdrückung des Islam. Es sei
undenkbar, einen solchen Helden an Ungläubige auszuliefern.
Alle Muslime, insbesondere diejenigen, die in den "militärischen

Forschungszentren des Westens arbeiten, werden aufgefordert, ihr ganzes Wissen und alle ihre Möglichkeiten für den heiligen islamischen Krieg einzusetzen." Sie sollen öffentliche Stellen mit allen zur Verfügung stehenden Mitteln auf die Forderungen des Islam hinweisen. Wer am militärischen Kampf teilnehmen will, findet ebenfalls detaillierte Anweisungen. „Die militärische Ausbildung ist eine islamische Verpflichtung, die zu Ehren Allahs unternommen wird." Handbücher und CD-Roms der US-Armee werden vorgestellt. Auch Informationen über die Herstellung verschiedener Waffen und deren Gebrauch im Kampf findet der Leser reichlich. Darüber hinaus wird er aufgefordert, sich in Kampfsportvereinen fit zu halten, ohne dort allerdings durch seine politischen Meinungsäußerungen aufzufallen. „Wenn jemand wirklich wünscht, im Dschihad zu kämpfen, der wird sich dafür auf alle möglichen Weisen vorbereiten."[284]

In ihrem Kampf für die Verbreitung eines islamischen Gesellschaftmodells nahmen die Taliban auch gezielt Einfluss auf die Entwicklungen ihrer zentralasiatischen Nachbarstaaten. Von Afghanistan und Usbekistan aus versuchten islamistische Gruppen auch in Kirgisien Fuß zu fassen. Im Sommer 2001 kam es daraufhin zu langwierigen Kämpfen mit dem Militär. „Der kirgisische Sicherheitsratssekretär berichtete unter Berufung auf Geheimdienstinformationen von einem Treffen in Masar-i-Sharif in Nordafghanistan, bei dem ein breit angelegtes Destabilisierungsprogramm für die gesamte Region entworfen worden sei. Daran hätten die Vertreter der usbekischen Islamisten, der afghanischen Taliban und bin Laden teilgenommen."[285] Islamisten aus Afghanistan, Tadschikistan, Usbekistan und Tschetschenien planten ihre Aktivitäten zu koordinieren, um in Usbekistan „ein Regime zu errichten, in dem die Menschen ihren Glauben frei ausüben können,". Führer der usbekischen Islamisten ist Tachir Juldaschew, der schon 1991 im Fergana-Tal die religiöse Gerechtigkeitspartei (Adolat) gründete. Nach seiner Flucht nach Afghanistan hatte er eine gut ausgebildete Terrorgruppe aufgebaut, die sich nun anschickt, ihren Einfluss in Usbekistan zu festigen.

In Nordafghanistan stießen die Taliban jedoch auf den heftigen Widerstand der „Vereinigten Front zur Rettung Afghanistans", einer Allianz von Mudschaheddin-Gruppierungen unter dem militärischen Oberkommando von Ahmed Schah Massud (der im September 2001 ermordet wurde) und der politischen Führung von Burhanuddin Rabbani.[286] Diese sogenannte „Nord-Allianz" ist im Rahmen des Antiterrorkriegs der USA gegen die Taliban Bündnispartner der USA geworden. Dabei darf allerdings nicht übersehen werden, dass auch diese Partei islamistisches Gedankengut vertritt. Mit einem Sieg der USA über das Taliban-Regime ist lediglich ein erster Schritt gegen den islamistischen Terror getan. Aktivitäten der Taliban in Pakistan, Planungen islamistischer Terrorgruppen in westlichen Staaten und die islamistischen Bestrebungen der mit den USA verbündeten „Nord-Allianz" bleiben von einer solchen Entwicklung unberührt.[287] „Meldungen über Mord und Totschlag der aufgerüsteten Krieger zeigen, dass sie längst nach eigenen Interessen agieren und unkontrollierbar sind. Doch das ist keine Überraschung. Die Zweifel waren berechtigt. Kaum sind Masar-i-Scharif und Kabul eingenommnen, zeigt sich, wie die Kämpfer der Nord-Allianz ihren Sieg feiern. Taliban-Anhänger werden massakriert, die Horden der ausgehungerten Kämpfer ziehen plündernd durch die Straßen."[288] Noch hören die afghanischen Kämpfer auf die Befehle aus den USA. Was jedoch, wenn es für sie bei diesem Arrangement nichts mehr zu gewinnen gibt, weil sie den verhassten Feind besiegen konnten? Sicher ist lediglich, dass sich die nordafghanischen Islamisten ihre Politik nicht auf Dauer von den ungläubigen Amerikanern vorschreiben lassen werden.

5.3. Staatliche Gewalt in Pakistan

Neben der auch staatlicherseits geförderten Verfolgung Andersgläubiger, die in früheren Kapiteln besprochen worden sind, blüht in Pakistan auch der politische Islamismus. Die für den islamischen Terror in Afghanistan verantwortlichen Taliban wurden in pakistanischen Koranschulen ausgebildet. Außerdem ließ der pakistanische Regierungschef Musharraf islamische Terrororganisationen wie die Dschihadi ungestört Ausbildungslager unterhalten, in denen Aktivisten für ihren Einsatz in Afghanistan, in Indien und darüber hinaus ausgebildet werden. Da die islamischen Extremisten über einen starken Rückhalt in der Bevölkerung verfügen, hat Musharraf es bisher nicht gewagt, seine Kritik an den Einrichtungen der Dschihadi in die Tat umzusetzen. Weite Teile der Bevölkerung hingegen solidarisieren sich weitgehend mit den gewalttätigen Islamisten.[289] Die religiösen Führer Pakistans kämpfen für eine islamistische Gesellschaft. „Viele von ihnen liegen auf der orthodox-islamischen Linie und würden jede Abweichung von den Taliban-Brüdern als einen Verrat an Allah und seinem Propheten empfinden - die Todsünde für jeden Muslim."[290] Immerhin befinden sich auch in Pakistan noch rund 60.000 gewaltbereite und den Taliban nahestehende Kämpfer.[291]

Die als Bedrohung empfundenen Atombombentests des Nachbarn Indien (1998) und die durch den wirtschaftlichen Niedergang hervorgerufene Arbeitslosigkeit haben dazu geführt, dass die radikalen Islamschulen Pakistans einen starken Zulauf Jugendlicher zu verzeichnen haben. Für die Eltern sind die kostenlosen Schulen der Taliban häufig die einzige Möglichkeit der Bildung für ihre Kinder. „Von den mehr als 50.000 jungen Pakistanern, die in den letzten sieben Jahren in den Krieg nach Afghanistan zogen, sind viele nicht mehr heimgekehrt. Zu Hause werden sie dann aber als Schachid (Märtyrer) gefeiert. Ihre zumeist armen Eltern erlangen Ruhm und oft auch finanzielle Unterstützung zur Gründung eines kleinen Geschäfts. An den über 10.000 Madrassas in Pakistan wird etwa eine Million Kinder und Jugendliche in den islamischen

Wissenszweigen ausgebildet. Moderne Fächer werden in der Regel nicht unterrichtet ... Dafür werden die Schüler in etwa einem Drittel der Madrassas zu Kämpfern herangezogen ... So entstand mit dem Phänomen Taliban ein völlig neuer Typ fundamentalistischer Eiferer."[292] Viele der afghanischen Taliban haben ihr Leben lang nur den Krieg gegen die Feinde des Islam erlebt. Sie sind in afghanischen Flüchtlingscamps in Pakistan geboren und in den Koranschulen der Islamisten indoktriniert worden. Ohne Berufsausbildung und Einbindung in die traditionelle Gesellschaft finden sie sich weder in der modernen technisierten Welt noch in der Welt ihrer Eltern zurecht. So kämpfen sie für eine ihnen vermittelte islamische Utopie. Das geistige Zentrum der islamistischen Taliban liegt nicht etwa in Afghanistan, sondern in Pakistan.

5.4. Staatliche Gewalt im Sudan[293]

In den vergangenen 15 Jahren hat der Sudan internationale Terroristen versteckt und Ausbildungslager islamistischer Gruppierungen toleriert. Erst nach dem Vergeltungsangriff der USA auf eine pharmazeutische Fabrik, in der Islamisten die Herstellung von Nervengift planten, distanzierte sich die sudanesische Regierung von den islamischen Terrororganisationen.[294] Die staatlich legitimierten Übergriffe auf die christliche Bevölkerung des Südsudan wird allerdings bis in die Gegenwart hinein weitergeführt. Zahlreiche christliche Dinka und Nuba im Sudan werden von islamischen Regierungssoldaten aus den Bergen in Auffanglager in der Wüste getrieben, wo Hunger und Krankheiten herrschen. Internationalen Hilfsorganisationen wurde der Zugang zu diesen Lagern verwehrt, in denen Vergewaltigungen durch Soldaten auf der Tagesordnung stehen. Das fruchtbare Farmland der Nuba wurde vom Staat eingezogen und an Geschäftsleute verkauft.[295]

Die gewaltsame islamistische Gleichschaltung begann schon 1983 durch General Numeiri und bestimmt bis heute die innenpolitische Lage des Sudan..„Wir kämpfen für die Unabhängigkeit des Südens", erklärte der oppositionelle Gouverneur, der früher als Diplomat im Dienst der Behörden von Khartum gestanden hat, „aber wir würden uns auch mit einer Konföderation zufrieden geben. Unsere vordringliche Forderung ist die Abschaffung der ‚Scharia', der grausamen koranischen Gesetzgebung, die uns der Norden aufzwingt."[296] Ein sudanesischer Dorfvorsteher berichtete von den alljährlichen Ängsten der Bevölkerung: „Da kommen zur Trockenzeit die Murahilin, arabisierte Normaden des Kordofan, herangeritten und plündern, was immer sie vorfinden."

5.5. Staatlicher Islamismus in anderen Ländern

Als islamische Revolution werden die zum Teil militanten Bestrebungen in vielen islamischen Ländern bezeichnet, „die Wertvorstellungen des Korans und die Scharia zur Richtschnur in allen Bereichen von Staat und Gesellschaft (Politik, Recht, Wirtschaft, Kultur und Erziehungswesen) zu erheben. Ziel der islamischen Revolution ist die Einheit von Religion und Staat, Politik und Glaubensgemeinschaft, wie sie unter dem Propheten Mohammed und den Kalifen bestanden hat."[297]

- **Lybien:** „Gaddafi hatte nach seiner Machtübernahme 1969 - zwei Jahrzehnte vor Khomeini - den Koran zum Kodex allen Lebens erklärt. Er wies die europäischen Siedler aus, schloss alle christlichen Kirchen, erhob Arabisch zur allein gültigen Sprache und die grüne Fahne des Propheten zur libyschen Nationalflagge. Gesegnet mit dem 'Gottesgeschenk' Erdöl, wollte er Libyen in einen islamischen Musterstaat verwandeln."[298] Libyen unterstützte über Jahre hinweg den internationalen islamischen Terrorismus. 1999 wurden die mutmaßlich für den Anschlag auf ein Passagierflugzeug Verantwortlichen an ein internationales Gericht in den Niederlanden ausgeliefert. Bei dem Anschlag in Schottland starben 1988 270 Personen.[299]

- **Türkei:** In der türkischen Politik spielen die Islamisten seit Jahrzehnten eine einflußreiche Rolle. Bei den türkischen Wahlen im April 1999 konnten vor allem die islamisch ausgerichtete rechtsextreme Partei MHP (Milliyetci Hareket Partisi - Nationalistische Aktionspartei) Gewinne für sich verbuchen. Sie verfügt über 18% der Mandate. Drittstärkste Fraktion im Parlament wurden die Islamisten.[300] Deren Tugendpartei (FP - Fazilet Partisi) erreichte bei der letzten Wahl 1995 21,3% der abgegebenen Stimmen. Die islamistische FP ist Nachfolgerin der 1998 verbotenen Wohlstandspartei, die unter Parteiführer Erbakan als stärkste Partei aus den Wahlen 1995 hervorging. Nach dem politischen Aus der Refah-Partisi organisierten sich die Abgeordneten fast vollständig in der neugegründeten FP. Obwohl diese weniger radikal auftritt als ihre Vorgängerin, droht auch ihr ein Verbot. Auch die DYP (Dogru Yol Partisi - Partei des Rechten Weges) unter der Leitung von Tansu Ciller versucht in ihrem Programm auf die Interessen der Islamisten einzugehen. Ihre Partei errang bei der letzten Wahl 19,2%.[301]

Die islamistische Tugendpartei war mit rund 100 von 550 Abgeordneten die größte Oppositionsgruppierung im türkischen Parlament in Ankara. Nachdem schon ihre Vorgängerin die Wohlfahrtspartei (Refah-Partisi) verboten hatten, musste 2001 auch die Tugendpartei (Fazilet Partisi) wegen islamistischer und staatsfeindlicher Aktivitäten ihre Arbeit beenden.[302] Doch dadurch ließ sich dessen Leiter, der frühere Ministerpräsident Necmettin Erbakan, nicht beirren. Kurzerhand gründeten seine Mitkämpfer eine neue islamistische Partei der Seligkeit (Saadet Partisi) mit gleicher Zielsetzung. „Unser Ziel ist Glück für alle Menschen", sagt Recai Kutan, der ehemalige Chef der Tugendpartei und jetzige Gründer des neuen Forums. Die Partei werde den „moralischen Werten" dienen. Außerdem will er sich dafür einsetzen, dass der Islam auch in der türkischen Öffentlichkeit stärker präsent wird.[303]

Gleichzeitig trat der ehemalige Bürgermeister von Istanbul, Recep Tayyip Erdogan, mit seinem islamistischen Parteiprogramm an die Öffentlichkeit. „Die Demokratie ist nur der Zug, auf den wir aufsteigen, bis wir am Ziel sind. Die Moscheen sind unsere Kasernen, die Minarette unsere Bajonette, die Kuppeln unsere Helme und die Gläubigen unsere Soldaten", hatte Erdogan angeblich bei einer Wahlveranstaltung in Südostanatolien ausgerufen. Woraufhin er wegen staatsfeindlicher Äußerungen zu einer Gefängnisstrafe verurteilt wurde, die später durch eine Amnestie beendet wurde.[304]

- **Somalia:** Seit dem Scheitern einer Intervention der UN- Friedenstruppe 1995 wird das Land von den Auseinandersetzungen verschiedener Clanführer bestimmt. Nachdem einige ihrer Soldaten in ihren Helikoptern über Mogadischu abgeschossen und getötet worden waren, wichen die amerikanischen Streitkräfte der Gewalt muslimischer Extremisten, die das Land seitdem regieren. Die Scharia ist zwischenzeitlich Grundlage der Rechts in Somalia, die einzigen funktionierenden Bildungseinrichtungen sind die zahlreichen Koranschulen im Lande. Derzeit sind täglich Loblieder auf Osama bin Laden und seine „Heldentaten" im Kampf gegen den bösen Westen zu hören, Straßen werden nach dem Terroristen benannt und Freiwillige melden sich, um für den Islam und für bin Laden zu kämpfen. Die Clanführer wollen Somalia zu einem zweiten Afghanistan machen.[305]

- **Marokko:** Auch in Marokko wollen die Islamisten einen durch die Scharia bestimmten Staat einrichten. An der Spitze der auch im Parlament vertretenen Islamisten steht Scheich Abdessalam Yassine, Chef der Vereinigung Al Adl Wal Ihssane (Gerechtigkeit und Spiritualität). Er erkennt die Glaubensautorität der marokkanischen Krone nicht an und will die religiösen Entscheidungen den islamistischen Gruppierungen zusprechen. Provokativ treffen sich seine Anhänger am Strand oder an anderen öffentlichen Plätzen zum Gebet. Sie werfen dem Königshaus vor, Religion und Kultur Marokkos zu vernachlässigen. Yassine sieht im Islam eine dem dekadenten Westen weit überlegene Sinndeutungsinstanz: „Der Islam ist die Botschaft Allahs an den Menschen, die ihm erklärt, warum er lebt. Diese Botschaft ist den Westlern abhanden gekommen. Sie können alles, die Krankheiten auslöschen,

Lebewesen klonen, das Wissen mittels Gigabytes ins Unendliche potenzieren. Aber kein Mensch weiß, warum er da ist, warum die Welt da ist."[306] Wenn ein Marokkaner offen von seinen christlichen Überzeugungen spricht, kann er nach geltendem Recht zu einer Gefängnisstrafe von 6 Monaten bis 3 Jahren und einer zusätzlichen Geldstrafe verurteilt werden.[307]

- **Saudi-Arabien:** In den 70-er Jahren begann die Familie Ibn Saud ihren durch die Ölförderung gewonnenen Reichtum in die Islamisierung der Welt zu investieren. Sie gründeten 1970 die „Organisation Islamischer Staatskonferenzen" und die „Muslimische Weltliga". In den 80-er Jahren wurden durch Saudi-Arabien auch zahlreiche fundamentalistische Gruppen gefördert. Erst durch die Erfahrung des Golfkriegs wurde die Förderung der Verbreitung des Islam vorsichtiger und gezielter. Um seine Position als islamische Führungsmacht zu festigen, unterstützte das saudische Königshaus auch gewalttätige Extremisten. „Verstreut über die moslemische Welt finanzierte und ermunterte es, nach Recherchen des Analytikers Mohammed Haschem, Attentate, Mord und Sabotage, alimentierte Bürgerkriege und konfessionelle Konflikte. Die 'Kriege Allahs sind gegenwärtig unzählig wie auch die Feinde Allahs. Der Bogen der Islamisten hat sich niemals so weit gespannt, war nie so vielarmig', stellt Haschem fest."[308] Sie unterstützten die auch von den USA geförderten Mudschaheddin im Kampf gegen die Sowjetunion. Die in Afghanistan kämpfenden Islamisten sind heute bei allen islamischen Terroristen zu finden, von Albanien über Tschetschenien bis Bosnien. Zwischenzeitlich bedrohen sie selbst die Positionen ihrer einstigen Ziehväter und kämpfen gegen die von ihnen als unmoralisch und unislamisch verurteilten Regierungen von Libyen, Ägypten, Saudi-Arabien und Marokko. Zwischenzeitlich greift der islamistische Terror auch auf Saudi-Arabien über, im November 1995 detonierte die erste Bombe in der Hauptstadt Riad, sieben Monate später erfolgte ein Anschlag auf die amerikanische Kaserne von Khobar bei Dharan. Die Ibn Saud wissen sich zwischenzeitlich nicht anders zu helfen, als den berüchtigten palästinensischen

Terroristen Abu Nidal nach Saudi-Arabien zu holen mit dem Auftrag, Anschläge der Afghanen zu verhindern.[309]

Die Unterstützung des Islam im Kaukasus ist Bestandteil der offiziellen Außenpolitik Saudi-Arabiens. Als Hauptmotiv für eine ausländische Unterstützung der Rebellen in Dagestan und Tschetschenien sehen Experten Bestrebungen zur Islamisierung. Dazu gehört auch der Bau von Moscheen und Koran-Schulen sowie die Vergabe von Stipendien an Studenten. Zahlreiche wohlhabende Geschäftsleute im arabischen Raum machen zwar gerne mit dem Westen Geschäfte, fühlen sich aber dem Islam verbunden und lehnen westliche Überzeugungen und Lebensweisen ab. Diese Geschäftsleute engagieren sich unter anderem als Finanziers der zentralasiatischen und afrikanischen Islamisten.[310]

Die 1962 in Mekka gegründete Islamische Weltliga (MWL-Muslim World League) hat das Ziel die Einheit unter den islamischen Staaten zu fördern und den Islam durch Übersetzungen religiöser Schriften, die Einrichtung und Unterstützung islamischer Kulturzentren und finanzielle Hilfe für islamische Einrichtungen und Widerstandsorganisationen zu verbreiten. Die Aktionen der Liga werden ausschließlich durch Saudi-Arabien finanziert.[311]

Die Islamische Weltliga gründete 1975 den „Höchsten Weltrat der Moscheen", der gegen unislamische Ideologien kämpfen und die Verbreitung des Islam unterstützen soll. 1978 wurde eine islamische Rechtsakademie gegründet. Ihre Aufgabe besteht in der Propagierung der Überlegenheit der Scharia gegenüber anderen Rechtsordnungen. Sie veröffentlicht auch Stellungnahmen, die das Zusammenleben mit Nicht-Muslimen betrifft. Ein islamischchristlicher Dialog wird von der Mehrheit der Islamischen Weltliga mit der Begründung abgelehnt, dass dahinter ein neuer Kreuzzug, eine Verschwörung der Christen und Juden oder ein Neo-Imperialismus stecken könnte.[312]

Auch die Organisation der Islamischen Konferenz (MMI) setzt sich für die Koordinierung islamischer Länder sowie die Verbreitung und Verteidigung islamischen Glaubens ein. In jährlichen

Außenministertreffen wird die Situation in den islamischen Ländern besprochen. In der Konferenz von Kuwait verpflichteten sich die Teilnehmer, einen Angriff auf ein islamisches Land als Aggression gegen die ganze islamische Welt zu verstehen.

- **Mauretanien:** Im islamischen Mauretanien sind Rassendiskriminierung, religiöse Verfolgung, Sklaverei und Analphabetentum weit verbreitet.[313] 1980 übernahm Mohamed Ould Haidalla das Amt des Staatspräsidenten in Mauretanien. Er und sein Nachfolger Maaouya Ould Sidi Ahmed Taya zwangen dem Volk die strikte Befolgung des islamischen Rechts auf und scheuten auch vor gewalttätigen Übergriffen und Menschenrechtsverletzungen nicht zurück.[314]

- **Andere:** In Mali werden Christen verfolgt und Kinder zu Zehn0tausenden in die Sklaverei verkauft.[315] 1999 wurde in Kuwait der Antrag auf das Frauenwahlrecht abgelehnt.[316]

6. Gewalt gegen Denker

Nur einige Beispiele stellvertretend für das Schicksal Tausender von Intellektuellen, die in den vergangenen hundert Jahren verfolgt und getötet wurden, von denen aber aufgrund ihrer mangelnden Popularität in Europa kaum etwas zu hören war.

- Dschamil Sidki as Sahawi: Die Verfolgung andersdenkender und den Koran kritisierender Muslime hat auch im 20. Jahrhundert Tradition. 1920 beispielsweise wurde der irakische Dichter Dschamil Sidki as Sahawi so stark eingeschüchtert und mit Anschlägen auf sein Leben bedroht, dass er es tagelang nicht wagte, sein Haus zu verlassen. Anlass für die Kampagne gegen ihn war ein kritischer Artikel über die Situation der Frau in islamischen Ländern, den er für eine Zeitung verfasste. Darin forderte er seine männlichen Leser auf, sich vorzustellen, die Satzungen der Scharia für Frauen sollten auch für sie, die Männer, gelten... Daraufhin wurde er in Bagdad von den Kanzeln der Moscheen aus verflucht und bedroht.[317]

- Farag Foda: „Die dogmatisch-reaktionäre Muslimbruderschaft ging mit ihrem militanten Teil in den Untergrund. Sie ermordete 1992 den liberalen ägyptischen Schriftsteller Farag Foda, der eine Modernisierung der islamischen Rechtsprechung gefordert und Reformen angemahnt hatte: 'Uns Muslimen fehlt ein Martin Luther'."[318]

- Nawal el Saadawi: Nawal el Saadawi hatte es gewagt, in Ägypten den Islam zu kritisieren und sich gegen die Praxis der Genitalbeschneidung auszusprechen. Auch an der Verschleierung der Frauen übte sie Kritik. Fortan stand sie auf der Abschussliste der islamischen Fundamentalisten. Schon 1972 verlor sie daraufhin ihre Anstellung im Gesundheitsministerium, dann kam sie unter Präsident Sadat für einige Zeit sogar ins Gefängnis. Einige ihrer Bücher wurden in Ägypten verboten. Dann kam sie auf eine Todesliste fanatischer Muslimgruppen und floh für fünf Jahre in die USA. Als sie nach ihrer Rückkehr forderte, Frauen müssen das gleiche erben wie Männer, und die Ansicht vertrat, die islamische

Pilgerfahrt nach Mekka sei auf Aberglaube begründet, wurde sie offiziell als Ketzer angeklagt. „Ich bin gegen fundamentalistische politische Kräfte, deshalb hassen sie meine Bücher und meine Politik,,, sagte Nawal el Saadawi, die in Deutschland unter anderem durch ihre Bücher „Eine Frau am Punkt Null" und „Kein Platz im Paradies" bekannt wurde. Der Rechtsanwalt Nabil el Wahisch spekulierte daraufhin über eine Enthauptung der Islamkritikerin, zumindest solle sie nach seiner Auffassung zu einer längeren Gefängnisstrafe verurteilt werden.[319] Bei diesen Forderungen wird er von zahlreichen ägyptischen Islamisten unterstützt. „Eine Zwangsscheidung von ihrem Ehemann gegen den erklärten Willen der beiden sollte ihr passieren, so zumindest wollten es Ägyptens übereifrige Islamisten. Saadawi sei, so brachten die juristischen Helfershelfer der Islamisten beim zuständigen ägyptischen Gericht vor, vom wahren Glauben abgefallen."[320] Nur ihre Verbindungen nach Westeuropa und der vehemente Protest europäischer Regierungen führten zu einer Ablehnung des Strafantrags wegen Formfehlern, wie es offiziell hieß.

- Abu Zeid: Auch dem Kairoer Professor Abu Zeid wurde vorgeworfen, gegen islamische Glaubensgesetze zu verstoßen. Als man ihm daraufhin das Recht absprach, mit einer rechtgläubigen muslimischen Frau verheiratet zu sein, wurde er zwangsgeschieden. Aus Angst vor weiteren Repressionen zog er mit seiner Frau nach Leiden ins niederländische Exil.[321]

- Salman Rushdie:[322] Ahmed Salman Rushdie wurde 1947 als Sohn eines wohlhabenden muslimischen Geschäftsmannes in Bombay (Indien) geboren. Seit 1964 lebt er vorwiegend in Großbritannien, wo er als Journalist, Theaterautor und Werbetexter arbeitet. Der Versuch, sich Ende der 60-er Jahre in Pakistan niederzulassen, scheiterte aufgrund des religiösen und politischen Drucks, der auf die Familie ausgeübt wurde. In seinem Roman „Mitternachtskinder" setzte er sich kritisch mit der politischen Entwicklung Pakistans auseinander und beanstandete die bestimmende Rolle des Islam in der Politik. 1988 veröffentlichte er unter dem Titel „Satanische Verse" die phantastische Geschichte der beiden einzigen Überlebenden eines Flugzeugabsturzes. Der indische Filmschauspieler Gibreel und der Stimmenimitator Saladin, ein durch und durch britischer Inder, werden sozusagen zu Doppelgängern. Im Traum wird Gibreel gezwungen, Erzengel und Teufel zugleich zu sein, und dringt in die Träume des Propheten Mahound ein, der in Jahilia, der Sandstadt, die Offenbarung von satanischen und göttlichen Versen erhält. „Mit The Satanic Verses entwickelte Rushdie eine Parabel über die Unmöglichkeit einer Vereinigung von poetischer und religiöser Offenbarung. Seine zugespitzt satirische Darstellung des Gleichnisses der satanischen wie göttlichen Verse (im Koran belegt) wurde in der islamischen Welt als blasphemischer Angriff auf das heilige Buch und auf Mohammed gedeutet und führte zu Verboten des Romans in Indien, Pakistan, Südafrika, Ägypten und Saudi-Arabien sowie zu wütenden Protesten gegen den Autor. 1989 rief der iranische Ajatollah Ruhollah Khomeini alle Muslime zur Ermordung Rushdies auf. Khomeinis Anhänger boten hierfür eine Belohnung, die 1992 fünf Millionen US-Dollar erreichte."[323] Die Belohnung auf seine Ergreifung und Ermordung wurde offiziell erst 1998 von der iranischen Regierung zurückgenommen. Islamistische Extremisten halten bis heute an der Verurteilung des Dichters fest.

7. Gewalt durch Terrorismus

Terrorismus, der sich auf religiös-nationalistisches Gedankengut stützt, gibt es in allen Religionen. „Aber zur Zeit findet man ihn hauptsächlich in moslemischen Staaten oder Staaten, in denen Moslems mit Menschen anderer Hintergründe zusammenleben. Das trifft auf fast 90% aller Gewaltkonflikte in der heutigen Welt zu, von den Philippinen bis Somalia und Nigeria, von Kaschmir bis Palästina/Israel, Mazedonien und Algerien. Es bezieht sich genau so auf Tadschikistan und andere zentralasiatische Staaten wie den Kaukasus. Selbst in westeuropäischen Ländern wie Großbritannien, Deutschland und Frankreich wird das Evangelium terroristischer Gewalt in einigen Moscheen und sogenannten islamischen Kulturzentren genauso gepredigt wie in den Vereinigten Staaten - und das wird im Namen des Mulitkulurismus toleriert."[324] Weltweit kam das US-State Department auf 423 internationale Terroranschläge mit 405 Toten im Jahr 2000. Ein großer Teil davon ist auf die Aktionen muslimischer Extremisten zurückzuführen.[325] Natürlich gibt es auch berechtigte Kritik am weltlichen Lebensstil und am Verhalten der internationalen Großmächte, eine Legitimation der terroristischen Grausamkeiten kann das jedoch nicht sein.

Allerdings herrscht nach mohammedanischer Überlieferung ein ständiger Kriegszustand zwischen dem „Haus des Islam" (Dar al-Islam), jenen Regionen, wo die Muslime bereits regieren, und dem „Haus des Krieges" (Dar al-Harb). Strittig ist hingegen, ob der Dschihad in jedem Falle eine militärische Intervention bedeutet oder lediglich die Missionierung der Ungläubigen.[326]

Die politisierte Ideologie des heutigen Islamismus hat eine längere Entstehungsgeschichte[327]: „In der ersten Hälfte des 18. Jahrhunderts hatte Muhammad Abd Al Wahhab im Zentralteil der arabischen Halbinsel eine der ersten bekannten und bis heute wirksamen fundamentalistischen Bewegungen gegründet. Ein Bündnis zwischen seiner Familie und der des Stammes der Al Saud brachte den Wahhabiten in großen Teilen Arabiens Macht.

Anfang dieses Jahrhunderts gelang es Abd Al Asis Ibn Saud, den größten Teil der Halbinsel zu unterwerfen, wobei er sich auf seine 'Ikhwan Muslimun', die Moslembruderschaft, eine religiös motivierte Truppe, stützte. Mit diesen Glaubenskriegern vertrieb er die alteingesessenen Haschemiten, direkte Nachfahren des Propheten."[328] Ibn Saud formte, ähnlich den heutigen Islamisten, einen politischen Islam als Alternative zu Liberalismus, Säkularismus, Kommunismus und Kapitalismus. So wurde aus einer Religion eine neuzeitliche Ideologie. Diese aber steht in einem krassen Widerspruch zu den Werten der westlichen Demokratien. Der Islamismus ist auch bei bestem Bemühen nicht in eine offene demokratische Gesellschaft zu integrieren.

Insbesondere jugendliche Muslime, die in nichtfundamentalistischen Staaten leben, sind heute offen für die Indoktrination der Islamisten.[329] In ihrem jugendlichen Idealismus und Gerechtigkeitsempfinden sind sie bereit, der islamistischen Indoktrination zu glauben, dass der Westen und das Christentum für die wirtschaftlichen und sozialen Probleme zahlreicher muslimischer Länder verantwortlich seien. Deshalb begrüßen sie die terroristischen Anschläge als Demütigung des verabscheuten Gegners. Diese Propaganda fällt allerdings eher bei Muslimen auf fruchtbaren Boden, die in freieren offeneren Gesellschaften aufwachsen. Wer von Jugend auf den islamischen Terrorismus erlebt und unter der muslimischen Enge der Fundamentalisten gelitten hat, wie die Menschen in Algerien oder im Sudan, ist meist nicht so schnell bereit, für dieses System zu sterben. Wer allerdings schon als Kind den ständigen Demütigungen ausländischer fremdreligiöser Mächte ausgeliefert war, wird, auch wenn er nicht in einem fundamentalistisch-muslimischen Land aufgewachsen ist, eine Bereitschaft zur Gewaltanwendung mitbringen. „Es sind verblendete und fanatisierte Jugendliche, intelligent und weltgewandt zumeist, die sich von islamischen Extremistenführern instrumentalisieren lassen und unter dem grünen Banner des Islam in einen Krieg ziehen, den sie als heilig erachten, dem sie sich verpflichtet fühlen und dem sie sich in Freude opfern - in der Erwartung, als Schahid

(Märtyrer) an Allahs Seite im Paradies sitzen zu dürfen. Sie sehen sich als zu Unrecht unterlegene und geknechtete Opfer einer falschen, aber derzeit dominierenden Weltordnung. Um der wahren Lehre zu ihrem Durchbruch zu verhelfen, scheuen sie keinen noch so verabscheuungswürdigen Anschlag. Zivile Opfer sind legitim, wenn es der alles übergeordneten Reinigung der Welt dient."[330] Islamisten sehen sich als Opfer einer westlich-christlichen Kolonialisation. Sie halten die westlichen Demokratien für verkommen, gottlos und unmoralisch, so dass ein Kampf gegen diese einem Kampf für die Reinigung der Welt und einer Befreiung des Islam gleichkommt. „Der Westen beutet die Ölquellen aus, korrumpiert das Volk mit Alkohol und Drogen, sogar mit Coca-Cola. Der Westen hört nicht auf, die Rechtgläubigen zu kränken (so immer noch die paranoide Logik), etabliert den Staat Israel, bringt Marokko und Ägypten auf seine Seite, hält sich Jordanien, Saudi-Arabien, die Golfanrainer als Vasallen, demütigt Tag für Tag die Palästinenser – da musste einmal der Tag der Rache kommen, und die Rache ist furchtbar."[331] Den letztlich einzigen Weg aus der unheilvollen Beeinflussung durch den Westen sehen Islamisten in der gewalttätigen Auseinandersetzung.[332] „Für extremistische Moslems gibt es langfristig keinen anderen Weg als den Heiligen Krieg, alles andere ist ein Verrat an der islamischen Religion, wie Artikel 13 der Charta der islamischen Widerstandsbewegung zeigt: Politische Initiativen und sogenannte friedliche Lösungen und internationale Konferenzen zur Lösung der Palästinenserfrage stehen zur Glaubensüberzeugung der Islamischen Widerstandsbewegung im Widerspruch ... keine Lösung der Palästinenserfrage außer durch den Dschihad."[333] Heute fordert auch Scheich Said Schaaban im Libanon seine Kämpfer zum Dschihad auf: „Unser Marsch hat begonnen, der Islam wird zu guter Letzt auch Amerika und Europa erobern. Er ist der einzige Weg zur Erlösung, der dieser verzweifelten Welt bleibt."[334] Natürlich verpflichtet der Islam seine Anhänger keinesfalls pauschal zu grausamen Terroranschlägen.[335] Trotzdem ist die Tendenz innerhalb des Islam zur Gewaltanwendung zur Erreichung religiöser Ziele verhältnismäßig hoch. Aus den sogenannten Kriegsversen des Korans könnte man leicht herauslesen, wo der politische Terrorismus letztlich seine Wurzeln hat: in der Verpflichtung des einzelnen Muslims zum Kampf gegen die Ungläubigen.

Dass sich mit dem Herauswachsen der gegenwärtigen Terroristengeneration in 20 Jahren der islamische Extremismus von selbst erledigt, ist jedoch kaum anzunehmen.[336] Anlässe für Unzufriedenheit wird es auch in Jahrzehnten noch geben und die einfachen Antworten des islamistischen Gottestreiters werden einigen auch in Zukunft noch attraktiv erscheinen.

Die gutmeinenden Menschen, die für den Dialog mit den Terroristen eintreten, vergessen, dass die Islamisten in einer irrationalen religiösen Traumwelt leben. Weder durch logische Argumente noch bloße Gewaltandrohung lassen sie sich beeindrucken; sie sind sowieso bereit, für ihre Ideologie zu sterben, haben also nichts zu verlieren. Lediglich die Verfolgung und Behinderung terroristischer Gruppen kann dazu führen, dass die Wahrscheinlichkeit größerer terroristischer Aktionen abnimmt. Man darf allerdings auch nicht der Illusion erliegen, dass mit dem Anschlag auf das World Trade Center schon die Spitze der Gewaltanwendung erreicht sei. Immer wieder wurde in der Vergangenheit auf die Gefahr hingewiesen, die von der Entwicklung chemischer und biologischer Waffen ausgeht, welche von islamistischen Regierungen entwickelt werden. Dabei besteht die reale Möglichkeit, dass diese Waffen auch muslimischen Terroristen zugänglich sind, die von einigen islamistischen Regierungen gefördert werden. Experten weisen darauf hin, dass gegenwärtig beispielsweise im Irak, Iran, Algerien, Libyen, Pakistan und Syrien biologische oder chemische Kampfstoffe erforscht werden.[337] In Zukunft werden Terroristen auch vor dem Einsatz dieser Waffen nicht zurückschrecken, die verhältnismäßig einfach zu beschaffen sind und verheerende Auswirkungen haben können. Hinweise auf die Planung solcher Anschläge durch islamische Terroristen liegen bereits vor.[338] Befürchtungen bezüglich biologischer Terrorangriffe durch fanatische Islamisten scheinen sich durch die im Oktober 2001 gehäuft aufgetretenen Milzbrandfälle in den USA bestätigt zu haben. Zwischenzeitlich gehen einige amerikanische Sicherheitsexperten davon aus, dass islamistische Extremisten um Osama bin Laden hinter diesen Attentaten stehen.[339] Britische Sicherheitsexperten wissen von einem geplanten Giftgasanschlag auf das Europaparlament, und der russische Inlandsgeheimdienst FSB warnt vor einem solchen Übergriff von Islamisten in den USA.[340] Amerikanische Militärs halten auch einen Cyberangriff islamischer Terroristen für möglich. Gegenwärtig entwickeln sie Verteidigungskonzepte gegen eine @-Bombe. Experten befürchten, dass auch islamistische Gruppierungen versuchen könnten, den Staat durch einen Internetkrieg zu erpressen. Theoretisch könnten die Kommunikation blockiert, die Finanzgeschäfte unterbrochen, Firmencomputer manipuliert oder gar Versorgungsunternehmen, Flughäfen, Atomkraftwerke und andere Einrichtungen in den Zusammenbruch getrieben werden.[341] Diesen Gefahren heute vorzubeugen und sie nach Möglichkeit zu verhindern, muss die ganze Aufmerksamkeit gelten; ohne massiven technischen Einsatz - neben dem militärischen - wird das jedoch kaum möglich sein.

7.1. Islamische Selbstmordattentate

Der Chef der schiitischen Hisbollah-Miliz im Südlibanon erklärte einmal gegenüber einem englischen Journalisten, was einem Selbstmordattentäter kurz vor seiner Tat durch den Kopf geht: „Stellen Sie sich vor, Sie sitzen in einer Sauna. Es ist sehr heiß, aber Sie wissen, dass es nebenan ein Zimmer gibt, mit Klimaanlage, einem bequemen Sessel, klassischer Musik und einem Drink. Also gehen Sie ganz einfach dorthin. So würde ich einem Menschen aus dem Westen erklären, was in der Seele eines Märtyrers vorgeht."[342] „Eine solche Tat erfolgt niemals spontan, nicht aus hoffnungsloser Verzweiflung. Sie erscheint im Gegenteil

wie ein kalter letzter Schritt eines Berauschten", schrieb Petra Steinberger in der Süddeutschen Zeitung. Den letzten Kick mag den stets jungen Attentätern der Gedanke geben, dass angeblich im Paradies die schönsten Jungfrauen sie erwarten und dass sie einen besonderen Ehrenplatz in der Gegenwart Allahs zugewiesen bekommen.[343]

Natürlich stehen nicht alle islamischen Geistlichen hinter den Selbstmordattentaten. Terroristische Gewalt wird auch von islamischen Autoritäten abgelehnt.[344] Scheich Mohammed Sajjid Tantawi von der Al-Azhar-Universität in Kairo erklärt, als Märtyrer gelte nur, wer jene mit in den Tod reißt, von denen er direkt bekämpft wird, nicht aber Frauen und Kinder. Und der Großmufti von Saudi-Arabien, Scheich Abdulasis el-Scheik, sagt, dass jeder Akt der Selbsttötung strikt vom Islam verboten sei. Selbstmord sei daher nichts anderes als Mord, nach dem Prinzip: „Was dir von Allah gegeben wurde, darfst du dir nicht selbst nehmen, und tust du es doch, erwartet dich die Strafe Allahs."[345]

7.2. Islamischer Terrorismus in Europa

„Seit einigen Jahren bedroht ein grässliches Phänomen die westliche Führungsmacht und mit ihr die gesamte westliche Welt: der Terror. In seiner regierungsamtlichen Variante, wofür Libyen ein Beispiel ist, aber noch weniger berechenbar in seiner islamistischen Form, angestachelt von fanatischen Predigern mit einfachen Gut-

Böse-Denkschemata. Sie teilen die Welt in das 'Haus des Islam' und das 'Haus des Krieges', in dem auch Deutschland liegt.

Die Bösen, das sind wir. Wegen unserer Freundschaft zu Israel, das Jerusalem besetzt und die Palästinenser unterdrückt. Wegen unserer guten Beziehungen zu 'ketzerischen' arabischen Regierungen. Weil wir den Serben gestatten, die europäischen Moslems abzuschlachten. Wegen unseres wirtschaftlichen und kulturellen 'Imperialismus'. Vor allem aber wegen unseres Glaubens. Bomben wie im New Yorker World Trade Center oder in französischen Papierkörben können jederzeit auch bei uns explodieren."[346]

Die Bilder von den brennenden und dann einstürzenden Türmen des World Trade Centers drücken dem 21. Jahrhundert gleich zu dessen Beginn einen furchtbaren Stempel auf. Sie werden dieser Generation nicht mehr aus dem Sinn gehen. Im kaltblütig geplanten Massenmord offenbart sich etwas Teuflisches - obwohl (oder gerade weil) keine Gewissensbisse die Täter zu plagen scheinen und ihre Sympathisanten in der muslimischen Welt vor laufender Kamera jubeln.[347]

Seit der Aufdeckung islamistischer Zellen, die an der Planung der Terroranschläge von New York beteiligt waren, sind Politiker auch auf andere bekannte islamistische Vereinigungen in Hamburg aufmerksam geworden. Allein in der Hansestadt weist der Verfassungsschutz 2450 gewaltbereite Extremisten aus, die dort unter dem Schutz der Religionsfreiheit agieren.[348]

Noch allerdings wird in den meisten westeuropäischen Staaten der islamische Terrorismus nur halbherzig wahrgenommen. Neben der Diskussion um die innenpolitische Sicherheit verschwinden Überlegungen zu einem internationalen Vorgehen und einer religiösen Auseinandersetzung mit den Islamisten fast vollständig. Einige islamische Staaten wie die Türkei oder Ägypten werfen den westlichen Demokratien darüber hinaus vor, nicht deutlich genug gegen den Islamismus in ihren Ländern vorzugehen.

7.3. Islamische Terrororganisationen - international

Im Folgenden sollen einige islamistische Terrororganisationen vorgestellt werden, die in den vergangenen Jahren durch spektakuläre Aktionen auf sich aufmerksam gemacht haben. Natürlich handelt es sich dabei keinesfalls um eine vollständige Aufzählung aller islamistischen Terrorgruppen:[349]

Abu Sayyaf Gruppe

Die 1991 gegründete Abu Sayyaf kämpft für einen eigenen islamischen Staat im Süden der Philippinen. Sie versuchen ihrem Anliegen durch Bombenanschläge und Entführungen Nachdruck zu verleihen. Im Jahr 2000 brachten sie 30 Ausländer in ihre Macht und konnten so die Aufmerksamkeit der internationalen Medien für mehrere Monate auf sich lenken. Auch 2001 haben sie mehrere Bürger westlicher Staaten in ihre Gewalt gebracht.

Popular Front for the Liberation of Palestine (PFLP)

Die PFLP kämpft seit 1967 für einen eigenständigen palästinensischen Staat. Sie lehnen die Osloer Friedensverträge von 1993 ab und hoffen durch den Einsatz von Gewalt ihr Ziel zu erreichen. Auf ihr Konto gehen mehrere Flugzeugentführungen in den 70-er Jahren, Flugzeugsprengungen und zahlreiche Terroranschläge in Israel.

Armed Islamic Group Algerien (GIA)

GIA mordet seit 1992 für die Errichtung eines islamischen Gottesstaates in Algerien. In den vergangenen zehn Jahren wurden Massaker an mehr als 100.000 Zivilisten ausgeführt, teilweise wurden ganze Dörfer ausgelöscht. Auch mehr als 100 Ausländer wurden seitdem von der GIA getötet. 1995 machte die GIA durch eine Serie von Bombenanschlägen in Frankreich auf sich aufmerksam.

Fatah (auch Al-Fatah / El-Fatah)

So nennt sich die militante palästinensische Kampforganisation innerhalb der PLO. Seit 1965 führt die Fatah einen Guerillakrieg gegen Israel. Nach der Zerschlagung der Fatah in Jordanien 1970 verlegte die Organisation ihren Sitz in den Libanon, den sie unter dem Druck der israelischen Armee 1982 verlassen mussten. Ende der 80-er Jahre wandte sich die Fatah offiziell vom Terrorismus ab.[350]

Hamas

Die Hamas wurde 1987 durch Scheich Jassin gegründet. Die Gruppe hat ihren Sitz in den Autonomiegebieten Palästinas und verfügt dort über mehrere zehntausend Sympathisanten. Darüber hinaus werden die Islamisten von Iran, Saudi-Arabien, Europa und Nordamerika aus mit Geld versorgt. Das Ziel der Hamas ist es, Israel zu zerstören und an dessen Stelle einen islamischen palästinensischen Staat zu errichten.

„Hamas" steht für den arabischen Namen der Organisation Harakat al-mugawama al-islamiya, was sinngemäß mit „Islamische Widerstandsbewegung" übersetzt werden kann. Ursprünglich sah sich Hamas als kulturelle und soziale Hilfsorganisation in Gaza. Erst nach der Intifada ab 1987 begann Hamas Demonstrationen zu organisieren und gewaltsame Auseinandersetzungen mit der israelischen Armee zu führen. Die Übergriffe richteten sich mit der Zeit auch gegen gemäßigte Palästinenser, insbesondere gegen Mitglieder der PLO, die als Kollaborateure und Verräter angesehen wurden. Nach den Friedensverhandlungen von 1994 und der sich anschließenden Selbstverwaltung der Palästinenser drohte Hamas mit einem Bürgerkrieg.[351]

Muslimbruderschaft

Der Ägypter Hasan Al-Banna gilt als Gründer der Muslimbruderschaft, die sich bis zum Ende des zweiten Weltkriegs als wichtigste islamische Partei Ägyptens etablierte. Der ehemalige Lehrer sah in den Quellen des Islam, dem Koran und der Hadith die einzige Möglichkeit, den desolaten Zustand zu überwinden, in dem sich die damalige islamische Gesellschaft seiner Meinung nach befand. Die Muslimbruderschaft wandte sich gegen die zunehmenden Einflüsse des Westens, gegen Modernisierung und Verweltlichung. Mit Zeitschriften und Flugschriften warb er besonders in der Suez-Kanal-Zone für die von ihm geforderte islamische Ordnung. Die angegliederten paramilitärischen Abteilungen der Muslimbrüder sahen auch den Terrorismus als legitimes Mittel an, ihre Vorstellungen durchzusetzen.[352]

Hisbollah

Das Zentrum der Hisbollah liegt im Libanon. Dort haben sie mehrere tausend Anhänger, von denen allerdings nur einige hundert aktiv an Anschlägen teilnehmen. Auch in Europa, Afrika, Südamerika und Nordamerika unterhalten sie konspirative Zirkel und pflegen einen Kreis von Sympathisanten. Die Hisbollah will auf dem Territorium des Libanon einen islamischen Gottesstaat errichten. Ihnen wird der Anschlag auf die amerikanische Botschaft 1983 in Beirut und auf die israelische Botschaft in Argentinien 1992 zur Last gelegt. Auch gegenwärtig ruft der Generalsekretär der Hisbollah zu Terrorakten gegen die Israelis auf. Die Gotteskrieger aus dem Libanon werden für ihren Einsatz auch öffentlich von den islamischen Glaubensgenossen bejubelt.

Die Hisbollah verfolgt als Hauptziel die Errichtung eines islamischen Gottesstaates nach dem Vorbild des Irans. Ihre Ideologie orientiert sich stark an den Schriften des iranischen Revolutionsführers Khomeini. Der bewaffnete Arm setzt sich aus zwei Gruppen zusammen, dem „Islamischen Widerstand" (Al-Muqawama Al-Islamiya) und dem „Islamischen Heiligen Krieg" (Al-Jihad Al-Islami). Nach der Besetzung des Südlibanons durch die israelische Armee kämpften die Hisbollah- Milizen mit anderen islamischen Gruppen gegen Israel. Nach der Beendigung der Besetzung 1985 kämpfte die Hisbollah mit anderen islamistischen Verbänden um die Vorherrschaft im Libanon. Dabei wurden sie massiv vom Iran unterstützt. Nach der Beendigung des Bürgerkrieges 1990 widmet sich die Hisbollah wieder ganz ihrem Kampf gegen Israel. Dabei setzen sie insbesondere auf Terroranschläge gegen israelische oder amerikanische Einrichtungen im Libanon und Selbstmordattentate in Israel. Seit 1992 wird die Organisation von Sayid Hassan Nasrallah geführt.[353]

Palestinian Liberation Front (PLF)

Die PlF kämpft seit ihrer Abspaltung von der PFLGC Mitte der 70-er Jahre für einen unabhängigen islamischen Palästinenserstaat. Dabei wurde sie erst von Tunesien, später vom Irak aus unterstützt, wo sich heute auch der Hauptsitz der PLF befindet. Die Gruppe machte 1985 auf sich aufmerksam, als sie das Kreuzfahrtschiff „Achille Lauro" mit 545 Passagieren an Bord kaperte. Bei dem Anschlag starben mehrere Menschen.

Jaish-e-Mohammed (JEM)

Im Februar 2000 wurde die JEM in Pakistan durch Masood Azhar mit dem Ziel gegründet, Kaschmir von Indien zu trennen und mit dem islamischen Pakistan zu verbinden. Die Terrorgruppe wird durch die Taliban in Afghanistan und Osama bin Laden unterstützt und mitfinanziert. Die JEM konzentriert sich auf Bombenanschläge in Indien. In der internationalen Presse hat insbesondere der Anschlag auf dem Marktplatz von Chadoura Aufsehen erregt. Mehrere hundert Mitglieder stehen hinter der JEM, die auch Stützpunkte in Kaschmir, Pakistan und Südindien unterhält.

7.4. Islamischer Top-Terrorist bin Laden

Al Qaida (oder El Qeysa oder El Kaeda) ist ein Konglomerat von verschiedenen Gruppen und teilweise autonom operierenden Terrorzellen in etwa 50 Ländern dieser Erde. Bin Laden, the prince, the emir oder the director, wie er sich von seinen Getreuen wahlweise nennen lässt, führt dieses Islamisten-Netz unter dem Schutz der Taliban von einer unzugänglichen Bergregion Afghanistans nahe Kandahar aus. Es bestehen Verbindungen zu anderen islamischen Extremisten, so zur Gama'a Islamiya, zur libanesischen Hisbollah, zur Hama und zu den Dschihadi.[354]

Bin Ladens Lebensgeschichte[355] begann als religiös erzogener Sohn einer superreichen saudischen Unternehmerfamilie. „Osama hatte gerade einen Abschluß in Wirtschaftswissenschaft in Dschidda gemacht, als 1979 die Sowjets in Afghanistan einmarschierten. Die Taschen voller Geld und mit Bulldozern der Firma auf Lastern, machte er sich auf zu den afghanischen Mudschaheddin. Mit seiner Erfahrung und seinen Gerätschaften baute er Unterstände und Straßen und führte schließlich Gesinnungsgenossen in den Kampf gegen die sowjetische Armee. Eine der ersten Niederlagen soll er ihr zugefügt haben, was den Mythos der Überlegenheit einer gut gerüsteten Supermacht brach und bin Laden hohes Ansehen unter den Gotteskriegern eintrug."[356] Nach dem Abzug der russischen Truppen aus Afghanistan kehrte auch bin Laden nach Saudi-Arabien zurück. Doch mit seiner Forderung, striktes islamisches Recht in Saudi-Arabien durchzusetzen, konnte er sich nicht durchsetzen. Als er schließlich König Fahds Entscheidung, während des Golfkonflikts ungläubige amerikanische Truppen ins Land zu lassen, kritisierte, musste er gehen.1991 übersiedelte er in den von Islamisten dominierten Sudan. „Dort ist Hassan Al Turabi Spiritus rector der Islamisch-Sudanesischen Nationalfront und graue Eminenz des gerade an die Macht gekommenen Generals Omar El Baschir. Turabi träumt von einer islamischen Weltorganisation, die den Saudis mit ihrer Organisation Islamischer Staatskonferenzen den Rang ablaufen sollte."[357] Zusammen richten sie Ausbildungslager für islamische Terroristen ein. Iranische Pastaran (eine islamistische Gruppe) übernahmen das Training, Geld kam unter anderem von der Regierung in Teheran. 1994 überlebte bin Laden ein Attentat und kurierte sich in London aus. Danach begab er sich in den Jemen, wo er ehemalige Afghanistankämpfer ausbildet, um in ihren jeweiligen Heimatländern die prowestlichen Regierungen zu stürzen. Seine Kämpfer unterstützen darüber hinaus ihre muslimischen Brüder in Bosnien, im Kosovo und in Tschetschenien. Bin Laden war in den folgenden Jahren viel unterwegs, um Kontakte zu knüpfen und ein weltweites Netzwerk von islamistischen Terrorgruppen aufzubauen. Schließlich verlegte er seinen Hauptsitz ins afghanische Kandahar. Dort rief er 1998 zum Heiligen Krieg gegen die Amerikaner auf. Nicht eher würden anti-amerikanische Anschläge eingestellt, als bis der letzte Amerikaner islamischen Boden verlassen habe, warnte bin Laden.[358] Er sah sich als ein Kämpfer für die Sache Allahs, gegen die unmoralischen und ungläubigen Amerikaner, aber auch gegen die von ihnen beeinflussten Herrscher und Denker islamischer Staaten. „Der struppige Bußprediger Osama bin Laden führt seinen Glaubenskrieg deshalb nicht bloß gegen gottlose Fremdmächte, sondern gegen dekadente Glaubensbrüder. ... Der Westen kann dabei nur verlieren, denn er ist verderbt bis ins Mark. Die Rechtgläubigen befreien die Welt, indem sie die Amerikaner und Israel angreifen. Höchste Zeit für einen Kreuzzug gegen die böse Welt. ... Nach den Kreuzzügen des Mittelalters, nach dem Verrat im Ersten Weltkrieg, nach dem Zweiten Golfkrieg, nach der Entsendung amerikanischer Truppen nach Saudi-Arabien hat es der gottlose Westen nicht besser verdient."[359] Bin Laden verstand sich als Befreier der islamischen Welt vor dem „internationalen Terror der USA und Israels". Seine Aktionen betrachtete er als heiligen Kampf für die Sache Allahs: „Ich bin einer der Diener Allahs, und ich gehorche seinen Befehlen. Einer davon ist der Befehl, für das Wort Allahs zu kämpfen ... und zu kämpfen, bis die Amerikaner aus jedem islamischen Land rausgeworfen sind ... wir sind sicher, dass wir - durch die Gnade Allahs - über die Juden und über die, die mit ihnen kämpfen, siegen werden. Der Bote Allahs (Mohammed) versprach uns, nach einer authentischen prophetischen Tradition, dass die Stunde der Auferstehung nicht kommen wird, bevor Muslime die Juden niedergekämpft haben und die Juden sich hinter Bäumen und Felsen verstecken."[360] In seinem Kampf befürwortete er jedes Mittel, das seinem Ziel förderlich scheint. Per Video setzte Osama bin Laden die Welt über seine Machenschaften in Kenntnis. „Mit einfachen Mitteln und mit unserem Glauben können wir die größte Militärmacht der modernen Zeit besiegen", drohte der Top-Terrorist in dem zweistündigen Mitschnitt, der erstmals im Juni 2001 bei einer Zeitung in Kuwait auftauchte und sich in Windeseile auf arabischen Basaren und islamistischen Websides verbreitete.[361] Bin Laden begrüßte die Selbstmordattacken vom September 2001 in den USA „als Reaktion der Unterdrückten gegen den Unterdrücker". Er, bin Laden, habe die „heilige Mission, die palästinensischen Gebiete von der israelischen Aggression zu befreien". Die Vereinigten Staaten würden Israel militärisch unterstützen und hätten sich daher den Zorn Allahs zugezogen. Tausende von Muslimen hätten geschworen, in den Dschihad zu ziehen.

Auch die schon einige Jahre zurückliegenden Anschläge auf amerikanische Einrichtungen in Afrika werden bin Laden und seiner Terrororganisation zur Last gelegt. Im Januar 2001 begann in New York ein Gerichtsverfahren gegen die Verantwortlichen für die Anschläge auf amerikanische Botschaften in Afrika, bei denen zahlreiche Amerikaner und Einheimische ihr Leben verloren. Vor dem Gericht in New York stehen: „Mohammed Saddiq Odeh (35) - er soll maßgeblich an der Vorbereitung des Anschlags in Nairobi beteiligt sein. Ferner Khalfan Khamis Mohamed (27) - er soll in Daressalam die Bomben ans Ziel gebracht haben. Sowie Mohamed Rashed Daoud Owhali (23) - ebenfalls eng mit dem Attentat in Kenia verbunden. Ein vierter Angeklagter, Wadih Hage (40) - Besitzer eines amerikanischen Passes - soll eine Art Sekretär bin Ladens gewesen sein; in der Truppe des Terroristen soll er für die Beschaffung von Sprengstoff und chemischen Waffen verantwortlich gewesen sein. Dem 27-jährigen Mohamed und dem 23 Jahre alten Owhali drohen die Todesstrafe."[362] Während der Verhöre bestärkte sich die Vermutung, dass die Attentäter in engem Kontakt zu bin Laden standen und von ihm zu ihren Taten vorbereitet wurden. Insgesamt kamen 20 Attentate zum Gespräch, für die bin Laden zumindest Mitverantwortung trägt.

Auf internationalen Druck hin erklärte sich die afghanische Regierung verbal schon Anfang 2001 bereit, bin Laden vor Gericht zu stellen, damit er sich gegebenenfalls für die ihm vorgeworfenen Terroranschläge verantworten könne. Allerdings müsse das ein islamisches Gericht sein, möglichst eines aus dem von ihnen beeinflussten Pakistan. Konkrete Taten folgten dieser wohl eher als Propaganda zu wertenden Ankündigung nicht.[363] Um so zweifelhafter erscheint das erneute afghanische Angebot, nach dem Anschlag auf New York und Washington, bin Laden vor Gericht zu stellen, wenn eindeutige Beweise für seine Beteiligung an den Verbrechen vorgelegt würden. Eher rhetorisch auch die Bitte an bin Laden, das Land zu verlassen, wenn dieser es wünsche. Bin Laden und seine Verbündeten versuchen sich mit diesen Manövern vor der islamischen Welt rein zu waschen, um deutlich zu machen, dass ihre Verfolgung unbegründet ist und lediglich in der Willkür der US-Regierung begründet ist.

In den vergangenen Jahren sind auch zahlreiche in Deutschland lebende Muslime von getarnten Rekrutierungsbüros bin Ladens für den terroristischen Islamismus gewonnen worden. Sind sie bereit, für Allah zu kämpfen, so werden sie zur weiteren Ausbildung und Indoktrination in Trainingscamps nach Afghanistan oder Pakistan geschickt (Al Qaida Recruitment Centers). Nach einem Bericht des BND bildet bin Ladens Terrororganisation Al Quaida in Afghanistan systematisch zukünftige Attentäter aus. In Schulungslagern erhalten die Islamisten eine militärische Ausbildung und eine religiöse Indoktrination. Der deutsche Geheimdienst bestätigte unlängst, dass ca. 30% der nach Afghanistan reisenden Männer aus der muslimischen Diaspora auch aus Deutschland kämen. Neben einer Schulung im Koran wird der Hass auf Israel, die USA und die übrige westliche Welt geschürt sowie eine technische Terroranleitung vermittelt. Manche der Absolventen werden direkt in die Terrororganisation El Quaida integriert, um für internationale Anschläge vorbereitet zu werden.

Andere werden zum Aufbau islamistischer Organisationen in ihre Heimatländer geschickt und wieder andere gehen zurück nach Europa und in die USA, um islamistische Netzwerke aufzubauen, welche neue Mitglieder werben, vor allem aber an eigenen Terroranschlägen arbeiten und diese vorbereiten oder die Infrastruktur dazu zur Verfügung stellen. Jahrelang sind diese Terrorzellen unauffällig, ehe sie gut vorbereitet zuschlagen. Neben dieser bürgerlichen Unauffälligkeit und der modernsten technischen Ausrüstung macht es der religiöse Fanatismus schwierig, die terroristischen Zellen zu infiltrieren.[364] Die aus nur je vier bis sechs Männern bestehenden Gruppen können unabhängig reagieren und werden meist nicht direkt von bin Laden beauftragt, damit der sich jederzeit von den Aktionen distanzieren kann. Da das große Ziel der Schwächung der westlich-christlichen Staaten feststeht, ist das Interesse bin Ladens an den einzelnen Aktionen auch nur marginal. Sicherheitsbehörden bezeichnen diese Handlungsweise als terroristische Geschäftsführung ohne Auftrag.[365] Der bundesdeutsche Verfassungsschutz verfügt über Hinweise darauf, dass die terroristischen Zellen bin Ladens über das Internet miteinender in Verbindung stehen. Insbesondere sollen sie dabei auf vordergründig pornographische Seiten zugreifen, bei denen die bildlichen Darstellungen die dahinter verborgenen Informationen für den Uneingeweihten verbergen.[366] Außerdem verständigen sie sich über verschlüsselte Telefonate und mit persönlichen Boten. Die Zahl seiner weltweiten Kämpfer wird heute etwa auf 5.000, die Zahl seiner Aktivisten in Afghanistan auf 20 000 geschätzt. Wobei das Potential der Sympathisanten noch weit größer sein dürfte. Bin Laden dazu: „Es gibt Tausende von jungen Moslems, die bereit sind, im Heiligen Krieg zum Wohlgefallen Gottes zu kämpfen. Sie sind intelligent und haben ein großes militärisches Wissen, auch über chemische und biologische Kriegsführung, und sie sind bereit zu tun, was wir ihnen auftragen."[367] Bin Laden genießt unter seinen Anhängern Vertrauen, nicht nur, weil er sich im Widerstand gegen die sowjetische Besetzung engagierte und erfolgreiche, weithin beachtete Terroranschläge durchführte, sondern auch weil er bereit war, aufgrund seiner ideologischen Überzeugung die Annehmlichkeiten eines Lebens im saudischen Luxus mit dem primitiven Leben eines einfachen Kämpfers in Afghanistan zu vertauschen. Doch selbst wenn bin Laden dauerhaft ausgeschaltet werden sollte, stehen genügend neue Führer seiner Bewegung zur Verfügung, die bereit sind, den islamischen Terror weiterzuführen. Darüber hinaus arbeiten die meisten seiner Terrorzellen sowieso autonom, sind also auf eine Leitung aus Afghanistan keineswegs angewiesen. Nach einer Studie der New York Times ist bin Laden für „Terroristen weniger ein Befehlshaber als eine Inspiration".

Dass eine rein beobachtende Position nicht vor islamistischen Anschlägen schützt, zeigt eine Meldung der britischen Zeitung „Sunday Telegraph". Demnach plante der islamische Terrorist Bin Laden einen Giftgasanschlag auf das Europa-Parlament in Straßburg. Im Februar 2001 hätten die Parlamentarier und andere wichtige Persönlichkeiten durch das Nervengas Sarin getötet werden sollen. Dieser Aktion sollten sich weitere Anschläge auf andere europäische Einrichtungen anschließen. Mit der Durchführung waren algerische Islamisten aus Großbritannien und Deutschland beauftragt. Lediglich aufgrund der Störung der Vorbereitungen durch die deutsche Polizei sei dieser Anschlag verhindert worden.[368]

Der Verfassungsschutz vermutet das deutsche Hauptquartier von bin Ladens Terroristen in Frankfurt.[369] Man vermutet darüber hinaus noch rund 30 Schläfergruppen mit bis zu 500 Mitgliedern, die jederzeit für einen islamistischen Anschlag aktiviert werden könnten. Diese „Schläfer" wurden für ihre terroristischen Aufgaben ausgebildet und leben unauffällig und angepasst, bis sie den Befehl zum Losschlagen bekommen.

7.5. Terrorismus auf den Philippinen

Seit fast 30 Jahren erschüttert dort der Kampf islamischer Rebellen gegen die Regierung im 1000 Kilometer entfernten Manila den überwiegend moslemischen Süden des christlich geprägten Inselstaates. Hier sollen nur einige der letzten Attentate der islamischen Terroristen genannt werden.

Bei der Explosion einer Bombe vor der Residenz des philippinischen Botschafters in der indonesischen Hauptstadt Jakarta sind im August 2000 zwei Personen getötet und mindestens 18 verletzt worden. Etwa gleichzeitig wurden bei zwei Bombenanschlägen auf den Philippinen 3 Menschen getötet und 36 weitere verletzt. Die vermutlich hinter den Anschlägen stehenden Moslemrebellen kämpfen für einen eigenen islamischen Staat im Süden der Philippinen. In den seit 28 Jahren andauernden Auseinandersetzungen auf den Philippinen sind mehr als 120.000 Menschen ums Leben gekommen. Zu den Moslemrebellen gehört neben der MILF auch die Abu Sayyaf, die seit Monaten Dutzende von Geiseln festhält.[370]

Bereits 1998 hatten islamische Extremisten einen belgischen Missionar und zwei spanische Nonnen entführt und nach langwierigen Verhandlungen durch den Libyer Rajab Azzarouk freigelassen.

Im März 2000 nahm eine weitere Terroreinheit der Abu Sayyaf auf der Insel Basilan 27 philippinische Geiseln. Als sie Wochen später durch einen Militäreinsatz befreit wurden, starben vier Gefangene bei der Aktion. Zwei männliche Geiseln fand man ohne Köpfe vor.[371]

Neben den 21 aus Malaysia verschleppten Menschen nahm die islamistische Abu Sayyaf am 15. Mai 2000 noch neun Journalisten, vorwiegend aus westlichen Ländern, gefangen.[372]

Im Jahr 2000 wurden von den islamistischen Extremisten der Abu Sayyaf 30 westliche Touristen in ihre Gewalt gebracht. Damit wollen sie auf ihre Forderung nach einem islamischen Staat im Süden der Philippinen aufmerksam machen und Lösegeld in

Millionenhöhe erpressen, wodurch sie weitere Aktionen vorbereiten. Am 23. April 2000 begann die Entführung der 21 Touristen
durch die islamistischen Terroristen der Abu Sayyaf. Gegen 19.30
Uhr drangen sechs Maskierte in das Restaurant eines Ferienclubs
auf der malaysischen Ferieninsel Sipadan ein und trieben die
anwesenden Urlauber und einige Angestellte in ein bereitliegendes
Schnellboot. Auch drei deutsche Touristen befanden sich unter den
Entführten. Am 25. April bekannte sich die moslemische Abu
Sayyaf zu der Entführung. Die Extremisten zogen sich mit ihren
Gefangenen auf die philippinische Insel Tawi-Tawi zurück. Die
Armee unternahm eine erste Erkundung. Am 26. April meldeten
sich die Kidnapper von der Insel Jolo, sie forderten 1,5 Millionen
Mark. Der ehemalige Untergrundkämpfer und derzeitige Gouverneur von Mindanao, Nur Misuari, wurde als Vermittler eingeschaltet. Einen Tag später wurde die erst angekündigte Freilassung
der malaysischen Geiseln verschoben. Die Islamisten forderten
einen anderen Unterhändler und drohten, die Geiseln im Falle des
Scheiterns der Verhandlungen zu köpfen. Wenig später durfte eine
philippinische Reporterin zu den Entführten. Diese befanden sich
in einem recht schlechten Zustand. Als auch andere Reporter zu
den Gefangenen vordringen wollten, kam es zu einer Schießerei.
Am 1. Mai wurden die Entführer mit Wasser und Lebensmitteln
versorgt, eine einheimische Ärztin untersuchte die Geiseln. Der
Deutschen Renate Wallert ging es zu diesem Zeitpunkt ausgesprochen schlecht. Die Entführer wollten das Militär durch
Morddrohungen davon abbringen, sich dem Lager noch weiter zu
nähern. Zwischenzeitlich entstanden Gerüchte, zwei der Gefangenen seien schon erschossen worden. Am 3. Mai stürmte das
Militär das Lager der Islamisten, doch diese waren, wohl vorher
gewarnt, schon mit ihren Geiseln geflohen. Immer wieder kam es
zu kleineren Feuergefechten mit den islamischen Terroristen.
Zwischenzeitlich hatte eine andere Gruppe der Abu Sayyaf auf
der Insel Basilan eine Kirche überfallen. Dem Priester rissen die
Rebellen die Fingernägel aus, einer Frau schnitten sie die Brust
ab. Der außenpolitische Koordinator der EU, Javier Solana, reiste

nach Manila, um auf ein baldiges friedliches Ende der Entführung zu dringen. Die Geiseln waren verzweifelt. Marc Wallert kündigte an, seine schwerkranke Mutter allein aus dem Gefangenenlager zu bringen, wenn nicht endlich Fortschritte in den Verhandlungen gemacht würden, selbst wenn er dabei erschossen werden sollte. Obwohl die Entführer Renate Wallert vorwarfen, ihre Erkrankung nur vorzutäuschen, wuchs die Hoffnung, sie bald frei zu bekommen. Abu-Sayyaf-Sprecher Escobar spottete über seine Vorzeigegeisel: „Gestern wurde geschossen, und da konnte sie aus ihrer Hängematte springen und laufen." Am 9. Mai konnte der libysche Diplomat Rajab Assaruk seine Tätigkeit als neuer Vermittler zwischen den Abu-Sayyaf-Terroristen und der philippinischen Regierung aufnehmen. Nach weiteren Auseinandersetzungen suchten die Rebellen wieder ein neues Lager. Flankiert von rund 400 schwer bewaffneten Sympathisanten ging es diesmal mit acht Jeeps in die Nähe des 20 km entfernten Dorfs Pansol. Nach langwierigen Gesprächen über die Verhandlungsmöglichkeiten wurden die Geiseln zunehmend nervös und depressiv. Zwischenzeitlich verschwand eine Gruppe westlicher Journalisten. Erst wurde vermutet, dass auch sie gefangengenommen wurden, doch Tage später tauchten sie wieder auf. Joseph Estrada, Präsident der Philippinen, ging auf die Bedingungen der Kidnapper ein und zog die Armee zurück. Am 16. Mai forderten die Geiselnehmer allein für die Freilassung von Renate Wallert ein Lösegeld von 2 Millionen Dollar.[373] Später kamen andere Forderungen dazu, so die Freilassung von neun Gesinnungsgenossen aus philippinischen Gefängnissen. Der Militäreinsatz im Süden der Philippinen kostete den Staat täglich fünf Millionen Mark. Inzwischen waren 5.000 Soldaten in die Überwachung der Rebellen einbezogen. In Kämpfen mit den Islamisten an verschiedenen Orten im Süden der Philippinen starben über 50 Soldaten. Auch der islamische Gelehrte Ustadz Ghasali Ibrahim wurde in die Verhandlungen mit den Geiselnehmern eingeschaltet.[374]

Auch im Jahr 2001 wurden von islamistischen Terroristen wieder 20 westliche Geiseln genommen, um auf die Forderung nach einem eigenen islamischen Staat aufmerksam zu machen.

7.6. Terrorismus in China

Seit mehreren Jahrzehnten machen die Uiguren im Nordwesten Chinas durch Terroranschläge auf sich aufmerksam.[375] Sie wollen einen eigenen muslimischen, von China unabhängigen Staat. Bei ihrem Vorhaben werden sie von anderen islamischen Staaten der Region unterstützt, die ihnen eine Rückzugsmöglichkeit eröffnen. Die Terroraktivitäten haben sich insbesondere seit 1997 verstärkt.[376]

7.7. Terrorismus in Zentralasien

7.7.1. Tschetschenien

Nach der Unabhängigkeit einiger zentralasiatischer Republiken wie Dagestan und Aserbaidschan kämpften tschetschenische Islamisten für einen eigenen islamischen Staat. Aufgrund der einseitigen Unabhängigkeitserklärung Tschetscheniens kam es in den Jahren 1994-96 zu einem ersten Krieg zwischen der russischen Armee und islamischen Nationalisten. Nach inneren Auseinandersetzungen und verschiedenen terroristischen Anschlägen reagierte Russland 1999 mit Luftangriffen und der Besetzung tschetschenischer Städte. Seit dieser Zeit haben sich die Auseinandersetzungen verschärft und terroristische Übergriffe zugenommen. Die durch Saudi-Arabien, Pakistan und Afghanistan unterstützten Islamisten kämpfen für einen islamischen Gottesstaat. Die Auseinandersetzungen haben zwischenzeitlich über 80.000 Opfer gefordert.[377] Auch bin Laden unterstützte die Islamisten in

Tschetschenien nach Geheimdienstangaben mit etwa 5.000 in
Afghanistan ausgebildeten Kämpfern. Habib Abd al-Rahman, so
der offizielle Name des sich selbst als Chattab bezeichnenden
Führers einer Gruppe des islamistischen Kampfes gegen die
ungläubigen Russen in Tschetschenien, unterhält schon seit Jahren
intensive Kontakte zu muslimischen Extremisten in aller Welt.
Materielle Unterstützung bekamen die Islamisten insbesondere
aus Saudi-Arabien, Kuwait, Katar und von Osama bin Laden. Für
den Fall, dass sich die Russen nicht aus Tschetschenien zurück-
ziehen, drohen die Islamisten mit Terroranschlägen im ganzen
Land.[378] Sicher spielt der Ölreichtum der Region bei der Intensität
der Auseinandersetzungen eine nicht unbedeutende Rolle. „Den
Weltfrieden könnte es in Gefahr bringen, wenn bewaffnete Glau-
bensfanatiker tatsächlich die ganze Südflanke der ehemaligen
Sowjetunion erobern. Dadurch bekämen sie die von Muslimen
bewohnten Republiken Tadschikistan, Usbekistan und vor allem
das öl- und erdgasreiche Turkmenistan in ihre Gewalt."[379] Auch
der BND warnt vor den destabilisierenden Gefahren, die von den
Bemühungen der Islamisten in Zentralasien ausgehen[380], welche
auf einen eigenen Kalifen-Staat hinstreben. Damit bedrohen sie
nicht nur den Zusammenhalt der GUS, sondern auch die Stabilität
der angrenzenden zentralasiatischen Staaten.[381]

1999 wurde Russland von einer Anschlagserie islamischer
Extremisten heimgesucht. Dabei wurden Bomben in einem Sol-
datenwohnheim in Dagestan und in zwei Wohnblocks in Moskau
gezündet. Am 10. September 1999 berichteten die internationalen
Zeitungen von einem verheerenden Anschlag auf ein Moskauer
Wohnhaus. Bei der Explosion kamen 84 Personen ums Leben 249
werden verletzt. Bald verdichtete sich der Verdacht, dass Islamisten aus der südrussischen Föderationsrepublik Dagestan für
den Anschlag verantwortlich waren. Schon seit Wochen kämpfte
dort die russische Armee gegen islamistischer Extremisten, die im
Land einen Gottesstaat errichten wollen. Wenige Tage zuvor
explodierte eine Bombe in einem Moskauer Einkaufszentrum und
verletzte 115 Menschen.[382] 64 Personen mussten bei einem An-

schlag auf einen von Russen bewohnten Häuserblock in Dagestan ihr Leben lassen.[383] Als Reaktion auf die Anschlagserie wurde nach den Terroristen gefahndet und die Sicherheitsvorkehrungen insbesondere in der Hauptstadt werden verschärft.

Die russischen Truppen in Tschetschenien haben gleichzeitig die zweite Phase des Krieges in der Kaukasusrepublik eingeleitet. Nach den Luftangriffen soll nun der Kampf gegen die islamischen

Rebellen am Boden verstärkt werden. ... Tschetschenischen Angaben zufolge wurden hingegen mehrere hundert Russen und nur
wenige Tschetschenen getötet. Die Angaben konnten bislang nicht
von unabhängiger Seite bestätigt werden. Schätzungen zufolge
flohen bislang 170.000 Menschen aus dem Gebiet."[384]

Schersod Abdullahjew, der sicherheitspolitische Sprecher des
usbekischen Außenministeriums, warnte im Januar 2001 die
Bundesregierung vor den sich abzeichnenden Entwicklungen in
Zentralasien. Demnach kontrollieren radikalislamische Fanatiker
und gut organisierte kriminelle Banden nicht nur aus der Region,
sondern auch aus weit entfernten Staaten wie Indonesien, den
Philippinen und dem Nahen Osten die schwer zugängliche Berg-
welt Mittelasiens. Immer wieder werden von dort aus Überfälle
im dicht besiedelten Ferganatal gemeldet. Die streng islamische
Bevölkerung ist darüber hinaus offen für die Propaganda der
Islamisten, die in Kirgisien, Usbekistan und Tadschikistan muslimisch bestimmte Staaten einrichten wollen. Islamisten machen
besonders Usbekistan zu schaffen. Auf ihr Konto geht ein Bom-
benattentat im Zentrum der usbekischen Hauptstadt Taschkent,
das im Februar 1999 Staatschef Islam Karimow nur knapp
verfehlte. 16 Menschen starben, mehr als 100 wurden verletzt. Im
August 2000 gelang es Kämpfern der Islamischen Bewegung
Usbekistans sogar, bis vor die Tore Taschkents vorzudringen; ihre
Gefechte mit Armeeeinheiten dauerten mehrere Tage. Bei ihrem
Vormarsch hatten die Rebellen zwei Bergdörfer niedergebrannt
und Militärsperren im benachbarten Kirgisien einfach überrannt.[385]

Der tschetschenische Journalist Musa Muradow, der unter anderem für die WELT aus der Krisenregion im Kaukasus berichtet,
wurde im Frühjahr 2001 mit dem Tode bedroht. Das Oberste
Scharia-Gericht Tschetscheniens forderte den 45-jährigen Journalisten in einem Urteil auf, Abbitte zu leisten für seine Zusammenarbeit mit den ausländischen Medien; andernfalls drohe ihm
die Todesstrafe. Dieselbe Aufforderung erging gleichzeitig an vier
Journalisten der Zeitung „Kommersant". In den vorausgegan-

genen Wochen waren schon zahlreiche Abweichler, Lehrer, Bürgermeister als Feinde des Islam von Überfallkommandos getötet worden.[386]

Um Gesinnungsgenossen freizupressen, entführten tadschikische Islamisten im Juni 2001 15 Mitarbeiter der Deutschen Welthungerhilfe. Unter den den freizupressenden Terroristen befandet sich auch der Bruder des Entführerchefs Achmatow, der angeklagt wird, zwei Monate zuvor an der Ermordung des stellvertretenden Innenministers Sanginow teilgenommen zu haben. Nach mehrtägiger Gefangenschaft wurde ein Teil der Geiseln wieder auf freien Fuß gesetzt.[387]

Am 17.9.2001 wurde erneut eine Offensive gegen die russischen Streitkräfte begonnen, bei deren Beginn zahlreiche Soldaten aus dem Hinterhalt ermordet wurden.[388]

7.7.2. Dagestan

Im August 1999 mehrten sich die Befürchtungen, der Krieg der Islamisten in Tschetschenien könnte sich auch auf andere Republiken im Kaukasus ausweiten. Das russische Verteidigungsministerium berichtete von tschetschenischen Unterhändlern, die sich bemühen, die Muslime der umliegende Länder zum Kampf für einen islamischen Gottesstaat zu gewinnen. Von Karamachi aus senden die Rebellen islamische Propagandasendungen nach Dagestan und Nordosseen. Durch die blutigen Kämpfe in Tschetschenien abgeschreckt, lassen sich bisher nur wenige Muslime überzeugen, sich am Kampf gegen die Russen zu beteiligen.[389] Am 10. August 1999 riefen islamische Rebellen in Dagestan einen unabhängigen islamischen Staat aus und forderten die Durchsetzung der Scharia (islamisches Recht). In Russland sah man schon die Gefahr ähnlicher Entwicklungen im ganzen muslimisch dominierten Kaukasus, hatte man doch die langwierigen Auseinandersetzungen in Tschetschenien vor Augen. Sofort warnte die russische Regierung angrenzende islamische Länder vor einer möglichen Unterstützung der dagestanischen Rebellen. Schon im

19. Jahrhundert gab es vergleichbare Auseinandersetzungen in dieser Region. Damals schlossen sich die Muslime Tschetscheniens und Dagestans unter der Führung des Imam Schamil gegen die ungläubigen Russen zusammen. Die damalige Ideologie entspricht den heutigen Forderungen der Islamisten nach einer Vertreibung Andersgläubiger und der strikten Einhaltung der Scharia. Das sollte die Bevölkerung vor dem moralischen Verfall Russlands und der „christlichen" Unterdrückung befreien. Schon der erste Führer des tschetschenischen Aufstandes, Dudajew, führte seinen Kampf unter der religiösen Fahne des Islam. Tschetschenische Kommandanten und Politiker wie Schamil Bassajew, Mowladi Udugow und Chattab gründeten bereits vor einiger Zeit den „Kongress der Völker Itschkeriens und Dagestans", der das Ziel verfolgt, beide Republiken zum Kern eines islamischen Gemeinwesens zu verschmelzen, das sich dann auf den ganzen Nordkaukasus ausdehnen und die Region gegen Russland ausrichten soll.[390] Experten gehen davon aus, dass sich zwischenzeitlich etwa 10% der Bevölkerung den Islamisten angeschlossen hat. Vorbilder sehen die Aufständischen in den islamischen Staaten Afghanistan, Iran oder Sudan, aber auch in historischen Bewegungen wie den Wahhabiten, die in Saudi-Arabien einen radikalen Ur-Islam einrichten wollten. Der von ihnen verfochtene islamische Staat könnte aber als ein Ordnungsangebot in Gesellschaften verfangen, die von Jahr zu Jahr höhere Kriminalitätsraten aufweisen und im Chaos versinken. Nach Angaben eines dagestanischen Islamisten, Nadir Chatschilajew, richtet sich das Leben in einem Drittel der dagestanischen Dörfer bereits heute nach der Scharia.[391]

Islamische Extremisten aus Tschetschenien sind zwischenzeitlich dazu übergegangen, Dörfer in Dagestan zu besetzen. Die Einwohner flohen in den meisten Fällen vor den Islamisten. Das russische Militär bereitete sich auf eine Auseinandersetzung mit den Aufständischen in Dagestan vor.[392] „Nach Angaben von Interfax flüchteten mehr als 2000 Bewohner aus den besetzten Ortschaften in die dagestanische Hauptstadt Machatschkala. Flüchtlinge berichteten, die Rebellen hätten Männer als Geiseln genommen und plünderten Häuser. Einige Dörfer bereiteten sich aber auch auf Widerstand gegen die Angreifer vor, hieß es. ... Bassajew, Anführer der Geiselnahme im südrussischen Budjonnowsk von 1995, und Chatab wollen nach Augenzeugenberichten eine radikale Islamisierung der Kaukasusregion erreichen. Bei den Rebellen handelt es sich nach dagestanischen Angaben um Kämpfer aus Saudi-Arabien, Tschetschenien und Mittelasien, aber auch um Angehörige der verschiedenen Volksgruppen Dagestans."[393] Schon seit längerem ist bekannt, dass die tschetschenischen Islamisten durch Finanzen, Waffen und Beratungen aus Saudi-Arabien unterstützt werden. Auch schon vor dem ersten Tschetschenienkrieg 1994-96 gab es immer wieder Aufstände der islamischen Bergbevölkerung. „Das Gebiet war eines der ersten Einflussgebiete des Islam im Kaukasus. Im 19. Jahrhundert ging von Dagestan der islamisch begründete Widerstand der Bergvölker (Gorzy) gegen die russische Kolonialmacht aus. 1920 erhoben sich Moslems verschiedener Nationalitäten in einem Guerilla-Krieg gegen die Rote Armee. Ähnlich wie in Tschetschenien spielen Stammestraditionen und Religion auch in Dagestan eine große Rolle."[394] Nun allerdings hat die russische Regierung Befürchtungen, dass die gesamte Region in die Auseinandersetzungen hineingezogen werden könnte. Sicherheitsexperten warnen insbesondere vor einer gewaltsamen Machtergreifung der radikalen Islamisten in Dagestan nach dem Vorbild der Taliban in Afghanistan.

7.8. Terrorismus in Algerien[395]

Die medienwirksam inszenierten Massaker der Bewaffneten Islamischen Gruppen (GIA) und der Islamischen Heilsarmee (AIS) haben das Ziel, die absolute politische Macht in Algerien zu übernehmen. Seit der 1992 abgebrochenen Wahl, bei der sich ein Sieg der islamistischen FIS abzeichnete, wird der Kampf gegen die Bevölkerung um so erbitterter geführt. Der algerische Schriftsteller Rachid Mimouni spricht von dem „totalitären Machtanspruch des Islamismus". Waren 1992 vor allem Attentate auf Politiker, Richter, Lehrer und Soldaten als Vertreter des bestehenden Staates verübt worden, so wurden ab 1993 auch Intellektuelle, Journalisten, Künstler und Ausländer Opfer der Terroranschläge. Je aussichtsloser der Kampf um die Durchsetzung eines islamischen Staates schien, um so brutaler und sinnloser wurden die Übergriffe. Seit 1995 sind willkürlich alle Algerier zu Geiseln des islamistischen Terrors geworden.[396]

Nicht verständlich und auch nicht psychologisch erklärbar ist die Brutalität, mit der die 20 bis 25 jährigen Islamisten gegen Mädchen und Frauen vorgehen, „ihr sexueller Missbrauch, ihre Entführung in die Lager als sabaya (Kriegshuren), ihre Massenvergewaltigung und ihre Tötung, sobald sie schwanger sind. Die mutigen Augenzeugenberichte von Djamila F. und Aicha A. im algerischen Fernsehen nach ihrer Befreiung durch das Militär im vergangenen Monat belegten erstmals öffentlich das Wüten der von beiden Opfern als 'Monster und Dämonen' bezeichneten Terroristen."[397]

Psychologische Untersuchungen sehen auch eine Verbindung zwischen dem jährlich praktizierten islamischen Opferfest, bei dem einem Hammel vor der Familie der Hals durchgeschnitten wird, und der Praxis der Islamisten, ihre Opfer auf dieselbe Weise zu töten. „Ich sah ihn zappeln wie ein Schaf", ist der bleibende Eindruck Houria Zedats, als Terroristen ihrem jüngeren Bruder vor ihren Augen die Kehle durchschnitten, um sie zu bestrafen, weil sie trotz Warnungen ihren Judosport nicht aufgab.[398]

In den 80-er Jahren begann die FIS für die baldige und notfalls gewaltsame Umwandlung Algeriens in einen islamischen Staat zu werben. Bei den politischen Auseinandersetzungen im Algerien der 80-er Jahre vertrat die islamische Heilsfront (französisch „Front Islamique du Salut", FIS) eine streng fundamentalistische Position. Sie trat für einen nach den Grundsätzen des Islam geführten Staat ein. 1989 organisierte die FIS einen gegen die

Regierung gerichteten Generalstreik, durch den sie insbesondere auf Arbeitslosigkeit und Inflation aufmerksam machen wollte.[399] Die algerischen Islamisten konzentrierten sich zunehmend auf Mordanschläge gegen Intellektuelle, Journalisten und Christen. Durch gezielte Attentate auf Ausländer und durch Flugzeugentführungen suchten sie darüber hinaus den inneralgerischen Konflikt zu internationalisieren.[400] Um ein islamistisch regiertes Algerien zu verhindern, ließ die damalige Regierung die Wahlen vom Dezember 1991 abbrechen, Führer der FIS festzunehmen und die Partei zu verbieten. Daraufhin gingen die Islamisten in den Untergrund und versuchten ihre Forderungen mit immer sinnloseren Terrorakten zu erzwingen.[401]

Der Guerillakrieg der Islamisten brach im Januar 1992 aus, nachdem die Armee die von der Islamischen Heilsfront (französische Abkürzung: FIS) gewonnenen Wahlen annulliert hatte. Sie war von der Staatsführung ausgeschlossen und wurde im März 1992 verboten. Im Anschluss daran wurde scharf durchgegriffen, woraufhin der gemäßigte Flügel der FIS zu den Radikalen überging, die wiederum nach der Annullierung der Wahlen Zuflucht in Gewaltaktionen suchten. Als Zielscheibe dienten den Islamisten Militärfahrzeuge, Baracken, die Polizei selbst und Regierungsgebäude.

Am 30. Januar 1995 sprengte sich ein islamistischer Extremist vor dem Polizeipräsidium in Algier in die Luft. Bei dem Anschlag starben 42 Menschen, 286 wurden verletzt.

Algerien ist durch den Terror vergewaltigt. Außerhalb der großen Städte bewegen sich die Menschen nur noch unter beständiger Angst. Selbst nahe den Städten kann man vor Massakern nicht sicher sein. Viele der Hochhäuser von Blida sind noch heute rußverschmiert und halb zerstört. Die Häuser bei Blida waren die ersten Ziele der Fundamentalisten im Jahr 1997.

Nicht weit davon sind die Ortschaften Bentalha und Raiss; drei Jahre ist es her, dass Terroristen dort eine ganze Nacht hindurch Hunderte von Dorfbewohnern abschlachteten, ohne dass das Militär eingriff.[402]

Die Morde der algerischen Islamisten sind vollkommen willkürlich. Im Juli 2000 fielen sie in Oran ein. Kurz vor Mitternacht erschossen sie vier Gäste eines Kaffeehauses bei Gdyel und brachten anschließend drei Männer um, die zufällig mit ihrem Auto vorbeifuhren. Nur wenige Kilometer entfernt setzten sie ihren Terror fort. Am nächsten Morgen fanden Bewohner einen ausgebrannten Wagen am Straßenrand und am Friedhof des Ortes die Leichen zweier Männer. Die Terroristen hatten sie dorthin verschleppt, um ihnen die Kehlen durchzuschneiden.[403]

Im September 1999 bot der algerische Präsident Bouteflika mit dem Einverständnis weiter Teile der Bevölkerung eine Amnestie für alle im Gefängnis sitzenden Anhänger der FIS und der AIS an, soweit sie nicht nachweislich in Gewalttaten verwickelt waren und sich bereit erklärten, künftig auf Terrorakte zu verzichten. Damit versuchte er das vom blutigen Terror der Islamisten zerrissene Land zur Ruhe zu bringen. „Mit großer Mehrheit haben sich die Bürger Algeriens für die Aussöhnungspolitik ihres Staatsoberhauptes ausgesprochen. Präsident Abdelaziz Bouteflika möchte mit einer Teilamnestie für islamische Fundamentalisten den bereits sieben Jahre dauernden Guerillakrieg beenden. ... Bei den Auseinandersetzungen mit den bewaffneten Islamisten in Algerien sind seit 1992 mindestens 100.000 Menschen ermordet worden. Bei den Islamisten stoßen Bouteflikas Friedensbemühungen auf ein geteiltes Echo. Die 'Armee des Islamischen Heils' (AIS) hat ihre Waffen niedergelegt. Dagegen lehnt die Terrororganisation 'Bewaffnete Islamische Gruppen' (GIA) jede Aussöhnung mit den Machthabern ab. GIA- Mordkommandos hatten das Land in den vergangenen Wochen erneut mit einer Terrorwelle überzogen."[404] Daraufhin gründete sich die „Bewegung der Treue und Gerechtigkeit" (Wafa), die sich das Ziel gesetzt hat, bei der Durchsetzung ihrer islamistischen Ziele auf jede Gewaltanwendung zu verzichten.

In Algerien kämpfen die Islamisten mit unvorstellbarer Grausamkeit weiter, Kehlen werden durchschnitten, Kinder an die Wand geklatscht, Frauen und Mädchen als Huren verschleppt. Seit

Anfang Dezember 2000 führten die islamischen Terroristen in Kheraba, Ouled Taieb und Ouled Sehanine Massaker an der Zivilbevölkerung durch. Selbst im für Muslime heiligen Fastenmonat Ramadan kam es in Algerien zu zahlreichen Massakern unter der Zivilbevölkerung. 17 Schüler starben bei einem Anschlag auf ihr Internat. Innerhalb einer Woche wurden 38 Personen, insbesondere Angehörige des Militär und der privaten Bürgerwehr, getötet.[405]

In den ersten beiden Wochen des Jahres 2001 ermordeten Moslem-Fundamentalisten 125 Menschen in Algerien. „Eine bewaffnete Gruppe habe am Donnerstagabend einen abgelegenen Ort in der Region Chlef 200 Kilometer westlich von Algier überfallen, berichteten Einwohner am Freitag.

Dort hätten sie 17 Bewohner getötet und sechs entführt. Die Entführten wurden demnach wenige Stunden später ebenfalls ermordet aufgefunden. Ein Mensch wurde verletzt. Erst am Dienstagabend hatte eine bewaffnete Gruppe in einem Hinterhalt rund 120 Kilometer westlich von Algier zwölf Menschen getötet."[406]

Ende Februar 2001 wurden in Bou Haroun (Algerien) acht Familienmitglieder von bewaffneten Islamisten getötet. Die Opfer, unter ihnen mehrere Kinder, wurden geköpft und grausam verstümmelt. Zur selben Zeit wurde ein weiterer Mann in Medea von islamischen Terroristen erschossen. Allein in jenem Monat starben in Algerien 285 Menschen an den Anschlägen der islamischen Extremisten.[407]

„Nach Meldungen der nicht-staatlichen Medien wurden erneut fünf Menschen von islamischen Extremisten ermordet. Am Montag seien zwei Polizisten 100 Kilometer östlich von Algier ums Leben gekommen, als ihr Fahrzeug während einer Patrouille von mehreren Bewaffneten unter Beschuss genommen wurde.

Bereits am Sonntag waren ein Zivilist im nordwestalgerischen Bezirk Tiaret sowie zwei Angehörige einer lokalen Bürgerwehr im Küstenbezirk Bejaia im Osten des Landes von islamischen Fundamentalisten umgebracht worden."[408]

Am 29. August 2001 wurden bei einem Bombenanschlag islamistischer Terroristen in einer belebten Geschäftsstraße von Algier 34 Menschen verletzt. Zur selben Zeit starben zwei Soldaten bei einem Anschlag in der Nähe der Stadt Jidel.[409]

Am 4. September 2001 töteten islamistische Terroristen fünf Urlauber in einem Touristenclub nahe der Hauptstadt Algier. Nur zwei Monate zuvor kam es bei einem ähnlichen Überfall zu weiteren Todesopfern.[410]

Der größte Teil der 150.000 Toten des algerischen Bürgerkriegs geht auf Kosten der islamistischen Fundamentalisten, die einen algerischen Gottesstaat fordern. Allerdings haben auch die Militärs durch ihre mangelnde Verhandlungsbereitschaft und ihr brutales Vorgehen gegen Verdächtige zur Eskalation des Konflikts beigetragen.[411]

7.9. Terrorismus in Ägypten / Indien / Bosnien / Türkei

Sajjid Qutb wandelte sich erst durch die Konfrontation mit der amerikanischen Dekadenz vom liberal aufgeklärten Muslim zu einem Vordenker der Muslimbruderschaft im gegenwärtigen Ägypten. „Qutb propagierte den Koran als Quelle aller Richtlinien für die Menschen und schloss jede zeitgenössische Interpretation aus. Mehr noch: Bewaffneter Aufstand sei nicht Wahl, sondern religiöse Pflicht eines jeden Muslims im Kampf gegen die Ungläubigen. Diese Lehre setzen seine militanten Jünger inzwischen brutal um: Anwar el-Sadats Mörder beriefen sich auf Qutb, ebenso die Hamas im Gaza- Streifen und die Terroristen in Luxor."[412] Die von den ägyptischen Terroristen eingesetzten Selbstmordattentäter wurden von den Opfern als Terroristen angesehen, während sie von denen, in deren Namen sie ihre Selbstmordaktion unternahmen, als Märtyrer für ihre Sache betrachtet wurden. 1997 verübten radikale Islamisten einen Terroranschlag auf Touristen im ägyptischen Luxor. Vor den historischen Denkmälern wurden 58 erschossen, darunter vier Deutsche.

18. September 1997: In Kairo wurden bei einem Überfall mutmaßlicher islamischer Extremisten auf einen Touristenbus neun deutsche Urlauber getötet.[413]

Nach den Terroranschlägen auf New York und Washington finden auch unter den ägyptischen Islamisten öffentliche Freudenfeiern statt. „Die Reaktionen auf der ägyptischen Straße stellen eine primitive Schadenfreude dar, denn die Leute halten Amerika für direkt verantwortlich für die Opfer im Irak und in Palästina", so die Erklärung des ägyptische Regisseurs Daoud Abd al-Sayed für die spontanen Freudenkundgebungen unter den Palästinensern und auf den Strassen einzelner islamischer Länder nach dem Terroranschlag von New York.[414]

Am 4. Juli 1995 wurden der Erfurter Dirk Hasert, zwei Briten, zwei US-Amerikaner und ein Norweger von der moslemischen Extremistengruppe Al Faran im indischen Bundesstaat Kaschmir entführt. Die Gruppe versuchte vergeblich, Islamisten aus indischen Gefängnissen freizupressen. Ein Amerikaner konnte fliehen, der Norweger wurde von den Geiselnehmern enthauptet. Auch die Leiche eines Briten wurde identifiziert; von den übrigen drei Männern fehlt bis heute jede Spur.[415]

Auch in Bosnien machen islamische Fundamentalisten Werbung für einen Staat unter der Scharia. Diese Tendenz wurde auch von Hilfsorganisationen beobachtet, die nach den kriegerischen Auseinandersetzungen beim Wiederaufbau in Bosnien helfen. Mit Sorge erfüllt Bärbel Bohley die Unterwanderung Bosniens durch die Islamisten. „Als ich 1996 hierherkam, waren die Moscheen ziemlich leise. Jetzt haben sie alle Lautsprecher und setzen die Menschen unter Druck." Staatspartei und Religion würden verkoppelt.[416]

In der Türkei wurden zehn Geschäftsmänner von radikalen Islamisten gekidnappt, um die Durchsetzung muslimischer Gesetze in der Türkei zu erzwingen. Einige Tage später wurden die Leichen der Entführten bei einer Hausdurchsuchung gefunden. Neun islamistische Hizbullah-Kämpfer konnten zur selben Zeit bei landesweiten Razzien festgenommen werden. Fünf in Ankara festgenommene Verdächtige gestanden, im Süden der Türkei zwei Lehrer erschossen zu haben. [417]

Im Januar 2000 wurden in sogenannten Friedhofshäusern 33 von Islamisten getötete Menschen gefunden. In 15 türkischen Städten war die Polizei auf der Suche nach weiteren Leichen. Über Wochen hinweg hatten Islamisten ihre Opfer gefangen gehalten, gefoltert, erdrosselt und begraben bzw. einbetoniert. Die Opfer wurden meist in die zentralanatolische Stadt Konya verschleppt, die als Hochburg der radikalen Islamisten gilt, und dort gefoltert und verhört. Viele Vernehmungen wurden auf Video festgehalten. Dann wurden die Opfer mit einem einzigen Stück Seil an Kopf, Füßen und Armen so gefesselt, dass sie beim Versuch, sich zu befreien, sich selbst erwürgten. Aufmerksam wurden die Sicherheitskräfte durch die Benutzung von Kreditkarten der verschwundenen Geschäftsmänner. „Konca Kuris mag eine sehr gläubige Türkin gewesen sein, dem Geschmack der radikalen Islamisten hat sie jedoch nicht unbedingt entsprochen. Als feministische Moslemin trat sie unter anderem dafür ein, dass Männer und Frauen gemeinsam in der Moschee beten dürfen. Solche ketzerischen Ansichten haben die fünffache Mutter offenbar das Leben gekostet. Als die schrecklich verunstaltete Leiche der seit mehr als eineinhalb Jahren aus der Mittelmeerstadt Mersin verschwundenen Schriftstellerin nun in Konya gefunden wurde, war sie über Nacht zum prominentesten Mordopfer der radikal-islamistischen Terrorgruppe Hisbollah geworden."[418]

Aber der Einfluss der Islamisten kann sich auch weit friedlicher zeigen. Im Frühjahr 1994 sperrten die regierenden Islamisten kurzerhand die beliebteste Amüsierstrasse in der Istanbuler Altstadt gesperrt. Damit wollten sie gegen Alkoholkonsum, Glücksspiele und andere moralisch verwerfliche Freizeitbeschäftigungen vorgehen. Nach einem dreiwöchigen Widerstand der Bevölkerung musste die Schließung allerdings wieder rückgängig gemacht werden.[419]

7.10. Terrorismus gegen Israel

Seit seiner Gründung wird der Staat Israel von islamistischen Staaten der Region und von islamistischen Terrororganisationen bedroht. Allein der ständigen Wachsamkeit und dem Schutz der USA verdankt es der Staat Israel, dass er auch nach über 50 Jahren noch besteht. So richteten sich die islamistischen Anschläge in der Vergangenheit gleichermassen gegen Israel und gegen die USA. Aus diesem Grund stellten sich zahlreiche Palästinenserorganisationen zumindest verbal hinter Sadam Hussein während des Golfkrieges. Auch wurden auch die Terroranschläge in den USA 2001 aus diesem Grund von Palästinensern mit unverhohlener Freude aufgenommen. Aus dem Libanon war nach Bekanntwerden der Anschläge zunächst berichtet worden, dass radikale Palästinenser Freudensalven in die Luft feuerten. Man wisse zwar nicht, wer die Täter seien, aber das Attentat hätte die USA als Freunde Israels getroffen, wurde argumentiert.[420] Der wahrscheinliche Drahtzieher der Anschläge von New York machte bisher auch kein Hehl daraus, Israel vernichten zu wollen. Bin Laden will sich mit seinem Terror in besonderer Weise auch gegen Israel wenden. Er habe die „heilige Mission, die palästinensischen Gebiete von der israelischen Aggression zu befreien", behauptete bin Laden angeblich. Die kuwaitische Polizei meldete inzwischen, 20 Palästinenser festgenommen zu haben, die nach den Terroranschlägen in den USA feiernd durch die Straßen gezogen waren und Süßigkeiten an Kinder verteilt hatten.[421]

Hass und Gewalt islamistischer Terroristen gegen die Juden sind allerdings leider kein neues Phänomen. Nach seinem Amtsantritt äußerte der iranische Revolutionsführer Khomeini, die Juden seien „dem Schweißgestank von Kamelen und Dreckfressern gleichzusetzen und gehörten zum Unreinsten der Welt. Alle moslemischen Regierungen, die sich dieser Einschätzung nicht anschlössen, seien 'Schöpfungen des Satans, die vernichtet werden müssten'."[422] Auf Anweisung Khomeinis durfte nicht einmal der Name des Staates Israel in den Meldungen der staat-

lichen Medien genannt werden. Auch die PLO begleitete ihren blutigen Terror in der Vergangenheit immer wieder mit menschenverachtenden Parolen gegen die Juden. Achmed Schukeiri wird mit folgender Aussage zitiert: „Zionismus ist schlimmer als Faschismus, böser als Nazismus, verabscheuungswürdiger als Imperialismus, gefährlicher als Kommunismus. Der Zionismus ist ein Konzentrat all dieser Übel." Von Palästinenserchef Arafat stammt diese Aussage: „Das palästinensische Volk wird den zionistischen Feind bis zum letzten noch ungeborenen Kind im Mutterleib bekämpfen." Und in der noch bis vor kurzem gültigen Charta der PLO hieß es: „Bewaffneter Kampf ist der einzige Weg zur Befreiung Palästinas ... Die Befreiung Palästinas ... hat die Beseitigung des zionistischen Staates zum Ziel."[423] In der arabischen Presse finden sich islamistische Äußerungen wie diese: „Die Juden haben Mohammed betrogen, deswegen verdammte Allah sie dazu, ihr Leben lang als Monster durch die Welt zu ziehen."[424] Und „Die Juden sind ein wucherndes Krebsgeschwür im Herzen der moslemischen Welt, das vernichtet werden muß."[425]

Unter den Palästinensern haben die Islamisten in den vergangenen Jahren einen immer stärkeren Einfluß gewonnen und sind zwischenzeitlich zu einer der wichtigsten Fraktionen in der palästinensischen Selbstverwaltungszone geworden. Auch die liberale palästinensische Universität Bir Zeit sieht ihre Gegner nicht mehr nur in den Israelis, sondern bei den immer stärker werdenden Islamisten. „Zunehmend sieht der Präsident die Freiheit der Uni auch durch fundamentalistische und radikale Gruppen bedroht. Bei den Studentenratswahlen bilden die Islamisten bereits den stärksten Block. Immer mehr Frauen kommen verschleiert zur Uni. Der französische Premier Lionel Jospin spürte den Geist der Intoleranz bereits handgreiflich. Nach einer umstrittenen Rede bewarfen ihn wütende Studenten im vergangenen Februar mit Steinen. „Ein Anschlag auf die Meinungsfreiheit", schimpft Nassir noch heute.[426]

Nach der Eskalation der Gewalt im Nahen Osten gerät Palästinenserpräsident Arafat „unter wachsenden Druck der Radikalen im eigenen Lager. Die islamistische Hamas drohte in einem Flugblatt bereits damit, das 'Tor zur Hölle' zu öffnen: 'Wir haben geschworen, den Tod in jedes Haus, jede Stadt, jede Siedlung zu bringen.' Selbst Arafats Minister wie Hassan Asfur feuern inzwischen die Gewalttäter an ..."[427]

7.10.1. Die Geschichte des Nahost-Konflikts

Seit die ersten Juden sich auf dem Territorium des heutigen Israel niederliessen wurden sie mit gewalttätigen Anschlägen von den einheimischen Muslimen bekämpft. „Besonders mit Beginn der großen jüdischen Einwanderungswellen nach dem damaligen Palästina begann die Zeit blutigen Terrors gegen die 'zionistischen Eindringlinge'. Die Kette arabischer Überfälle und Mordtaten auf jüdische Siedler riß nicht ab. Einige Jahre vor Hitlers 'Endlösung" ... fand der arabische Terror gegen die Juden in der Abschlachtung der wehrlosen jüdischen Gemeinde von Hebron im Jahr 1929 einen besonders grausamen Höhepunkt."[428] Am 29. November 1947 verabschiedeten die Vereinten Nationen einen Plan, der die Teilung Palästinas in einen jüdischen und einen arabischen Staat vorsah. Jerusalem sollte zur internationalen Zone unter UN-Verwaltung werden, und der jüdische und der arabische Staat sollten durch eine Wirtschaftsunion verbunden werden. Die jüdische Bevölkerung Palästinas stimmte dem Lösungsvorschlag zu, die arabische lehnte die Teilung ab. Militante Palästinenser griffen jüdische Siedlungen an, nachdem die britischen Truppen mit ihrem Abzug Anfang 1948 begonnen hatten. Allein in dieser Übergangszeit verloren zahlreiche Juden ihr Leben durch Attentate arabischer Untergrundorganisationen. „In den vier Monaten, die seit dem Beschluß der Vollversammlung vom 29.November 1947 bis Ende März 1948 verstrichen, waren mehr als 900 Juden gefallen. Von Ende März ... bis zur Invasion der arabischen Armeen bei Ende des englischen Mandats hatten wir weitere 753 Tote unter unseren Soldaten und mehr als 500 Todesopfer unter der Zivielbevölkerung zu beklagen."[429] Die Araber versuchten, sich der von den Briten verlassenen Städte zu bemächtigen. Bei islamistischen Terroranschlägen wurden in Jerusalem mehrere Wohnungen in die Luft gesprengt, wobei über 50 Männer, Frauen und Kinder getötet wurden. 35 Studenten der Hebräischen Universität wurden auf offener Strasse erschossen. Weitere 78 jüdische Ärzte, Schwestern und Naturwissenschaftler wurden auf der Strasse zum Hadassah- Krankenhaus massakriert.[430] Der Großmufti von Jerusalem rief dazu auf, die Häuser zu verlassen, um bei dem nun zu erwartenden Heiligen Krieg gegen die Juden nicht zwischen die Fronten zu geraten.[431] Ziel des Krieges solle die Verhinderung eines jüdischen Staates und die Vertreibung der Juden aus Palästina sein. Die britischen Truppen wollten vor ihrem Abzug nicht mehr in den beginnenden Konflikt eingreifen. Am 14. Mai 1948, wenige Stunden vor dem Ende des britischen Protektorats rief der provisorische Staatsrat durch den Präsidenten der Zionistischen Weltorganisation, David Ben Gurion, die Errichtung des jüdischen Staates in Palästina mit dem Namen Medinat Israel aus. Dieser Staat sollte allen jüdischen Flüchtlingen weltweit als Heimstatt dienen. Am Tag nach der Staatsgründung erklärten Ägypten, Transjordanien, Syrien, der Libanon und der Irak dem neu gegründeten Staat den Krieg. Die Auseinandersetzungen endeten am 20. Juli 1949 mit einem von der UNO vermittelten Waffenstillstand, der bis zum Sechstagekrieg 1967 hielt. Wobei die ausgehandelte Waffenruhe vorerst immer wieder durch arabische Übergriffe gefährdet wurde.[432] Im Verlauf des Krieges verließen rund 600.000 Palästinenser das von Israel verwaltete Staatsgebiet, 200.000 blieben in Israel. Der Gazastreifen wurde von Ägypten und die Westbank von Jordanien besetzt. Ein großer Teil der aus Israel geflohenen und vertriebenen Araber wurden in Lagern untergebracht. Die arabischen Nachbarländer wollten so eine Assimilation verhindern, um ein politisches Druckmittel für die Lösung der Palästinafrage in der Hand zu behalten.[433] Das zwischenzeitlich in Jordanien umbenannte Land besetzte 1949 das Westjordanland und die Altstadt von Jerusalem und annektierte das Gebiet 1950. Juden aus den Konzentrationslagern, verfolgte Juden aus Osteuropa und den islamischen Ländern ließen die Bevölkerungszahl bis 1952 verdoppeln. Ein Friedensvertrag wurde von den arabischen Staaten an Landverzicht und die Aufnahme der palästinensischen Flüchtlinge gekoppelt. Islamische Terroristen begannen mit ihren Anschlägen auf die israelische Bevölkerung. 1956 begannen sich Spannungen zwischen Israel und seinen arabischen Nachbarn erneut zu verschärfen: „Auf den

Straßen im südlichen Teil des landes wurden durch ägyptische Saboteure Minen gelegt, wir hatten Tote und Verwundete. Libanesische Fedajins, die in ägyptischem Auftrag arbeiteten, wurden von unseren Sicherheitskräften gefaßt."[434] Die Armeen Syriens, Jordaniens und Ägyptens koordinierten ihre Organisation und irakische Truppen wurden im Ostjordanland in Stellung gebracht. Aufgrund der islamischen Attentate und der gesteigerten militärischen Bedrohung wuchs die Unruhe in der israelischen Regierung. Als Ägypten 1956 israelischen Schiffen die Durchfahrt durch den Sueskanal verweigerte und die Straße von Tiran (Israels Zugang zum Roten Meer) blockierte, wurde dies als ein Kriegsakt interpretiert. Auch andere Zwischenfälle an der ägyptischen Grenze häuften sich zusehends. Israel beschloss den ständigen politischen Provokationen und der wirschaftlichen Erpressung militärisch zu begegnen und drang 1956 mit seinen Truppen unter dem Kommando des späteren Verteidigungs- und Außenministers Moshe Dayan über die Sinaihalbinsel bis zum Suezkanal vor. Damit begann der 2. Arabisch-Israelische Krieg. Großbritannien und Frankreich unterstützten Israel, weil der ägyptische Präsident Nasser den im Besitz beider Länder befindlichen Suez-Kanal verstaatlicht hatte. Durch eine UN-Resolution wurde diese Auseinandersetzung beendet. Im November 1956 wurden die Kampfhandlungen eingestellt und die Sinaihalbinsel nach Verhandlungen durch UNO- Friedenstruppen gesichert. Entgegen den Aufforderungen der UN hielten israelische Truppen den Gazastreifen weiter besetzt. Ende 1966 nahmen die Drohungen und die handreiflichen Übergriffe der islamischen Nachbarn Israels wieder deutlich zu. Islamistische Attentate verunsicherten die israelische Bevölkerung zusehens.[435] „Die Überfälle, die von den Golanhöhen auf die jüdischen Siedlungen im Hule-Gebiet und in der Jordanebene verübt wurden, hörten nicht mehr auf und nahmen in den letzten Monaten des Jahres 1966 zu. Minen wurden gelegt, Siedlungen nahezu täglich angegriffen. Die Saboteure kamen zumeist direkt aus Syrien, manchmal wurden sie über den Libanon oder Jordanien nach Israel geschleust."[436] Darüber hinaus schickte die palästinensische El-Fatah ihre Attentäter nach Israel. „Überdies drohen arabische Politiker unverblümt, 'alle Juden ins Meer zu treiben'. Und fügen zynisch hinzu, dass der, der im Lande geboren ist und überlebt, bleiben darf."[437] Die Bildung eines vereinigten arabischen Oberbefehls über die Truppen an den Grenzen, die Schließung der Straße von Tiran durch Ägypten und das Drängen Nassers auf Abzug der UN-Truppen aus Ägypten 1967 führten dazu, dass der israelische Ministerpräsident Levi Eschkol am 5. Juni einen Präventivschlag gegen Ägypten, Jordanien und Syrien befahl.[438] Der Krieg endete wenige Tage später am 10. Juni. Israel hatte nicht nur seine militärischen Gegner besiegt, sondern auch die Sinaihalbinsel, Ostjerusalem, das Westjordanland und die Golanhöhen besetzt. In den besetzten Gebieten lebten 1,5 Millionen Araber. Lange Zeit waren sich die israelischen Politiker über ihr weiteres Vorgehen mit den besetzten Gebieten im Unklaren. 1980 schließlich beschloss das israelische Parlament, Jerusalem zu vereinen und zur Hauptstadt Israels zu erklären. Palästinensische Vereinigungen protestierten gegen das Vorgehen Israels. Verschiedene Guerillaorganisationen innerhalb der Palästinensischen Befreiungsbewegung (PLO) führten Terroranschläge auf israelische Einrichtungen, auf Schulen, an Marktplätzen, Bushaltestellen und Flughäfen aus. Bei den Olympischen Sommerspielen 1972 in München ermordeten palästinensische Terroristen elf israelische Sportler.

Am 6. Oktober 1973 griffen die syrische und die ägyptische Armee Israel an mit dem erklärten Ziel, die besetzten Gebiete zurückzuerobern. Dabei wurden sie von der Sowjetunion mit Waffen und von Saudi-Arabien und Kuwait mit Finanzen unterstützt. Nach dreiwöchigen Kämpfen und schweren Verlusten konnte die israelische Armee die Angreifer zurückschlagen. Durch die Vermittlung der USA kam es zu einer Friedensvereinbarung, in der Israel sich verpflichtete, einen Teil der Sinaihalbinsel und Gebiete an den Golanhöhen zu räumen. Die arabische Blockade und die immensen Rüstungsausgaben führten zu einer innenpolitischen und wirtschaftlichen Krise. In Camp David (USA) kam es 1979 zum Friedensvertrag zwischen Ägypten und Israel. 1981 griffen israelische Bomber eine Nuklearanlage nahe Bagdad an, in der vermutlich an Atomwaffen gearbeitet wurde. „In den folgenden Monaten beschießt die PLO vom Libanon aus mit russischen Katjuscha- Raketen israelische Siedlungen. Die arabischen Staaten rüsten verstärkt auf, und der Irak arbeitet an der Herstellung von Atomwaffen. Israelische Bomber zerstören daraufhin am 7. Juni 1981 den irakischen Atomreaktor Osirak bei Bagdad."[439] 1982 zogen sich die Israelis planmäßig aus dem Sinai zurück. Zwei Monate später starteten sie eine Invasion im Libanon mit dem Ziel, die PLO von dort zu vertreiben. Schließlich zog sich die PLO nach schweren Kämpfen aus dem Libanon zurück, Israel hielt aber einen Sicherheitsstreifen im Südlibanon besetzt. 1987 begann der gewalttätige Aufstand der Palästinenser gegen die israelische Besatzungsmacht mit Streiks und Demonstrationen, die zu regelrechten Straßenschlachten zwischen Zivilisten und der israelischen Polizei eskalierten. Während des 2. Golfkrieges, in dem sich die Palästinenser offen auf die Seite des Irak stellten, schlugen mehrere Raketen auf israelischem Gebiet ein. Dadurch wurden im Großraum von Tel Aviv 200 Menschen verletzt und über 900 Häuser zerstört. 1992 unterzeichneten Ministerpräsident Rabin und PLO- Chef Arafat in Washington ein Friedensabkommen mit dem Ziel, weite Teile der besetzten Gebiete den Palästinensern zur Selbstverwaltung zu überlassen. Im Mai 1994 begann Israel mit einem Rückzug aus Jericho und anderen Städten des Gazastreifens. Im selben Jahr kam ein Friedensabkommen mit Jordanien zustande. Nach der Ermordung Rabins wurden die Rückgabevereinbarungen nur noch teilweise umgesetzt. Die Räumung Hebrons wurde schrittweise bis 1997 verschoben, auch wurden wieder neue Siedlungen in den besetzten Gebieten genehmigt. Ab 1997 wurde in zähen Verhandlungen über weitere Gebietsräumungen und die Nutzung des Hafens von Gaza gesprochen. Verschiedene Selbstmordattentate der Terrorgruppe Hamas brachten die Verhandlungen noch weiter ins Stocken und führten zu einer vorübergehenden Sperrung der Palästinensergebiete. Friedensverhandlungen zwischen Israel und den Palästinensern endeten 1998 in Wye bei Washington mit der Verpflichtung Israels, 13% des Westjordanlandes der palästinensischen Selbstverwaltung zu übergeben. Auch gegen den Widerstand radikaler israelischer Siedler begann der Abzug noch im selben Jahr. Nach dem Abzug der Israelis stehen 40% des Westjordanlandes unter palästinensischer Verwaltung.[440] Bis heute können sich manche Staaten des Nahen Ostens nicht mit der Existenz Israels abfinden und planen wie zahlreiche palästinensische Terrorgruppen eine Auslöschung des Judenstaats. Um dieses Ziel zu erreichen, sind sie bereit, diplomatische, wirtschaftliche, kriegerische oder terroristische Mittel einzusetzen. In der israelischen Bevölkerung wirkt der Schock einer Beinahevernichtung durch den koordinierten Angriff fast aller arabischen Nachbarstaaten Israels während des Jom-Kippur-Krieges. Aufgrund dieser Erfahrung und der offenkundigen Absichtserklärungen mehrerer Islamistenführer besteht zur Zeit kaum die Vertrauensgrundlage für eine dauerhafte Friedensvereinbarung.

7.10.2. Anschläge gegen Israel[441]

Die zahlreichen verbalen Übergriffe, körperlichen Verletzungen, Steinwürfe, Sachbeschädigungen und Anschläge unterschiedlicher Stärke, die von islamischen Extremisten in Israel und auf jüdische Einrichtungen in aller Welt ausgeführt wurden, sind kaum noch zu zählen. Hunderte von Juden verloren durch den islamischen Terror der vergangenen Jahre ihr Leben und ihre Gesundheit. Stellvertretend für die große Zahl der Anschläge sollen hier einige Beispiele erwähnt werden, die auch die Öffentlichkeit außerhalb Israels erregt hatte. Allein in den Jahren von 1970 bis 1985 wurden in Israel rund 8000 islamistische Terroranschläge gezählt, bei denen 700 Juden getötet und mehrere Tausend verletzt worden sind.[442]

Die Selbstmordterroristen in Israel „sterben für Allah und sprengen sich mit dem Ruf 'Allah ist groß' auf den Lippen in die Luft. Der islamistische Selbstmörder ist kein 'Normaler'. Nach seiner Tat wird er religiös erhöht und gewinnt den Status eines Märtyrers, der in einem 'heiligen Krieg' gegen Ungläubige gefallen ist. Ewiges Leben im Paradies, gaukeln ihm seine Instrukteure vor, sei der Lohn - Antriebsquelle ist für die meisten ein religiöser Fanatismus."[443]

Am 18. Juli 1994 explodierte vor einem Gebäude mit verschiedenen jüdischen Einrichtungen eine Autobombe, 95 Personen fanden dabei den Tod, mehr als 200 wurden verletzt. Für den Terroranschlag wurden islamische Fundamentalisten verantwortlich gemacht.

Beim bis dahin blutigsten Dschihad-Attentat sprengten sich im Januar 1995 zwei Aktivisten an einer Bushaltestelle in Beit Lid nördlich von Tel Aviv in die Luft und rissen 19 Menschen mit in den Tod gerissen.[444]

Der von Mahmud Rajeb Zatma gebaute Sprengsatz tötete 1995 nördlich von Tel Aviv 22 israelische Soldaten.

Am 24. Juli 1995 starben sechs Israelis bei einem Selbsmordattentat der Hamas auf einen Bus in Tel Aviv. Einen Monat später sprengte sich ein weiterer Hamas-Aktivist in einem Bus in Jerusalem in die Luft. Das Ergebnis dieses Anschlags waren fünf Tote und über 100 Verletzte.

Für die Bombe, die 1996 im Dizengoff-Center von Tel Aviv 13 Menschen das Leben kostete ist Hashem A-Malek Deeb verantwortlich, der im Staat Arafats weiterhin seine Freiheit genießt.[445]

Der Großmufti der Palästinenser, Sheikh Ekrima Sabri, rief noch am 11. Juli 1997 in einer Predigt vor Hunderttausenden von Muslimen auf dem Tempelberg in Jerusalem aus: „Oh Allah, zerstöre Amerika, denn es wird von zionistischen Juden beherrscht!"[446]

Im März 1997 explodierte ein weiterer Bus in Jerusalem, 19 Menschen verloren bei diesem Anschlag der Hamas ihr Leben. Nur einen Tag später zündete ein islamistischer Hamas-Anhänger eine Bombe vor einem Einkaufszentrum in Jerusalem und tötete dabei 14 Personen. Mehr als 150 Passanten wurden wegen ihrer Verletzungen im Krankenhaus behandelt.

Schon lange hatte der Hamas-Aktivist Mussa Ghneimat davon gesprochen, Juden töten zu wollen. Am 21. März 1997 war es soweit, Mussa sprengte sich in einem Café in Tel Aviv in den Tod. Mit ihm starben drei Israelis, 40 weitere Personen wurden zum Teil schwer verletzt.[447]

Nach dem Scheitern der Friedensbemühungen ist laut Bahman Nirumand „wieder die Zeit der Märtyrer gekommen. Fundamentalisten nutzten die Chance, Muslimen einen Platz im Paradies zu versprechen, wenn sie sich und Ungläubige in den Tod rissen."[448]

Durch das gemeinsame Vorgehen von israelischem Geheimdienst, Armee und Polizei konnten bis Oktober 2000 die meisten Führer der radikalislamischen Hamas und deren Bombenleger festgenommen werden. Sie orteten die Bombenbastler, zerstörten Munitionsfabriken - doch den potenziellen Selbstmordattentäter konnten sie nicht erwischen. Doch man konnte Umfeld und Drahtzieher austrocknen bzw. angreifen. In der Folge gingen Bombendrohungen und Selbstmordattentate massiv zurück. Nun wurden die einsitzenden Terroristen auf Befehl des Palästinenserpräsidenten Arafat wieder freigelassen, darunter Top-Funktionäre der Hamas und des Dschihad al Islami, Bombenbauer, Operateure und Fachleute unter der Führung von Terrorzellen sowie Ausbilder von Suizidkommandos. Eine erneute Häufung von Terroranschlägen ließ nicht lange auf sich warten.[449] Theoretisch wäre es für Arafat durchaus möglich gewesen, den Selbstmordterrorismus gegen Israel weitgehend zu verhindern. Doch statt einer Bekämpfung des Islamismus ließen die Palästinenser überführte Attentäter aus den Gefängnissen und schauten dem Terror interessiert zu. So kann Arafat die Gewalt für seine politischen Ziele instrumentalisieren und gleichzeitig jede direkte Verantwortung dafür zurückweisen. Nach einer jüngsten Meinungsumfrage in den Autonomiegebieten bejahten 76 Prozent der Befragten den Selbstmordterrorismus gegen Israel.[450]

Schon im September 2000 riefen verschiedene islamische Führer zur zweiten Intifada auf. Seitdem wurde Israel mit einer Welle von mehr als 100 Terroranschlägen islamischer Gotteskämpfer überzogen. Anders als bei der Terrorwelle Mitte der neunziger Jahre finden die Selbstmordanschläge der zweiten Intifada breite Unterstützung bei den Palästinensern ... ."[451]

56 Personen starben bei einem Anschlag auf die Jerusalemer Buslinie 18. Die Bombe für den Anschlag baute der Hamas-Aktivist Adnan Jaber Alghul, den Präsident Arafat im Oktober 2000 vorzeitig aus dem Gefängnis entließ.

Anfang Dezember 2000 wurden drei israelische Soldaten nach einem Gespräch mit palästinensischen Polizisten in die Luft gesprengt. In der Woche zuvor starben vier Israelis bei Anschlägen auf zwei Linienbusse, mehr als 70 Personen wurden dabei verletzt. Der Vorsitzende des „Komitees zur Bekämpfung der Normalisierung mit Israel" forderte in Jordanien den Abbruch jeglicher diplomatischen Beziehungen.

Im März 2001 kündigte der Führer der Hamas, Scheich Ahmed Yassin, an, dass derzeit zehn Selbstmordkommandos bereitständen, um ihren Terror in Israel auszuüben. Außerdem setzte Hamas auf technische Varianten, bei denen Bomben in einem Handy versteckt und aus der Ferne gezündet werden können. Der Zünder der Bombe wird an den Lautsprecher des Handys angeschlossen. Klingelt das Handy, so zündet der elektrische Impuls den Sprengsatz entweder sofort oder es wird - wie im Herbst 2001 in Tel Aviv - eine Zeitzündung aktiviert, die Bombe geht später hoch. Im Dezember 2000 wurde eine solche Bombe bei dem Anschlag auf einen israelischen Linienbus bei Petach Tikwa verwendet. Über die Reste der SIM-Karte konnte der für die Explosion der Bombe verantwortliche Anrufer ermittelt werden, der sich allerdings unmittelbar vor der Verhaftung mit einigen Israelis in die Luft sprengte.[452]

Exakt nach diesem Basiskonzept baute Israels Geheimdienst „Schabak" auch jene Handy-Bombe, die wieder ausschaltete. Der Hamas-Terrorchef Yehia Ayyash war absoluter Profi im Basteln von hocheffektiven Sprengsätzen. In den Reihen der Hamas genoss er Kultstatus. Man nannte ihn respektvoll „den Ingenieur„. Mit seinen Höllenmaschinen bombten Hamas-Kommandos in

Jerusalem und Tel Aviv in Bussen und an Haltestellen. Über 100 Israelis wurde dabei getötet, 500 verletzt, bis der israelische Geheimdienst den Erfinder im Januar 1996 durch einen Anschlag tötete. Am 21. März 2001: Bei einem Anschlag eines Selbstmordattentäters der radikal-islamischen Hamas-Organisation kamen in einem Café im Zentrum der israelischen Stadt Tel Aviv zwei Israelis ums Leben, 47 Menschen wurden verletzt, zwei davon schwer.

„Der Mann, auf den sich die Videokamera richtet, wirkt entspannt. 'Ich gehöre zum militärischen Arm der Hamas und bin einer von zwölf Selbstmordattentätern', sagt er und seine Stimme zittert nicht. Vor ihm auf dem schlichten Holztisch sind drei Sturmgewehre plaziert. An den sonst kahlen Wänden hängen die grünen Fahnen des Islam. Der 'Märtyrer' rezitiert noch einen Vers aus dem Koran, dann stoppt die Aufzeichnung. Das Abschiedsvideo wird postum veröffentlicht: Am 27. März hat sich Dia Tawil, 19, an einer Bushaltestelle in Jerusalem mit einer an seinem Körper festgezurrten Sprengladung in die Luft gejagt. Er war sofort tot. Wie durch ein Wunder starb damals kein Israeli, aber 30 wurden verletzt."[453]

Am 1. Juni 2001 zündete ein islamischer Selbsmordattentäter seine Bombe vor einer israelischen Diskothek. Mit seinem Anschlag tötet er 21 Israelis, vor allem Jugendliche. Said Hutari setzte sein lang geplantes Vorhaben in die Tat um und sprengte sich mit einer Splitterbombe selbst in die Luft; Bei dem Anschlag in Tel Aviv wurden 21 junge Israelis getötet und 120 weitere zum Teil schwer verletzt. Die Eltern des Attentäters stehen hinter der Tat ihres Sohns. Er ist für den Islam und für Palästina gestorben. „Sie sollen bezeugen können, dass er sich an den palästinensischen Ehrenkodex hält und selbst die Wahnsinnstat seines Sohnes als gerechtes Mittel im Kampf gegen Israel preist. Gefasst zeigt er sich als aufopferungsvoller Vater eines Märtyrers, der sein Leben im Widerstand gegen die Besatzer opferte. 'Ich muss stolz auf ihn sein', sagt er. Als ihm einmal Tränen in die Augen steigen, verlässt er hastig den Raum. '„Saïd starb als Sohn Palästinas!', springt der Nachbar Abu Anas für ihn ein. ... 'Alle Araber sollten tun, was Saïd getan hat!', ereifert sich Nachbar Abu Anas, der für die Opfer kein Wort des Mitleids findet. So wie Saïd stehe eine 'ganze Generation' junger Kämpfer bereit, 'die niemals akzeptieren werden, was wir hingenommen haben.'[454] Seit 1993 starben rund 200 Israelis durch die menschlichen Bomben, fast 1500 wurden verletzt und teilweise schwer verstümmelt. ... Die Freiwilligen, die Hamas anscheinend ohne jede Mühe rekrutieren kann, ähneln fast alle Saïd: sie sind fanatische Nationalisten, jung, alleinstehend und häufig fromme Muslime. Nur in wenigen Fällen, so glauben Terrorexperten, handele es sich um klassische Selbstmordkandidaten. Was sie vor allem zu der Tat treibe, sei der psychische Druck der Organisation, die ihre Attentatskandidaten einer Gehirnwäsche unterzieht. Den Anführern der Hamas gelingt es, die Mord-Mission mit einer 'Aura religiöser Heiligkeit' zu versehen ... Als Lohn wird den Kämpfern ein ewiges Leben im Paradies verheißen, wo angeblich Dutzende von Jungfrauen auf sie warten.[455]

Wenig später sprengte sich ein Selbstmordattentäter der Hamas vor einer Jerusalemer Pizzeria in die Luft und tötete dabei 13 Israelis.

Am 5. August 2001 schoss ein islamistischer Attentäter auf die Soldaten vor dem israelischen Verteidigungsministerium und verletzte zehn Personen. Am 9. August 2001 wurde ein 16-jähriger israelischer Junge aus dem Hinterhalt erschossen. Der Terror in Israel geht weiter: In einem Lokal in Kirjat Motskin explodierte am 12. August 2001 eine Bombe; etwa 15 Menschen wurden verletzt, als sich ein Selbstmord-Attentäter in die Luft sprengte. Der Täter soll ein 28-jähriger Palästinenser gewesen sein.[456]

18. August 2001: Die radikal-islamische Hisbollah-Milizen beschossen Nordisrael mit Raketen. Einen Tag darauf reagierte die israelische Luftwaffe mit einem Angriff auf drei Ziele im Libanon.[457]

„Jerusalem - Nach Hinweisen von Passanten hatten sich zwei Polizisten dem als ultraorthodoxer Jude verkleideten Mann genähert. Daraufhin zündete der Palästinenser den Sprengsatz, den er am Körper trug. Der Attentäter wurde bei der schweren Explosion getötet, einer der Polizisten erlitt lebensgefährliche Verletzungen."[458]

Anfang September 2001 ereigneten sich in Israel wieder verschiedene schwere Attentate. Erst griffen Palästinenser in der Nähe der jordanischen Grenze einen Schulbus an und töteten dabei eine Lehrerin und verletzten einige Schüler. Dann verletzte ein Selbstmordattentäter in Jerusalem 13 Israelis zum Teil lebensgefährlich. Schließlich wurden die Menschen durch einen Anschlag der Hisbollah in Naharia aufgeschreckt; wenig später explodierten zwei Autobomben an einer belebten Straße nahe der Küstenstadt Netanja.[459]

Nach fast täglichen Terroranschlägen palästinensischer Islamisten erreichte die Gewalt am 17. Oktober 2001 einen neuen Höhepunkt: Zum ersten Mal wurde ein Mitglied des israelischen Kabinetts ermordet. Ein Attentäter der Volksfront für die Befreiung Palästinas (PFLP) ermordete den israelischen Tourismusminister Rechawam Seewi im Jerusalemer Hyatt-Hotel.[460] Vertreter der PFLP ließen wissen, dass sie weitere schwere Attentate für die darauffolgenden Wochen vorbereitet hätten.

Nachdem am ersten Dezemberwochenende 2001 durch islamistische Terroranschläge in Israel fast 30 Personen ihr Leben verloren, antwortete die israelische Armee mit militärischen Angriffen auf palästinensisches Territorium. Zahlreiche Personen sehen darin schon den Beginn eines neuen israelisch-palästinensischen Krieges.[460a]

7.11. Terrorismus gegen die USA

Auch in den USA treten islamistische Gruppierungen mit extremistischen Forderungen an die Öffentlichkeit. Die offiziell unter dem Titel „American Muslim Mission" bekannten Black Muslim sind eine in den USA beheimatete Gruppe afroamerikanischer Muslime. Die Black Muslim fordern eine strenge Einhaltung des islamischen Verhaltenskodex, den Verzicht auf bestimmte Speisen und westliche Kleidung. Früher setzten die Black Muslims die Weißen mit dem Teufel gleich, der alle Farbigen versklaven will, und kämpften für die Errichtung eines getrennten afroamerikanischen Homelands in den Vereinigten Staaten. Von diesen radikalen Forderungen nahm die heute ca. 100.000 Mitglieder zählende Vereinigung Abschied. Ende der 70-er Jahre spaltete sich unter Louis Farrakhan eine Gruppe mit dem Namen „Nation of Islam"[461] ab, die Fragen der Rassentrennung zu ihrem Hauptthema machte.[462] Zu ihren Veranstaltungen werden Frauen explizit nicht eingeladen, die islamische Gesellschaft ist eine Männergesellschaft. Hier einige Beispiele von Farrakhans Äußerungen aus den letzten Jahren: „Es ist ein Akt der Barmherzigkeit gegenüber den Weißen, dass wir ihrer Welt ein Ende setzen!" Oder ... „Die Juden können mich nicht besiegen, desshalb werde ich sie zermalmen und in kleine Stücke zerquetschen."[463]

Im Wesentlichen wurden die USA bis zum September 2001 von islamistischer Gewalt jedoch mehr im Ausland betroffen. Schon seit Jahrzehnten drohten islamistische Organisationen immer wieder den USA und unterlegten ihre Forderungen mit kleineren Terroranschlägen. Eine neue Qualität erhielt die islamistische Gewalt mit der Machtübernahme des Ajatollah Khomeini im Iran. Am 4. November 1979 stürmten moslemische Studenten die US-Botschaft in Teheran und nahmen 66 Botschaftsangehörige gefangen. Sie forderten die Auslieferung des Schahs, der krebskrank in einem New Yorker Krankenhaus lag. Die Geiselnahme endete erst nach 444 Tagen unblutig, nachdem Washington auf einige Forderungen Irans eingegangen war.

Der Schah aber wurde nicht ausgeliefert; er starb zwei Jahre später in Kairo. Khomeini schickte nicht nur seine Landsleute als „Märtyrer" in den Krieg gegen Saddam Hussein, sondern unterstützte auch seine schiitischen Brüder im Libanon. Dort raste am 23. Oktober 1983 ein Selbstmordkommando der iranisch gelenkten Hisbollah mit einem sprengstoffgefüllten Lastwagen in das Lager der amerikanischen Marineinfanteristen bei Beirut. Die Tonne TNT tötete 241 junge Amerikaner.

Am 21. Dezember 1988 explodierte ein PanAm-Jumbo über dem schottischen Flughafen von Lockerbie. 270 Menschen fanden bei diesem Anschlag den Tod. Die nachfolgenden Untersuchungen kamen zu dem Ergebnis, dass Agenten des libyschen Geheimdienstes den Sprengstoff an Bord geschmuggelt hatten.

Am 26. Februar 1993 explodierte in der Tiefgarage des World Trade Centers eine Autobombe mit 550 Kilo Sprengstoff, die erheblichen Sachschaden anrichtete. Bei diesem Anschlag kamen sechs Menschen ums Leben, weitere 1000 wurden verletzt. Der pakistanisch-palästinensische Terrorist Ramsi Ahmed Jussuf wurde als Ausführer der Tat zu 240 Jahren Gefängnis ohne Bewährung verurteilt. „Ein Geheimdienstmitarbeiter berichtete, Jussuf habe geprahlt, die beiden Türme des Welthandelszentrums würden durch die Explosion aufeinander fallen und mindestens 250.000 Menschen töten."[464] Mit ihm wurden 13 weitere Islamisten festgenommen und wegen Beteiligung an der Tat zu Gefängnisstrafen verurteilt. Später erhärtete sich der Verdacht, dass der ägyptische blinde Scheich Omar Abderrahman Drahtzieher des Anschlags war. Scheich Abderrahman ist das geistige Oberhaupt der ägyptischen Terrorgruppe El Gamaat el Islamiya (Islamische Gruppe). Er wurde 1993 in New York wegen Planung mehrerer Bombenanschläge zu lebenslanger Haft verurteilt. Seine Terrorgruppe traf sich regelmäßig in der Abu-Salam-Moschee von Jersey City. Zu den Terroristen gehörten auch zuvor in Deutschland wohnhafte Muslime. Unter anderem hatte Omar Abdul Rahman geplant, das UN-Hauptgebäude in New York und zwei Straßentunnel sowie eine Brücke und das FBI- Büro zu sprengen.[465]

1995 wurden im Norden Indiens vier westliche Touristen von der in Pakistan beheimateten militanten Muslimgruppe Harakat-ul-Ansar gekidnappt und später getötet.

Am 13. November 1995 detonierte eine Autobombe vor einem Schulungsgebäude der saudischen Nationalgarde in Riad. Unter den sieben Toten waren fünf US-Ausbilder. Mehrere radikalislamische Organisationen bekannten sich zu dem Verbrechen.

Am 25. Juni 1996 flog vor einem Wohnkomplex der US-Luftwaffe in Dhahran (Saudi-Arabien) ein Tanklaster in die Luft; 19 US-Soldaten starben und 240 wurden verletzt. Die schiitische Hisbollah bekennt sich zu dieser Tat.

Am 7. Juli 1998 explodierten nacheinander Autobomben vor den US-Botschaften in Nairobi (Kenia) und Daressalam (Tansania). Unter den 230 Opfern waren zwölf US-Bürger. An beiden Orten starben insgesamt 263 Menschen, 5436 wurden zum Teil schwer verletzt. Die Tat wurde mit El Quaida (oder El Qeysa), einer fundamentalistisch-islamischen Organisation unter Leitung Osama bin Ladens, in Zusammenhang gebracht. Eine Geschworenen-Jury sprach im Mai 2001 alle vier Angeklagten im Prozess um die Bombenanschläge fast drei Jahre zuvor auf die US-

Botschaften in Kenia und Tansania schuldig. Für zwei von ihnen forderte die Chefanklägerin Mary Jo White die Todesstrafe.[466]

Am 12. Oktober 2000 fand in Aden (Jemen) ein Anschlag auf den US-Zerstörer Cole statt. Die Explosion tötete 17 Soldaten. Als mutmaßlicher Verantwortlicher galt der saudische Extremist und Millionär Osama bin Laden. Nach dem islamistischen Terroranschlag auf das US-Kriegsschiff im Oktober 2000 wurden auch im Mai 2001 wieder Drohungen gegen amerikanische Bürger im Jemen bekannt. Die Terrordrohungen scheinen aus dem Umfeld des islamischen Fundamentalisten bin Laden zu kommen.[467]

Am 11. September 2001 erschütterten die gleichzeitigen Anschläge auf das World Trade Center und das Pentagon die Weltöffentlichkeit. Der Flugzeugangriff auf den Landsitz des Präsidenten, „Camp David", misslang und die Passagiermaschiene stürzte voll besetzt auf freiem Feld bei Pittsburgh ab. Drei weitere gekaperte Passagierflugzeuge zerstörten das World Trade Center, den daneben stehende baugleichen Büroturm sowie einen Flügel des Pentagon, des amerikanischen Verteidigungsministeriums. Die wirtschaftlichen, politischen und menschlichen Auswirkungen scheinen immens. Die Erschütterung westlicher Regierungen wurde von der öffentlichen Zustimmung islamischer Extremisten begleitet. „Nach den Anschlägen gaben Palästinenser in den Flüchtlingslagern im Libanon Freudenschüsse ab. Zahlreiche Menschen schossen in die Luft, als sie die Nachrichten von den Explosionen in den USA hörten."[468]

„In US-Regierungskreisen hieß es, einige Anzeichen sprächen dafür, dass mit bin Laden oder seiner Organisation El Kaeda (El Quaida) in Verbindung stehende Personen verantwortlich sein könnten. Israelische Sicherheitsexperten nannten bin Laden, aber auch Iran oder die Hisbollah als mögliche Urheber der Anschläge. Der Journalist Abdel Bari Atwan von der in London erscheinenden Zeitung El Kuds el Arabi sagte, bin Laden habe vor drei Wochen angekündigt, wegen der Unterstützung Israels durch die USA in den Vereinigten Staaten einen noch nie dagewesenen Anschlag zu verüben."[469]

„Stimmen die ersten Vermutungen, gehen die mörderischen Schläge auf das Konto arabischer, womöglich sogar palästinensischer Terroristen. Da ist er, der Kampf der Kulturen, der 'Clash of Civilizations', den Samuel P. Huntington unter großem Gelächter auch vieler deutscher Wissenschaftler und Publizisten vorausgesagt hat. Vielleicht wachen sie nun endlich auf und nehmen die Gefahren ernst, die uns von den Schurken dieser Erde drohen - sei es durch Terrorattacken, sei es durch Raketenangriffe."[470]

Schon wenige Stunden nach dem Anschlag auf das World Trade Center und das Pentagon kam es unter den muslimischen Palästinensern zu Freudenkundgebungen. Auch die Regierungen Afghanistans und des Iraks signalisierten ihre Zustimmung zu den Gewalttaten. „Die Amerikaner sollten keinen neuen Kreuzzug gegen Moslems und Araber beginnen, sondern besser aus den Schmerzen der Iraker und Palästinenser lernen,"[471] erklärte Iraks Präsident Saddam Hussein. Die arabische Tageszeitung „Al-Hayat" berichtet davon, dass der mutmaßlich für die Anschläge verantwortliche bin Laden seine deutliche Freude über die Toten zum Ausdruck brachte: „Der Extremist habe zwar bisher jede Beteiligung an den Anschlägen abgestritten, gleichwohl habe er sich zu Boden geworfen und Gott gedankt."[472]

Amerikanische Ermittler sind sich zwischenzeitlich zu 90% sicher, dass bin Laden für die Anschläge in den USA verantwortlich ist. Auch wenn noch nicht nachzuweisen ist, dass er der direkte Auftraggeber war, scheint sicher zu sein, dass er der geistige Urheber des Angriffs auf das Pentagon und das World Trade Center war.[473]

Nur im irakischen Staatsfernsehen wurde der Terrorakt schon an jenem Dienstag als „Operation des Jahrhunderts" gepriesen. Die USA habe den Terror wegen angeblicher Verbrechen gegen die Menschlichkeit verdient: „Der amerikanische Cowboy erntet die Früchte seiner Verbrechen", hieß es. Der Kollaps der beiden Wolkenkratzer entspreche dem Zusammenbruch der US-Politik. Im staatlichen Fernsehprogramm wurde ein Kampflied mit der

Zeile „Nieder mit Amerika" zu Bildern der einstürzenden Wolkenkratzer gespielt.[474]

Journalisten, die nach den Anschlägen in den USA Bilder von
jubelnden Palästinensern aufgenommen hatten, wurden festgehalten und bedroht. Einige Reporter wurden mit Waffengewalt in
einem Hotel in Nablus festgehalten. Journalisten des israelischen
Rundfunks, die Aufnahmen von mehreren hundert feiernden
Palästinensern gemacht hatten, wurden massiv bedroht. Ein
palästinensischer Kameramann wurde sogar entführt und mit dem
Tode bedroht, sollte er es wagen, die von ihm gemachten Aufnahmen zu senden. In Ost-Jerusalem tanzten Menschen vor
Freude auf der Straße, fuhren hupend und Bonbons verteilend
durch die Stadt und priesen „Allahs Sieg über die Amerikaner."[475]

Begründete Vermutungen weisen darauf hin, dass auch die seit
Anfang Oktober 2001 in den USA aufgetretenen Fälle von
Milzbrand auf islamistische Aktivisten zurückgehen.[476] Dabei muß
allerdings berücksichtigt werden, dass die wirklichen Hintergründe
der Anthrax-Anschläge noch weitgehend im Dunkeln liegen.
Sicherheitsfachleute bringen neben islamistischen Gruppen auch
Trittbrettfahrer, Rechtsextremisten und Endzeitsekten als mögliche
Verantwortliche ins Gespräch.[477] Im Verlauf mehrerer Wochen
wurden mit Anthrax verseuchte Briefe insbesondere an Politiker
und Mitarbeiter der Medien versandt. Bis zum 19. Oktober waren
45 Personen, davon allein 36 Mitarbeiter des amerikanischen
Senats, damit infiziert und in Krankenhäusern isoliert worden.
Aufgrund der ohne sofortige Behandlung tödlichen Milzbrandin-
fektion sind bis Ende November 2001 fünf der Erkrankten in den
USA gestorben[478]. Milzbrandanschläge sind zwischenzeitlich auch
aus Saudi-Arabien, Moskau und Pakistan gemeldet. So wurde am
18. Oktober ein in den USA aufgegebener Brief an die afrikanische
Hauptniederlassung der UNO in Kenia von lokalen Mitarbeitern
geöffnet. Die durch im Brief befindliche Milzbranderreger infizier-
ten Personen mußten sofort isoliert und behandelt werden.[479] Der
Anschlag scheint sorgfältig vorbereitet worden zu sein. Fachleute
weisen darauf hin, dass diese reine Form des Anthrax-Erregers nur

in wenigen spezialisierten Labors der Welt hergestellt werden könnten, so beispielsweise in Russland und im Irak.[480]

Amerikanische Sicherheitskräfte stellen sich auf weitere Erkrankungsfälle und neue terroristische Angriffe islamistischer Terroristen für die kommenden Monate ein. Inzwischen mehren sich Hinweise auf einen möglicherweise von Islamisten geplanten Pockenangriff auf die USA. Bei der systematischen Verbreitung der Pockenerreger erwarten Mediziner weit mehr Tote als bei den bisherigen Anthrax-Anschlägen.[481] Experten rechnen mit einer Fortsetzung islamistischer Terroraktivitäten selbst in dem Falle, wenn die Taliban nach den Militärschlägen der USA aufgerieben sein sollten. Möglicherweise ziehen sich diese lediglich in die Berge zurück, um ihre Aktivitäten neu zu koordinieren oder sich auf den Partisanenkampf zu verlegen.[482]

7.12. Terrorismus in Deutschland

7.12.1. Verfassungsfeindliche Organisationen

Deutlich weist der Verfassungsschutzbericht des Landes NRW darauf hin, dass islamische Extremisten Deutschland schon seit längerer Zeit als Ruheort gewählt haben und hierzulande Geld für ihre Anschläge sammeln. Darüber hinaus scheinen auch Anschläge mit europäischen Zellen von Islamisten hierzulande geplant worden zu sein. Zwei in den vergangenen Jahren festgenommene hochrangige Mitarbeiter des muslimischen Fundamentalisten Osama bin Laden in Deutschland und Spanien weisen auf eine erhöhte Aktivität seiner Terrororganisation Al Qaida in Deutschland.[483] Nach den Anschlägen auf das World Trade Center verdichten sich die Hinweise, dass in Deutschland nicht nur radikale Islamisten leben und Finanzen bereitstellen, sondern darüber hinaus Terroranschläge geplant und vorbereitet worden sind. „So ist es vielen unerklärlich, dass einige der beteiligten Terroristen unbehelligt in Deutschland Unterschlupf finden konnten. Erst nach den Anschlägen spricht der Generalbundesanwalt von einer terroristischen Vereinigung, die sich seit Anfang des Jahres in Hamburg gebildet hat."[484] Äußerlich verhielten sich die in Deutschland lebenden Terroristen auffällig angepasst und westlich, innerlich jedoch hatten sie sich dem Kampf für die Ausbreitung des Islam verschrieben. „Generalbundesanwalt Kay Nehm erklärte in Karlsruhe, dass drei der Attentäter mehrere Jahre in Hamburg gelebt und studiert haben. Zudem leitete er Ermittlungen gegen eine Vereinigung islamischer Fundamentalisten ein ... Ziel dieser Gruppierung sei es gewesen, auf spektakuläre Weise durch Zerstörung von symbolträchtigen Gebäuden anzugreifen.[485] Von Ernst Uhrlau, dem Geheimdienst-Koordinator im Kanzleramt, wird der islamische Extremismus sogar als „die größte terroristische Herausforderung" der deutschen Sicherheitsorgane bezeichnet.[486]

Dabei kann es auch kein Trost sein, wenn nach Medienberichten 'nur' knapp 35.000 Muslime in Deutschland Mitglieder islamistischer, vom Verfassungsschutz beobachteter Vereinigungen sind (neben etwa 17.000 weiteren ausländerextremistischen Aktivisten). Bei den Anschlägen in den USA konnten weit weniger zur Gewalt bereite Muslime einen unvorstellbaren Schaden anrichten, wobei die aus Deutschland kommenden Attentäter der Al Qaida nicht einmal mitgezählt sind. Wenn also auch nur 10% der Mitglieder islamistischer Vereinigungen in Deutschland bereit wären, unter gegebenen Umständen Anschläge auszuüben, besteht ein mindestens so großes Gefahrenpotential wie beim gegenwärigen Rechts- oder Linksextremismus. Nach dem Verfassungsschutzbericht für das Jahr 2000 hat die größte rechtsextremistische Vereinigung, die Republikaner, 13.000 Mitglieder, die DVU verfügt über 17.000 Mitglieder und die NDP über 6.500, die größten linksextremen Vereinigungen zählen 5.000 Mitglieder (DKP), 2.000 Mitglieder (Marxistisch-Leninistische Partei) und 88.600 Mitglieder (PDS).[487] Wobei die bloßen Mitgliederzahlen politischer Parteien sicher anders zu werten sind als die anderer Vereinigungen. Die in Deutschland agierenden islamistischen Vereinigungen sollen an dieser Stelle kurz vorgestellt werden.

Sunnitischer Islamismus

„Die 'Mutter' der islamistischen Strömung des modernen politischen Islam sunnitischer Prägung ist die 1929 von Hassan Al Banna in Ägypten begründete Muslimbruderschaft. Die von Hassan Al Banna formulierte und von Sayyed Qutb weiterentwickelte Ideologie ist noch heute die Basis für die religiöspolitischen Grundsätze, auf denen Islamisten aufbauen."[488]

Vor allem fordern islamistische Gruppierungen einen auf Allah ausgerichteten und nach dem islamischen Recht (Scharia) urteilenden Staat. Nicht nur die religiösen, sondern auch die politischen, gesellschaftlichen, wirtschaftlichen und rechtlichen Entscheidungen sollen ausschließlich nach den Maßstäben des Koran geregelt werden.

„Alle Gewalt geht von Gott aus, so dass Religion und Politik untrennbar sind. Der Islam wird damit zur alleinigen Richtschnur des politischen Lebens, und Gott ist der alleinige (politische) Souverän. Zur Rechtfertigung dieser Doktrin berufen sich Islamisten auf den Ausspruch des Propheten Mohammed: 'Alle Macht und Gewalt liegt bei Allah'. Anhand ihrer Islaminterpretation, die als die allein 'wahre' und verbindliche dargestellt wird, entscheiden Islamisten stellvertretend auf Erden, welche politischen und rechtlichen Normen gottgewollt sind. Damit kann unter Berufung auf Gott jede Opposition als unislamisch gebrandmarkt werden."[489]

Schiitischer Islamismus

„Der schiitische Islamismus orientiert sich an dem von Ayatollah Ruhollah Khomeini eingeführten iranischen Staatskonzept und ist im Wesentlichen auf die Herkunftsländer Iran, Irak und Libanon beschränkt. Khomeini forderte - ebenso wie die Muslimbruderschaft - eine Rückbesinnung auf die Ursprünge des Islam, weil er die Kolonial- und Supermächte für die politische, wirtschaftliche und kulturelle Schwäche der islamischen Welt verantwortlich machte. Durch die von Khomeini propagierte 'Islamische Revolution' entstand im Iran 1979 ein islamischer Gottesstaat mit der unauflöslichen Einheit von Staat und Religion bei gleichzeitiger Unterdrückung und Ausschaltung jeglicher Opposition. Khomeini verstand sich als 'höchster Rechtsgelehrter' und damit als Statthalter des abwesenden 12. Imam."[490]

In den folgenden Jahren wurden die Ideen der islamischen Revolution auch in andere muslimische Länder exportiert. Der Kampf richtete sich vor allem gegen die vermeintlichen Verursacher der Schwäche der islamischen Welt, die sogenannte „Weltarroganz" und ihre „Lakaien", d. h. die USA (der „große Satan") und die mit ihr verbündeten Länder, insbesondere Israel (der „kleine Satan"). Endziel ist die weltweite Islamisierung.

Auch die vom saudischen Millionär bin Laden geführte Al Qaida strebt nach einer islamischen Revolution, zuerst in der arabischen Welt, auf längere Sicht in der ganzen Welt. Verschiedene Hinweise lassen darauf schliessen, dass bin Laden eine

Islamistische Internationale aus sechs verschiedenen islamistischen Terrororganisationen initiiert hat. Auf Verbindungen seiner Organisation nach Deutschland verweisen die Festnahme eines Arabers im September 1998 in Bayern, der von den US-Behörden verdächtigt wird, ein Gefolgsmann bin Ladens zu sein, und die mutmaßliche Verwicklung von mindestens zwei in Deutschland lebenden Muslimen, die am Anschlag auf das World Trade Center 2001 beteiligt waren.[491]

Von der ca. 1 Million in NRW lebender Muslime sind 10.000 Mitglieder in islamistischen Vereinigungen. Die Zahl der dazugehörigen Familienangehörigen und Sympathisanten schätzt der Verfassungsschutz auf 50.000 allein in NRW.[492] Die Bestrebungen islamistischer Organisationen sind vorrangig darauf gerichtet, in den muslimischen Heimatländern die Anwendung des islamischen Gesetzes (Scharia) durchzusetzen und einen Gottesstaat zu errichten.

„Einige Organisationen versuchen gleichzeitig, für die auf Dauer in Deutschland lebenden Muslime eine Parallelgesellschaft aufzubauen, in der das geschlossene islamistische Weltbild sie vor den 'dekadenten und unmoralischen westlichen Einflüssen' schützen soll. Fernziel der meisten dieser Gruppen ist die weltweite Islamisierung. Die Bandbreite der Strategien zur Durchsetzung dieser Ziele reicht vom religiös-politisch motivierten Kampf ohne Gewalt und mit legalen Mitteln (z. B. Islamische Gemeinschaft Milli Görüs - IGMG) über Gewalt legitimierende Agitation (z. B. ICCB - Kaplan-Verband) bis zur konkreten Unterstützung von Terroraktionen (z. B. HAMAS, HIZBOLLAH, GIA)."[493]

Darüber hinaus finden Schriften, Ton- und Videokassetten extremer islamischer Prediger in muslimischen Kreisen weite Verbreitung. Die radikalsten Aussagen werden in den deutschen Übertragungen für den einheimischen Leser meist weggelassen oder abgeschwächt. Dadurch soll deutschen Lesern ein toleranter Islam vorgespielt werden. Die hier lebenden Muslime lesen und hören aber meist das türkische oder arabische Original. Omar Abdel Rahman beschimpft Juden auf einem seiner auch in

Deutschland verbreiteten Videos als 'Nachkommen von Affen und Schweinen' oder als 'Verbreiter von Unzucht und Aids'".[494]

Muslimbruderschaft (MB)

„Die 1929 von Hassan Al Banna in Ägypten gegründete multinationale Muslimbruderschaft ... verbreitete sich weltweit in nahezu alle Länder, in denen arabische Muslime leben. In Deutschland ist die MB mit zwei organisatorisch getrennten Zweigen vertreten, die jeweils über mehrere Zweigstellen verfügen. ... 1960 wurde die Islamische Gemeinschaft in Deutschland e. V. (IGD) gegründet. Sie hat ihren Sitz im Islamischen Zentrum München und steht unter dem Einfluss des ägyptischen Zweiges der MB. Zur IGD gehört auch die Muslim Studentenvereinigung in Deutschland e. V. (MSV). 1981 spaltete sich das Islamische Zentrum Aachen (Bilal-Moschee) e. V. (IZA) von der IGD ab. Gründer und langjähriger Leiter des IZA ist der ehemalige Führer der MB in Syrien, Professor Issam El-Attar. Er benannte seine Anhängerschaft 1981 um in Islamische Avantgarden. Zu den Islamischen Avantgarden gehören als Unterorganisationen die Union Muslimischer Studentenorganisationen in Europa e. V. (UMSO) und die Union für die in europäischen Ländern arbeitenden Muslime e. V. (UELAM). IGD und IZA halten die meisten derzeitigen arabischen Staatssysteme für mehr oder weniger unislamisch und streben deren Ablösung bzw. Umgestaltung an."[495] Bis 1996 wurde unter anderem auch die antisemitische Hetzschrift „Die Protokolle der Weisen von Zion" in arabischer Übersetzung zum Kauf angeboten. Andererseits hat sich das IZA gegen Khomeinis Todesurteil über den Schriftsteller Salman Rushdie und gegen die Massaker der FIS in Algerien gewandt.

Von den zahlreichen Abspaltungen der Muslimbruderschaft verfügen in Deutschland vor allem die „Algerische Islamische Heilsfront" (FIS) sowie deren Abspaltung GIA und die palästinensische HAMAS über eine nennenswerte Zahl von Anhängern. Die tunesische En Nahda, die sudanesische (staatstragende) Nationale Islamische Front (NIF) und die ägyptische MB-Abspal-

tung Jama at al Islamiya verfügen in Deutschland nur über Einzel-
mitglieder, die keine erkennbaren Aktivitäten entfalten."[496]

Islamische Heilsfront - Front Islamique du Salut (FIS)
Gründer des algerischen Zweigs der Muslimbruderschaft 1989
waren u.a. Cheikh Abbassi Madani und Ali Belhadj. Als sich bei
den algerischen Wahlen 1991 ein Sieg der FIS abzeichnete,
wurden die Wahlen annulliert und die FIS verboten. Nachdem die
Regierung auch die Führer der FIS, Abbassi Madani und Ali
Belhadj - ebenso wie zahllose weitere Anhänger der FIS -
inhaftierte, radikalisierte sich die FIS und gründete neben der
politischen Vertretung als militärischen Arm die Armé Islamique
du Salut (AIS), die mit Terroranschlägen gegen die algerische
Regierung zu kämpfen begann. Sie sind verantwortlich für eine
Vielzahl von Attentaten auf Politiker, Sicherheitskräfte, Intellektuelle und auf in Algerien lebende Ausländer (Nichtmuslime)
sowie auf Frauen mit unislamischer Kleidung.

Bei dem ersten spektakulären Terroranschlag im August 1992
kamen auf dem Flughafen von Algier neun Zivilisten ums Leben
und ca. 100 wurden schwer verletzt. „Einer kleinen Gruppe der
FIS-Führungsebene gelang die Flucht ins Exil. So leben z. B. der
von Madani zum Leiter der Exekutivinstanz im Ausland ernannte
Rabah Kebir und Madanis Söhne in Nordrhein-Westfalen. Obwohl
nur etwa 50 - 80 FIS-Anhänger vornehmlich im Raum Köln-
Bonn-Aachen leben, erklärt sich die Bedeutung der FIS in NRW
aus der Führungsfunktion Kebirs. Kebir rief, gestützt auf sein
Verständnis des Absolutheitsanspruchs des politischen Islam, von
Deutschland aus zum Sturz der algerischen Regierung auf. ... Die
wiederholten politischen Initiativen unter Beteiligung der FIS
führten dazu, dass sich die 'Hardliner' unter den FIS/AIS- Anhängern 1994 von der FIS distanzierten und unter der Bezeichnung
'Bewaffnete Islamische Gruppen - Group Islamique Armee' (GIA)
den ausschließlich auf Gewalt und Terror gestützten Kampf gegen
die algerische Regierung aufnahmen ... Im Umfeld der FIS-
Anhänger in Deutschland ergaben sich 1994 Hinweise auf Ver-

wicklungen in illegale Waffengeschäfte. Es bestand der Verdacht, dass Waffen und Munition in Deutschland und im angrenzenden Ausland beschafft und an islamistische Gruppen in Algerien geliefert werden sollten. ... Das in diesem Zusammenhang vom Generalbundesanwalt im Januar 1995 eingeleitete Ermittlungsverfahren führte im März 1995 zu Durchsuchungen und Festnahmen im Raum Aachen und Frankfurt am Main. Hierbei wurden gefälschte Dokumente, gestohlene Blankoausweise sowie Sprengzünder gefunden. Auch in Italien, Frankreich und Belgien kam es zu Festnahmen. Im Juni 1997 verurteilte das Oberlandesgericht Düsseldorf u. a. zwei Söhne des FIS-Mitbegründers Madani aufgrund der zuvor genannten illegalen Aktivitäten für die FIS wegen Bildung einer kriminellen Vereinigung zu Haftstrafen von mehr als zwei Jahren."[497] Momentan sind dem Verfassungsschutz etwa 300 Mitglieder der FIS in Deutschland bekannt.[498]

Bewaffnete Islamische Gruppen - Group Islamique Armé (GIA)

Die von strenggläubigen Salafisten bestimmte GIA hat sich 1994 von der FIS abgespalten. Sie verfolgt die Errichtung eines weltweiten Gottesstaates mit terroristischen Mitteln, wobei zuerst das algerische Regime beseitigt werden soll. Dabei schreckt die GIA nicht vor Massakern an der Zivilbevölkerung zurück. Weihnachten 1994 wurde in Algier von der GIA ein Flugzeug der Air France entführt. Bei der Entführung wurden drei Menschen ermordet, während der späteren Erstürmung des Flugzeugs in Marseille wurden alle vier Entführer getötet. Der Anschlag richtete sich insbesondere gegen Frankreich als ehemalige Kolonialmacht Algeriens. Als Racheakt für die misslungene Flugzeugentführung und die dabei getöteten 'Brüder' initiierte die GIA 1995 eine Serie von Anschlägen in Frankreich, u. a. auf die Metro in Paris, bei denen sieben Menschen getötet und mehr als 100 verletzt wurden.

Im Mai 1995 veröffentlichte der damaligen GIA-Führer Amine in der Zeitung „Asharg Awsat" eine Erklärung, in der er alle FIS-Funktionäre im Ausland aufforderte, sich innerhalb eines Monats der GIA anzuschließen. In dem Artikel wurden auch der in NRW lebende FIS-Funktionär Rabah Kebir und die Söhne des FIS-Gründers Abassi Madani ausdrücklich genannt. Im Juli 1995 wurden die Drohungen noch einmal öffentlich wiederholt, dabei wurden elf Personen namentlich genannt.

„Zu ihnen gehörte auch der Mitbegründer der FIS, Abdelbaki Sahroui, der sich stets gegen Gewalt ausgesprochen hatte. Er wurde am 11. Juli 1995 in Paris erschossen. Eine Woche später wurde vor der damaligen Wohnung von Rabah Kebir in Köln ein Drohschreiben aufgefunden. Es handelte sich um einen Zeitungsausschnitt 'Imam in Paris erschossen' und um einen Zettel in französischer Sprache 'Wer wird der Nächste sein?!' ... In Algerien gehen die Massaker von GIA-Gruppen an der Zivilbevölkerung mit unverminderter Grausamkeit weiter und erreichen jeweils im islamischen Fastenmonat Ramadan einen traurigen Höhepunkt. In einem in mehreren europäischen Hauptstädten zirkulierenden Mitteilungsblatt 'Al Djamaa' rechtfertigte ein GIA-Funktionär im August 1997 ausdrücklich Morde an Unschuldigen, Frauen und Kindern und damit wahllose Gewalt gegen alles 'Ungläubige' und 'Abtrünnige'. Die fanatischen Eiferer begründen ihre Mordtaten damit, dass ihnen der Koran den Kampf gegen alle Ungläubigen vorschreibe, und wer ungläubig ist, bestimmen sie selbst. ... Im Vorfeld der Fußballweltmeisterschaft 1998 in Frankreich ergaben sich Hinweise, die GIA könnte dieses Großereignis für medienwirksame Anschläge ausnutzen."[499] Genaue Zahlen über die in Deutschland befindlichen Aktivisten der GIA liegen dem Verfassungsschutz nicht vor. Einige der Anhänger leben illegal in der Bundesrepublik, andere sind in der Öffentlichkeit nicht als Mitglieder der GIA zu erkennen.

Islamischer Bund Palästina (IBP) und HAMAS

Als palästinensische Vertretung in der Muslimbruderschaft wurde 1982 der IBP in Deutschland gegründet. Er verstand sich als Vertreter der HAMAS in Deutschland. 1987 sprach er sie sich dafür aus, die 'gesegnete Intifada', den Aufstand der Palästinenser in den von Israel besetzten Gebieten, von Deutschland aus zu unterstützen. Zu diesem Zweck führte der IBP jährliche Kongresse mit mehr als 500 Teilnehmern durch, zu denen bekannte Führer der Muslimbruderschaft aus arabischen Staaten wie Tunesien, Ägypten, Sudan, Jordanien und Palästinenser als Redner eingeladen wurden, z. B. der in London im Exil lebende Chef der tunesischen En Nahda. 1997 und 1998 fanden die Kongresse jeweils in von der IGMG zur Verfügung gestellten Räumen statt. Das letztendliche Ziel des IBP ist die Errichtung eines islamischen Staates auf dem Gebiet Israels. Am 19. Jahreskongress in Berlin (Juni 2000) nahmen etwa 300 Personen teil. Die eingeladenen Redner wandten sich gegen den Nahost- Friedensprozess und forderten erneut eine islamische Herrschaft über Jerusalem.[500]

Die HAMAS (Harakat Al-Muquawama Al-Islamiya) wurde zeitgleich mit dem Beginn der Intifada Ende 1987 von Sheikh Ahmed YASSIN in Gaza gegründet, der auch heute noch ihr geistiger Führer ist. Die HAMAS will durch den bewaffneten Kampf die Errichtung eines islamistischen Staates auf dem gesamten Gebiet Palästinas (einschließlich Israel) erreichen. Die Gruppe lehnt den zwischen der PLO und Israel eingeleiteten Nah-Ost-Friedensprozess und die bisher hierzu getroffenen Vereinbarungen, als Zugeständnis an Israel, strikt ab. Vorerst strebt die HAMAS die Machtübernahme in den teilautonomen Palästinensergebieten an. Um ihren Rückhalt in der Bevölkerung auszubauen, unterhält die HAMAS Kindergärten, Schulen, Krankenhäuser und unterstützt bedürftige Familien, insbesondere auch Märtyrer-Familien.

„Daneben unterhält die HAMAS als militärischer Flügel die EZZADIN-AL-KASSEM-Brigaden, die sich für zahllose Terrorakte in Israel verantwortlich erklärt haben, bei denen neben

Sicherheitskräften auch zahlreiche Zivilisten ums Leben gekommen sind. Die Terroraktionen werden von HAMAS-Führern
aus der Diaspora gesteuert, die über Stützpunkte in mehreren
Staaten der Nah-Ost-Region sowie in Europa und den USA verfügen. Eine perfide, aber wirksame Methode ist die Ausbildung
von jungen Männern ... zu sogenannten Selbstmordattentätern. Sie
werden mit am Körper verborgenem Sprengstoff auf belebte
Plätze in Israel geschickt, um sich und möglichst viele andere
Menschen zu töten. Den Kandidaten wird suggeriert, dass sie sich
für eine heilige Sache opfern und als Märtyrer direkten Eingang
ins Paradies finden. Die Ausweglosigkeit ihrer Lebensbedingun-
gen und eine geschickte religiöse Propaganda treiben diese jungen
Menschen zu ihren Verzweiflungstaten, zumal sie zumindest
gewiss sein dürfen, dass nach ihrem Märtyrertod ihre Familien
fortan von der HAMAS finanziell unterstützt werden."[501]

Die sozialen und terroristischen Aktivitäten der HAMAS
werden durch den Iran, die libanesische HIZBOLLAH und das
weltweite Netzwerk der Muslimbruderschaften ideell und finanziell unterstützt. Zum deutschen Unterstützerkreis der HAMAS
gehört der Verein AL-AQSA e. V. in Aachen. „Er bezeichnet sich
als humanitäre Hilfsorganisation für Palästina und wirbt gezielt
mit dem Hinweis auf seine Anerkennung als gemeinnütziger Verein um Spenden. Vorsitzender des Vereins ist ... der ... Führungs-
funktionär des IBP ... Al-AQSA unterhält auch in den Niederlanden und in Belgien Zweigstellen. Nach den Bombenanschlägen
von Selbstmordattentätern im Juli und August 1997 in Jerusalem
bezeichnete ein hochrangiger israelischer Armeevertreter den
Verein AL-AQSA in Aachen als eine der internationalen Organisationen, die der HAMAS angeblich Millionenbeträge verschaffen. Auch ... liegen Hinweise darauf vor, dass der Verein in
die finanzielle Infrastruktur der HAMAS eingebunden ist und
unter dem Deckmantel der humanitären Hilfe für Palästina die
extremistischen Aktivitäten der HAMAS unterstützt, wobei sich
naturgemäß der Nachweis, ob die Gelder nur für soziale Zwecke
oder auch für terroristische Aktivitäten verwendet werden, von

hier aus nicht führen lässt."[502] Seit Beginn der zweiten Intifada ist
das Spendenaufkommen des Vereins AL-AQSA stark angestiegen.
Mit den dort eingenommenen Geldern werden unter anderem die
islamistische Propaganda im Nahen Osten und die Familien der
palästinensischen Selbstmordattentäter unterstützt. Nach Angaben
des Verfassungsschutzes leben derzeit rund 250 Aktivisten des
IBP in Deutschland.[503]

Islamische Gemeinschaft Milli Görüs e. V. (IGMG)

Milli Görüs (die „nationalreligiöse Anschauungsweise") ist
nicht nur in der Türkei, sondern auch den in Europa lebenden
Türken als Schlüsselbegriff für die Ideologie der islamistischen
Partei (MSP, später Refah-, jetzt Fazilet-Partei) bekannt. Die
IGMG ist mit gegenwärtig 27.000 Mitgliedern die mit Abstand
größte islamistische Organisation in Deutschland.[504] Neben dem
utopischen Ziel der Schaffung eines Verbundes islamistischer
Staaten und der Unterstützung islamistischer Revolutionen streben
die Vertreter der IGMG in Deutschland auf der Scharia basierende
Minderheitsrechte für Muslime an.

„Die IGMG ist 1995 aus einer Neugliederung der AMGT
(Vereinigung der neuen Weltsicht) hervorgegangen. Als direkte
Nachfolgeorganisation der AMGT wurde die Europäische
Moscheenbau- und Unterstützungsgemeinschaft e. V. (EMUG)
beim Vereinsregister in Köln angemeldet. Ihr Aufgabenbereich
umfasst jedoch nur die Verwaltung des umfangreichen Immobi-
lienbesitzes, dessen Wert auf mehr als 100 Mio. DM geschätzt
wird. Die eigentliche Nachfolgeorganisation der AMGT ist die
IGMG, die für den Aufgabenbereich der religiösen, kulturellen
und sozialen Betreuung der türkischen Muslime und Europa gegründet wurde. Neben diesem in der Vereinssatzung genannten
Zweck verfolgt die IGMG die politischen Ziele ihrer Mutterorgan-
isation in der Türkei." Die Europazentrale der IGMG befindet in
Köln. Vorsitzender ist seit Anfang 1996 Ali Yüksel.

Die IGMG ist das Sammelbecken der in Europa lebenden
Anhänger der türkischen islamistischen Partei, die seit Jahrzehn-

ten unter wechselnden Bezeichnungen von Necmettin Erbakan geführt wird. Seine Nationale Heilspartei (MSP) wurde nach einem Militärputsch 1980 vorübergehend verboten. Einige Jahre später wurde sie in Refah-Partei (Wohlfahrtspartei) umbenannt und zog 1991 erneut in die türkische Nationalversammlung ein. Im Februar 1998 verbot das türkische Verfassungsgericht die Wohlfahrtspartei, da diese gegen den Laizismus und damit gegen eines der Grundprinzipien der Republik verstoßen habe. Als Nachfolgepartei wurde daraufhin die Tugendpartei (Fazilet Partisi) gegründet. Auch diese Partei wurde im Sommer 2001 aufgrund ihres islamistischen Gedankenguts in der Türkei verboten. Unmittelbar danach gründeten ehemalige Refah-Mitglieder unter dem Namen Saadet Partisi (Partei der Seligkeit) eine Tochterpartei, in der die Ziele der Mutterpartei weitgehend übernommen wurden.[505]

Die Refah-Partei will in der Türkei mit legalen Mitteln ein auf Koran und Scharia basierendes Rechts- und Gesellschaftssystem aufbauen, das die Refah-Partei als „gerechte Ordnung" bezeichnet. Sie soll als Modell einer weltweiten Islamisierung dienen.

Die der Refah-Partei gehörende türkische Tageszeitung „Milli Gazette" wird von der IGMG als Sprachrohr benutzt. Die Zeitung erscheint auch mit einer Deutschland-Ausgabe. Alle Hodschas (Religionslehrer) in den IGMG-Vereinen sind verpflichtet, die „Milli Gazette" zu abonnieren und deren Gedankengut in den Vereinen zu vermitteln. Die Zeitung verbreitet immer wieder üble antisemitische Hetzpropaganda[506]. Hier ein Ausschnitt aus der Nummer vom 21. Januar 1994: „Ein Jude unterscheidet sich von dem Satan durch nichts. Wer von dem Satan Erbarmen oder eine Wohltat erwartet, ist dumm. Die Juden sind die Quellen der bösen Taten, die sich nicht nur gegen das Volk Palästinas, sondern auch gegen die ganze Menschheit richten ... Hinter allen üblen Ideen und Ideologien, die heute die ganze Welt erfasst haben, stecken die Zionisten. Dieses Pack, welches dermaßen charakterlos ist, dass es zwecks Wahrung der eigenen Interessen die ganze

Menschheit opfern würde, wirft jetzt ein Auge auf das Wasser unserer Flüsse."[507]

Das Treffen der G 7- Staaten im August 1996 kommentierte die „Milli Gazette" wie folgt: „Der Zionismus, der seine teuflische Politik und Strategien mittels der G 7-Länder aktualisiert und deren angeblich für den Weltfrieden und den Wohlstand getroffene Entscheidungen geschönt in der Öffentlichkeit zur Akzeptanz bringt, hat - welch Wunder - das Gipfeltreffen, das einmal im Jahr stattfindet, dieses Jahr sogar zweimal in kurzem Abstand veranstaltet. Ob Erbakans Wahl zum Ministerpräsidenten in der Türkei die Chefetagen durcheinandergebracht hat und der Anlass für dieses zweite Treffen war?... Diese blutsaugenden Vampire, die von außen betrachtet als die G 7-Staaten erscheinen, aber in Wirklichkeit hochrangige Vertreter der zionistischen Herrschaft sind, beuten jedes Jahr aus der gesamten Welt etwa 7 Trillionen Dollar aus..."[508] In einem von der „Milli Gazette" empfohlenen Buch finden sich antisemitische Aussagen wie: „In den Konzentrationslagern unter der deutschen Besatzung während des Zweiten Weltkrieges fanden im Gegensatz zu den Behauptungen keine Judenvernichtungen statt. Das ist eine von Zionisten erfundene Lüge, um die Weltöffentlichkeit für die Errichtung eines jüdischen Staates auf ihre Seite zu bringen."[509]

Das geschlossene islamistische Weltbild der IGMG zeigt sich sowohl in ihrer hierarchischen Organisation als auch in ihrem gesellschaftlichen Absolutheitsanspruch. In den Unterlagen der IGMG finden sich Aussagen wie:

„Die Gemeinschaft (gemeint: die IGMG) ist ein Mittel, das dem Ziel dient, die Gesellschaft zu islamisieren" oder „Jeder Glaubenskämpfer in der IGMG muss wissen, dass die kleinste Stufe des Heiligen Krieges der aufrichtige Groll gegen unislamische Maßstäbe und die höchste Stufe des Heiligen Krieges das Opfer von Gut und Leben für Allah ist" oder „Unsere Intention besteht darin, weltweit die gerechte Ordnung an die Macht zu bringen." Womit natürlich eine islamistische Ordnung nach den Prinzipien der Scharia gemeint ist.

Die angestrebte gerechte Ordnung besteht in einem islamistischen Staatssystem, das von Erbakan 1991 in einem politischen Programm beschrieben wird. Darin werden Demokratie und Marktwirtschaft als Instrumente des Zionismus und Kolonialismus bezeichnet: „Der Zionismus ist ein Glaube und eine Ideologie, deren Zentrum sich bei den Banken der New Yorker Wallstreet befindet. Die Zionisten glauben, dass sie die tatsächlichen und auserwählten Diener Gottes sind. Ferner sind sie davon überzeugt, dass die anderen Menschen als ihre Sklaven geschaffen wurden. Sie gehen davon aus, dass es ihre Aufgabe ist, die Welt zu beherrschen. Sie verstehen die Ausbeutung der anderen Menschen als Teil ihrer Glaubenswelt. Die Zionisten haben den Imperialismus unter ihre Kontrolle gebracht und beuten mittels der kapitalistischen Zinswirtschaft die gesamte Menschheit aus. Sie üben ihre Herrschaft mittels imperialistischer Staaten aus."[510]

Demgegenüber streben die Refah-/Fazilet-Partei und die IGMG zunächst in der Türkei, später weltweit die Errichtung der „gerechten Ordnung" an. Diese ethisch-religiöse Ordnung soll alle Menschen weltweit gleichschalten und auf der Übernahme eines islamistischen Weltbildes aufbauen. Dazu gehören für die IGMG eine Ablehnung der modernen westlichen Demokratie, eine Festlegung der traditionellen Rolle der Frau und die Unterordnung des christlichen Glaubens im erstrebten islamischen Staat.[511]

Um dieses Ziel zu erreichen, muss nach Ansicht der IGMG insbesondere die Jugend vor den Gefahren der pluralistischen Gesellschaft geschützt werden. IGMG wünscht sich eine Jugend, „die nach dem Islam Verbotenes nicht tut ... Die das Gebot des heiligen Krieges durchführen kann, die ihre sexuellen Gefühle unterdrücken kann ... Die ihre Sitten und Bräuche den islamischen Maßstäben anpasst ... Die die Geheimnisse der Organisation wahrt, die ihren Vorgesetzten gehorcht, die den Klatsch über die Organisation nicht ernst nimmt ..."[512]

In dieser Gegenüberstellung wird den Anhängern suggeriert, sie verlören ihre islamische Identität, wenn sie sich nicht von der verderbten westlichen Gesellschaft abgrenzten. So wird systematisch die Spaltung zwischen der Mehrheitsgesellschaft und der muslimischen Minderheit betrieben. Kritik an der IGMG wird stets als pauschaler Angriff auf den Islam interpretiert. Jugendliche Muslime werden mit diesen Behauptungen in ein islamistisches Ghetto gezogen, in dem sie um so besser indoktrinierbar sind.

„KANAL 7" heißt der von der Refah-Partei und IGMG zu Propagandazwecken benutzte Fernsehsender, der in Deutschland über Satellit empfangen werden kann. In türkischer Sprache werden religiöse Fragen zur Interpretation des Koran, Hinweise auf Pilgerreisen und Stellungnahmen zu aktuellen politischen Entwicklungen verbreitet. Die Mitglieder der IGMG sind zur Unterstützung des Senders aufgerufen, um „das Gedankengut von Milli Görüs in aller Welt" zu verbreiten.

Die IGMG steht auch mit anderen Organisationen in engem Kontakt. Über die Konten der als gemeinnützig anerkannten „Islamischen Union Europa e. V." (IUE) wickelt die IGMG ihre humanitären und karitativen Hilfsmaßnahmen ab. Durch die IUE wird nicht nur die Refah/Fazilet-Partei unterstützt, sondern auch befreundete Organisationen in Aserbaidschan, Bosnien, Tschetschenien. Als weitere Spendensammelstelle dient die „Internationale Humanitäre Hilfsorganisation e. V." (IHH). Der IGMG verbunden ist auch die „Deutschsprachige Islamische Frauengemeinschaft" (DIF). Die DIF gründete 1995 in Köln das „Institut für internationale Pädagogik und Didaktik" (IPD).

Ein weiteres von der IGMG initiiertes Institut ist das „Zentrum zur Erforschung von Sozial- und Wirtschaftsordnungen e. V." (ZESW) in Köln. Auch der „Verband Muslimischer unabhängiger Industrieller und Unternehmer e. V." (MÜSIAD) in Köln ist eng mit der IMGM verbunden.

Natürlich pflegt die IGMG auch Verbindungen zu anderen islamistischen Gruppen, insbesondere zu der multinationalen „Muslimbruderschaft", der algerischen „Islamischen Heilsfront" (FIS) und der palästinensischen HAMAS. Auch von einer

Zusammenarbeit mit der Scientology-Organisation hatte sich die IGMG offensichtlich Vorteile versprochen. So wurden in der IGMG-Zentrale Seminare der Scientology-Organisation durchgeführt. Darüber hinaus bestehen Kontakte zum libyschen Revolutionsführer Muammar Gaddafi, zu dem Führer der Nationalen Islamischen Front im Sudan, Hassan AL Turabi, und zu Repräsentanten der Islamischen Republik Iran.

Die IGMG und die Refah/Fazilet-Partei arbeiten gemeinsam an dem Ziel, innerhalb der sunnitisch-islamistischen Strömungen die Meinungsführerschaft zu übernehmen. Schien es zunächst so, als habe die „Nationale Islamische Front" (NIF) unter Hassan AL Turabi durch ein bereits verwirklichtes islamisches Staatsmodell im Sudan die besten Voraussetzungen, sich an die Spitze der sunnitisch-islamistischen Bestrebungen zu setzen, scheint sich jetzt eine Verschiebung der Gewichte anzubahnen. Die NIF verfügt weder über die finanziellen Möglichkeiten noch über die Organisationsstruktur außerhalb des Sudan, um nachhaltigen Einfluss ausüben zu können. Dagegen kann die Refah/Fazilet-Partei ihr großes finanzielles Potential, ihr politisches Gewicht innerhalb der Türkei und vor allem ihre durch die IGMG geschaffene Organisationsstruktur in Europa einsetzen.[513] Damit sehen sich die Vertreter der IGMG verantwortlich für die Verbreitung islamistischen Gedankenguts auch über Deutschland hinaus.

Ein Beispiel hierfür bietet die Haltung der IGMG zu folgendem Vorfall: In Sivas wurde 1993 ein Hotel in Brand gesteckt, in dem ein Treffen von alevitischen, prowestlichen Künstlern und Journalisten stattfand. Die Löscharbeiten wurden von fanatischen Gläubigen, darunter zahlreichen Refah-Anhängern verhindert, so dass 37 Menschen starben. Auf der Jahresversammlung der IGMG am 11. Juni 1994 in Antwerpen wurde der Brandanschlag frenetisch gefeiert. Ein IGMG-Funktionär kommentierte die Ereignisse von Sivas in einer Sendung des WDR vom 19. August 1994: „In Sivas hat sich der Islam durchgesetzt."[514]

Die islamistische Wohlfahrtspartei fordert die Einführung des islamischen Rechts und die Wiederherstellung einer islamischen Ordnung in der Türkei.[515]

Die IGMG finanziert sich durch Mitgliedsbeiträge, Spenden und Erträge aus dem ausgedehnten Immobilienbesitz. Die Mitglieder werden aufgefordert, die Arbeit der IGMG durch feste monatliche Zahlungen zu unterstützen. Auch wird immer wieder zu besonderen Spenden aufgerufen, um die Arbeit anderer islamistischer Initiativen weltweit zu unterstützen.

An der Jahrestagung der IGMG nahmen im Jahr 2000 in Köln etwa 40.000 Personen teil. Zu einem Jugend- und Kulturtag in Essen (14.10.2000) fanden sich rund 10.000 Besucher ein.[516]

Verband der islamischen Vereine und Gemeinden e.V. (ICCB)

Der ICCB spaltete sich 1983 als iran-freundliche Richtung von der „Islamischen Union Europa" (aus der später die IGMG hervorging) ab. Leiter ist der charismatische Verbandsvorsitzende Cemaleddin Kaplan, der später als „Khomeini von Köln" bekannt wurde. Seine etwa 600 Personen starke Gruppe ist eine nach außen völlig abgeschottete islamistische Gemeinschaft.

Der ICCB propagiert den revolutionären Sturz des türkischen Regimes und die Errichtung eines islamischen Gottesstaates. Anlässlich einer Anti-Rushdie-Demonstration im März 1989 unterstützte Kaplan die Todes-Fatwa Khomeinis über den indischstämmigen Buchautor und stellte seine politischen Ziele wie folgt dar: „den Koran zur Staatsverfassung für die gesamte Menschheit sowie den Islam zu einem einzigen, weltumfassenden Staat und zum Träger der Weltherrschaft, Weltpolitik und Weltzivilisation zu machen."[517]

Im April 1992 rief Kaplan auf einer Großveranstaltung des ICCB in Koblenz einen „Föderalistischen Islamischen Staat Anatolien" (A.F.I.D.) aus und erklärte sich selbst zum Emir-Regenten. Das ICCB-Verbandsorgan „Ümmet-i Mohammed" (Die Nation Mohammeds) berichtete hierzu, „die Gründung eines

Kalifatstaats sei notwendig gewesen, weil die unrechtmäßige, terroristische und kemalistische Regierung in Ankara die Muslime nicht vertreten könne. Es sei nunmehr die Pflicht aller Muslime, diese Regierung zu beseitigen. Wer sich dieser Bewegung entgegenstelle, werde vernichtet werden. Inzwischen bezeichnet sich der ICCB als Kalifatstaat (Hilafet Devleti) ohne territorialen Zusatz."[518]

Neben der verbandseigenen Zeitung „Ümmet-l Muhammed" verbreitet der Kalifstaat seine Gedanken durch eine wöchentliche Fernsehsendung über HAKK-TV und eine Internet-Homepage.

Wegen seiner andauernden Aufrufe zur Gewaltanwendung gegen Konkurrenten, Andersgläubige und den türkischen Staat wurde gegen Kaplan 1993 eine Ausweisungsverfügung erlassen, die nicht vollzogen wurde, da ihm in der Türkei die Todesstrafe gedroht hätte.

Im März 1994 schließlich erklärte sich Kaplan in seiner Kölner Ulu-Moschee selbst zum „Kalifen der islamischen Nation" und schwor seine Anhänger auf bedingungslosen persönlichen Gehorsam ein. Dies und finanzielle Ungereimtheiten führten zur Trennung. Ein Teil seiner Anhänger gründete in Bochum den „Verband der muslimischen Vereine" (Müslüman Cemaatler Birligi - MCB).

Nach dem Tod Cemaleddin Kaplans im Mai 1995 wurde sein Sohn Metin „Müftüoglu" Kaplan zum Nachfolger bestimmt. Da er die öffentlichen Gewaltaufrufe seines Vaters fortsetzte, wurde auch gegen Metin Kaplan 1996 ein Verbot der politischen Betätigung verfügt.

Im Sommer 1996 ließ sich Kaplans Konkurrent, der Gebietsjugend-Emir von Berlin, ebenfalls zum Kalifen ausrufen. Diesen „Gegenkalifen" forderte Metin Kaplan in seiner Zeitschrift „Ümmet-i Muhammed" zur sofortigen Unterwerfung auf: „Was passiert mit einer Person, die sich, obwohl es einen Kalif gibt, als einen zweiten Kalifen verkünden läßt? Dieser Mann wird zur Reuebekundung gebeten. Wenn er nicht Reue bekundet, dann wird er getötet."[519] Nachdem sein Gegner nicht einlenkte, wurde der

Gegenkalif im Mai 1997 von drei maskierten, bisher unbekannten Tätern in seiner Wohnung in Berlin erschossen. Auch zwei weitere, bisher ungeklärte Morde an ICCB-Anhängern im Jahre 1996 - ebenfalls durch Erschießen - werden mit verbandsinternen Auseinandersetzungen in Verbindung gebracht. Zwischenzeitlich wurde Kaplan wegen Bildung einer terroristischen Vereinigung und wegen Mordes angeklagt und verurteilt.

Am 14. Mai 1998 verkündete Kaplan schließlich den allgemeinen Dschihad. In der als Fatwa bezeichneten Erklärung an die Muslime in der gesamten Welt heißt es wörtlich: „Jeder Muslim sollte in seinem Land die schlechten/bösen Regime stürzen und einen islamischen Staat aufbauen. Hierfür einen Dschihad zu führen ist eine kanonische Vorschrift im Islam und zwar eine für jeden Muslim verbindliche kanonische Pflicht."[520] Im Hinblick auf die Vergeltungsschläge der USA auf Ziele im Sudan und in Afghanistan, mit denen die USA auf Terroranschläge auf ihre Botschaften in Kenia und Tansania reagierte, bekräftigt Kaplan seinen Aufruf wenig später noch einmal.

Ende Oktober 1998 wurden in der Türkei 25 Personen, unter ihnen mehrere aus Deutschland angereiste Anhänger des Kalifatstaates, festgenommen, die einen Anschlag auf das Atatürk-Mausoleum in Ankara geplant hatten.

Am 8. Februar 2000 wurde in Düsseldorf ein Verfahren gegen Metin Kaplan wegen Mitgliedschaft in einer kriminellen Vereinigung und öffentlicher Aufforderung zu einer Straftat im Zusammenhang mit der Ermordung seines Konkurrenten eröffnet.[521] Zu Prozessbeginn wurde die Verhandlung durch etwa 350 Anhänger Kaplans gestört. „Ümmet-l Muhammed" kommentiert dazu: „Bei dem Prozess, ..., wird die Feindschaft der deutschen Behörden gegen den Islam offen dargestellt. Die deutschen Justizbehörden wollen mit diesem Prozess ... in Deutschland dem Islam den Prozess machen, den letzten Propheten des Islam, Mohammed, verurteilen und unser erhabenes Buch, den Koran, zum Schweigen bringen!"[522] Am 4. November 2000 demonstrierten 4000 Islamisten nahe dem Gerichtsgebäude in der Düsseldorfer Innenstadt unter dem Motto „Freiheit für den Kalifen". Wenige Tage später wurde Kaplan für schuldig befunden und zu vier Jahren Freiheitsstrafe verurteilt. Im HAKK-TV wurde dieses Urteil am 19.11.2000 als antiislamisch und im Widerspruch zur Religionsfreiheit stehend interpretiert. „Eigentlich wurden aber die Koranverse und die Worte unseres Propheten verurteilt. Dieses Gerichtsurteil stellt die Betrachtungsweise der deutschen Regierungen und Juristen des Islam dar und es stellt sich heraus, wie feindlich sie dem Islam gesinnt sind und wieviel Hass sie in sich tragen. Dieses unter Mißachtung aller Rechtsregeln gefällte Urteil wird als ein Schandfleck in die Geschichte eingehen."[523] Die Verurteilung wurde darüber hinaus sogar mit den Zeiten des Nationalsozialismus verglichen..

Alle Mitglieder des Kalifstaates sind ihrer Leitung zu strengem Gehorsam verpflichtet und müssen einen Treueschwur ablegen. Nach Angaben des Verfassungsschutzes hat der Kalifstaat in Deutschland etwa 1.100 Mitglieder, nach den Teilnehmerzahlen der Demonstrationen zu urteilen gibt es jedoch eine weit größere Zahl von Sympathisanten.

Union Islamischer Studentenvereine (U.I.S.A.)

Die sich seit den 60-er Jahren gegen den Schah engagierende Bewegung versteht sich seit der Islamischen Revolution des Ayatollah Khomeini 1979 als Instanz zur Verbreitung der Islamischen Revolution in alle Welt. Die U.I.S.A. strebt einen islamischen Gottesstaat mit der unauflöslichen Einheit von Staat und Religion an. Dabei wollen sie gegen die vermeintlichen Hauptgegner des Islam, die USA und ihre Verbündeten, kämpfen.

Mit ihren rund 150 Anhängern widmet sie sich insbesondere der Propagierung der Revolutionsideen Khomeinis, der Gewinnung neuer Anhänger sowie der Bekämpfung von Oppositionellen. Die U.I.S.A.-Mitglieder sind verpflichtet, „bis zum Tode den islamischen Glauben und die islamische Revolution zu verteidigen". Einmal im Jahr organisiert die U.I.S.A eine Großdemonstration zum Jerusalemtag, einem Gedenktag zum Zeichen der Solidarität mit dem Kampf der Palästinenser. Dadurch soll allen Muslimen das Ziel der Wiedereroberung von Jerusalem in Erinnerung gerufen werden. Die Treffen finden fast ausschließlich im Islamischen Zentrum Hamburg (IZH) statt. Der Ghods-Tag 2000 fand am 23. Dezember in Berlin statt. An der Kundgebung nahmen etwa 2500 Personen teil. Während der Demonstration wurden von den Teilnehmern unter anderem folgende Parolen skandiert: „Zionisten sind Rassisten / Faschisten"und „Befreit die heilige Stadt Jerusalem". Vier Sarg-Attrappen trugen die Aufschrift: „Madrid, Oslo, Camp David", „Kinder aus Palästina", „Menschenrechte" und „Wo ist die Menschheit".[524]

HIZBOLLAH (Partei Gottes)

Die HIZBOLLAH wurde 1982 nach dem Einmarsch israelischer Truppen im Libanon auf Betreiben des Iran gegründet. „Die HIZBOLLAH strebt die Errichtung eines islamischen Gottesstaates nach iranischem Vorbild im Libanon an. Weiteres erklärtes Ziel ist die Vernichtung Israels und die 'Herrschaft des Islam' über Jerusalem. ... Bereits ein Jahr nach ihrer Gründung machte die HIZBOLLAH mit einer beispiellosen Terrorwelle auf sich aufmerksam, u. a. mit Sprengstoffanschlägen auf die US-Botschaft und auf die französischen und amerikanischen Hauptquartiere der multinationalen Friedenstruppe in Beirut sowie auf das israelische Hauptquartier in Tyrus/Libanon, bei denen mehr als 400 Menschen getötet wurden. Es folgten Flugzeugentführungen und Geiselnahmen von Ausländern im Libanon. In Deutschland verbüßt noch immer ein Mitglied des in der HIZBOLLAH einflussreichen HAMADI-Clans eine lebenslange Haftstrafe wegen der Ermordung eines US-Bürgers bei der Entführung einer TWA-Maschine im Juni 1985. 1989 waren im Libanon u. a. zwei deutsche Staatsbürger entführt worden, mit denen die Freilassung des Verurteilten erzwungen werden sollte. 1991 wurden nach und nach die westlichen Geiseln freigelassen, im Juni 1992 auch die beiden Deutschen."[525]

Die rund 350 in NRW lebenden HIZBOLLAH- Anhänger haben seit 1988 ihre Zentrale im Islamischen Zentrum Münster. Das IZ Münster steht in enger Verbindung zu dem iranisch gesteuerten IZ Hamburg. Da sich im IZ Münster auch Anhänger der libanesischen AMAL- Bewegung und Anhänger der irakischen DAWA-Partei sowie des Obersten Rates für die Revolution im Irak treffen, kommt es immer wieder zu tätlichen Auseinandersetzungen. Neben Münster befinden sich weitere regionale Schwerpunkte der HIZBOLLAH in Bonn, Bocholt, Dortmund und Löhne. Seit 1991 versucht die HIZBOLLAH-Führung in Beirut durch Funktionäre aus dem Libanon eine effiziente Organisationsstruktur unter ihren Anhängern in Deutschland aufzubauen. Über die personelle Zusammensetzung des Führungsgremiums in Deutschland bestehen aber nach wie vor Meinungsverschiedenheiten, so dass noch keine einheitliche Organisation entstehen konnte. Die in Deutschland lebenden Anhänger sind aufgefordert worden, hierzulande keine Gewalt anzuwenden.Der Verfassungsschutz schätzt die Zahl der Anhänger der HIZBOLLAH in Deutschland auf 800 Personen.[526]

Andere nachweislich in Deutschland operierende Islamistengruppen, über die dem Verfassungsschutz aber nur unzureichende Angaben bezüglich Organisation, Mitgliedschaft und Aktivität vorliegen, sind unter anderem die „Arabischen Mujaheddin", die in Verbindung mit der Al Qaida Osama bin Ladens stehen, die „Gruppe für Predigt und Kampf" (GSPC) und die Vertretung der „Volksmodjahedin" (MEK).[527] Darüber hinaus sind in Deutschland auch noch verschiedene linksgerichtete muslimische Gruppierungen aktiv, die ebenfalls vom Verfassungsschutz beobachtet werden

7.12.2. Terroristische Aktivitäten - Deutschland als Rückzugsraum internationaler Islamisten

Unverständlicherweise wurden islamistische Anschläge und islamistische Propagandaaktivitäten in Deutschland während der vergangenen Jahre in der Öffentlichkeit überwiegend totgeschwiegen. Im Gegensatz zu rechter oder linker Gewalt kam es bei islamistisch begründeten Straftaten kaum zu einer öffentlichen Diskussion. „Die Schänder der Synagogen in Düsseldorf und Essen waren Islamisten. Als zunächst unterstellt wurde, die Täter von Düsseldorf seien deutsche Rechtsradikale, reiste der Bundeskanzler dorthin und rief mit Recht zum 'Aufstand der Anständigen' auf. Als die deutschen Ermittlungsbehörden enthüllten, dass die Täter keine Deutschen, sondern Islamisten waren, wurde der berechtigte Aufruf des Kanzlers fallengelassen. Das spielt der Taktik der Islamisten, jede Aufklärung über ihren Rechtsradikalismus mit dem Vorwurf eines Islam-Feindbildes zu unterbinden, in die Hände."[528]

Eine Strategie der Islamisten in den vergangenen Jahren war es, ihre vielfach in den Heimatländern verbotenen Aktivitäten in das tolerante europäische Ausland zu verlegen. So versuchen politisch motivierte Islamisten auch von Deutschland aus gegen westliche Lebensformen und Werte zu kämpfen bzw. radikal-islamische Bewegungen in anderen Ländern zu unterstützen. So ernannte sich der Türke Cemalettin Kaplan zum Kalif der Muslime, also zu deren Herrscher. Neben staatsfeindlichen Hetzereien wurden von ihm in Deutschland auch terroristische Anschläge geplant. Rechtzeitig aufgedeckt wurde ein geplanter Hubschrauberangriff auf eine Gedenkfeier der säkular-türkischen Republik am Atatürk-Mausoleum mit zahlreichen ausländischen Gästen. Festgenommen und verurteilt wurde Kaplan erst, als er zum Mord an einem in Deutschland lebenden Konkurrenten aufrief, der dann auch tatsächlich getötet wurde.[529]

Nach Aussagen von Sicherheitsfachleuten ist Deutschland ein beliebter Rückzugsraum für arabische Terroristen. Für Bernd Schmidbauer, den früheren Regierungskoodinator der Geheimdienste, ist Deutschland gar ein Schmelztiegel der extremistischen Bewegungen weltweit. Insider weisen darauf hin, dass Terroristen die Vorzüge eines liberalen Rechtsstaates zu schätzen wüssten, in welchem sie unbehelligt blieben, solange sie nicht auffallen. Unter den ca. 3.100 gewaltbereiten Islamisten in Deutschland sind auch zahlreiche Mudschaheddin, die für die Anschläge in den USA mitverantwortlich gemacht werden. Für besonders gefährlich hält der Verfassungsschutz die unauffälligen islamistischen Schläfer. „Die Sleepers leben seit Jahren hier mit ihren Familien und einem normalen Beruf, haben in früheren Jahren unter anderem in Afghanistan eine Ausbildung erhalten und können auf Signal als menschliche Waffe genutzt werden", sagte Hessens Innenminister Volker Bouffier am Donnerstag nach den Anschlägen in den USA im Deutschlandradio.

In den Sicherheitskreisen wird diese Gefahrenanalyse bestätigt: „Wir nehmen nur einen Bruchteil dieser Aktivitäten wahr ... 'Es handelt sich um außerordentlich fanatische Leute, die teilweise in Ausbildungslagern in Afghanistan und Pakistan gelernt haben, sich äußerst konspirativ zu verhalten', heißt es in Sicherheitskreisen.."[530] Bisher sei es den Sicherheitskräften nicht gelungen, in die islamistischen Terrorkreise Eingang zu finden. So ist der Verfassungsschutz kaum über die internen Entwicklungen und Planungen informiert.

Lediglich einzelne Wohnungsdurchsuchungen und Festnahmen haben die Vermutungen über radikalislamistische Aktivitäten in Deutschlang erhärtet. Weihnachten 2000 wurden beispielsweise in Frankfurt vier Gotteskrieger bin Ladens festgenommen. Neben Gewehren, Maschinenpistolen, Handfeuerwaffen, Handgranaten und verschiedenen Chemikalien wurden Unterlagen zur Herstellung des Nervengases Sarin und Videoaufzeichnungen von Zielen möglicher Anschläge sichergestellt. „Für die deutschen Sicherheitsbehörden ist die Kassette der bisher stärkste Beleg dafür, dass die islamistischen Gotteskrieger um den aus Afghanistan operierenden Top-Terroristen Ussama Ibn Ladin mittlerweile auch vor Anschlägen in Europa nicht mehr zurückschrecken. Straßburg, so die Einschätzung der Ermittler, sollte offenbar ihr erstes Ziel für einen Bombenanschlag sein. Seit der Frankfurter Festnahme ermitteln Justiz, Polizei und Nachrichtendienste in ganz Europa, um die Strukturen der fanatischen Ibn-Ladin-Anhänger aufzudecken. Als sicher gilt, dass noch längst nicht alle gefasst sind. Die Sorge ist groß. 'Wir haben es hier mit einer sehr bedrohlichen neuen Entwicklung zu tun', sagt Bernhard Falk, Vizepräsident des Bundeskriminalamts."[531] Die festgenommenen Algerier verfügten über falsche Pässe und waren soeben von einem Terroristenlehrgang aus Afghanistan zurückgekommen. Sie hatten auch ein Handbuch im Gepäck, in dem erläutert wurde, wie aus handelsüblichen Chemikalien Sprengstoff gemacht werden kann. Bisher hatten manche Politiker gehofft, dass sich Islamisten wegen der liberalen deutschen Ausländerpolitik hüten würden, etwas zu unternehmen, was die Behörden alarmieren könnte. Darin scheinen sich die Betreffenden aber geirrt zu haben. Im Zusammenhang mit den genannten Festnahmen wurde auch in England ein gewaltbereiter islamistischer Kreis aufgedeckt.

Als gesichert gilt zwischenzeitlich, dass einige der Attentäter von New York und Washington sich in Deutschland auf ihre Aktionen vorbereitet haben. Unbeschränkte Toleranz für gewaltbereite Isalmisten und Verständtnis für ihre soziale und politische Lage haben bisher keinen positiven Einfluß auf die Aktivitäten radikaler Muslime in Deutschland gehabt. „An dieser Tat gibt es nichts zu deuteln, das war ungehemmte Mordlust, das war, wenn man es metaphysisch fassen will, wahrhaft böse. Genau dieser Umstand ist es wohl, der unsere so ubiquitär und beliebig gewordene Öffentlichkeit fast mehr erschreckt hat als die ungeheure Dimension des Attentats ... Es ist die nagende Erkenntnis, dass sich hier nichts mehr rationalisieren, nichts mehr resozialisieren lässt, sondern nur noch entschlossen bekämpfen."[532]

7.12.3. Islamistische Gefahren für die deutsche Gesellschaft

Parallelgesellschaft

Zahlreiche islamistische Vereinigungen suchen die in Deutschland lebenden Muslime in ihre Abhängigkeit zu bringen, indem sie ihnen eine Furcht vor der deutschen Gesellschaft vermitteln. Demnach würden sie durch den Atheismus, das Christentum, die deutsche Kultur und die unislamischen Parteien bedroht. Desshalb müßten deutsche Kultur, selbst der liberale Rechtsstaaat abgelehnt werden. In dieser Situation könnten den in Deutschland lebenden Muslimen nur Institutionen helfen, die in der Auseinandersetzung mit dieser Gesellschaft stünden und eine islamische, am Koran orientierte Alternative anböten.[533] Bei Muslimen wie Miryam fallen diese Befürchtungen auf fruchtbaren Boden: „Im Islam sind Dichter und Dichtung, Philosophien und Philosophie, sowie alles, was damit zusammenhängt, unerwünscht. Daher haben auch die sogenannten Goethe-Institute in Muslim-Staaten nichts zu suchen. ... Dichter sind Lügner und unnötiges Geschwätz ist nicht erlaubt."[534]

Auf die Frage, warum sich manche Lehrer kritisch dem Islam gegenüber äußern, antwortet Salim Spohr, Redakteur der muslimischen Zeitschrift „Morgenstern": „Da ist einmal der Umstand, dass der deutsche Lehrer in seinem Leben kaum etwas anderes kennenlernt als die moderne westliche Kultur, als deren Hüter er sich fühlt. Aufgewachsen in einer Zeit maßloser Gier, des Mangels an Respekt der Menschen voreinander und vor Allah muss er das allgegenwärtige Perverse und Obszöne für normal, ja unter teleologischem Blick noch für einen Fortschritt halten. Wer in der Kloschüssel lebt, wird sich kaum je über schlechte Gerüche beklagen ..."[535]

Muslimische Jugendliche in Deutschland wachsen vielfach in zwei verschiedenen Kulturen auf und fühle sich in beiden nicht ganz zu Hause. Jungen werden erzogen, die Ehre der Familie zu verteidigen, insbesondere Frauen zu beschützen. Für diese Aufgabe sollen sie reizbar, wehrhaft und aggressiv sein. Vielfach treten jugendliche Türken nur in Gruppen auf, wodurch Deutsche oftmals irritiert werden. Junge Türken fühlen sich durch Ausländerfeindschaft bedroht, sehen sich in einer Spannung zwischen islamischen Verhaltensmaßregeln und säkularen Freizeitvergnügen, außerdem haben sie in einem angespannten Arbeitsmarkt kaum eine berufliche Perspektive. Diese Faktoren führen zu einer freiwilligen Ghettoisierung in Deutschland lebender Muslime. Die von ihnen gesuchte Stärke und Identität bieten radikal- islamistische Vereinigungen an. „Sie geben uns das Gefühl, dass wir gut und stark sind." Gemäß den Ergebnissen einer Studie von Wilhelm Heitmeyer finden viele Jugendlich im Islamismus eine feste Orientierung: „Zu diesen Gewissheiten gehört die Totalidentifikation mit Stärke verheißenden Symbolen und Ritualen; die Einordnung in natürliche Hierarchien; die Zugehörigkeit zu mächtigen Institutionen, in deren Schutz dann Stärke und Selbstbewusstsein entwickelt werden soll."[536] Heitmeyer stellt darüber hinaus in einer empirischen Untersuchung unter 1200 türkischen Jugendlichen fest, dass "35,7% der 15- bis 21 jährigen bereit sind, mit körperlicher Gewalt gegen Ungläubige vorzugehen. 23,2% stimmen dem Satz zu: Wenn jemand gegen den Islam kämpft, muss man ihn töten."[537] Islamisten erreichen durch ihre Arbeit überwiegend religiös orientierte Jugendliche. Sie erhalten durch die Hinwendung zum Islam eine moralisch erstrebenswerte Orientierung. Islamisten bieten „Verhaltensregeln und vermitteln damit Sicherheit in allen Lebenslagen. Sie verlangen Opferbereitschaft; die Jugendlichen sollen ihre Egoismen zurücknehmen für ein höheres Ziel, nämlich sich würdig erweisen, der umma, der Gemeinschaft der Gläubigen, anzugehören. ... Sie vermitteln moralische Werte und Selbstachtung und zeigen ihnen, wofür es sich - trotz aller Anfeindungen, Arbeitslosigkeit und zunehmender Perspektivlosigkeit - zu leben lohnt."[538]

Nicht nur ideell und religiös könnte sich in Deutschland eine islamistische Doppelgesellschaft entwickeln, sondern auch im rechtlichen Bereich, da Muslime eine Anerkennung der Scharia fordern. „Der Rechtscharakter der Sunna bzw. der Hadith wird mit dem Koran erklärt, wo es u.a. heißt: „Ihr Gläubigen! Gehorcht Allah und seinem Gesandten" (Sure 8:20). Und: „Wenn einer dem Gesandten Allahs gehorcht, gehorcht er (damit) Allah." (Sure 4:80). Die Glaubensgrundsätze und das islamische Recht (Scharia) zeigen den quasi totalen Anspruch der Religion auf Mensch und Gesellschaft."[539] Diese Entwicklung bereitet dem CDU-Politiker Werthebach große Sorge: „In den vergangenen Jahren haben sich vor allem in Berlin breit gefächerte islamistische extremistische Strukturen entwickelt, die alarmierend sind", so Werthebach. So seien deutliche Ansätze „zum Aufbau einer Parallelgesellschaft" festzustellen, die sich an den Prinzipien des Korans und der islamistischen Rechtsordnung orientiere, 'die wesentlichen Elemente der freiheitlichen demokratischen Grundordnung aufheben wolle und dabei auch nicht vor religiös motivierter Gewalt zurückschrecke."[540]

In ihren Publikationen machen deutsche Islamisten deutlich, dass sie nur die Scharia als absolut gültige Rechtsordnung akzeptieren wollen. „Die Gesetzgebung ist in einem islamischen Staat auf die durch die Gesetze der Scharia festgelegten Grenzen beschränkt. Die Anweisungen Allahs und Seines Propheten sind zu akzeptieren und zu befolgen, und keine gesetzgebende Körperschaft darf an ihnen Veränderungen oder Modifizierungen vornehmen oder ein Gesetz erlassen, das ihnen zuwiderläuft ... Die richterliche Gewalt ... leitet ihre Vollmacht direkt von der Scharia ab und ist Allah gegenüber verantwortlich."[541]

Unter deutschen Politikern findet sich die Auffassung, dass ein doppeltes Recht für Muslime zugelassen werden müsse. Unter dem Banner der Toleranz wird gefordert, in der Rechtsprechung gegebenenfalls auch die religiösen Überzeugungen und die kulturellen Prägungen einer Person zu berücksichtigen. Jutta Limbach, Präsidentin des Bundesverfassungsgerichts, legt Wert darauf, „dass Religionsfreiheit auch bedeuten müsse, andere Normen zu tolerieren. Die Freiheitsrechte der Religionen könnten ohne Zweifel mit anderen verfassungsrechtlich garantierten Grundrechten wie der

Gleichberechtigung von Mann und Frau in Konflikt geraten."[542] Wer sich dieser Auffassung anschließt, öffnet jedoch die Tür für eine partielle Anerkennung der Scharia in Deutschland. Ein Muslim, der seine beim Ehebruch ertappte Frau tötet, könnte so mit mildernden Umständen rechnen; eine muslimische Frau müsste auf ihr Recht zur Scheidung verzichten, wenn sich ihr Mann hartnäckig genug weigert; ein muslimisches Ehepaar könnte seiner Tochter ein Teil ihres Erbes vorenthalten, wenn sie sich auf ihren Glauben berufen. Es kann wohl kaum im Interesse der Gesellschaft sein, wenn religiöse Überzeugungen, die im Gegensatz zum Grundgesetz stehen, noch rechtlich legitimiert werden.

Die rechtliche Anerkennung islamistischer Vereinigungen, die ihr oben skizziertes Weltbild unter ihren Anhängern verbreiten und offen gegen die bestehende freiheitlich-demokratische Gesellschaft polemisieren, leistet der Entstehung einer islamischen Parallelgesellschaft in Deutschland Vorschub. „Ein Urteil des Bundesverwaltungsgerichts, das in Deutschland Rechtsstandards setzt, indem es islamische Fundamentalisten als Religionsgemeinschaft anerkennt, bestärkt mich in meiner Warnung vor Multi-Kulti-Illusionen über das Ansinnen, eine islamische Parallelgesellschaft zuzulassen. Dieser erneute Sonderweg ist ein Irrweg und behindert jede Integration der Muslime. Meine Vision vom Euro-Islam orientiert sich an den Werten des westlichen Europa, das auch mir Freiheit gewährt, nicht aber an irgendwelchen deutschen Sonderwegen. Der Islam der großen muslimischen Rationalisten Ibn Ruschd und Ibn Sina bietet mir eine religiöse Identität, die mit Europa vereinbar ist, nicht aber der Islam der Orthodoxie oder des Islamismus, der sogar Anerkennung von deutschen Gerichten findet, so in dem erwähnten Urteil des Bundesverwaltungsgerichts."[543]

Auch die doppelte Staatsbürgerschaft kann zu einer islamistischen Parallelgesellschaft beitragen, weil sie den deutschen Muslim zwei verschiedenen Rechtssystemen unterstellt. Der bayrische Innenminister Günther Beckstein äußert seine Bedenken gegen die gegenwärtige Praxis der doppelten Staatsbürgerschaft. Das bedeutet, so Beckstein, „dass Ausländern nach Einbürgerung oder Vergabe der doppelten Staatsbürgerschaft dieser Status belassen werden muss, auch wenn sie etwa als fundamentalistische Islamisten massivst gegen Deutschland agitieren." „Künftig", so Beckstein weiter, „könnten wir auch nicht einmal mehr solche radikalen Islamisten ausweisen, die hier Straftaten begehen oder dazu auffordern."[544]

Durch die doppelte Staatsbürgerschaft können Konstellationen auftreten, die neue rechtliche Probleme hervorrufen. So könnte ein Türke mit deutschem Pass in Aktionen der türkischen Islamisten verwickelt werden. Muss er dann als Deutscher oder als Türke behandelt werden? Kann oder muss er bei einem in der Türkei begangenen Verbrechen ausgeliefert werden oder nicht? Wer kommt für seinen Schutz auf, wenn er bei einer solchen Auseinandersetzung von der PKK oder anderen Terrorgruppen gefangen wird? Natürlich könnten solche Verwicklungen tatsächlich stattfinden, mit der Lebenswirklichkeit von Ausländern in Deutschland und den geplanten Reformen haben sie allerdings herzlich wenig zu tun. Politisches Engagement von Ausländern hat schon heute nichts mit der Pass-Frage zu tun. Realistischer sind da schon eher juristische Streitfragen bezüglich Ehe-, Erziehungs- und Erbrecht aufgrund unterschiedlicher Regelungen in der Bundesrepublik und in der Türkei.[545] Hamburgs Ausländerbeauftragter, Günther Apel, meinte, alle Probleme ließen sich lösen, wenn die betreffende Person in Deutschland nach deutschem Recht und im Ausland nach dem Recht des jeweiligen Staates gerichtet werde. Das würde allerdings zu einer Ungleichberechtigung deutscher Staatsbürger führen, weil der Besitzer einer doppelten Staatsbürgerschaft sich aussuchen könnte, nach welchem Recht er gegebenenfalls beurteilt und gerichtet werden will. So unterscheiden sich die geltenden Regeln für Scheidung, Unterhaltszahlung oder politische Aktivitäten in Deutschland und in der Türkei ganz erheblich. Wenn ein Deutscher in der Türkei wegen illegaler politischer Aktivitäten angeklagt wird, würde der deutsche Staat sich für ihn einsetzen; geschieht das mit einem Deutsch-Türken, würde der Staat sich dann automatisch heraushalten, weil sich ihr Bürger in dem Land seiner zweiten Staatsbürgerschaft befindet?

Gewaltanwendung / Kriminalität

Schon 1997 warnte der damalige Präsident des Bundesamtes für Verfassungsschutz, Peter Frisch, vor dem Islamismus als „Sicherheitsproblem Nr.1" in Deutschland. Auch die Studie des Bielefelder Soziologen Wilhelm Heitmeyer, wonach jeder dritte junge Türke in Nordrhein-Westfalen bereit ist, für die Ziel des Islam notfalls Gewalt anzuwenden, führte kaum zu Konsequenzen. Im Blick auf die Daten des Bundeskriminalamtes verweist die Nachrichtenagentur „idea" darauf hin, dass in Deutschland seit 1990 1.700 politisch motivierte Gewalttaten verübt worden sind. Zwei Menschen starben 1986 bei einem Anschlag auf die Berliner Diskothek „La Belle". 1992 wurden im Auftrag der iranischen Regierung im Berliner Restaurant „Mykonos" vier Oppositionspolitiker ermordet. Im Dezember 2000 konnte die Polizei nur knapp einen von Islamisten geplanten Anschlag auf den Straßburger Weihnachtsmarkt verhindern. Für das Jahr 1999 weist das BKA 791 Straftaten mit ausländerextremistischem Hintergrund aus. Darunter ein Tötungsdelikt, 40 Körperverletzungen, 8 Fälle von Brandstiftung, 35 Erpressungen usw.[546] Die von Islamisten in Deutschland geplanten und begangenen Straftaten sind folglich auch ohne terroristische Mega-Attentate wie in New York kein Randproblem, selbst wenn die absolute Zahl der ausländerextremistischen Straftaten im Jahr 2000 abgenommen hat. Der Rückgang der Straftaten im Jahr 2000 wird vom Verfassungsschutz weniger auf eine generelle Veränderung als vielmehr auf verminderte äußere Anlässe im betreffenden Zeitraum zurückgeführt. Unter anderem wies der israelische Geheimdienst noch im Juli 2001 darauf hin, dass in deutschen Moscheen Geld für bin Laden gesammelt und offen zu seiner Unterstützung aufgerufen wurde.[547] Die in der Studie von Prof. Heitmeyer zutage getretene hohe

Gewaltbereitschaft muslimischer Jugendlicher kommentiert der „Morgenstern" mit folgenden Gedanken: „Aus islamischer Sicht ist es eher bedauerlich, dass nur ein Drittel der Befragten engagierter, notfalls kämpferischer Unterstützung für bedrohte Muslime zustimmen. Auch ist die mit einem Drittel angegebene Menge derer, die sich durch die Ziele z.B. in IGMG völlig bis teilweise vertreten fühlen, erstaunlich gering ..."[548] Diese Aussage führt den fehlenden Willen zum friedfertigen Umgang und das fehlende Unrechtsbewußtsein der Autoren deutlich vor Augen.

Wie weit zuweilen multireligiöse Tagträume und Realität auseinander liegen, zeigen die Reaktionen auf die Veröffentlichung der Kriminalitätsstatistik 1996. Demnach entfiel der Anteil muslimischer Türken an Gewalttaten in den alten Bundesländern und Berlin bei Mord und Totschlag auf 11,6%, bei Vergewaltigung 12,7% und bei Raub 15,2%. Die Zeitschrift „Dialog" interpretierte diese Daten folgendermaßen: „Das Gerede von der hohen Ausländerkriminalität ist in Deutschland weit verbreitet. Die Quelle des statistischen Gerüchtes ist die polizeiliche Kriminalstatistik. Diese Daten sind hochgradig ausländerfeindlich. Hinzu kommt, dass das Gerücht von der hohen Ausländerkriminalität hauptsächlich von Politikern, Medien und Sozialwissenschaftlern verbreitet wird, die ethnisch homogene Gesellschaftsformen als Ziel haben."[549] Dass eine im Vergleich zum Bevölkerungsanteil auffällig hohe Kriminalitätsrate türkischstämmiger Einwohner ein echtes Problem sein könnte, wird nicht diskutiert, statt dessen bemühen sich die Kommentatoren in erster Linie darum, die eindeutigen Ergebnisse wegzuerklären, weil sie nicht zum eigenen Bild des friedlichen und reibungslosen Zusammenlebens der Religionen und Kulturen passt.

Darüberhinaus werden auch die einfachen Mitglieder islamistischer Vereinigungen durch Vorträge und Schriften von der Legitimität der Anwendung von Gewalt in religiösen Fragen überzeugt. Ihnen wird sogar der Eindruck vermittelt, dass sie als echte Muslime zur gewalttätigen Verteidigung des Islam verpflichtet seien. „Jene, die fähig sind zu kämpfen, nahmen militärischen

Unterricht - was eine wichtige Strategie für die Verteidigung des Islam und des islamischen Staates ist ... Wir waren wiederholt Zeugen, dass Frauen ... herausschrien, dass sie stolz sind, ihre Kinder auf dem Pfad des allmächtigen Allah und des Islam verloren zu haben, und dass sie bereit sind, alles zu opfern, was sie besitzen, denn sie wissen, dass das, was sie dafür bekommen, weit über dem Segen des Himmels ist ... Wir ... sind stolz, Opfer krimineller Anschuldigungen der Supermächte durch die von ihnen kontrollierten internationalen Massenmedien und ihrer Propagandamaschinerie zu sein."[550]

Die erhöhte Teilnehmerzahl an den von Islamisten organisierten Demonstrationen und ein damit verbundenes Gewaltpotential beunruhigt beispielsweise die Hamburger Polizei. Im Oktober 2000 kam es zu mehreren Demonstrationen islamischer Gruppen in Hamburg. Die Polizei zeigte sich überrascht über den hohen Mobilisierungsgrad der Islamisten und kündigten an, die Szene besser zu überwachen und den Schutz jüdischer Einrichtungen zu verstärken. Die Polizei will insbesondere die Hamas- und Hizbollah-Aktivisten, die sich im Hamburger Stadtteil St.Georg niedergelassen haben, intensiver zu beobachten, da sie eine Gefahr religiös motivierter Anschläge sehen. In örtlichen Moscheen halten die Islamisten Veranstaltungen ab, um Geld zur Unterstützung ihrer Arbeit zu sammeln und um neue Mitkämpfer zu rekrutieren. Auch in der Zukunft rechnet die Polizei mit Demonstrationen mit über 1000 Personen.[551] Dass auch die Bundesrepublik in die politischen Auseinandersetzungen in den Heimatländern der hier lebenden Ausländer einbezogen werden kann, zeigen Erfahrungen mit Algeriern in Frankreich und massive Demonstrationen und Anschläge von Anhängern der PKK in Deutschland sowie der FIS in Frankreich.

Islamisierung der Gesellschaft

Islamisten sprechen sich deutlich gegen eine Trennung von Glaube und Staat aus. Sie weigern sich, ihren islamischen Anspruch auf die religiöse Praxis zu beschränken. Muslimische

Aktivisten wollen für eine islamisch geprägte Politik auch in Deutschland kämpfen. „Wer von uns Muslimen in Deutschland ... möchte als Endziel einen islamischen Staat auch in Deutschland, und wer nicht? ... Hier ließe sich auch fragen: Wer möchte nach der Scharia leben und wer nicht? Denn es geht natürlich um die Frage: Wer möchte, dass die Menschen hierzulande ihre Gesellschaft nach dem Willen Allahs einrichten, wie das uns Muslimen unserer Absicht nach durch Allahs Wort - den Koran - und das Beispiel Seines Propheten Muhammad - die sunna - aufgetragen ist, und wer möchte das nicht?"[552] Die Antwort des Lesers muß natürlich lauten, dass er gerne dem Vorbild Mohammeds nacheifern und einen islamischen Staat schaffen will. Islam und Gesellschaftsordnung sind für Islamisten nicht voneinander zu trennen. „Die zweite Kategorie der Gegner des Islam betrifft [diejenigen], die heimtückische Pläne haben und die Islam von Regierung und Politik trennen, diese müssen [daran] erinnert werden, dass der Heilige Quran und die Überlieferungen des Gesandten Allahs mehr Verordnungen in Bezug auf Regierungen und Staatskunst haben als über jeden anderen Bereich. Noch wichtiger ist, dass viele der scheinbar andachtsvollen Vorschriften im Islam tatsächlich auch politische Aspekte haben."[553]

Immer mehr Islamisten arbeiten daran, ihren gesellschaftlichen und politischen Einfluss in Deutschland auszubauen. Sie wolle sich in Verbänden, Parteien und Parlamenten engagieren, um die Gesellschaft islamisch zu prägen. Der Versuch, eine bundesweite Islamische Partei Deutschlands (IPD) zu gründen, ist im ersten Anlauf 1989 fehlgeschlagen. Zahlreiche islamistische Vereinigungen erklären sich bereit, das Grundgesetz zu akzeptieren, nicht allerdings, weil sie mit dessen Inhalt übereinstimmen, sondern weil es ihnen die Möglichkeit gibt, als Minderheit einen einen bedeutenden Einfluss auf die ganze Gesellschaft auszuüben, wie sie offen bekennen. Es setzt sich die Einsicht durch, „dass das deutsche Grundgesetz geradezu ein Vorteil für sie ist. Nicht, dass diese Verfassung für sie ein Wert an sich wäre. Wichtig scheint nur zu sein, dass sie die Minderheiten schützt und ihnen Freiheiten gewährt, die sie in keinem einzigen islamischen Land haben könnten. Das Grundgesetz ist dem Islam nützlich. Es bietet die Basis dafür, dass man Rechte einfordern kann."[554] „Wenn wir wissen, wo und wie wir irgendeines unserer Rechte einklagen können, und wenn wir in dieser Sache gemeinsam und geplant arbeiten, werden wir sehen, wie wir unsere Rechte Stück für Stück gewinnen."[555]

Islamisten fordern eine gesellschaftliche Sonderbehandlung, nach der politische Entscheidungsträger einer Meinungskontrolle unterzogen werden, bevor sie über Fragen entscheiden, die auch Muslime betreffen. „Wir erwarten ..., dass die christliche Seite islamische Positionen mit in ihre gesellschaftlichen Entwicklungsprozesse einbezieht, und dies sowohl auf kommunaler, regionaler als auch auf nationaler Ebene. Wir sind weiter der Meinung, dass man uns das Recht zugestehen sollte, dass bei uns tangierenden gesellschaftlichen und religiösen Fragen nur solche Christen auftreten dürfen, zu denen wir Vertrauen haben und denen wir ein Mandat gegeben haben."[556] Eine solche Regelung würde einem generellen Vetorecht gleichkommen.

Von den Forderungen und Vorstellungen deutscher Islamisten ist auch das westliche Wirtschaftssystem betroffen. „Ja, es ist richtig, dass der Islam Zinsen verbietet. Aber es ist nicht richtig, dass Zinsen eine wirtschaftliche Notwendigkeit darstellen. ... Während der Islam seine Kraft bisher noch nicht gesammelt hat, jedoch hoffentlich auf dem Weg dorthin ist. Das geschieht durch den natürlichen Lauf der Dinge, bedingt durch alle die problematischen Entwicklungen in mehreren Ländern, die alle auf eine islamische Renaissance hinweisen. Sollte der Islam als System wieder neu erstehen, so wird seine Wirtschaft ohne Zinsen arbeiten, und es wird keine Notwendigkeit geben, die ihn dazu zwingen wird. ... Ebenso verwunderlich ist es, wie ein muslimischer Minister versucht, auf religiöse Institutionen einzuwirken, um ausländische Kapitalisten zufriedenzustellen, und zu erreichen, dass von den religiösen Gelehrten endlich eine Änderung der Scharia vorgenommen wird ... So erkauft er sich die Gunst einiger reicher Geldgeber mit der Missgunst seines Schöpfers."[557] Das sich als dialogoffen und liberal gebende Islamische Zentrum Hamburg (Imam Ali Moschee) vertreibt unter anderem „Das politische und religiöse Testament von Imam Khomeini". Darin sind folgende Aussagen nachzulesen:

„Die vom Westen deklarierte Menschenrechtserklärung steht bis heute in einem nicht überwindbaren historischen Widerspruch. Und im Widerspruch dazu stehen gerade die Verkünder dieser Erklärungen, die doch augenscheinlich in brutalster Weise andere Völker unterworfen, versklavt, entmündigt und entrechtet haben ... die Deklaration der Menschenrechte wird für die politischen Zwecke der westlichen Regime zunehmend instrumentalisiert."[558] - Demnach lehnen Islamisten die Menschenrechte, einschließlich der Religionsfreiheit im westlich-demokratischen Sinn, ab.

Einige lehnen darüber hinaus selbst Wahlen als unislamisch ab. „Wählen gehen heißt für den Einzelnen: Ich akzeptiere die Volksherrschaft mit ihren Regeln und Gesetzen, und somit bedeutet sie die Ablehnung des Korans bzw. der Scharia. Derjenige, der wählen geht, begeht das größte Verbrechen, denn er leugnet die Herrschaft Allahs ab und bekennt sich zu der Demokratie."[559]

Immer wieder finden sich unter deutschen Islamisten auch Aufforderungen, nötigenfalls mit Gewalt gegen die Feinde des Islam zu kämpfen: „O Muslime und muslimische Länder der Welt! Erhebt euch und holt eure Rechte mit euren eigenen Zähnen und Händen, der lärmenden Propaganda der Supermächte trotzend, und verfolgt die kriminellen Herrscher und die Herrscher, die die Früchte eurer Mühen euren Feinden und den Feinden des Islam übergeben ... vereinigt euch unter dem stolzen Banner des Islam und bekämpft die Feinde des Islam."[560]

Abgesehen von einer durch Islamisten herbeigeführten Islamisierung wird es in Deutschland in den kommenden Jahrzehnten eine natürliche Islamisierung der Gesellschaft durch die Bevölkerungsentwicklung geben. Günther Beckstein meint dazu: „Zuwanderung fände in der Zukunft ohnehin nicht mehr über die Grenzen, sondern in den Kreißsälen deutscher Krankenhäuser statt. Für Hamburg wird etwa in einer amtlichen Prognose angenommen, dass der Anteil Nichtdeutscher (1994: 14,7 Prozent) bis zum Jahr 2010 auf 23,4 Prozent steigen wird; von 250 000 auf 400 000 bei einem angenommenen 'Wanderungsgewinn' von jährlich nur mehr 6000 statt wie bisher 18 000 Ausländern."[561] Unbestritten sind die Prognosen zur Bevölkerungsentwicklung in Deutschland. Demnach wird der Anteil der ausländischstämmigen Bevölkerung, insbesondere der aus islamischen Ländern stammenden Bürger, in den kommenden Jahrzehnten ständig zunehmen. Wenn gegenwärtig kaum Anstrengungen unternommen werden, eine vernünftige Integration zu fördern und den Einfluss des Islamismus einzudämmen, werden die durch muslimischen Fundamentalismus verursachten Spannungen innerhalb des deutschen Islam und im Zusammenleben mit Bürgern anderer religiöser Überzeugung sich bald kaum noch kontrollieren lassen.

Manche Muslime sehen in der Bundesrepublik auch schon einen islamischen Staaat, der nur noch „richtig" geprägt werden müsse. „Wenn ein Moslem in einem nicht-islamischen Land lebt und dort Rechtssicherheit genießt und seinen Glauben frei bekennen kann, dann ist das Land, in dem er lebt, islamisch."[562]

Politiker scheuen häufig davor zurück, sich gegen islamistische Aktivitäten in Deutschland und darüber hinaus auszusprechen, weil sie befürchten, als intolerant und ausländerfeindlich hingestellt zu werden. Dabei vergessen sie aber, dass die demokratische Freiheit der Bundesrepublik auch vor Angriffen geschützt werden muss, die als islamisch legitimiert und von Ausländern gefördert werden.

8. Was Christen tun sollen

Zuerst einmal sind Christen weltweit, wie auch auch die Bürger der betroffenen Länder, entsetzt über die von Islamisten initiierten Terroranschläge. Darüber hinaus sind sie aufgefordert, im Namen des Glaubens gegen die islamisch gerechtfertigte Gewalt zu protestieren, sich für die von Muslimen Verfolgten zu engagieren und mit der Liebe Jesu islamische Gewalt zu überwinden. Erschreckend sind allerdings auch die Drohungen und vereinzelten gewalttätigen Übergriffe auf Muslime und auf islamische Einrichtungen in den USA und in Deutschland. Berichtet wird von Drohungen, Beschimpfungen, Brandbomben, eingeschmissenen Fenstern, bedrohten Schulen und Moscheen.[563] In islamischen Staaten wäre die Reaktion auf einen solch brutalen Anschlag wie die Zerstörung des World Trade Centers allerdings ungleich gewalttätiger ausgefallen, wie Ausschreitungen gegen Christen aufgrund unbedeutender Bagatellen deutlich machen.[564]

8.1. Verständnis und Auseinandersetzung

Muslime stellen in über 30 Staaten der Erde die Bevölkerungsmehrheit (in Indien sind sie eine Minderheit von 140 Millionen Menschen); in gut einem Dutzend ist die „Hingabe an Allah", so der Wortsinn von Islam, offizielle Staatsreligion. Natürlich sind die meisten Muslime friedliebende Bürger ihrer Staaten. Außerdem finden wir innnerhalb der Weltreligion Islam zahlreiche unterschiedliche Lebensformen, Verhaltensweisen, Überzeugungen und Koraninterpretationen.[565] Obwohl eine Pauschalbeurteilung aus diesen Gründen weder möglich noch wünschenswert ist, sind Politik und Gesellschaft aufgefordert, sich neu mit den Wurzeln des weltweit verbreiteten islamistischen Terrors auseinanderzusetzen. Nur so kann eine eindeutige Trennungslinie zwischen Islam und Islamismus gezogen werden, die friedliche

Muslime schützt. Nur so kann auch der Hintergrund islamistischer Gewalt mitsamt seinen religiösen Wurzeln begriffen und dann auch bekämpft werden.[566]

Doch statt einer ehrlichen Auseinandersetzung findet man die immerwährende Beteuerung der Friedfertigkeit des Islam, selbst von Politikern, die selbst unreligiös sind und über keine tiefergehende Kenntnis des Islam verfügen. Tatsächlich überwiegen schon wenige Tage nach dem grausamen Anschlag auf New York in der Presse nicht mehr die Stimmen, die das Attentat rundheraus verurteilen, sondern die Stimmen aus Kirchen, Politik und Gesellschaft, die für Verständnis werben, die vor einer militärischen Vergeltung warnen, die den Islam heiligsprechen und als Religion des Friedens vorstellen und den USA und ihrer Politik in Israel die Schuld an den Anschlägen geben. Seltsam muten dann auch Aussagen an, die hervorheben sollen, dass auch die Afghanen eigentlich friedliebende Menschen seien, die von einigen religiösen Fanatikern unterdrückt werden.[567] Das ist nun doch etwas übertrieben. Sicher handelt es sich bei den Afghanen nicht um ein Volk von Terroristen. Aber wurden und werden die Taliban nicht seit Jahren gerade von der Bevölkerung unterstützt? Wie ist es auch sonst zu erklären, dass die Taliban nach eigenen Angaben binnen kürzester Zeit über 300.000 Kämpfer verfügen können? Afghanistan ist schon seit langem durch radikale Religiosität, Clan-Denken und Gewalttätigkeit geprägt. Statt soziologischer Pauschalerklärungen, die diesem Phänomen in keiner Weise gerecht werden, ist es nötig, die von den Islamisten selbst genannten Argumentationen zur Kenntnis zu nehmen und sie in ihrer Andersartigkeit verstehen zu wollen, um sich dann sachgemäß mit ihrer Ideologie auseinandersetzen zu können.

Zuerst einmal ist es angeraten, selber den Koran zu lesen, um sich ein Bild von den grundsätzlichen Aussagen des Koran zu Gewalt, Toleranz und dem Umgang mit Andersgläubigen zu machen. Schnell wird dabei jedem Leser auffallen, wie häufig vom Kampf gegen die Andersgläubigen und ihrer Bestrafung durch die Muslime und Allah die Rede ist. Die Beschreibungen der Umstände des Kampfes gegen die Ungläubigen sind nicht zimperlich, sie sollen alle erschlagen, geköpft oder vertrieben werden, im Jenseits werden sie endlos gequält, mit siedendem Wasser übergossen, enthäutet usw. Hunderte von Koranversen sprechen von diesem gewalttätigen Umgang mit Andersgläubigen.[568] Die islamistische Gewalt speist sich in erster Linie nicht aus der sozialen Ungerechtigkeit. Bin Laden ist gebildet und wuchs im Überfluss auf, die meisten der Attentäter von New York hatten studiert und entstammen eher der Mittelschicht. „Die meisten Anhänger und Aktivisten der zeitgenösischen religiösen Bewegungen entstammen keineswegs ungebildeten Bevölkerngsschichten, sondern verfügen häufig über ein staatliches Diplom in vorwiegend technischen Studienrichtungen. Sie sehen keinen Widerspruch zwischen ihrer wissenschaftlich-technischen Ausbildung und ihrer Unterwerfung unter einen Glauben, der sich den Gesetzen der Vernunft entzieht."[569] Unterlagen im Gepäck der Flugzegentführer vom 11. September 2001 spiegeln die religiöse Motivation der Täter überdeutlich wider: „Dies ist die Stunde, in der du Gott treffen wirst, und bete zu Gott, ‚Gott hilf mir, dies zu tun'. Wenn du im Flugzeug bist, solltest du zu Gott beten, denn du tust dies für Gott. Wie der allmächtige Prophet sagt, ist eine Tat für Gott besser als die ganze Welt. Immer wieder: Bete, bete, bete, damit du nicht schwankend wirst und aus Angst dein Vorhaben aufgibst. Öffne dein Herz, heiße den Tod im Namen Gottes willkommen. Der Lohn für deine Treue ist ganz nahe: Öffne dein Herz, denn du bist nur einen kurzen Moment entfernt von dem guten, einzigen Leben voller positiver Werte in der Gesellschaft von Märtyrern. Schließlich, wenn alles vorbei ist, rufen Engel deinen Namen und tragen für dich ihre schönsten Kleider."[570]

Der jüdische Publizist Henryk M. Broder kritisiert im „Spiegel" zu Recht die weit verbreitete Verharmlosung von Islamisten auf der einen und zuviel Verständnis für islamistischen Terror auf der anderen Seite: „Wir Abendländer haben keine Probleme, den Fanatismus von Christen und Juden zu verdammen, nur bei fanatischen Moslems neigen wir zu einer Haltung, wie man sie normalerweise gegenüber kleinen Kindern und erwachsenen Autisten annimmt: Sie wissen nicht, was sie tun, aber sie meinen es irgendwie gut."[571]

Insbesondere die Medien arbeiten zumeist an einem unrealistisch idealisierten Islambild. Während des gewöhnlichen Programms wird der Islam als friedlich, faszinierend, kulturell bereichernd, dialogbereit, orientalisch und folkloristisch dargestellt. In Krisenzeiten werden dem verblüfften Bürger plötzlich brutale, fanatische und bedrohliche Muslime gezeigt, ohne dass verdeutlicht wird, wie beide Islambilder zusammenhängen bzw. wie der normale Alltag in islamischen Ländern mit der normalen Gewalttätigkeit, Andersartigkeit und Überzeugungslage aussieht. Zahlreiche Gesprächsrunden zum Thema „Islam" im Fernsehen und in anderen öffentlichen Veranstaltungen werden von selbstbewusst ihre Position vertretenden Muslimen sowie unwissenden und unsicheren Moderatoren zu Werbeveranstaltungen für den Islam missbraucht. Zahlreichen Gesprächspartnern fehlt die eigene religiöse Überzeugung, die in einer solchen Auseinandersetzung unverzichtbar ist. Denn religiös begründete Denk- und Verhaltensweisen lassen sich nur unzureichend mit einem säkularen Weltbild und rein soziologischen Begrifflichkeit verstehen und erklären. Muslimische Frauen mit Kopftuch sind zudem „als Talkshow-Gesprächspartnerinnen begehrt, wobei meistens inkompetente Talkmaster gutgeschulten Diskussionsteilnehmerinnen ziemlich hilflos ausgeliefert sind. Musliminnen verstehen es zunehmend, solche Sendungen für ihre Interessen zu nutzen: Lächelnd nehmen ratlose Moderatoren und Moderatorinnen, teils auch Leute aus dem Publikum, jegliche Verunglimpfung des Christentums hin und sind vermutlich noch stolz auf ihre vermeintliche Toleranz. Manche Muslime aber sehen ... gerne zu, wie das Christentum sich bei solchen Gelegenheiten desavouiert, und sind - nicht zu Unrecht - stolz auf ihre Frauen."[572]

Das in solchen Veranstaltungen geschönte Islambild entspricht aber eher einer Werbebroschüre einer islamischen Vereinigung als der Realität in muslimischen Ländern oder dem Leben der Muslime in Deutschland. Auf diese Spannung weist eine in verschiedenen öffentlichen Diskussionen teilnehmende Muslimin offen hin: „So ging ich alleine oder mit anderen Schwestern zu fast jedem Vortrag, um aufzupassen, ob der /die Vortragende auch nur Dinge von sich gab, die uns genehm waren. Mittlerweile habe ich es satt. Ich habe es satt, angebliche Vorurteile zu korrigieren, die ich genau dann als real ansehe, wenn ich mich z.B. in eine Moschee in Deutschland begebe. Warum soll ich also Vorurteile anderer korrigieren, die doch tatsächlich nur Urteile sind? Sinnvoller wäre es doch, die Defizite unserer eigenen Gesellschaft zu verbessern."[573]

Als der türkischstämmige Autor Feridun Zaimoglu in seinem Roman „Kanak Attack" einen jungen kriminellen Türken in Deutschland als Hauptfigur wählt, werden Bedenken laut, er könne damit das Klischee des integrierten, mulikulturellen, sozial engagierten Türken gefährden. So wird er von Journalisten gefragt: „In 'Kanak Attack' wird drastisch geschildert, wie ein junger Deutschtürke fixt, dealt, prügelt und raubt. Überrascht es Sie, dass politisch korrekte Meinungsmacher Ihnen vorwerfen, damit dem Klischee vom sogenannten 'kriminellen Ausländer' Vorschub zu leisten?"[574]

Es hilft nichts, gebetsmühlenartig den Islam gutzureden, auch Schwächen und Missbräuche müssen beim Namen genannt werden, gerade damit nicht alle Muslime in einen Topf geworfen werden. Der Missbrauch islamischer Religion und Aussagen des Korans sind für jeden informierten Zeitgenossen offensichtlich.

Entscheidend für Kultur-Analyse und politische Verhandlungen ist beispielsweise die Erkenntnis, dass der Islam in jeder Ausformung die autonome Persönlichkeit in der abendländischen Entwicklung und den daraus abgeleiteten Individualismus ablehnt. Aus diesem Grunde haben die individuellen Menschenrechte, die der Westen universalistisch auslegt, keine Chance, in der islamischen Welt akzeptiert zu werden. Dies bedeutet nicht, dass eine Moralität des Umgangs zwischen den Zivilisationen ausgeschlossen wäre. Sie setzt allerdings eine Ethik voraus, von der sich das Leben der westlichen Gesellschaft immer weiter entfernt.[575]

Für das öffentliche Gespräch mit den Islamisten müssen auch unangenehme Wahrheiten wie der „Heilige Krieg", die Scharia, die Verfolgung Andersdenkender oder die „religiöse Verstellung" benannt und berücksichtigt werden. Eine darunter ist die „religiös gerechtfertigte Verstellung", von der auch nicht-muslimische Gesprächspartner wissen müssen, wenn sie den Dialog mit Islamisten suchen. Takiya gilt als strategisches Mittel, um auf dem Weg Allahs erfolgreich zu sein. Erlaubt ist beispielsweise das Bekenntnis zum Christentum oder zu einer anderen Religion, gemeinsame Kulthandlungen mit „Ungläubigen" und sogar der Eid mit innerem Gewissensvorbehalt. Allah wird nach islamischer Auffassung in einer solchen Situation nicht den Lügner strafen, sondern die Ungläubigen, die den Muslim in einer Notsituation zur Verleugnung und Notlüge zwingen.[576] Nach islamischer Auffassung ist Takiya, die Zwecklüge, erlaubt, wenn sie die Sache des Islam insgesamt oder einen einzelnen Muslim fördert bzw. schützt. Einem Nicht-Muslim gegenüber ist Takiya keine Täuschung oder Lüge, da zu ihm grundsätzlich kein Vertrauensverhältnis besteht. Das wird auch von islamischen Gelehrten der Vergangenheit bestätigt: „Wisse, dass die Lüge in sich nicht falsch ist. Wenn eine Lüge der einzige Weg ist, ein gutes Ergebnis zu erzielen, ist sie erlaubt." (Al Ghazzali 1059-1111) oder: „Lügen sind Sünden, es sei denn, sie werden zum Wohl eines Muslims erzählt" (Al Tabari 839-923) oder: „Mündliche Lügen sind im Krieg erlaubt, um die Muslime zu stärken, wenn sie diese im Kampf benötigen" (Ibn Arabi 1165-1240). Muslimen wird erlaubt, straflos den Glauben zu verleugnen, wenn sie meinen, unter dem Druck der „Ungläubigen" zu stehen (Sure 16,105), sie dürfen Freundschaften mit „Ungläubigen" schließen, wenn sie sich bedrängt fühlen (Sure 3,27), sie dürfen im Notfall verbotene Speisen essen (Sure 6,118) und andere koranische Gebote übertreten, wenn sie es für unbedingt nötig halten. Obwohl Takija nur für Schiiten verpflichtend ist und sie deshalb immer wieder von sunnitischen Muslimen angeklagt werden, wird die „religiöse Lüge" auch von Sunniten benutzt.[577] Als Necmettin Erbakan den von seiner eigenen Partei gegen Tansu Ciller gestellten Misstrauensantrag wegen Veruntreuung von Staatsgeldern fallen ließ, um anschließend mit ihr eine Koalition einzugehen, begründete er diese Unehrlichkeit seiner Partei gegenüber mit Takiya.[578]

In den Überlegungen zum Umgang mit Menschen anderen Glaubens und anderer Kultur ist es auch notwendig, die eignenen Überzeugungen zu formulieren und zu verteidigen, wie Bundespräsident Rau deutlich macht: „Wenn wir über Zuwanderung und Integration sprechen, dann ist es nicht nur legitim, sondern wichtig, dass wir auch an unsere eigenen Interessen denken. Wer zu uns nach Deutschland kommt, der muss die demokratisch festgelegten Regeln akzeptieren. Diese Regeln ... sichern die Freiheit des Glaubens und die Rechte von Minderheiten. Diese Regeln setzen aber auch Grenzen, die niemand unter Hinweis auf seine Herkunft oder seine religiöse Überzeugung außer Kraft setzen darf. ... Wir brauchen eine gemeinsame Vorstellung davon, wie wir in Deutschland zusammen leben wollen. Wir brauche klare Grundwerte, die unser Handeln gemeinsam binden. ... Integration ... bedeutet nicht Entwurzelung und gesichtslose Assimilation. Integration ist auch die Alternative zum beziehungslosen Nebeneinander unvereinbarer Kulturen."[579]

Wie schon oben gezeigt, ist es für eine sachgerechte Auseinandersetzung mit dem Islam notwendig, sich seiner eigenen Position und religiösen Grundlagen bewußt zu werden oder sich welche anzueignen. Denn ohne ein entsprechendes Verständnis von Religion ist es letzlich unmöglich, das Phänomen Islamismus zu verstehen und Muslimen adäquat gegenüberzutreten. „Wir wären eher in der Lage, mit dem Islam zu diskutieren, wenn wir selber noch religiöse Überzeugungen hätten, denn dann könnten wir auf demselben Niveau sprechen. Aber ein Mensch, der auf die Religion verzichtet hat, der ein Atheist ist, ist für den Moslem ein Tier."[580]

8.2. Christen und Muslime

Zwar gab es auch in den überwiegend von Christen bewohnten Ländern kriegerische Auseinandersetzungen und Verfolgungen Andersdenkender. Nie konnten sich die Aggressoren dabei aber auf das Vorbild Jesu, ihres Religionsgründers, oder eine Anweisung ihres heiligen Buches, des Neuen Testaments, berufen. (Im Gegensatz zum Neuen Testament finden sich im Alten Testament durch Gott sanktionierte Gewalttätigkeiten. Die dort beschriebenen Schlachten hängen mit der besonderen heilsgeschichtlichen Situation Israels als exklusiv von Gott erwähltem Volk und religiös begündetem Staat zusammen. Allein Israel wird so zum direkten Werkzeug, mit dem Gott seinen politischen Willen in der Welt verwirklicht. Von Menschen im Namen Gottes geführte „heilige Kriege" werden darüber hinaus weder vor noch nach Israel von der Bibel bezeugt.) Aus diesem Grund lebten die Christen der ersten Jahrhunderte auch ausschließlich unter nichtchristlichen Regierungen. Dort sollten sie sich als gute Staatsbürger erweisen (Röm.13; 1.Tim. 2,2; Tit.3,1). Nirgends wurden sie aufgefordert, gegen Andersgläubige vorzugehen oder gar den Staat zu übernehmen. Vielmehr bekennt Jesus, dass sein Reich nicht von dieser Welt ist (Joh. 18,36) und dass derjenige, der Gewalt ausübt, durch Gewalt umkommen wird (Mt.26,52). Das Neue Testament fordert unzweideutig dazu auf, für nichtchristliche Regierungen zu beten (1.Tim. 2,2; Tit.3,1), sogar die Feinde und Verfolger zu segnen und für sie zu Gott zu beten (Mt.5,44), wie es beispielhaft von Jesus und von Stephanus praktiziert wird (Luk. 23,34, Apg.7,59). Die Gewalt „christlicher Herrscher" stand immer im offensichtlichen Gegensatz zu ihrer Glaubensgrundlage, nicht hingegen im Islam, der sich für die religiöse Gewaltanwendung sowohl auf den Koran als auch auf das Vorbild Mohammeds berufen kann. Seit seinem durch Gewalt und politisches Taktieren erlangten Regierungsantritt in Medina ist die Ausbreitung des Islam von Gewalt gekennzeichnet. Berichte über friedliche

Missionare oder religiöse Dialoge sind in diesen Jahrzehnten die Ausnahme.

„Die religiöse und weltanschauliche Intoleranz, der für uns nur schwer nachzuvollziehende Hass und auch barbarische Gewaltakte sollen aber Christen auf keinen Fall dazu verleiten, solchen Untaten in ähnlicher Weise begegnen zu wollen. Jesus Christus hat uns aufgetragen: Liebet eure Feinde und betet für die, die euch verfolgen (Mt.5,44). Er tat dies, wohl wissend, dass er selbst verfolgt und ermordet werden würde. Auch sollten wir einen anderen Auftrag nicht vergessen: Gedenket der Gefangenen als Mitgefangene (Hebr. 13,3)."[581]

Christen hingegen sind aufgefordert, offensiv christliche Werte und Traditionen der islamischen Weltsicht entgegenzustellen. Darüber hinaus sind sie durch die Misssion an der politischen Stabilisierung und Demokratisierung islamischer Gesellschaften beteiligt. Mission vermittelt Toleranz und eine Alternative zur Einheit von Staat und Glaube im Islam. Die westlichen Demokratien finden ihre direkten Vorläufer in der Organisationsform calvinistischer Gemeinden während der Reformation.[582] Nicht durch Zufall wurden die Menschenrechte zuerst von einem hugenottischen Pfarrer in der französischen Revolution formuliert.[583]

Der Gedanke der Trennung von Staat und Kirche durchzieht, im Gegensatz zum Islam, die gesamte Kirchengeschichte (Mt.22,21).[584] Auch hat der reformierte Glaube maßgeblichen Einfluß auf die Entstehung des Unternehmertums, der Berufswahl, der Geldwirtschaft und verlässlicher und weltweiter Handelsbeziehungen, wie sie für die moderne Gesellschaft kennzeichnend geworden ist.[585] Außerdem sind christliche Grundgedanken bis heute als Grundlage westlicher Gesetzgebung und Moralvorstellungen erkennbar.

8.3. Islam und Islamisten

Es ist richtig, dass auch andere Religionen oder Ideologien Fanatiker und gewalttätige Selbstmordattentäter hervorgebracht haben. So hatten beispielsweise die 168 Selbstmordanschläge der hinduistischen „Tamil Tigers" zwischen 1987 und 2000 Tausende von Opfern zur Folge.[586] Selbstverständlich sind auch nicht alle der 8 Millionen in den USA lebenden Muslime potentielle Gewalttäter.[587] Die Islam-Diaspora in Deutschland wie im übrigen Westeuropas stammt kulturell aus einer Vielzahl unterschiedlicher Lokalkulturen in Asien und Afrika. Entsprechend haben muslimische Migranten völlig andere Werte und Normen und Weltbilder als die Menschen in Deutschland und anderen Staaten Europas.[588] „Den Islam als Einheit gibt es nicht. Er variiert religiös von Ort zu Ort. Es gibt auch nicht einen Fundamentalismus, sondern unterschiedliche Spielarten. Die vier Hauptrichtungen des Islam sind heute: der orthodoxe Islam, der schriftgläubige, der gegen Reformen ist; dann der fundamentalistische Islam, der eine sehr starke Strömung überall ist; dann der terroristische wie in Algerien, Sudan und jetzt in Afghanistan; dann der Sufi- Islam, ein Volksislam, der zwischen Politik und Religion trennt und in Zentralasien sehr stark ist. Er ist sehr viel lockerer, und deshalb nennt man ihn den ‚Wodkaislam'. Schließlich gibt es den Reformislam, der versucht, den Islam an die Moderne anzupassen."[589]

Was neben diesen durchaus notwendigen Feststellungen weniger Gehör findet, ist die Tatsche, dass der Islamismus als eine bedeutende Fraktion innerhalb des gegenwärtigen Islam nicht friedliebend, tolerant und verständnisvoll ist, sondern Gewalt propagiert und anwendet. „Auch Sachsens Ausländerbeauftragter Heiner Sandig hat nach den Terroranschlägen in den USA vor einer Gleichsetzung dieser Art des Terrorismus mit dem Islam gewarnt. 'Der Islam ist von seinem Ursprung her eine friedliebende Religion', sagte Sandig in einer am Donnerstag in Dresden verbreiteten Erklärung. 'Viele Bürger muslimischen Glaubens in unserem Land sind ebenso schockiert über diesen Anschlag."[590]

Bassam Tibi berichtet auch von einer durch die öffentliche Meinung erzwungenen Einseitigkeit, was die Beurteilung des Islam betrifft: „Einmal unterhielt ich mich mit einem deutschen Doktoranden der Rechtswissenschaften über Menschenrechtsverletzungen. Ich wies ihn auf die Islamisten hin: 'Sie verletzen Menschenrechte, verbieten sich aber jegliche Kritik, indem sie Andersdenkende verdächtigen, ein Feindbild vom Islam zu schüren, und diesen vermeintlichen Antiislamismus dem Antisemitismus gleichstellen.' Und dann habe ich die Frage hinzugefügt: 'Mit welchem Recht instrumentalisieren diese Islamisten die Leiden der Juden unter der NS-Gewaltherrschaft für sich, obschon viele von ihnen selbst Antisemiten sind?' Daraufhin antwortete der deutsche Doktorand: 'Sie sind ein Muslim und können so frei sprechen; wenn ich dieselben Worte wie Sie verwende, werde ich von diesen Leuten als ‚Nazi-Schwein' beschimpft.' Oft werden Juden und Muslime in Deutschland als Minderheiten auf die gleiche Stufe gestellt und dabei falsche Schlussfolgerungen gezogen."[591]

Neben der bewußten Vermeidung islamkritischer Aussagen findet sich eine weit verbreitete Ahnungslosigkeit mancher Zeitgenossen, was diese andere Seite des auch in Deutschland existenten Islamismus betrifft. So nahmen beispielsweise nach den Anschlägen von New York zahlreiche evangelische Pfarrer an muslimischen Gedenkfeiern für die Opfer der Attentate teil. Arglos zeigten sich allerdings Pfarrer, die Moscheen der „Milli Görüs" (IGMG) besuchten, obwohl diese von deutschen Sicherheitskräften als verfassungsfeindlich und islamistisch eingeordnet werden. Nach Meldungen aus diesen Kreisen folgten zahlreiche Christen ihren Pfarrern, sodass etwa 30% der Moscheebesucher Nicht-Muslime waren. Selbst der reformierte Pressedienst verschickte Informationen über die Aktion der Islamisten und wies erst im nachhinein auf deren zweifelhaften Hintergrund hin.[592]

Neben den gerechtfertigten Warnungen vor ungerechtfertigter Islamfeindschaft sollte eine neue Diskussion über die Gefahren des islamistischen Fundamentalismus geführt werden, der sich auf

Aussagen Mohammeds und des Koran sowie vieler islamischer Gelehrter berufen kann und in zahlreichen Ländern eine große Anhängerschaft um sich schart. Beim islamischen Terrorismus geht es eben nicht nur um eine unwichtige Randfrage in der Auseinandersetzung mit dem Islam der Gegenwart. Und dabei handelt es sich nicht um skurrile Sondergruppen, sondern um eine anerkannte Fraktion innerhalb der muslimischen Weltgemeinschaft, die ihre Vorläufer in der gesamten Geschichte des Islam haben.

Zwar sind auch Verbrechen und Gewalt in der christlichen Kirchengeschichte bekannt, aber nie wurden diese von Aussagen Jesu oder des Neuen Testaments untermauert. Offensichtlicher Machtmissbrauch hat die gesamte Kirchengeschichte hindurch immer Kritik der ernsten Christen hervorgerufen, selbst da, wo er von höchsten christlichen Führern wie dem Papst ausging. Auch ist ein Terrorismus, der aus christlichen Motiven begangen wird, im Vergleich mit dem bekennenden Islamismus heute fast nicht vorhanden, obwohl es weltweit deutlich mehr Christen als Muslime gibt, so dass das theoretische Potential möglicher Gewalttäter deutlich größer ist. Auch Christen leben weltweit überwiegend in ärmlichen und vernachlässigten Verhältnissen, so dass die Rückführung islamischer Gewalt auf materielle Armut allein nicht gerechtfertigt ist. Offensichtlich legt der Islam die Gewaltanwendung gegen Andersgläubige weit eher nahe oder lässt sie zumindest eher zu, als der christliche Glaube dies tut.

Heinz Gstrein verweist auf die lange Tradition von religiöspolitischen Attentaten in der islamischen Geschichte: „Bald gab es in den meisten islamischen Heeren den Heldentod suchende Einzelkämpfer oder ganze Einheiten. Die Motivation der heutigen Selbstmordpiloten von New York und Washington wurzelt genau in dieser religiösen Erwartung."[593] Im Koran lesen wir: „Und wir haben dich gesandt, damit du den Menschen allesamt ein Verkünder froher Botschaft und ein Warner seist" (Sure 34,28). Dieser an Mohammed ergangene Aufruf zur Verbreitung des Islam gilt auch jedem Muslim bis in die Gegenwart. „Dieser universelle

Anspruch des Islam verpflichtet die Muslime dazu, ihre islamische Offenbarung in der ganzen Welt zu verbreiten. Die dawa, also die islamische Mission, kann ... friedlich erfolgen, sofern sich die Nicht-Muslime dem Ruf zum Islam ohne Kampf beugen. Wenn sie dies nicht tun, dann sind die Muslime verpflichtet, gegen die Ungläubigen Gewalt anzuwenden.[594] Dennoch betrachten sie dies ... nicht als Krieg / Harb. Im allgemeinen Verständnis des Islam ist Friede daher gleichzusetzen mit der Unterwerfung unter den Islam, entweder durch Konversion zu der neuen Religion oder durch Akzeptanz des Status von religiösen Minderheiten ... unter dem Banner des Islam ... Der vom Islam angestrebte Weltfriede gilt als höchste Stufe, die die weltweite Verbreitung des Islam voraussetzt. Das bedeutet, dass ein Ende des Krieges erst dann möglich sein wird, wenn die gesamte Menschheit zum Islam konvertiert ist ... Weltfriede ist identisch mit der eigenen globalen Vorherrschaft."[595] Vor dem Hintergrund dieser Definition befindet sich der Christ und Westeuropäer für den Islamisten schon allein deshalb im Unrecht, weil er nicht bereit ist, sich der Herrschaft des islamischen Friedens zu beugen. Da das Ziel der islamischen Weltherrschaft für den konservativen Muslim feststeht, fühlt er sich aufgefordert, mit allen ihm zur Verfügung stehenden Mitteln dieses Ziel zu erreichen. Der westeuropäische Christ steht dem Anspruch des Islam entgegen und gilt schon deshalb als Aggressor und als der Schuldige für Unfrieden und Ungerechtigkeit in der gegenwärtigen Welt. „Die Schuld an der Fortdauer des Krieges trifft immer die anderen, da sie (die Nicht-Muslime) diesen Zustand durch Übertritt zum Islam jederzeit beenden könnten, sich aber statt dessen gegen die Dawa wenden bzw. Muslime zur Gewaltanwendung zwingen."[596] Dieses Denkmodell steht im Hintergrund vieler Äußerungen gewalttätiger Islamisten. Sie sehen sich als Vertreter einer Religion des Friedens und als Kämpfer für den weltweiten Frieden, nur meinen sie etwas vollkommen anderes mit ihren Worten als der durchschnittliche Europäer. Auch Kirchen und Politiker erliegen einem fatalen Irrtum, wenn sie in ihrem Dialog nicht darauf achten, wie Worte gefüllt und eingesetzt werden, von welchen religiösen Aussagen sie bestimmt sind. Um mit einem großen Teil der muslimischen Bevölkerung ins Gespräch kommen zu können, ist es zuerst notwendig, vorurteilsfrei auch die dunklen Seiten des Islam kennenzulernen und zu betrachten, fremdes Welt- und Selbstverständnis als solches ernstzunehmen und kennenzulernen, ohne den Muslim gleich mit der Vorstellung der gleichberechtigten Religionen und Kulturen zu vereinnahmen, die keine allgemeingültige Erkenntnis darstellen, sondern ein Ergebnis liberaler Weltanschauung und demokratischer Entwicklung sind. Für eine große Zahl muslimischer Menschen sind die Werte und Vorstellungen der Westeuropäer vollkommen unverständlich und unannehmbar, sogar unmoralisch und gotteslästerlich. Das muss erst verstanden werden, ehe eine ehrliche Auseinandersetzung möglich ist.

Viele Muslime praktizieren einen friedlichen Umgang mit anderen Staaten und sind bereit, Nicht-Muslime, wenn auch eingeschränkt, zu tolerieren. Sie sind meist angepasste Bürger ihrer Staaten. Der Islamismus dagegen ist eine politische und rechtsradikale Ideologie, die weder Toleranz noch Säkularismus anerkennt.[597] Ein Unterschied besteht tatsächlich; doch hat sich der Islam insgesamt politisch aufgeladen - dies umso leichter, als er den Gläubigen in seiner gesamten Person und in allen Lebensbereichen ungleich stärker erfaßt, als dies das Christentum seit den Hoch-Zeiten der römischen Kirche und der calvinistischen Spitze der Reformation jemals im Sinn gehabt hat.

In der Politik brauchen wir eine Auseinandersetzung mit diesem weit verbreiteten Islamismus, nicht nur mit dem idealisierten oder dem so gewünschten Islam. Das heißt, politische Verantwortungsträger müssen unterscheiden lernen zwischen einem friedfertigen, westlich geprägten und liberalen Islam und einem gewaltbereiten, ausschließlichen und freiheitsfeindlichen Islam. Außer für die Presse hilft es wenig, diesen von Millionen vertretenen Islam einfach totzuschweigen oder zu ignorieren. Schon Kinder sollten gelernt haben, dass eine Bedrohung nicht einfach dadurch verschwindet, indem man die Augen davor verschließt.

Man sollte dem mündigen Bürger zutrauen, zwischen diesen beiden auch in Deutschland präsenten Formen des Islam zu unterscheiden. Anderenfalls kann es passieren, dass die Bevölkerung wirklich glaubt, dass es nur einen Islam gibt. Wenn sie dann allerdings durch Medienberichte über weltweite islamistischer Gewalt und durch eigene Erfahrungen im Alltag erkennen müssen, dass Muslime eben nicht immer friedlich sind und auch ihre religiösen Aussagen nicht immer von Toleranz gekennzeichnet sind, kann es dazu kommen, dass gerade diese Bürger konsequent den ganzen Islam ablehnen.

Bassam Tibi weist offen auf den Einfluss des Islamismus in Deutschland hin: „Zu den Tabus, die ich breche, gehört die Feststellung, dass die Islamisten den organisierten Islam in Deutschland fest im Griff haben. Und Islamisten sind gegen die Integration. Angesichts der Tatsache, dass sie Meister der 'Täuschung der Ungläubigen' (Iham) sind, ist es absolut uninteressant, was die offiziellen Vertreter dieses Kreises in der Öffentlichkeit sagen. Wer sich keinen Sand in die Augen streuen lässt, weiß, dass das einzige Recht, das Islamisten anerkennen, die Scharia (islamisches Gottesgesetz) ist. Mich überrascht jedoch nicht, dass dieselben Islamisten, die 'Ungläubige' im Namen der Scharia verfolgen, keine Hemmungen haben, deutsche Gerichte für ihre Sache zu bemühen. Wer sich in Deutschland gegen Integration im Rahmen einer europäischen Leitkultur wendet, spielt diesen Islamisten in die Hände."[598]

Nach Tibi distanzieren sich auch viel Muslime vom Islamismus und erwarten eine deutlichere Tennung zwischen Islam und Islamismus in Deutschland. Sie hoffen darüber hinaus auf die direkte Förderung eines liberalen, demokratiekompatiblen Islam durch die deutsche Öffentlichkeit und ein gleichzeitiges Vorgehen gegen radikale Muslime. „Da kann ich eigentlich nur sagen, dass wir westlich orientierten Türken genauso viel Angst vor Islamisten haben wie die Europäer. Ich bin Muslimin, aber ich bin keine Islamistin." Die Politik müsse sich noch viel stärker gerade dieser Gruppe von Zuwanderern annehmen. „Die islamistisch geprägten

türkischen Zuwanderer müssen die deutsche Sprache zwangsweise
erlernen, damit sie sich wirklich in ihre neue deutsche Heimat
integrieren können. ... Ich denke, in den nächsten zehn Jahren wird
sich so etwas wie ein europäischer Islam entwickeln, so dass man
sich mehr und mehr von der arabischen Welt abnabeln wird."[599]

Ein in Deutschland auf Dauer akzeptabler Islam muss seine
Dominanzansprüche fallen lassen und in Rahmen des religiösen
Pluralismus einen gleichberechtigten Platz in Europa einnehmen.

8.4. Politische Reaktionen auf den Islamismus

Zu Recht ruft der Papst dazu auf, sich bei einer Reaktion auf
die Anschläge in New York und Washington nicht von Hass und
Gewalt bestimmen zu lassen, sondern „im Dienste des Friedens
und der Gerechtigkeit" zu handeln.[600] Andererseits hat der Staat
nach christlichem Verständnis auch die Aufgabe, die Guten zu
schützen und die Gesetzesübertreter zu bestrafen (Röm 13). Keine
oder eine nicht angemessene Reaktion auf terroristische Übergriffe setzt die Bevölkerung der westlichen Staatengemeinschaft
einer erhöhten Gefahr durch Attentäter aus, die meinen, nichts zu
befürchten zu haben. Möglicherweise kann ein Land wie die USA
einen Anschlag mit 5.000 Toten verkraften; was aber, wenn jeden
Monat ähnliche Anschläge stattfinden, weil das Risiko der Planer
und Vordenker äußerst gering ist? „Einem Verbrechen muss Strafe
folgen. Diese Strafe wird hart und muss hart sein. Dies ist im
Interesse der gesamten Menschheit, die zu erkennen geben sollte,
dass einige Dinge nicht gehen."[601] Der amerikanische Außen-
minister Powell betont, dass es sich beim Kampf gegen den
islamischen Terrorismus um einen Krieg handelt, „der auch mit
diplomatischen und politischen, juristischen und finanziellen
Waffen geführt werden muss und militärisches Eingreifen vielleicht nur als flankierendes Mittel benutzen"[602] wird. Selbst bei
einem schnellen Erfolg des Krieges gegen die Taliban dürfen

Politiker nicht dem Trugschluss verfallen, damit sei der radikale Islamismus in Afghanistan beseitigt. Wie sich jetzt schon abzeichnet, gehen die islamischen Kämpfer der „Nord-Allianz" mit großer Grausamkeit gegen die Bevölkerung vor und erstreben einen islamistischen Staat,der sich gegen das westlich-christliche Weltbild positioniert.[603]

Die Untätigkeit deutscher Bedenkenträger wird weitere islamistische Anschläge fördern. Zwar sind die Mahnungen, keine Rache zu üben, keine Unschuldigen zu verletzen, absolut sichere Beweise für die Schuld der Verantwortlichen haben zu wollen, keinen Verdacht der Ausländerfeinschaft entstehen zu lassen, den Dialog mit liberalen Muslimen nicht zu gefährden und ähnliches mehr ethisch anerkennenswert; sie können aber auch schnell dazu führen, vollkommene Tatenlosigkeit zu rechtfertigen, weil immer noch irgendein Einwand erhoben werden kann. Die Erfahrungen der vergangenen Jahrzehnte auf allen Kontinenten im Umgang mit dem Terrorismus haben jedoch gezeigt, dass durch ethische Appelle allein keine Gewalt überwunden werden kann. Möglicherweise müssen einige Multikulti-Anhänger in Erwägung ziehen, ihre Schöne-Neue-Welt-Utopie in Frage zu stellen, weil sie längst von der Realität überholt worden sind, ohne es gemerkt zu haben. Geht es nach den Vorstellungen der ewigen Abwiegler, wird es nie zu einer entschlossenen Auseinandersetzung mit dem gewaltbereiten Extremismus kommen. Auch wenn sie es sich kaum vorstellen können, gibt es Menschen, die sich durch Diskussionen allein nicht überzeugen lassen. Doch bauen einige Toleranzexperten längst nicht mehr auf eine neutrale Analyse der Fakten, sondern verlassen sich auf ihr in bewegten Studentenzeiten übernommenes Glaubensbekenntnis der allgemeinen Friedfertigkeit, der Gleichheit aller Religionen und des seligmachenden herrschaftsfreien Diskurs. So fordert Joachim Helfer dazu auf, islamische Kultur in Deutschland zu akzeptieren und zu fördern, auch wenn diese einen undemokratischen Charakter hat. Die Basis des Zusammenlebens liegt für ihn nicht in christlichen Werten, wie er betont, sondern im deutschen Grundgesetz.[604] Fragt sich nur, woher eben dieses seine Gedanken und seine Legitimation bekommt? Darüber hinaus ist es problematisch, islamisches Selbstverständnis in eine westliche Demokratie zu importieren, ohne diese verändern zu wollen, da islamischer Glaube seit Mohammed eine Verbindung zwischen Staat und Religion anstrebt, selbstverständlich unter der Dominanz des Koran.

Die Realität religiöser Spannungen in Gegenwart und Zukunft müssen auch von Politikern an- und ernstgenommen werden. Für den Vizepräsidenten des Deutschen Bundestages, Hans- Ulrich Klose, ist die deutsche Einwanderungspolitik weitgehend gescheitert. Seit einigen Jahren habe er „bitter genug" dazugelernt, dass „Ethnien unverändert konfliktträchtig" seien. In seinem Wahlkreis Hamburg-Harburg beobachtet er die Spannungen zwischen deutschen und türkischstämmigen Jugendlichen. „In zehn Jahren werden die jugendlichen Türken in manchen großstädtischen Quartieren in Deutschland die Mehrheit bilden."[605] Er weist zu Recht darauf hin, dass eine Ausgrenzung junger Muslime in Freizeit und Beruf eher zu einer Verschärfung der heute schon vorhandenen Spannungen beitragen wird. Viele Türken ziehen sich in eine scheinbar bessere türkische Subkultur mit türkischem Satellitenfernsehen, türkischen Zeitungen, islamisch-türkischen Gotteshäusern, türkischen Kultur- und Sportvereinen usw. zurück. Sie leben in der Türkei in Deutschland. Diese Trennung geht oft mit einer inneren Ablehnung der als fremd empfundenen deutschen Umwelt einher, was wiederum zu Aggression und Gewalttätigkeit führen kann. Die allabendlich im deutschen Fernsehen zu konsumierende Unmoral und Oberflächlichkeit verstärken bei Türken im In- und Ausland den Eindruck, Deutschland habe eine zerrüttete und islamischer Moral feindlich gegenüberstehende Kultur. „Einige islamische Gebetshäuser und Koranschulen würden in einer gefährlichen Weise desintegrierend wirken, sagt Klose. Junge Türken, von der deutschen Gesellschaft ausgegrenzt oder sich ausgegrenzt fühlend, fänden dort eine Ersatzheimat, in der militant-antiwestliches Gedankengut gepredigt werde."[606] Klose sieht die deutsche Gesellschaft aber noch vor schweren Herausforderungen, wenn es beispielsweise darum geht, nicht nur die schöne neue Welt der verschiedenen Kulturen zu feiern, sondern Koranschulen in Deutschland wegen aggressiv verfassungsfeindlicher Lehren schließen zu lassen.

Es ist ein Irrtum anzunehmen, dass es sich beim islamischen Fundamentalismus um eine unbedeutende Randgruppe handelt, die von den meisten Muslimen weltweit abgelehnt wird. Tatsache ist, dass in praktisch keinem islamischen Land eine funktionierende Demokratie existiert, dass in einigen Staaten die Politik von extremen Islamisten bestimmt wird, dass in kaum einem islamischen Land die Menschenrechte anerkannt werden und dass sich selbst die liberaleren moslemischen Regierungen scheuen, gegen den Terrorismus vorzugehen, weil die Fundamentalisten meist über einen starken Rückhalt in der Bevölkerung verfügen.

Sollen die von islamischem Terror betroffenen Staaten deutlich militärisch antworten, auch mit der Gefahr, dass dabei Unschuldige zu Schaden kommen? Der Direktor des Centers for Strategic and International Studies in Washington ist dabei folgender Meinung: „Die direkte und für viele Menschen inakzeptable Antwort lautet, dass ein solches Vorgehen beträchtliche Wirkung gehabt hätte. Terrorismus basiert nicht auf gesundem Menschenverstand und elementarer Logik, genauso wenig wie effektive Gegenmaßnahmen. Die paradoxe und perverse Lehre, die aus der Geschichte des Terrorismus gezogen werden kann, ist diese: Selbst wenn man die, die nur am Rand beteiligt sind, schlägt, kann man bemerkenswert vorteilhafte Auswirkungen erzielen."[607] Laqueur erinnert an die Angriffe der USA auf Libyen und die Bombardierung einer Nervengas-Fabrik im Sudan. Beide Ziel sind bis heute nicht unumstritten. Die genannten militärischen Aktionen hatten aber trotzdem zur Folge, dass sich beide Staaten auffällig von der islamischen Terrorszene distanzierten.

8.4.1. Gefährdungen erkennen

Wahrscheinlich kann man dem Berliner Senat nur wohlmeinende Unkenntnis zugutehalten, wenn er Islamunterricht an öffentlichen Schulen der extremistischen islamischen Föderation überlässt und sogar noch deren Mitarbeiter bezahlt. Zu Recht weist Bassam Tibi darauf hin, dass die Anhänger der Scharia unter den Islamisten deutsches Recht missbrauchen, um einen Islam-Unterricht gegen die Integration durchzusetzen.

Viele deutsche Bürger türkischer Herkunft wollen keine Integration in die deutsche Kultur. Statt dessen richten sie sich eine türkische Parallelwelt in Deutschland ein. Ein Beispiel dafür liefert die Erinnerung von Gül Keskinler, Mitglied der CDU-Zuwanderungskommission: „Gegen die strenge Erziehung ihrer stark muslimisch geprägten Eltern hat sie nie rebelliert. Sie hat unter ihrem Anderssein gelitten, besonders in der Pubertät. 'Meine Eltern haben schwer aufgepasst: Ich durfte keinen deutschen Freund mit nach Hause bringen, und mit auf Klassenfahrten oder abends in die Disko, das ging schon gar nicht. Es war ein Weg der ganz langsamen Befreiung."[608]

Islamisten kritisieren in ihren Stellungnahmen und Schriften offen die demokratische Ordnung der Bundesrepublik und anderer westlicher Staaten. „In der westlichen Demokratie erlassen die Menschen ihre eigenen Gesetze, in der islamischen müssen sie den von Allah durch Seinen Propheten erlassenen Gesetzen folgen und gehorchen. In der einen verpflichtet sich die Regierung, den Willen des Volkes zu erfüllen; in der anderen müssen die Regierung und die Menschen, die sie bilden, allesamt den Absichten Allahs Folge leisten. Kurz, die westliche Demokratie stellt eine Art von absoluter Staatsgewalt dar, die ihre Macht auf freie und unkontrollierte Weise ausübt, wohingegen die islamische Demokratie dem Gesetz Allahs unterworfen ist und ihre Gewalt in Übereinstimmung mit den Anweisungen Allahs innerhalb der von Ihm festgelegten Grenzen ausübt."[609] Nach islamistischer Interpretation ist diese Gesellschaft für die Isolation der Muslime, den moralischen Verfall, die Umweltzerstörung und weltweite Verarmung verantwortlich: „Das Schlechte kann in der Gesellschaft nur bestehen und sich ausbreiten, weil entweder die Regierung selbst es fördert oder es stillschweigend duldet. ...

Warum wird zum Beispiel Unzucht geduldet, warum wird Prostitution in aller Öffentlichkeit ausgeführt? Nur deswegen, weil Ehebruch in den Augen der Regierenden kein Vergehen ist. Sie praktizieren es selbst, genauso wie sie es anderen erlauben. ... Ebenso nehmen moralischer Verfall und Zügellosigkeit zu. Warum? Weil das System die Menschen so erzogen und ausgebildet hat. ... Warum geschieht das alles? Einfach weil die Staatsmacht korrupt ist und die Menschen, die die Macht in ihrer Hand halten, verdorben sind. Sie selbst halten die Unterdrückung aufrecht und unterstützen die Diktatoren. Die Abartigkeit des Denkens, der Verfall der Moral, der Missbrauch der menschlichen Fähigkeiten..., Unterdrückung und Ungerechtigkeit, die Zerstörung der Schöpfung Allahs, alles rührt daher, dass die Schlüssel der Macht in den falschen Händen liegen. Solange dies der Fall ist, kann die Gesellschaft nicht richtig funktionieren."[610] A.Schariati ergänzt dazu: „Dem Kolonialismus, der Massenmord an Völkern, Vernichtung der Kulturen, Reichtümer, Geschichten und Zivilisationen der nichteuropäischen Menschen mit sich brachte, verdanken wir Regierungen, die demokratisch gewählt wurden. Regierungen, die an Liberalismus glaubten. Diese Verbrechen wurden ... im Namen der Demokratie und des westlichen Liberalismus begangen..."[611] Der ernsthafte Muslim darf sich nach dieser Interpretation nicht in die bestehende Gesellschaft integrieren, weil er sich dann mit ihr identifizieren und so mitschuldig an ihren Vergehen würde. „Fügt ihr euch der Herrschaft des Volkes oder des Din (Lebensordnung) der Engländer, der Deutschen oder eurer jeweiligen Nation, dann wird wieder kein Raum für Allahs Religion bleiben. Aber wenn ihr wirkliche Anhänger des Dins Allahs seid, bleibt kein Raum mehr für einen anderes Din."[612] Islamisten verwerfen die demokratisch-freiheitliche Ordnung der Bundesrepublik. An deren Stelle wünschen sie sich eine islamische Staatsordnung. „Kaum einer weiß, wo das Mittel zu finden ist, mit dem der Todeskampf dieser Unkultur beendbar wäre, bevor die gesamte Erde und Menschheit in den Tod mitgerissen werden. ... Die Rettung der Erde ist nicht möglich ohne eine

radikale Kulturrevolution, und die radikalste, alle Wurzeln sanie-
rende Revolution ist der Islam."[613] Abu-l-A la Maudoodi konkre-
tisiert diesen Gedanken: „Allah hat seinen Gesandten mit dem
wahren Din geschickt, um die Herrschaft aller falschen Götter zu
beenden und den Menschen die Freiheit zu schenken, als Diener
von niemandem außer dem Herrn der Welt leben zu können - un-
geachtet wie sehr dies den Ungläubigen und denjenigen, die
Vielgötterei betreiben, missfällt und wie sehr sie diesen Weg bekämpfen mögen. 'Und kämpfet gegen sie, damit keine Verführung
gegen Allah mehr stattfinden kann und bis Din auf Allah allein
gerichtet ist' (Sure 8:39) Die Botschaft hiervon ist klar: wir müssen uns einsetzen, bis die Oberherrschaft aller anderen außer
Allahs beseitigt ist, bis allein sein Wille und seine Oberhoheit anerkannt sind und die Menschen ausschließlich ihm dienen."[614]
„Zugleich ist dieses Gesetz aber auch ewig gültig. Es gründet sich
nicht auf die Traditionen irgendeines besonderen Volkes ... diese
weltumfassende und ewiggültige Religion ist der Islam."[615] Der
Einsatz für den islamischen Staat wird dem Muslim geradezu als
religiöse Pflicht vermittelt, der jeder ernsthaft Gläubige nachkommen müsse. „Ein Muslim ist jemand, der für die Gründung
einer Gesellschaftsordnung arbeitet, in der die Rechtleitung Allahs
verwirklicht wird. Der Islam versorgt alle Menschen mit deut-
lichen Richtlinien für alle Lebenslagen. Die Anleitungen, die er
gibt, sind umfassend und enthalten die sozialen, wirtschaftlichen,
politischen, moralischen und geistigen Aspekte des Lebens ... Der
geistig- religiöse und der weltliche Teil sind keine getrennten Teile
der Menschen. Sie sind vielmehr in seiner Natur als Mensch ver-
eint ... Der Islam ist die Lösung für alle Probleme des Lebens. Er
ist der Weg für ein besseres und vollkommeneres Leben."[616] Der
von Islamisten auch in Deutschland angestrebte Staat kennt keine Demokratie und keine Gewaltenteilung. Orientiert an der
Regierungsform des Propheten Mohammed sollen jegliche staatliche Ordnungen den Gesetzen des Koran unterworfen werden.
„Der islamische Herrscher sollte am besten mittels Wahl bestimmt
werden, erkannten schon die Staatsrechtler des goldenen islami-

schen Mittelalters. Das islamische Gesellschaftssystem wird damit aber keinesfalls zu einer Demokratie. Diese Staatsform ist dem Islam fremd."[617] und „Der Islam hält es für unausweichlich, dass Staat und Religion aufeinander bezogen werden. Dies bedeutet in einem islamischen Staat die Bindung von Legislative und Exekutive an den Quran als übergeordnete Grundnorm - als Grundgesetz - ... Wenn es in der islamischen Welt eine demokratische Potenz gibt, dann bei diesen als fundamentalistisch diffamierten Widerstandsbewegungen ... Für diese westliche Welt ist der Islam eine Alternative in der vollen Bedeutung des Wortes."[618]

Sayyid Abu-l-A la Maudoodi beschreibt den echten Muslim folgendermaßen: Echte Muslime sind „diejenigen, die ihre ganze Persönlichkeit und ihr Dasein für den Islam einsetzen. Alle Rollen, die sie innehaben, ordnen sie ihrer Rolle als Muslime unter. Sie leben als Muslime in ihren Rollen als Väter, Söhne, Ehemänner oder Ehefrauen, Geschäftsleute, Gutsherren, Arbeiter oder Angestellte. Ihre Gefühle, Wünsche, Weltanschauungen, Gedanken und Meinungen, ihre Vorlieben und Abneigungen werden alle vom Islam geformt. ... Ob sie kämpfen oder Freundschaft schließen, es geschieht nur um des Islam willen. Wenn sie jemandem etwas geben, dann deshalb, weil es der Islam verlangt. ... Diese Haltung ist nicht auf ihr Privatleben beschränkt ... Ihr Gemeinwesen besteht ausschließlich für den Islam, und auch ihr gesamtes gemeinschaftliches Verhalten wird nur von den islamischen Vorschriften bestimmt."[619]

Im Gespräch mit fundamentalistischen Muslimen muss beachtet werden, dass der Islam eigene, für den Westeuropäer nicht auf Anhieb verständliche Definitionen von Krieg und Frieden kennt. So ist es möglich, dass dieselbe kriegerische Handlung von Muslimen unterschiedlich bezeichnet und unterschiedlich gewertet wird, je nachdem, ob sie von einem Ungläubigen oder einem Muslim begangen wird. Der gebildete Westeuropäer muss auch verstehen lernen, dass ein Islamist selbstbewusst behaupten kann, Aggression zu verabscheuen, und gleichzeitig gewalttätige Aktionen zur Verbreitung des Islam fordert oder sich selbst an solchen Aktionen beteiligt. Aggression ist die von Allah abgelehnte Gewalt des Ungläubigen. Die islamische Gewalt hingegen ist Mission mit der Absicht, den Frieden (das heißt den Islam) zu verbreiten. Demnach setzt sich der gegen Islamisten vorgehende Staat aus muslimischer Sicht ins Unrecht, weil er verhindert, dass der klassenlose weltweite Friede unter der Herrschaft des Islam anbrechen kann. Die arabische Sprache als die Sprache des Koran kennt den Begriff Krieg / Harb im Sinne von Aggression. Nach ihrem Selbstverständnis betreiben die Muslime keine Aggression, also keinen Harb, wenn sie gewaltsame Aktionen zur weltweiten Verbreitung des Islam im Rahmen der Dawa / Mission durchführen. ... die Feinde des Islam betreiben Harb / Krieg, während bei den Muslimen nur von Dschihad gesprochen wird. Der Koran verwendet für den militärischen Teil des Dschihad den Begriff Kampf / Qital. In der islamischen Weltanschauung ist es daher kein Widerspruch, dass der Koran den Muslimen einerseits Aggression verbietet ('Und greift nicht an, Allah liebt die Aggressoren nicht' Sure 2 / Vers 190), ihnen aber andererseits vorschreibt: 'Und der Kampf / al Qital ist für Euch eine Vorschrift' (Sure 2/ Vers 216)."[620] Diesem Kampf für den „Islamischen Frieden" sind nach islamistischer Auffassung auch alle in Deutschland lebenden Muslime verpflichtet, so lange, bis eine islamisch organisierte Gesellschaft aufgebaut ist. „Jeder Muslim ist ein Soldat und Mitglied dieser göttlichen Armee ... Seine Aufgabe ist ..., die Köpfe durch das Licht des Korans zu erleuchten, d.h. kurz gefasst: das Wort Allahs zu erhöhen. Das bedeutet, die Religion Allahs an die Macht zu bringen auf der ganzen Welt ... Kurz und gut, sich bewaffnen hat nur das Ziel, die Ruhe im Innern des Landes herzustellen, den Koran zu lehren und zu verkündigen, zu verbreiten [nach innen hin], nach außen hin die für die Verkündigung entgegenstehenden Hindernisse zu beseitigen ... So sagt der heilige Koran: Und kämpfet gegen sie, bis es keine Verwirrung (mehr) gibt und die Religion Allah gehört."[621]

8.4.2. Hilfe bieten

Durch Politik und Gesellschaft muß insbesondere der liberale und demokratisch orientierte Euro-Islam gefördert werden, damit den Muslimen eine attraktive Alternative zum bisher dominierenden Islamismus geboten werden kann. Dieser Euro-Islam wendet sich bewußt von den gewalttätigen Wurzeln der islamischen Überlieferung ab und ist zu religiösen Gesprächen und innerlicher Veränderung bereit. „Zu seinen Verfechtern gehört Bassam Tibi, 57, der in Damaskus geboren wurde und in Harvard und Göttingen lehrt. Er plädiert dafür, das islamische Rechtssystem mit seinen Vorschriften vom Auspeitschen bis zum Enthaupten - dem Henkerschwert fielen in Saudi-Arabien erst unlängst wieder drei Straftäter zum Opfer - nicht als ewiges göttliches Dogma zu sehen. Allah habe zeitgemäße Interpretationen erlaubt. Das Ziel müsse sein, 'die Menschenrechte im Sinn der Uno-Deklaration zu definieren und mit dem Islam in Einklang zu bringen'. Euro-Muslime wie Tibi sehen sich im Einklang mit westlicher Demokratie, die sie gegenüber ihren radikalen Glaubensbrüdern verteidigen." [622] Diese Unterstützung muß allerdings nicht eine generelle Werbung oder Förderung des Islam als Religion an sich einschließen, wie sie manche Kirchen und Stadtverwaltungen betreiben. Im Juli 2001 hatte sich der Stadtrat von Köln für den Bau einer repräsentativen Zentralmoschee ausgesprochen, mit Kuppel und Minarett, möglicherweise auch mit dem Ruf des Muezzins zum islamischen Gebet.

Eine öffentliche Unterstützung des Euro-Islam könnte eine regelmäßige Konsultation, die Vergabe von Ämtern an liberale statt islamistische Muslime, die Förderung aufklärender Literatur oder die Einschränkung der Wirkungsmöglichkeiten islamistischer Organisationen in Deutschland umfassen. In Medien und politischen Veranstaltungen sollten die Unterschiede der verschiedenen islamischen Gruppierungen in Deutschland herausgearbeitet werden. Dabei könnten Islamisten deutlicher und sachgerechter kritisiert und die im Gegensatz zu ihnen stehenden Euro-Muslime deulicher profiliert werden. Auch die vermehrte Aufklärung über die Ziele und das Wesen des Islamismus in den Medien könnte die differenzierte Beurteilung des Islam unter einheimischen Deutschen fördern und eine Plattform zur kritischen Auseinandersetzung mit den gewalttätigen Wurzeln in der Geschichte des Islam sowie der gewalttätigen Praxis in zahlreichen islamischen Ländern weltweit bieten. Dabei sollte vor allem der Unterschied zwischen Islamismus und Islam deutlich gemacht werden, damit der Bürger beides voneinander zu trennen lernt und sich trotz der Ablehnung des islamistischen Terrors nicht gegen seine muslimischen Nachbarn und Arbeitskollegen wendet. Natürlich ist es bei einer solchen Aufklärung nötig, offen auf die historischen und ideologischen Hintergründe des Islamismus zu sprechen zu kommen, denn nur so ist das Denken der Islamisten versteh- und bekämpfbar.

Um die Integration in die deutsche Gesellschaft zu fördern, sollten vermehrt Möglichkeiten zum Erlernen der deutschen Sprache geschaffen und nötigenfalls eine Verpflichtung zur Teilnahme an entsprechenden Kursen ausgesprochen werden. Klose fordert wie zahlreiche Politiker neben ihm das Erlernen der einheimischen Sprache für alle in Deutschland lebenden Menschen, damit die grundsätzliche Voraussetzung zur Kommunikation und Integration geschaffen werde. Ähnliche Regelungen werden in Skandinavien schon seit längerer Zeit erfolgreich angewandt.[623]

Auch sollten diejenigen Gruppen von der Öffentlichkeit unterstützt werden, die profiliert christliche Überzeugungen vertreten. Dadurch soll ein Gegengewicht zum religiösen Anspruch der Islamisten geschaffen werden und ein Gesprächspartner, der sich nicht nur auf politischer, sondern auch auf religiöser Ebene mit den Überzeugungen der Islamisten auseinandersetzt. Diese Aufgabe haben die großen Kirchen bisher kaum wahrgenommen. In der öffentlichen Wahrnehmung haben sie sich eher durch den Dialog mit liberalen Muslimen und eine Unterstützung des islamischen Folklorismus ausgezeichnet, bei der das eigene christliche Selbstverständnis oftmals auf der Strecke blieb. Islamisten kann nicht durch Preisgabe der eigenen Position oder durch religiöse Kompromisse geholfen werden, sondern nur durch eine beständige Auseinandersetzung mit überzeugten Christen, die bereit sind, auch dunkle Punkte islamischer Geschichte und Lehre vorbehaltlos anzusprechen. Liberale Christen oder religionslose Menschen werden von Islamisten nicht als ernstzunehmende Gesprächspartner akzeptiert. Diese bewußt christlichen Positionen sollten auch in der politischen und medialen Öffentlichkeit stärker vertreten werden, um das Selbstbewußtsein der Christen zu stärken und und Islamisten eine für sie gangbare religiöse Alternative anzubieten, die nicht im Widerspruch zur deutschen Verfassung steht.

Materielle Hilfe im internationalen Umfeld kann eingesetzt werden, um der Unzufriedenheit vieler als Reservoir des islamischen Fundamentalismus die Basis zu entziehen. Dazu gehören Entwicklungsprojekte, die mit Bildung, demokratischer Aufklärung oder kulturellem Engagement verbunden sind. Auch der Schutz und die direkte Förderung christlicher Minderheiten und ein Einsatz für ihre ungestörte Religionsausübung kann eine Hilfe sein, das friedliche Zusammenleben in islamischen Staaten zu unterstützen.

8.4.3. Kontrolle ausüben

Neben einer Unterstützung friedlicher Euro-Muslime ist eine regelmäßige Kontrolle islamistischer Vereinigungen vonnöten. Islamische Vereine in Deutschland sollten stärker auf ihre Verfassungskonformität hin überprüft werden, um verfassungsfeindlichen tendenzen rechtzeitig begegnen zu können. In manchen Fällen wäre sicher auch das Verbot einer islamistischen Vereinigung angeraten, um ihre destruktive Arbeit wenigstens kurzfristig einschränken zu können. Wolfgang Rüfner weist darauf hin, dass ein Verbot islamistischer Vereine die im Grundgesetz garantierte Religionsfreiheit nicht unmittelbar berührt. Natürlich muss im Einzelfall überprüft werden, ob es sich um Vereine handelt, die ihre staatsfeindlichen Ziele lediglich hinter religiösen Aktivitäten verstecken.[624]

Sicher muß auch regelmäßig überprüft werden, welche islamischen Vereine öffentliche Aufträge und öffentliche Unterstützung erfahren, um sich rechtzeitig von verfassungsfeindlich agierenden Organisationen distanzieren zu können oder im Vorfeld abklären zu können, wo eine Zusammenarbeit geraten erscheint und wo nicht. Trotz Bedenken gegen die Ausrichtung der Islamischen Föderation erhielt diese von einem Berliner Gericht die Genehmigun,g in den allgemeinbildenden Schulen des Landes Islamunterricht zu erteilen. „Böger bedauerte das Urteil. Im Gegensatz zu dem Gericht hält er die Unterrichtsrahmenpläne der Islamisten für nicht verfassungskonform. Unter anderem fehle ein eindeutiger Hinweis auf die Gleichberechtigung von Mann und Frau. Durch das Urteil erhielten fundamentalistische Organisationen Zugang zu Schulen."[625]

Grenzkontrollen, die Beobachtung verfassungsfeindlicher Islamisten, die Vergangenheitsüberprüfung aus islamischen Ländern in die Bundesrepublik einreisender Menschen und die strafrechtliche Verfolgung konkreter Übergriffe werden auch bisher schon praktiziert. Diese Aktivitäten staatlicher Behörden sollten weitergeführt und verbessert werden, so dass mehr sachdienliche Informationen erlangt werden können. Post- und Telefonkontrollen sowie das Abhören konspirativer Wohnungen sind kein technisches Problem und auch im Rahmen gegenwärtiger Gesetzgebung möglich. Durch gezielteren Einsatz dieser technischen Mittel, eine größere Entscheidungsfreiheit der Polizei und eine behördliche Koordination könnten mehr verwertbare Daten erhalten und zur vorbeugenden Gefahrenabwehr eingesetzt werden.

Die islamistischen Terroristen müssen von ihrer staatlichen und finanziellen Unterstützung so weit wie möglich abgetrennt werden. Des weiteren müssen auch islamische Staaten dazu gebracht werden, Terrorismus zu ächten, und Kapitalströme müssen daraufhin überprüft werden, welche Organisationen dahinterstecken, um islamistischen Vereinigungen rechtzeitig die finanzielle Versorgung zu kappen.[626] Nicht nur die Regierung der USA, auch die europäischen Länder arbeiten an Plänen, den internationalen

Finanzverkehr stärker zu kontrollieren, um es terroristischen Vereinigungen zu erschweren, ihr Geld über normale Bankverbindungen zu verschieben und zu vermehren. Darüber hinaus planen sie eine internationale Allianz der Terrorismusbekämpfung, so dass terroristische Aktivitäten auch über Ländergrenzen hinweg verfolgt werden können und Staaten isoliert werden, die Terroristen Aufenthalt auf ihrem Territorium gewähren.[627]

Sicher ist es auch angeraten, bekannte Islamisten polizeilich zu beobachten und bisher unbekannte islamistische Aktivisten durch V-Männer und Rasterfahndung zu ermitteln, um gegebenenfalls geplante verfassungsfeindliche Vorhaben im Vorfeld verhindern zu können. Dabei müssen allerdings die Gefahren und der Aufwand einer umfassenden staatlichen Überwachung und eine Verletzung der Persönlichkeitsrechte sorgsam gegen einen möglichen Erfolg abgewogen werden. Auch wäre es nicht wünschenswert, eine Art staatlicher Religionspolizei entstehen zu lassen oder Religionen lediglich nach ihrer Übereinstimmung mit dem jeweiligen politischen Zeitgeist zu beurteilen.

Zur Kontrolle des internationalen Islamismus sollten regelmäßige Untersuchungen und Meinungsumfragen zu religiösen und politischen Überzeugungen in islamischen Ländern durchgeführt werden. Auch der Umgang mit Andersgläubigen in islamischen Ländern sollte regelmäßig erfasst und einer breiten Öffentlichkeit zugänglich gemacht werden. Dabei sollte der regelmäßigen Kritik islamischer Christenverfolgungen besondere Aufmerksamkeit gewidmet werden. Auch sollten international agierende islamische Vereinigungen aufgefordert werden, sich für Toleranz und Religionsfreiheit in ihren Heimatländern einzusetzen, ähnlich derjenigen, die sie in Deutschland genießen.

8.4.4. Auseinandersetzung praktizieren

Religiöse Fanatiker predigen Hass, Intoleranz und Gewalt. Der Staat muss dagegen einschreiten - gerade auch wegen der rechtstreuen Ausländer.[628]

In Einzelfällen waren in der Vergangeneheit militärische Aktionen gegen Stützpunkte und Ausbildungslager islamistischer Vereinigungen sowie Festnahmen und Verurteilungen führender Köpfe der Terrorszene erfolgreich, desgleichen eine politische, wirtschaftliche und kulturelle Isolierung der den Terror unterstützenden Staaten. Allerdings stehen diese Aktionen immer auch in der Gefahr, kontraproduktiv den Islamismus zu unterstützen. Sie können dazu führen, Märtyrergestalten zu stilisieren, die staatliche Vorgehensweise als ungerecht und als Feindschaft gegen den Islam zu interpretieren und unter der häufig mitleidenden Bevölkerung neue Anhänger zu bekommen. Gerade in der islamischen Bevölkerung führen militärische Schläge oder wirtschaftliche Isolation eher zu Unverständnis und Hass auf die scheinbar willkürlich handelnden westlichen Staaten.

Natürlich muß die Auseinandersetzung mit dem Islamismus auch mit juristischen Mitteln stattfinden. Anders als die deutschen Politiker haben die Regierungen Frankreichs und Großbritanniens schon vor Jahren die Gefahren des Islamismus erkannt und gesetzlich einzudämmen versucht. „Bisher war Frankreich das einzige Land Westeuropas, das sich gegen die Strategie der Islamisten, Europa als Hinterland für die Aktivitäten dieser totalitären Bewegungen in der Welt des Islam zu missbrauchen, mit Erfolg wehrt. Seit einigen Wochen kommt Großbritannien hinzu, das Lehren aus der Vergangenheit zieht: Mit dem British Terrorism Act enden die lockeren Bestimmungen, die den Missbrauch Großbritanniens als Hinterland für die Islamisten ermöglichte."[629] Dadurch wurden unter anderem auch islamistische Aktivitäten, Planungen gewalttätiger Demonstrationen und Anschläge, selbst wenn sie im Ausland ausgeführt werden sollen, sowie offensichtlich staatsfeindliche Propaganda unter Strafe gestellt.

Politiker und Richter dürfen sich nicht scheuen, gleiche Rechte und Pflichten auch für Muslime zu fordern und durchzusetzen. Sie sollten sich hüten, von den islamischen Überzeugungen des betreffenden Bürgers auszugehen und damit Prinzipien islamischer Rechtsauffassung zu folgen, die häufig in krassem

Gegensatz zu den Grundwerten und dem Selbstverständnis des Grundgesetzes stehen. Dadurch würde das Gesetz teilweise ausgehebelt und der Bildung einer islamischen Parallelgesellschaft mit einem eigengesetzlichen Raum Vorschub geleistet. Starke Bedenken gegen die schon vorhandenen Ansätze einer solchen Entwicklung in der Rechtsprechung haben beispielsweise Bassam Tibi und Ursula Spuler-Stegemann erhoben.[630]

Der Staat sollte sich offen zu seinen weltanschaulichen Überzeugungen bekennen und diese auch gegenüber den Islamisten verteidigen. Wer sich allerdings scheut, klare Worte zu sprechen und subjektive Positionen zu verteidigen, weil er von einem allgemein anerkannten objektiven Konsens träumt, sollte sich in einer Selbstbesinnung zuerst der eigenen Grundlagen vergewissern oder diese neu erarbeiten. Einem Leitfaden gleich stellt eine Leitkultur nur den Rahmen einer Werte-Orientierung dar, beinhaltet also weder Über- oder Unterordnung noch irgendwelche andere negativ besetzte Implikationen, die die Gegner des Konzepts unterstellen. „Zu ihren Bestandteilen gehören: erstens das Primat der Vernunft vor der religiösen Offenbarung (Koran), das heißt vor der Geltung absoluter Wahrheiten; zweitens individuelle Menschenrechte (also nicht Gruppenrechte), zu denen in besonderem Maße die Glaubensfreiheit gehört; drittens die säkulare, auf der Trennung von Religion und Politik basierende Demokratie; viertens schließlich allseitig anerkannter Pluralismus sowie ebenso gegenseitig geltende säkulare Toleranz."[631]

Vorgehensweisen und Argumentationsmuster der Islamisten müssen benannt und widerlegt werden. Immer wieder versuchen die Islamisten in Deutschland auch die Empörung über den Nationalsozialismus für sich zu nutzen, indem sie sich ähnlich den Juden als Verfolgte der Rechtsradikalen darstellen. „Wie die Islamisten Europa als Hinterland instrumentalisieren und islamische Einwanderung für sich missbrauchen, wollen sie durch ein Scheinbündnis auch die jüdische Gemeinde für sich nutzen. Dies können sie erreichen, wenn es gelingen sollte, die falsche Parallele Antisemitismus/Antiislamismus durchzusetzen."[632] Eine Parallele zwischen einer sachlich begründeten Kritik am islamischen Extremismus und der ideologisch bedingten Verfolgung der Juden besteht offensichtlich nicht.

„Der Islamismus blüht vor allem in Elend und Not auf. Es wäre aber zu einfach gedacht, er würde bei wirtschaftlichem Aufschwung wieder austrocknen. Denn er ist eine mächtige Kraft der Sinnstiftung bis hin zur Jenseitsperspektive."[633] Doch gerade in dieser religiösen Auseinandersetzung sind überzeugte Christen gefordert, die glaubwürdig geistliche Schwachstellen islamischer Überzeugungen benennen und für religiöse Menschen tragfähige Alternativen anbieten können. Dabei müssen Streitpunkte, Interpretationen, Meinungen und historische Tatsachen der unschönen Geschichte des Islam offen diskutiert werden. Gerade überzeugte Christen können sich weit besser in die religiöse Gedankenwelt der Muslime einfühlen, als unreligiöse Zeitgenossen dies vermögen. Christen sollten ungehemmt auf Muslime zugehen, um mit ihnen über Fragen des Glaubens zu sprechen. Damit könnte ein für viele Muslime unverständliches Tabu, das auf religiösen Gesprächen in der Öffentlichkeit liegt, gebrochen werden. Damit könnte sich die Ablehnung der Islamisten gegenüber dem gottlosen Deutschland abmildern, Muslime könnten sich auch religiös integrieren und christliche Glaubensinhalte könnten Islamisten in ihrem Denken und Handeln verändern. Christen kämen damit ihrer Pflicht zum Glaubensbekenntnis nach und dienten gleichzeitig der gesellschaftlichen Integration der Islamisten.

8.5. Christen und Ausländer

Bundespräsident Johannes Rau wies in seiner Rede deutlich auf Schwierigkeiten und Chancen des Zusammenlebens deutscher und ausländischer Bürger hin: „Mehr als sieben Millionen Ausländer leben in Deutschland. Sie haben unsere Gesellschaft in den vergangenen Jahren verändert. Doch wir denken zu wenig darüber nach, was das für das Zusammenleben in unserem Land insgesamt bedeutet. Und wir handeln zu wenig danach. ... Wir müssen überall in der Gesellschaft über Zuwanderung und Zusammenleben in Deutschland reden - über die Chancen und über die Probleme. Und wir müssen handeln - und zwar ohne Angst und ohne Träumereien. ... Wir müssen Unsicherheit und Angst überwinden, die manchmal zu Fremdenfeindschaft, zu Hass und Gewalt führen. Wir müssen eine falsch verstandene Ausländerfreundlichkeit überwinden, die so tut, als gebe es überhaupt keine Probleme und Konflikte. ... Das Zusammenleben ist auch schwierig und es ist anstrengend. Wer das leugnet oder nicht wahrhaben will, ist mit Appellen zu mehr Toleranz, Freundlichkeit und Aufnahmebereitschaft unglaubwürdig. Es hilft nichts, vor Problemen die Augen zu verschließen oder allein schon ihre Beschreibung als Ausländerfeindlichkeit hinzustellen. Es ist nicht schwer, in wohlsituierten Vierteln eine ausländerfreundliche Gesinnung zu zeigen."[634]

Basam Tibi tritt zu Recht für eine Integration von Ausländern in Deutschland ein. Dazu bedarf es auch der Übernahme kultureller Regeln und Werte. „Ein in Deutschland lebender Muslim kann durch Integration auf der Basis eines Wertekonsenses als Bürger Mitglied eines Gemeinwesens werden, ohne seine islamische Identität preiszugeben. Integration macht es im Gegensatz zur Assimilation möglich, eine multiple, das heißt kulturell vielfältige Identität zu haben. ... Ebenso wie ich gegen Parallelgesellschaften als Folge fehlender Integration bin, trete ich mit allem Nachdruck gegen alle Formen der Assimilation ein."[635]

Durch wachsende Mobilität, wirtschaftliche Verarmung und kriegerische Auseinandersetzungen sehen wir uns in Deutschland mit einer ständig anwachsenden Gruppe ausländischer Menschen konfrontiert, die hier leben und arbeiten wollen. Zu dieser Gruppe zählen auch die mesisten in der Bundesrepublik befindlichen Muslime. Die Erinnerung an christliche Rechtfertigungsbestrebungen der Sklaverei oder der Apartheid sollten uns davon zurückhalten, so pauschal zu urteilen, wie Gerhard Becker es tut: „In den letzten

Jahrzehnten hat der deutsche Staat entgegen seiner Aufgabe annähernd 10 Millionen Nichtdeutsche in unser Land aufgenommen. Hierdurch hat er dem eigenen Volk ungeheure Lasten auferlegt und Massenarbeitslosigkeit mitverursacht. Die Ansiedlung fremder Volksteile soll offensichtlich dazu beitragen, die von Gott eingerichtete Völkerordnung zu beseitigen (1.Mos.11), denn die bislang völkisch einheitlich geprägte Einwohnerschaft wird in unserer Zeit durch eine internationale Bevölkerung ersetzt."[636] Demgegenüber müssen wir erst einmal festhalten, dass wir in der Bibel zahlreiche positive **Beispiele des Verlassens der Heimat aus religiösen** (Abraham 1.Mos.12), **wirtschaftlichen** (Jakob 1.Mos.42; 46) und **politischen** (David 1.Sam.21,11ff; Maria und Joseph Mt.2,19ff) **Gründen** finden, in denen dieses Verhalten nicht verurteilt wird. Die **neutestamentliche Gemeinde** war sowieso **multikulturell** zusammengesetzt (Apg. 6,1; Kol.3,11), ohne dass Paulus zu einer Trennung der verschiedenen Nationalitäten aufforderte. Ganz zu schweigen von den, in der **Kirchengeschichte** verfolgten Christen wie die Hugenotten, Böhmen oder Salzburger, die glücklicherweise in Deutschland Zuflucht erhalten haben. Darüber hinaus gibt es klare Anweisungen darüber, dass ein **Fremdling in Israel geschützt** werden soll (5.Mos.14,29; 16,11ff) und keinesfalls ungerecht behandelt werden darf (2.Mos.22,20; Jer.7,6). Israel wird sogar aufgefordert, den Fremdling zu lieben, in Erinnerung an seine eigene Zeit in Ägypten (5.Mos.10,18f) und ihm gleiche Rechte zuzugestehen wie den anderen Israeliten (3.Mos.24,22). Andererseits muss sich dieser Fremdling natürlich den **staatlichen Ordnungen Israels unterwerfen** (2.Mos.20,10; 3.Mos.24,16; 5.Mos.29,9-12), ohne allerdings Jude werden zu müssen (5.Mos.14,21). Da nach **deutschem Grundgesetz** nur diejenigen Ausländer eine Aufenthaltsbewilligung erhalten sollen, die aus religiösen oder politischen Gründen verfolgt werden, besteht Grund zur Kritik höchstens an der Umsetzung, Interpretation oder dem Umfang der Hilfe, nicht aber generell an der Rechtsprechung.

8.6. Gespräche mit Muslimen

Bassam Tibi will Deutschen und Christen Mut machen, zu ihren Überzeugungen zu stehen und diese auch gegen Angriffe radikaler Islamisten zu verteidigen.[637] Gespräche über den Glauben müssen nicht in einem schwammigen Einheitsbekenntnis verschwimmen. Den Andersgläubigen in seiner Andersartigkeit zu tolerieren muß nicht damit verbunden werden, eigene Überzeugungen zu verwässern oder aufzugeben. „Ich verschweige aber nicht, dass es noch genügend Deutsche gibt - vor allem leider im kirchlichen Raum - , die sich blauäugig von den Islamisten instrumentalisieren lassen. Demokratische Toleranz muss stets auf Gegenseitigkeit beruhen, und sie bedeutet nicht Selbstaufgabe."[638]

Gerade in der Auseinandersetzung mit dem Islamismus und seinen Wurzeln fällt den Christen eine besondere Verantwortung zu. Im Gegensatz zu ihrer säkularisierten Umwelt können sie die Argumentationen der Islamisten auch in ihrer religiösen Dimension verstehen und adäquate Antworten darauf formulieren. „Für die moderne, postmoderne, der christlichen Substanz weitgehend entkernte westliche Zivilisation ist die Bindekraft des Islam jedoch eine schier unvorstellbare, monströse, daher furchterregende Angelegenheit."[639]

Das vordringlichste Ziel eines Christen sollte sein, dem Muslim seinen Glauben zu bekennen. Dabei wird er großenteils auf offene Türen stoßen. Muslime sind im allgemeinen viel eher bereit als die meisten säkularen Deutschen, über religiöse Fragen zu sprechen, und es ist ihnen wichtig. Um tragfähige Kontakte mit Muslimen aufzubauen, ist es notwendig, Freundschaften zu schließen. Muslime müssen merken, dass Zusammenleben auch trotz unterschiedlicher Glaubenspositionen möglich ist. Um ihnen den christlichen Glauben nahezubringen und Vorurteile den Christen gegenüber abzubauen, muss erst Vertrauen geschaffen werden. Das geschieht am besten über Sport, gesellschaftliche Anlässe, Gespräche über alltägliche Fragen, Interesse an Person und Familie des Anderen, Hobbies und beruflichen Austausch. Erst die tragfähige Beziehung ermöglicht dem Muslim eine vertrauensvolle Öffnung in persönlichen religiösen Fragen, wird doch der Muslim im Koran davor gewarnt, Freundschaften mit „Ungläubigen" einzugehen. Christen sind nach dem Koran unzuverlässig, sie haben die Offenbarung Allahs verfälscht und die Muslime unterdrückt. Diese anerzogene Hemmschwelle muß zuerst überwunden werden.

Für das religiöse Gespräch mit Muslimen sollten Christen den Koran kennen und sich auch auf dessen Aussagen über Jesus, Maria, Abraham und Mose beziehen. So ist es möglich, christliche Wahrheiten zu vermitteln, ohne den Muslim zu veranlassen, seine Religion aufzugeben. Der Muslim kann so die vielen Gemeinsamkeiten zwischen Koran und Bibel wahrnehmen lernen, die seine Scheu vor der christlichen Bibel verringert. Muslime sind verpflichtet, sich die Personen der Bibel als Vorbilder zu nehmen, sofern sie auch im Koran genannt werden. Deshalb sollten sie diese auch von der Bibel her noch besser kennenlernen. Darauf können sich Christen beziehen, wenn sie über den Koran hinaus auf typisch christliche Glaubensaussagen zu sprechen kommen wollen.

Immer wieder wird es nötig sein, islamische Mißverständnisse des christlichen Galubens zu korrigieren, so betreffs christlicher Fälschung der Bibel oder der vermeintlich von Christen vertretenen Dreieinheit (Vater, Mutter, Kind / Gott, Maria, Jesus).

Auch kann es hilfreich sein, Grundlagen ihrer religiösen Formen zu benutzen, um ihnen den christlichen Glauben verständlich zu machen. Beispielsweise spricht nichts dagegen, auf muslimische Gebetshaltung einzugehen, die arabischen Ausdrücke für Jesus (isa) und Evangelium (ingil) zu benutzen oder die Bibel als „Heiliges Buch" mit besonderer Aufmerksamkeit zu benutzen. Viele Muslime verbinden darüber hinaus mit dem Begriff „Christ" Unglaube und Feindschaft, wesshalb es gerade in islamischen Ländern geboten sein kann, sich stattdessen „Jünger Jesu" oder „Nachfolger Jesu" zu nennen.

Im Gespräch mit Muslimen sollte ihre Kultur berücksichtigt werden. Männer sollten ausschließlich mit Männern und Frauen nur mit Frauen sprechen. Die Bibel oder der Koran sollten mit Achtung behandelt werden. Sie dürfen weder auf den Tisch geschlagen noch unterhalb der Gürtellinie abgelegt, noch bemalt oder zerknickt werden.

8.6.1. Freundschaft schließen

- Viele leben isoliert, fühlen sich ausgegrenzt oder haben persönliche Probleme. Anteilnahme, praktische Hilfe und persönliches Interesse ist der beste Weg, um eine Beziehung aufzubauen.

- Wenn ich den ganzen Mensch im Blick habe, möchte ich erfahren, wie er lebt, was er denkt, woher er kommt, womit er sich beschäftigt.

- Beziehungen aufzubauen, in denen Vertrauen entstehen kann, kostet Zeit, Geld und Kreativität.

- Ich werde gefordert, mit dem ganzen Leben hinter meinen Aussagen zu stehen. Für den Umgang mit Moslems, aber auch für uns selbst heißt das, moralisch vorbildlich zu leben und unanstößig zu sprechen, geistlich diszipliniert aufzutreten, insbesondere was das Engagement im Gebet, Bibellesen, Gottesdienstbesuch und Einsatz für Mission angeht; das sind wichtige Aspekte für viele Moslems.

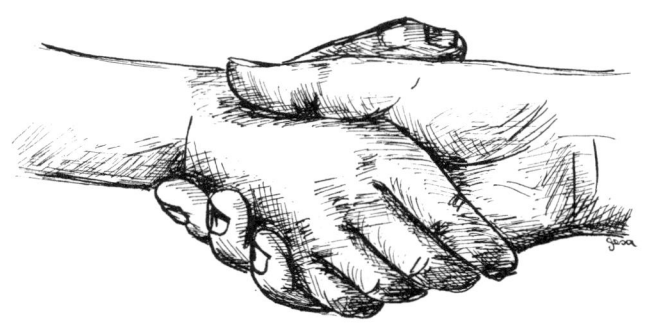

- Die Beziehung zu einem Muslim sollte in einer Atmosphäre gegenseitigen Vertrauens, auf der gleichen Ebene, mit offenen Karten und Lernbereitschaft stattfinden. Dabei begegnen wir uns als ganze Menschen, weder als wandelnde Universallexika noch als überhebliche Richter oder gefühllose Maschinen. Es empfiehlt sich, eine bildhafte Sprache mit vielen Beispielen zu gebrauchen und gemeinsam offene Fragen zu erarbeiten.[640]

- Der ehemalige Muslim Ali- Haydar schreibt dazu: Gott „will sich auch um die vielen Moslems kümmern, die unter uns leben. Er braucht Christen dazu, die nicht Recht behalten wollen, sondern die ihnen in der Liebe Christi begegnen und sie nicht in erster Linie als Missionsobjekte betrachten."[641]

8.6.2. Anfragen stellen

- Grundsätzliche Anfragen an das persönliche Leben, die eigene Konsequenz oder die vorgetragenen Überzeugungen. Dabei wollen wir nicht den Versuch unternehmen, die Lehren zu widerlegen; wir versuchen durch Fragen unseren Gesprächspartner zum Nachdenken zu bringen und selber Antworten zu formulieren.

- Zweifel säen: z.B. Wie ist es um die historische Zuverlässigkeit der koranischen Überlieferung bestellt? Wie kann man den Konflikt mit Aussagen der Bibel sachlich lösen? Kritische Daten aus neueren Mohammed-Biographien nennen und Stellung dazu beziehen lassen (intellektuell).

- Missstände nennen: Wie will ich den Zwang zum Islam rechtfertigen? Warum töten Muslime Christen (Türkei, Ägypten, Sudan)? Wieso hat die Frau eine so schlechte Stellung im Islam? Wieso bringen Muslime einander um (z.B. Iran / Irak; Algerien; Libanon)? Ist die Scharia gerecht? Ist nicht die enge Verbindung zwischen Staat und Islam schädlich für den Glauben? Warum ziehen reiche Muslime im Ramadan nach Westeuropa, halten sich manche einen Harem, leben andere in Homosexualität? (Die illegale Bordellszene in Berlin z.B. ist fast ausschließlich in türkischen Händen.) Warum helfen die reichen islamischen

Ölstaaten nicht ihren armen Brüdern in Indien oder Bangladesch? (moralisch)

- Widersprüche erwähnen: Wenn Allah allbarmherzig ist, warum befiehlt er dann Andersgläubige zu töten? Wieso verurteilt Allah die Menschen, wenn sie in erster Linie gegen sich selber freveln? Warum berichtet die Bibel viel detaillierter und historisch überprüfbarer über das Leben Jesu, wenn doch der Koran die genauere Information enthalten soll? (logisch) Konkrete, objektiv überprüfbare Fehler und Widersprüche im Koran nennen, wenn möglich in Gegenüberstellung mit den Aussagen der Bibel.[642]

8.6.3. Anknüpfungspunkte suchen

- Theologie: Viele der grundlegenden theologischen Aussagen der Bibel können von einem Muslim akzeptiert werden, da sie mit parallelen Feststellungen des Koran übereinstimmen (Gott hat die Welt geschaffen, es gab eine Sintflut, der Mensch ist schuldig vor Gott, Gott spricht durch Offenbarungen zu den Menschen, Gott greift durch übernatürliche Wunder in die Welt ein, es gibt einmal ein großes Gericht für alle Menschen usw.).

- Personen: Zahlreiche wichtige Personen aus der Heilsgeschichte Gottes kommen auch im Koran vor. Zwar unterscheidet sich die Beschreibung von deren Leben und Lehre bei Christen und Muslimen; da sie aber von Muslimen verehrt werden, können wir dem Muslim aus der Bibel weitere Informationen über die von ihm als Vorbild gesehene Person liefern.

Zum Beispiel Jesus im Islam: [643]

* Jesus (Isa) ist einer von den 313 rasul (=Gesandten). (arab. Isa, mit unklarer Etymologie).

* Nach der Lehre des Koran ist er der Sohn Marias, gezeugt durch ein Wort Allahs, einer von den Gott Nahegestellten (Sure 3,40), hochangesehen (ibid), gesegnet (Sure 19,32), ein Gesandter (Sure 14,156), ein Prophet (19,31), der ein Buch (kirab) hat (19,31), nämlich das Evangelium (5,50). Er wird auch Messias und Geist Gottes genannt, er ist sündlos, heilt Kranke, kann Tote auferwecken und leblose Materie zum Leben erwecken.

* Die Aussagen über seinen Tod sind dunkel, jedenfalls stirbt er nicht am Kreuz. Allah duldet nicht, dass sein Prophet von den Menschen ermordet wird. Statt Jesus wird ein ihm Ähnlicher gekreuzigt, Jesus selbst wird im letzten Moment in den Himmel entrückt.

* Über seine Wiederkunft spricht nur eine Stelle (43,61) von unsicherer Bedeutung. Nach späterer Lehre wird er vom Himmel mit einer Lanze in der Hand herabsteigen, den Daggal töten und nach Jerusalem kommen. Er wird die Heiden zum Islam rufen und die Fälschungen der Christen korrigieren.

* Im späten Islam ist Jesus ein ewiger barfüssiger Wanderer, ein Vollbringer wohltätiger Wunder. Am Jüngsten Tage wird er die Fürsprache bei Allah verweigern, weil seine Anhänger ihn und seine Mutter zugleich mit Allah für Götter gehalten haben. Manche Moslems haben die Auffassung, dass Jesus mit den Muslimen, bei seinem Kommen, gegen den Antichristen kämpft. Dann baut er das Friedensreich auf und er wird die Ungläubigen richten.

* Entschieden lehnt der Koran Jesu Stellung als Gottes Sohn ab (Sure 5,72).

* Gott kann keinen Sohn haben, denn er hat keine Frau gehabt (Sure 6,100f), ausserdem passt es nicht zum allmächtigen Gott, Kinder zu haben (Sure 19,34), es widerspricht auch dem Wesen Allahs: „Sprich: Gott ist Einer! Gott ist der Ewige! Er zeugt nicht noch wurde er gezeugt! Nicht eines gibt es, das ihm gleich wäre!" (Sure 112). Die Gottessohnschaft Jesu ist nicht mit der Einheit Allahs zusammenzubringen. Muhammad wehrt sich deutlich gegen einen solchen Polytheismus. Darüber hinaus ist Allah unvergleichlich, unbegreiflich und unberechenbar, so dass er keine menschliche Gestalt annehmen kann.

* Jesus ist nur eine Gesandter (Prophet) Allahs[644], wie es auch andere gegeben hat (Sure 5,73-75). Er lehnt es nach dem Koran selbst ab, Gottes Sohn zu sein (Sure 4,171f; 5,116).

- Alltag: Auch wenn die meisten Muslime in Deutschland aus fremden Kulturen stammen, teilen sie viele alltägliche Fragen mit uns. Sie beschäfftigen sich mit Partnersuche, Eheproblemen, Kindererziehung, Berufswahl, Gesundheitsfragen usw. Diese Fragen bilden oftmals einen Ausgangspunkt für ein Gespräch, können Vertrauen schaffen und bieten die Möglichkeit, praktische christliche Antworten auf diese Lebensfragen zu geben, ohne sofort deren biblischen Hintergrund zu betonen. Der selbst erfahrene Erfolg dieser Ratschläge schafft eine Offenheit, auch religiöse Fragen aus der Sicht der Bibel besprechen zu können.

8.6.4. Irrtümer aufklären[645]

- Trinität: Wir glauben nicht an eine Dreieinheit von Gott Vater, Maria und Jesus Christus. Wir glauben auch nicht an drei verschiedene Gottheiten. Es gibt nur einen Gott.

- Gottheit Jesu: Jesus ist nicht von Gott im menschlichen Sinn gezeugt worden. Jesus ist Gott, er ist kein anderer Gott als der Vater (er wird mit göttlichen Eigenschaften beschrieben: Schöpfer, allmächtig, allgegenwärtig). In ihm tritt uns Gott nahe und verständlich gegenüber. Jesus tut Wunder, die nur Gott tun kann. Jesus ist aus dem Grab auferstanden. Jesus wird einmal Richter über die Menschen sein.

- Zuverlässige Überlieferung[646]: Das Neue Testament kann nicht verfälscht worden sein, wie muslimische Lehrer das behaupten. Frühe Textfunde, eine genaue Dokumentation der Überlieferung und detaillierte historische und geographische Angaben erweisen die hohe Zuverlässigkeit der Aussagen des Neuen Testaments, insbesondere auch bezüglich des Lebens, Sterbens und Auferstehens Jesu.

- Das christliche Abendland: Nicht alles, was in Europa geschieht, ist vom christlichen Glauben legitimiert. Sehr wenige Menschen lesen in der Bibel, immer mehr treten aus der Kirche aus; Verhaltensweisen, sogar offizielle Gesetze widersprechen christlicher Ethik und christlichem Glauben auf der ganzen Linie (Abtreibung, Homosexualität, Pornographie, öffentliche Gotteslästerung, Sterbehilfe, Korruption, Egoismus, Lustmaximierung).

- Der moralische Verfall: Echte Christen sind nicht in dieser Weise vom moralischen Verfall betroffen, sie kämpfen gegen solche Entgleisungen. Manche Verhaltensweisen sind nicht generell moralisch schlecht, sondern nur kulturell bedingt (Gespräch zwischen Mann und Frau, unverschleierte Frauen). In vielen islamischen Ländern ist die Unmoral nur nicht so an der Oberfläche, weil sie mit Gewalt unterdrückt wird. Viele Muslime, die nach Europa kommen, verhalten sich schlimmer als ungläubige Europäer (Prostitution, Trinken, Pornographie).

8.6.5. Probleme aufwerfen

- Die Aufmerksamkeit auf Fragen lenken, die vorhanden sind und auch der erlebten Wirklichkeit entsprechen, aber im muslimischen Glauben ausgeklammert oder unzureichend beantwortet werden: das Problem der Schuld, der Vergebung, der Heilsgewissheit oder der Vertrauensbeziehung zu Gott.

- Was wäre, wenn der Anspruch Jesu, der einzige Weg zu Gott zu sein, stimmt? Hypothetisch über den christlichen Glauben nachdenken.

- Dabei hilft es muslimische und christliche Beschreibungen der menschlichen Situation sowie deren Lösungsansätze aufzuzeigen, miteinander zu vergleichen und abzuwägen, welches die zutreffendere ist.[647]

- Eine neutrale Koexistenz beider Religionen ist nicht möglich, es kann nur eine der Wahrheit entsprechen. Wie wollen wir das überprüfen? Welche neutrale Maßstäbe bieten sich an?

8.6.6. Kultur beachten

- Thema Religion: Um über Religion zu sprechen, sind keine besonderen Anstrengungen notwendig, bei Muslimen ist das ein verbreitetes Gesprächsthema. Wir müssen allerdings auf einen engagierten, gefühlsbetonten Gesprächsverlauf gefasst sein und darauf achten, uns nicht übermäßig zu erregen und damit eine weitere Unterhaltung zu erschweren.

- Freundlichkeit: In den meisten muslimischen Kulturen spielt die Höflichkeit eine nicht zu unterschätzende Rolle. Das beginnt bei einer rituellen und ausführlichen, fast übertriebenen Begrüßung und Nachfrage über das Wohlbefinden, über eine vorsichtige, oft nur andeutende Gesprächsführung, die bestrebt ist, den anderen nicht vor den Kopf zu stoßen oder zu beleidigen, bis zu einer überschwänglichen Bewirtung und herzlichen Verabschiedung. Diesen Gepflogenheiten sollten wir uns weitgehend anpassen und darauf achten, trotz aller Ereiferung unserem Gesprächspartner die Möglichkeit zu geben, sein Gesicht zu wahren.

- Umgang mit der Bibel: Nach muslimischem Verständnis spiegelt der Umgang mit der Bibel unsere Wertschätzung ihr gegenüber wider. Benutzen wir eine vollgemalte, mit eigenen Anmerkungen versehene Bibel, die möglicherweise noch zerlesen ist, deren Blätter Eselsohren haben und deren Einband beklebt ist, dann fühlt sich ein Muslim darin bestätigt, dass die Bibel uns nicht viel wert sein kann, da wir sie andernfalls sorgfältiger und ehrfürchtiger behandeln würden. Um diesen zweifellos etwas magischen Vorstellungen zu entsprechen, eignet sich besser eine große, repräsentative Bibel mit Goldschnitt und prächtigem Einband. Auch unser Umgang mit der Bibel sollte der Wertschätzung entsprechen, die wir ihr zumessen. Deshalb sollten wir unsere Bibel nicht in die Ecke knallen oder unterhalb der Gürtellinie ablegen.

- Mann und Frau: Obwohl sich die Vorstellungen weltlich geprägter Muslime verändert haben, gilt noch immer, dass sinnvolle Beziehungen nur gleichgeschlechtlich geschlossen werden sollten. Traditionell gilt das Wort einer Frau nicht so viel, ein Mann nimmt ihre Worte also auch nicht so ernst. Außerdem werden intensive zwischengeschlechtliche Gespräche fast immer als geschlechtliches Interesse gewertet; der Muslim meint, die Christin sei an ihm als Mann interessiert oder der Christ wolle eine Freundschaft mit der Muslimin beginnen. Das kann ungewollt Komplikationen hervorrufen, da nicht nur die Gesprächspartner, sondern auch die Beobachter und Angehörigen es so interpretieren.

- Einladungen: Stärker als in Mitteleuropa üblich gehören gegenseitige Einladungen unter Muslimen zum Aufbau und Erhalt einer Beziehung. Dabei gehören reiche Bewirtung und viel Zeit zu den Selbstverständlichkeiten. Da es unhöflich ist, eine Einladung abzulehnen, kann ein Muslim zusagen, ohne zu kommen. Wir müssen das akzeptieren, ohne uns darüber zu ärgern oder nachtragend zu sein. Auch Verspätungen sind durchaus nicht unhöflich gemeint und werden, auch wenn sie oft vorkommen können, von vielen Entschuldigungen begleitet. Umgekehrt sind auch nicht alle Einladungen ganz ernst gemeint, auch wenn der überraschte Gastgeber sich das nie anmerken lassen würde. Hier brauchen wir etwas Übung und Fingerspitzengefühl, um die richtige Praxis zu finden.

8.6.7. Glauben vermitteln

- Jesus vorstellen: Das erste Ziel im Gespräch mit einem Moslem muss es sein, ihm die Person Jesu Christi näher zu bringen. Wir können bei den Hinweisen aus dem Koran beginnen, um dann zu den Berichten der Evangelien zu kommen. Wichtig in diesem Zusammenhang sind insbesondere Tod und Auferstehung Jesu sowie die Bedeutung, die Jesus für mich hat.

- Bibel öffnen: Der Muslim muss merken, woher ich meine Informationen habe und wie ich das Wort Gottes schätze. Dadurch, dass er selbst liest, bekommt er einen eigenen Zugang zur Bibel und wird in seinem Glauben an die Bedeutsamkeit heiliger Bücher bestätigt.

- Zusammenhänge erklären: Um einem muslimischen Gesprächspartner die Aussagen und die Bedeutung des Lebens Jesu deutlich zu machen, ist es notwendig, die einzelnen Aussagen der Bibel in einen Zusammenhang zu bringen und aus den vorgefertigten islamischen Interpretationsmustern herauszulösen. Dabei helfen historische Erläuterungen, thematische Studien und graphische Darstellungen.

- Geschichte erwähnen: Hilfreich kann es ferner sein, auf die Geschichte Gottes mit den echten Christen einzugehen, die im Vertrauen auf Gott lebten und für ihren Glauben litten, die die Welt veränderten und zu ihrer Erforschung beitrugen, deren Leben erneuert wurde, die Wunder erlebten und sich in übermenschlicher Liebe der Evangelisation hingaben. Hier kann einmal eine Kontinuität von der Zeit des Neuen Testaments bis heute hergestellt werden. Darüber hinaus wird die auf den moralischen Niedergang und die Kreuzzüge reduzierte Sicht der christlichen Gemeinde korrigiert; zudem kann so unser persönliches Zeugnis bestärkt werden.

- Berichte über persönliches Glaubensleben: Gebetserfahrungen, Erfahrungen mit Gott, z.B. Tröstung, Korrektur, Freude, Ermutigung. Worte bekommen in den Augen unserer Zuhörer oft erst ihren Wert, wenn sie existentiell untermauert sind.

9. Literaturverzeichnis

Inzwischen gibt es eine fast unübersehbare Fülle von Publikationen über den Islam und über die Lebenssituation der Muslime. Um dem interessierten Leser den Einstieg zu erleichtern, wird nachfolgend nur eine kleine Auswahl genannt:

- Abdullah, Muhammad Salim: Was will der Islam in Deutschland?, Gütersloh 1993
- Antes, Peter: Der islam. Religion Ethik Politik, Stuttgart 1991
- Azzam, Mahmoud: Der Islam. Plädoyer eines Moslem, Horst Poller Verlag, Stuttgart 1981
- Becker, Hildegard: Seltsame neue Weltsicht. Der angersehende Islamrat wird von Rechtsaußen unterwandert, in: Publik- Forum Nr.22, 19.11.1993
- Becker, Jörg: Zwischen Integration und Dissoziation. Türkische Medienkultur in Deutschland, in: Aus Politik und Zeitgeschichte. Beilage der Wochenzeitung „Das Parlament", B.44-45/96, 25.10.1996, S.39-47
- Bobzin, H.: Der Koran. Eine Einführung, München 1999
- Bouman, Johan: Christentum und Islam im Vergleich, Brunnen Verlag, Gießen 1982
- Bürgel, Johann Christoph: Allmacht und Mächtigkeit. Religion und Welt im Islam, C.H.Beck Verlag, München 1991
- Cahen, C.: Der Islam I, Frankfurt a.M. 1968
- Colpe, Carsten: Problem Islam, Athenäum Verlag, Frankfurt 1989
- Das Oxford Lexikon der Weltreligionen, John Bowker Hrsg., Patmos Verlag, Düsseldorf 1999
- Eaton, Charles le Gai: Der Islam. Und die Bestimmung des Menschen, Dietrichs-Verlag, München 1994, 2.Aufl.
- Elias, Jamal J.: Islam, Herder Verlag, Freiburg 2000
- Ende, W. / U.Steinbach Hrsg.: Der Islam in der Gegenwart, München 1996 4.Aufl.
- Endreß, G.: Der Islam. Eine Einführung in seine Geschichte, München 1997, 3.Aufl.
- Enzyklopädie des Islam, 4 Bde. Leiden, Leipzig 1913-34

- Ersen, Ishak / Abd al Masih: Die Rechte und Pflichten der Juden und Christen in einem islamischen Staat, Licht des Lebens, Villach 1992
- Feindt Riggers, Niels / Steinbach, Udo: Islamische Organisationen in Deutschland. Eine aktuelle Bestandsaufnahme und Analyse, Deutsches Orient-Institut, Hamburg 1997
- Fitzgerald / Khoury / Wanzura: Mensch, Welt, Staat im Islam, Styra Verlag, Graz 1977
- Grunebaum, G.E. von: Der Islam in seiner klassischen Epoche, Artemis Verlag, Zürich 1966
- Grunebaum, G.E. Von: Der Islam II, Frankfurt a.M. 1971
- Haarmann, U. Hrsg.: Geschichte der arabischen Welt, München 1994, 3.Aufl.
- Hagemann, L.: Christentum contra Islam, Darmstadt 1999
- Hartmann, R: Die Religion des Islam, Darmstadt 1992 (Nachdruck von 1944)
- Hegyi, Klara / Vera Zimanyi: Muslime und Christen. Das Osmanische Reich in Europa, Corvina Verlag, Budapest 1988
- Heine P. Und I.: O ihr Musliminnen. Frauen in islamischen Gesellschaften, Herder Verlag, Freiburg 1993
- Heine, P.: Konflikt der Kulturen oder Feindbild Islam, Herder Verlag, Freiburg 1996
- Heine, Peter: Halbmond über deutschen Dächern. Muslimisches Leben in unserem Land, München 1997
- Heitmeyer, Wilhelm / Dollase, Rainer Hrsg.: Die bedrängte Toleranz. Ethnisch kulturelle Konflikte, religiöse Differenzen und die Gefahren politischer Gewalt, es-1979; NF-997, Frankfurt a.M. 1996
- Heitmeyer, Wilhelm / Müller, Joachim / Schröder, Helmut: Verlockender Fundamentalismus. Türkische Jugendliche in Deutschland, Suhrkamp Verlag, Frankfurt a.M. 1997
- Hirscham, Abd al Malik Ibn: Das Leben Mohammeds, 2 Bände, Licht des Lebens, Villach 1992
- Huf, Hans Christian: Himmel, Hölle und Nirwana. Die großen Erlöser: Buddha, Jesus und Mohammed, Lübbe Verlag, Bergisch Gladbach 1999
- Huges, Th.P.: Lexikon des Islam, Wiesbaden 1995

- Huntington, Samuel P.: Der Kampf der Kulturen. Die Neugestaltung der Weltpolitik im 21. Jahrhundert, München 1997, 5.Aufl.
- Innenministerium des Landes Nordrhein- Westfalen: Islamischer Extremismus in NRW, Düsseldorf 1999
- Innenministerium des Landes Nordrhein- Westfalen: Verfassungsschutzbericht des Landes Nordrhein-Westfalen über das Jahr 2000, Düsseldorf 2001
- Irabi, Abdulkader: Arabische Soziologie. Studien zur Gesellschaft des Islam, Wissenschaftliche Buchgesellschaft, Darmstadt 1989
- Kepel, Gilles: Allah im Westen. Die Demokratie und die islamische Herausforderung, München 1996
- Kepel, Gilles: Die Rache Gottes. Radikale Moslems, Christen und Juden auf dem Vormarsch. Piper Verlag, München 1991
- Kerber, Walter Hrsg.: Wie tolerant ist der Islam? Fragen einer neuen Weltkultur, Veröffentlichungen des Forschungs- und Studienprojekts der Rottendorf-Stiftung, Bd 6, München 1991
- Kettermann, Günther: Atlas zur Geschichte des Islam, Wissenschaftliche Buchgesellschaft, Darmstadt 2001
- Khoury, A.Th.: Toleranz im Islam, Altenberge 1986, 2.Aufl.
- Khoury, Adel Th.: Was ist los in der islamischen Welt?, Herder Verlag, Freiburg 1991
- Khoury / Hagemann / Heine: Islam- Lexikon. Geschichte Ideen Gestalten, Herder Verlag, Freiburg 1991
- Khoury, A.Th.: Der Islam. Sein Glaube, seine Lebensordnung, sein Anspruch. Freiburg 1998, 5.Aufl.
- Konzelmann, Gerhard: Allahs neues Weltreich. Der Kampf um die arabische Einheit, Herbig Verlag, München 1986
- Koran, arabisch - deutsch, Übersetzung und wiss. Kommentar A.Th. Khoury, 11 Bde., Gütersloh 1990ff.
- Koran, Übers. A.Th. Khoury / Muh. S. Abdullah, Gütersloh 1992, 2.Aufl.
- Koran, Übers. R.Parat, Stuttgart 1996, 7.Aufl.
- Körber-Stiftung Hrsg.: Religion - ein deutsch-türkisches Tabu? Deutsch-türkisches Symposium 1996, Hamburg 1997
- Kreiser, Klaus / Rotraud Wielandt Hrsg.: Lexikon der Islamischen Welt, Kohlhammer Verlag, Stuttgart 1992
- Lewis, B.: Kaiser und Kalifen. Christentum und Islam im Ringen um Macht und Vorherrschaft, München 1996

- Lewis, B.: Stern, Kreuz und Halbmond. 2000 Jahre Geschichte des Nahen Ostens, München 1997
- Lerch, W.G.: Kein Friede für Allahs Völker, Frankfurt a.M. 1991
- Löw, Reinhardt: Islam und Christentum in Europa, Hildesheim 1994
- Marquardt, Udo Hrsg.: Bedrohung Islam? Christen und Muslime in der Bundesrepublik, Schriftenreihe Gerechtigkeit und Frieden der Kommission Justitia et Pax, Arbeitspapier 72, Bonn 1996
- Maudoodi, Sayyid Abu-l-A la: Als Muslim leben, The Islamic Foundation, deutsch: Cordoba Verlag, Karlsruhe 1995, S.265
- McDowell, Josh / John Gilchrist: Islam auf dem Prüfstand, Schulte & Gerth Verlag, Asslar 1988
- Meier, A.: Der politische Auftrag des Islam, Wuppertal 1994
- Mertensacker, Adelgunde Hrsg.: Muslime erobern Deutschland. Eine Dokumentation. Die deutschen Konservativen, Hamburg 1998
- Metzger, Albrecht: Der Himmel ist für Gott, der Staat für uns. Islamismus zwischen Gewalt und Demokratie. Lamuv Verlag, Göttingen 2000
- Miehl, M.: Basiswissen Mohammed, Gütersloh 2000
- Ministerium für Arbeit, Gesundheit und Soziales des Landes Nordrhein-Westfalen (Herausgeber): Türkische Muslime in Nordrhein-Westfalen, erstellt vom Zentrum für Türkeistudien, Essen 1997
- Mordecai, Victor: Der Islam. Eine globale Bedrohung? Hänssler Verlag, Holzgerlingen 1999
- Musk, Bill: Das unbekannte Gesicht des Islam, Francke Verlag, Marburg a.d. Lahn 1992
- Nehls, Gerhard: Christen antworten Moslems, Hänssler-Verlag, Neuhausen Stuttgart 1982
- Nehls, Gerhard: Christen fragen Moslems, Hänssler Verlag, Neuhausen-Stuttgart 1985
- Nehls, Gerhard / Walter Eric: Islam. As it sees itself as other see it, Life Callenge Africa, Nairobi 1996
- Nirumand, Bahman: Im Namen Allahs. Islamische Gruppen und der Fundamentalismus in der Bundesrepublik Deutschland, mit Beiträgen u.a. Von Karl Biswanger, Peter Heine, Reinhard Schulze, Köln 1990

- Paret, R.: Mohammed und der Koran, Stuttgart 1991, 7. Aufl.
- Parshall, Phil: New Path in Muslim Evangelism. Evangelical Approaches to Contextualization, Baker Book House, Grand Rapids 1980
- Pohly, Michael / Khalid Duran: Osama bin Laden und der internationale Terrorismus. Ullstein Verlag, München 2001
- Pollok, Christine: Kulturschock Islam, Peter Rump Verlag, Bielefeld 1996 3. Aufl.
- Rashid, Ahmed: Taliban. Militant Islam, Oil and Fundamentalism in Central Asia. Yale Nota Bene 2001
- Rashid, Ahmed: Taliban. Afghanistans Gotteskrieger und der Dschihad. Knaur, München 2001
- Robbe, Martin: Welt des Islam. Geschichte und Alltag einer Religion, Urania Verlag, Leipzig 1991, 2.Aufl.
- Rüschoff, S.Ibrahim: Dawa unter Nichtmuslimen. Schriftenreihe des Islamischen Zentrums München Nr.11, München 1983
- Salem, Isam Kamel: Islam und Völkerrecht. Das Völkerrecht in der islamischen Weltanschauung, Express-Edition, Berlin 1984
- Schiffauer, Werner: Der Weg zum Gottesstaat. Die fundamentalistischen Gemeinden türkischer Arbeitsmigranten in der Bundesrepublik, in: Historische Anthropologie, Sonderdruck 1. Jg.3/1993, S.468-484
- Schimmel, Annemarie: Der Islam - Eine Einführung, Reclam 1990
- Schimmel, Anemarie: Die Zeichen Gottes. Die religiöse Welt des Islam, München 1995
- Schirrmacher, Christine: Der Islam. Geschichte, Lehre, Unterschiede zum Christentum, 2 Bde, Hänssler-Verlag, Neuhausen-Stuttgart 1994
- Schulze, R.: Geschichte der islamischen Welt im 20. Jahrhundert, München 1994
- Spuler, B.: Geschichte der islamischen Länder (Handbuch der Orientalistik, Abt.1, Bd.6,1.2), Leiden Köln 1952/53
- Spuler-Stegemann, Ursula: Muslime in Deutschland. Nebeneinander oder Miteinander, Herder Verlag, Freiburg 1998
- Steinbach, Udo: u.a. Hrsg.: Politisches Lexikon. Nahost Nordafrika, München 1994, 3.Aufl.

- The Encyclopaedia of Islam. Mehrere Bde. New Edition, Leiden 1954ff.
- The Harper Collins Dictionary of Religion, Jonathan Z.Smith Edit., New York 1995; S.498-539
- Thoraval, Y.: Lexikon der islamischen Kultur, L. Hagemann / O.Lellek Hrsg., Darmstadt 1999
- Tibi, Bassam: Konfliktregion Naher Osten, München 1991, 2.Aufl.
- Tibi, Bassam: Der wahre Imam. R. Piper Verlag, München 1996
- Tibi, Bassam: Im Schatten Allahs. Der Islam und die Menschenrechte, München 1999
- Tibi, Bassam: Fundamentalismus im Islam. Eine Gefahr für den Weltfrieden. Darmstadt 2000 - Walther, Wiebke: Die Frau im Islam, Leipzig 1997, 3. überarb. Aufl., S.97
- Walther, W.: Die Frau im Islam, in: P. Antes u.a. (Hrsg.), Der Islam, Religion - Ethik - Politik, Stuttgart 1991
- Watt, M.M. U.a. Hrsg.: Der Islam, A.Schimmel Hrsg., Stuttgart Bd.I 1980, Bd.II 1985, Bd.III 1990

Endnoten

[1] Burhanu´d Din Ali: Hidaya fi´l Furu, zitiert nach: T.P. Hughes: Lexikon des Islam, Wiesbaden 1995, S.134

[2] Innenministerium NRW, Islamischer Extremismus in NRW, 2. überarbeitete Auflage - Düsseldorf 1999

[3] Amos Oz, in: Die Welt 17.9.2001, S.1

[4] Vgl. Martin Robbe: Welt des Islam, Leipzig, 2.Aufl. 1991, S.184-229

[5] Vgl. Wilhelm Heitmeyer / Müller, Joachim / Schröder, Helmut: Verlockender Fundamentalismus. Türkische Jugendliche in Deutschland, Suhrkamp Verlag, Frankfurt a.M. 1997

[6] Konrad Adam: Um ein paar Illusionen ärmer, in: Die Welt 18.9.2001, S.9

[7] Vgl. Innenministerium NRW, Verfassungsschutzbericht 2000, Düsseldorf 2001

[8] Vgl. Paul Kennedy: Der verwundbare Koloss, in: Die Welt 17.9.2001, S.7

[9] Vgl. Mohammed Ibn Ishaq: Das Leben Mohammeds, Villach 1992, 2.Bd. S.91-224

[10] Vgl. Manfred Götz: Art. Islam, in: Klaus Kreiser / Rotraud Wieland Hrsg.: Lexikon der islamischen Welt, Stuttgart 1992, S.132f. / Vgl. Thomas Patrick Hughes: Lexikon des Islam, Wiesbaden 1995, S.340f.

[11] Vgl. Art. Muslim, in: Microsoft® Encarta® Enzyklopädie 2001 / Vgl. Art. Muslim, in: Brockhaus Multimedia Lexikon 2001 (CD ROM)

[12] Sayyid Abu-l-A la Maudoodi: Weltanschauung und Leben im Islam, Al Aaisal Press, deutsch Kuwait 1989, S.141f.

[13] Vgl. Isam Kamel Salem: Islam und Völkerrecht, Berlin 1984, S.31-43 / Vgl. Christine Schirrmacher: Der Islam, Neuhausen Stuttgart 1994, Bd.1, S.275-301

[14] Vgl. Art. Scharia, in: Brockhaus Multimedia Lexikon 2001 (CD ROM)

[15] Die Macht des Propheten, Der Spiegel 23/2001, www.spiegel.de/spiegel

[16] Vgl. Ina Rogg: Umma, in: Microsoft® Encarta® Enzyklopädie 2001

[17] Vgl. Johann Christoph Bürgel: Allmacht und Mächtigkeit. Religion und Welt im Islam, München 1991, S.64-95

[18] Vgl. Isam Kamel Salem: Islam und Völkerrecht, Berlin 1984, S.103-139

[19] Vgl. Art. Jihad, in: Microsoft® Encarta® Enzyklopädie 2001

[20] Vgl. Victor Mordecai: Der Islam. Eine globale Bedrohung? Holzgerlingen 1999, S.39-46

[21] Vgl. D.Alexander. Droht ein Heiliger Krieg? in: Die Welt 19.9.2001, S.7

[22] Im Gegensatz zur evangelischen Kirche wird in der katholischen gelehrt, dass sich Brot und Wein in dem Augenblick, in dem sie vom Priester gesegnet werden, wahrhaftig in Blut und Fleisch Jesu Christi verwandeln.

[23] Vgl. T.P. Hughes: Lexikon des Islam, Wiesbaden 1995, S.130 / Vgl. Basilike Papoulia, Art. Kopfsteuer, in: Klaus Kreiser / Rotraud Wieland Hrsg.: Lexikon der islamischen Welt, Stuttgart 1992, S.158f.

[24] Vgl. Mohammed Ibn Ishaq: Das Leben Mohammeds, Villach 1992, 2.Bd. S.91-224

[25] Heiliger Monat im Kalender der Muslime. In dieser Zeit darf von Sonnenaufgang bis Sonnenuntergang nicht gegessen und getrunken werden. Die Einhaltung des Fastenmonats ist für den Muslim eine religiöse Pflicht.

[26] Vgl. T.P. Hughes: Lexikon des Islam, Wiesbaden 1995, S.132f. / Vgl. Werner Ende, Art. Heiliger Krieg, in: Klaus Kreiser / Rotraud Wieland Hrsg.: Lexikon der islamischen Welt, Stuttgart 1992, S.122f.

[27] Vgl. T.P. Hughes: Lexikon des Islam, Wiesbaden 1995, S.133ff.

[28] T.P. Hughes: Lexikon des Islam, Wiesbaden 1995, S.130 / Vgl. Werner Ende, Art. Heiliger Krieg, in: Klaus Kreiser /

Rotraud Wieland Hrsg.: Lexikon der islamischen Welt, Stuttgart 1992, S.122f.

Hidaya = Führung, Belehrung. Der vollständige Titel des betreffenden Werkes heißt "Hidaya fi´l Furu" = Eine Belehrung in bestimmten Punkten.

[29] Sayyid Abu-l-A la Maudoodi: Weltanschauung und Leben im Islam, Al Aaisal Press, deutsch Kuwait 1989, S.140

[30] Die Macht des Propheten, Der Spiegel 23/2001, www.spiegel.de/spiegel

[31] Vgl. Scheich Mohammed Sayyed Tantawi, in: Focus 14 / 1997; S.240 / Die Welt 19.09.2001, S.7

[32] Peter Meier Bergfeld: Die Türkei muß draußen bleiben, in: Rheinischer Merkur 2/98, www.merkur.de/aktuell

[33] Vgl. Christine Schirrmacher: Der Islam, Bd.1, Neuhausen Stuttgart 1994, S.249-257 / Carsten Colpe: Problem Islam, Frankfurt a.M. 2.Aufl. 1994, S.160-185

[34] T.P. Hughes: Lexikon des Islam, Wiesbaden 1995, S.114 / Vgl. Theodor Khoury, Art. Heiliger Krieg, in: Khoury / Hagemann / Heine: Islam- Lexikon. Geschichte Ideen Gestalten, Herder Verlag, Freiburg 1991, S.351ff.

[35] T.P. Hughes: Lexikon des Islam, Wiesbaden 1995, S.115 / Vgl. Theodor Khoury, Art. Heiliger Krieg, in: Khoury / Hagemann / Heine: Islam- Lexikon. Geschichte Ideen Gestalten, Herder Verlag, Freiburg 1991, S.358f.

[36] Vgl. Forstner: Menschenrechte, S.109 / Vgl. Abdoljavad Falaturi: Art. Abfall vom Islam, in: Klaus Kreiser / Rotraud Wieland Hrsg.: Lexikon der islamischen Welt, Stuttgart 1992, S.17f.

[37] T.P. Hughes: Lexikon des Islam, Wiesbaden 1995, S.115

[38] T.P. Hughes: Lexikon des Islam, Wiesbaden 1995, S.117 / Vgl. Abdoljavad Falaturi: Art. Abfall vom Islam, in: Klaus Kreiser / Rotraud Wieland Hrsg.: Lexikon der islamischen Welt, Stuttgart 1992, S.17f.

[39] T.P. Hughes: Lexikon des Islam, Wiesbaden 1995, S.116

⁴⁰ Vgl. Art. Muslim, in: Microsoft® Encarta® Enzyklopädie 2001 / Vgl. Art. Muslim, in: Brockhaus Multimedia Lexikon 2001 (CD ROM)

⁴¹ Vgl. G.E. Von Grunebaum: Der Islam in seiner klassischen Epoche, Zürch 1966, S.28-60

⁴² Al Bukhari (810-870) gehört zum sunnitischen Islam und stellte mit seinem Sahih eine anerkannte Sammlung von siebentausend Überlieferungen der Taten und Aussprüche Mohammeds zusammen.

⁴³ Al Bukhari: Sahih, zitiert nach: T.P. Hughes: Lexikon des Islam, Wiesbaden 1995, S.257f.

⁴⁴ Vgl. Die Macht des Propheten, Der Spiegel 23/2001, www.spiegel.de/spiegel

⁴⁵ Vgl. Charles le Gai Eaton: Der Islam, München 1994, 2.Aufl., S.137-240 / Günter Kettermann: Atlas zur Geschichte des Islam, Darmstadt 2001, S.22

⁴⁶ Vgl.Günter Kettermann: Atlas zur Geschichte des Islam, Darmstadt 2001, S.22

⁴⁷ Richard C. Foltz: Die Internationalisierung des Islam, in: Microsoft® Encarta® Enzyklopädie 2001

⁴⁸ Vgl. Richard C. Foltz: Die Internationalisierung des Islam, in: Microsoft® Encarta® Enzyklopädie 2001

⁴⁹ Vgl. Bassam Tibi: Der wahre Imam, München 1996, S.84

⁵⁰ Vgl. Max Klingberg Hrsg.: Märtyrer heute, Asslar 2000, S.26ff.

⁵¹ O.Spies / E.Pritsch. Klassisches islamisches Recht, 1. Wesen des islamischen Rechts, in: Handbuch der Orientalistik. Abt.1 Erg.Bd.3 Orientalisches Recht, E.J.Brill, Leiden 1964, S.220

⁵² Martin Forstner: Das Menschenrecht der Religionsfreiheit und des Religionswechsels als Problem der islamischen Staaten, in: Kanon. Kirche und Staat im christlichen Osten. Jahrbuch der Gesellschaft für das Recht der Ostkirchen, Wien Jg.X/1991, S.138

⁵³ Vgl. Christine Schirrmacher; Der Islam, Bd.1, Hänssler, Neuhausen Stuttgart 1994, S.250ff.

[54] Christine Schirrmacher; Der Islam, Bd.1, Hänssler, Neuhausen Stuttgart 1994, S.252

[55] Richard C. Foltz: Die Internationalisierung des Islam, in: Microsoft® Encarta® Enzyklopädie 2001

[56] Richard C. Foltz: Die Internationalisierung des Islam, in: Microsoft® Encarta® Enzyklopädie 2001

[57] Vgl. G.E. Von Grunebaum: Der Islam in seiner klassischen Epoche, Zürch 1966, S.61-80 / Vgl. Gerhard Konzelmann: Allahs neues Weltreich, Berlin 5.Aufl. 1991; S.94-101

[58] Vgl. Art. Djihad, in: Brockhaus Multimedia Lexikon 2001 (CD ROM)

[59] Vgl. Charles le Gai Eaton: Der Islam, München 1994, 2.Aufl., S.240-298 / Günter Kettermann: Atlas zur Geschichte des Islam, Darmstadt 2001, S.23f

[60] Die Macht des Propheten, Der Spiegel 23/2001, www.spiegel.de/spiegel

[61] Vgl.Günter Kettermann: Atlas zur Geschichte des Islam, Darmstadt 2001, S.58

[62] Vgl. Art. Maimonides, in: Microsoft® Encarta® Enzyklopädie 2001

[63] Vgl. Art. Millennium 16.Jahrhundert / 17.Jahrhundert, in: Microsoft® Encarta® Enzyklopädie 2001

[64] Vgl. Günter Kettermann: Atlas zur Geschichte des Islam, Darmstadt 2001, S.108

[65] Vgl. Munir D.Ahmed / Rahul Peter Das: Indien / Südindien, in: Monika und Udo Tworuschka Hrsg.: Religionen der Welt, Gütersloh 1992, 2202-208

[66] Vgl. Art. Millennium 13.Jahrhundert, in: Microsoft® Encarta® Enzyklopädie 2001

[67] Vgl. Art. Millennium 14.Jahrhundert, in: Microsoft® Encarta® Enzyklopädie 2001

[68] Vgl. Art. Millennium 15.Jahrhundert, in: Microsoft® Encarta® Enzyklopädie 2001

[69] Vgl.Günter Kettermann: Atlas zur Geschichte des Islam, Darmstadt 2001, S.86-89

[70] Art. Aurangseb, in: Microsoft® Encarta® Enzyklopädie 2001

[71] Vgl. Art. Millennium 15.Jahrhundert, in: Microsoft® Encarta® Enzyklopädie 2001

[72] Vgl. Art. Millennium 19.Jahrhundert, in: Microsoft® Encarta® Enzyklopädie 2001

[73] Vgl. Olaf Schumann: Java, Indonesien, Malaysia, Philippinen, in: Monika und Udo Tworuschka Hrsg.: Religionen der Welt, Gütersloh 1992, 208ff.

[74] Barbara Rusch: Alfuren, in: Microsoft® Encarta® Enzyklopädie 2001

[75] Vgl. Günter Kettermann: Atlas zur Geschichte des Islam, Darmstadt 2001, S.145

[76] Vgl. Art. Rais, Amien Mohammed, in: Microsoft® Encarta® Enzyklopädie 2001

[77] Vgl. Günter Kettermann: Atlas zur Geschichte des Islam, Darmstadt 2001, S.94f.

[78] Vgl.Günter Kettermann: Atlas zur Geschichte des Islam, Darmstadt 2001, S.93

[79] Vgl. Peter Bayerlein: Mahmud von Ghasni, in: Microsoft® Encarta® Enzyklopädie 2001

[80] Vgl. Art. Malakka, in: Microsoft® Encarta® Enzyklopädie 2001

[81] Vgl. Art. Berber, in: Microsoft® Encarta® Enzyklopädie 2001

[82] Vgl. Art. Kanem-Bornu, in: Microsoft® Encarta® Enzyklopädie 2001

[83] Vgl. Günter Kettermann: Atlas zur Geschichte des Islam, Darmstadt 2001, S.125

[84] Vgl. Monika und Udo Tworuschka: Religionen der Welt, Gütersloh 1992, S. 215f.

[85] Vgl. Magit Mersch: Sokoto- Kalifat, in: Microsoft® Encarta® Enzyklopädie 2001

[86] Vgl. Art. Fouta Djalon / Art. Fulbe / Art. Guinea / Art. Haussa, in: Microsoft® Encarta® Enzyklopädie 2001

[87] Vgl. Barbara Rusch: Tukulor, in: Microsoft® Encarta® Enzyklopädie 2001

[88] Vgl. Art. El Hadj Omar, in: Microsoft® Encarta® Enzyklopädie 2001

[89] Vgl. Art. Touré, Samory, in: Microsoft® Encarta® Enzyklopädie 2001

[90] Vgl. Wieland Eschenhagen: Mahdi, in: Microsoft® Encarta® Enzyklopädie 2001

[91] Vgl. Art. Avesta, in: Microsoft® Encarta® Enzyklopädie 2001

[92] Heinz Gstrein: Von Mohammed über Assassinen bis Terrorglobalisierung, www.ref.ch/rna/meldungen, 19.9.2001

[93] Art. Assassinen, in: Microsoft® Encarta® Enzyklopädie 2001

[94] Vgl. Art. Assassinen, in: Microsoft® Encarta® Enzyklopädie 2001

[95] Vgl. Art. Janischaren, in: Microsoft® Encarta® Enzyklopädie 2001

[96] Vgl. Art. Nuristani, in: Microsoft® Encarta® Enzyklopädie 2001

[97] Vgl. Günter Kettermann: Atlas zur Geschichte des Islam, Darmstadt 2001, S.132

[98] Vgl. Günter Kettermann: Atlas zur Geschichte des Islam, Darmstadt 2001, S.128-131

[99] Vgl. Art. Märtyrer, in: Microsoft® Encarta® Enzyklopädie 2001

[100] Vgl. Heinz Gstrein: Von Mohammed über Assassinen bis Terrorglobalisierung, www.ref.ch/rna/meldungen, 19.9.2001

[101] Vgl. Art. Millennium 15.Jahrhundert, in: Microsoft® Encarta® Enzyklopädie 2001

[102] Vgl. Johann Christoph Bürgel: Allmacht und Mächtigkeit. Religion und Welt im Islam, München 1991, S.90-94

[103] Vgl. Art. Sklaverei, in: Microsoft® Encarta® Enzyklopädie 2001

[104] Vgl. Art. Millennium 15.Jahrhundert, in: Microsoft® Encarta® Enzyklopädie 2001

[105] Vgl.Günter Kettermann: Atlas zur Geschichte des Islam, Darmstadt 2001, S.53

[106] P. Heine: Art. Sklaven, in: Khoury / Hagemann / Heine Hrsg.: Islam Lexikon, Freiburg 1991, S.677f.

[107] Zitiert nach Imram ibn al-Husain

[108] Vgl. Muhammad Qutub: Einwände gegen den Islam, SKD Bavaria Verlag, München 1994, S.24-46

[109] Vgl. P.Heine: Art. Sklaven, in: Khoury / Hagemann / Heine Hrsg.: Islam Lexikon, Freiburg 1991, S.676ff. / Th.P. Hughes: Lexikon des Islam, Art. Sklaverei, Wiesbaden 1995, S.671-675

[110] Vgl. Leonard J. Davis: Israels Überlebenskampf, Neuhausen Stuttgart 1987, S.203

[111] Eldridge Cleaver, zitiert in: Leonard J. Davis: Israels Überlebenskampf, Neuhausen Stuttgart 1987, S.203

[112] Vgl. CSI International: CSI befreit wieder Sklaven, www.csi-int.ch/index.html, 9.10.2001

[113] Vgl. Art. Dhimmi, in: Microsoft® Encarta® Enzyklopädie 2001

[114] Sayyid Abu-l-A la Maudoodi: Weltanschauung und Leben im Islam, Al Aaisal Press, deutsch Kuwait 1989, S.47

[115] Sayyid Abu-l-A la Maudoodi: Weltanschauung und Leben im Islam, Al Aaisal Press, deutsch Kuwait 1989, S.49

[116] Islam hier und heute, Nr.2, 1994, S.3ff.

[117] Vgl. Günther S.Wegener; Die Kirche lebt, Wuppertal 1978, S.140-145

[118] Vgl. F.H.Littell / E.Geldbach; Atlas zur Geschichte des Christentums, Wuppertal 1980, S.26

[119] Vgl. Günter Kettermann: Atlas zur Geschichte des Islam, Darmstadt 2001, S.126

[120] Vgl.Günter Kettermann: Atlas zur Geschichte des Islam, Darmstadt 2001, S.38

[121] Vgl. Art. Albanien, in: Microsoft® Encarta® Enzyklopädie 2001

[122] Vgl. Art. Buganda, in: Microsoft® Encarta® Enzyklopädie 2001

[123] Vgl. Günter Kettermann: Atlas zur Geschichte des Islam, Darmstadt 2001, S.116

[124] Vgl. auch für die folgenden Angaben: Kurt Dietrich Schmidt, Grundriss der Kirchengeschichte, Göttingen 1960, S.553-562

[125] Vgl. idea spektrum 31,32/95 S.22f

[126] Max Klingberg Hrsg.: Märtyrer heute. Eine Dokumentation zur weltweiten Diskriminierung und Verfolgung von Christen, Gerth Medien, Asslar 2000, S.9

[127] Vgl. Art. Biafra, in: Microsoft® Encarta® Enzyklopädie 2001

[128] Vgl. idea spektrum 10/95 S.14

[129] Vgl. idea spektrum 10/95 S.14; 34/95 S.11; 38/95 S.30f

[130] Max Klingenberg Hrsg.; Märtyrer heute, Asslar 2000, S.18f.

[131] Vgl. Offene Grenzen: World Watch Liest, www.offenegrenzen.de; www.od.org

[132] Vgl. Christine Schirrmacher: Der Islam, Neuhausen Stuttgart 1994, Bd.1, S.249-257

[133] Kairoer Erklärung, in: Gewissen und Freiheit Nr.36, 19.Jg./1991, S.93-98

[134] Christine Schirrmacher: Menschenrechte und Christenverfolgung in der islamischen Welt, in: Max Klingenberg Hrsg.; Märtyrer heute, Asslar 2000, S.36

[135] Vgl. Schacht. Katl. In: Encyclopaedia of Islam, Vol.IV. E.J.Brill, Leiden 1990, S.771

[136] Abd al-Rahman al-Djaziri, zitiert nach Ishak Ersen: Licht des Lebens, Villach 1991, S.11-14

[137] Vgl. Schacht. Katl., S.771

[138] Vgl. Christine Schirrmacher: Menschenrechte und Christenverfolgung in der islamischen Welt, in: Max Klingenberg Hrsg.; Märtyrer heute, Asslar 2000, S.40

[139] Vgl. Christine Schirrmacher: Menschenrechte und Christenverfolgung in der islamischen Welt, in: Max Klingenberg Hrsg.; Märtyrer heute, Asslar 2000, S.43-48

[140] Vgl. Erwin Gräf: Die Todesstrafen des islamischen Rechts, in: Bustan, Wien, Heft 4/1962, S.8-22; Heft 1/1965, S.9-22

[141] Vgl. Otto Spies: Über die Kreuzigung im Islam, in: Religion und Religionen. Festschrift für Gustav Mensching, L.Röhrscheid Verlag, Bonn 1967, S.143-156

[142] Bassam Tibi: Islamisten schaden dem Islam, in: Rheinischer Merkur Nr.27, 6.7.2001, www.merkur.de/aktuell

[143] Vgl. Barbara Huhn: Terror und Krieg von Afrika bis Asien, in: Rheinischer Merkur Nr. 43, 26.10.2001, www.merkur.de/archiv / Vgl. Christenverfolgung durch Moslems. Blutige Attacken gegen Christen sind in den letzten Jahren von religiöser Feindschaft bestimmt, in: Die Welt 29.10.2001, welt.de

[144] Vgl. Ishak Ersen / Abd al-Masih: Die Rechte und Pflichten der Juden und Christen in einem islamischen Staat, Villach 1992, S.8-66

[145] Christine Schirrmacher: Menschenrechte und Christenverfolgung in der islamischen Welt, in: Max Klingenberg Hrsg.; Märtyrer heute, Asslar 2000, S.31f.

[146] Rüdiger Durth: Wenn der Mob kommt, in: Rheinischer Merkur 46/99, www.merkur.de/aktuell

[147] Vgl. Hermann Gröhe: Wenn Christen leiden ist die Politik gefordert, Interviewe, in: Rheinischer Merkur 30/99, www.merkur.de/aktuell

[148] Rüdiger Durth: Wenn der Mob kommt, in: Rheinischer Merkur 46/99, www.merkur.de/aktuell

[149] Peter Meier Bergfeld: Die Türkei muß draußen bleiben, in: Rheinischer Merkur 2/98, www.merkur.de/aktuell

[150] Hans Joachm Heintze: Nur Druck entscheidet, Interviewe, in: Rheinischer Merkur 29/98, www.merkur.de/aktuell

[151] Udo Hahn: Laien sollen mitreden, in: Rheinischer Merkur 1998, www.merkur.de/aktuell

[152] Bassam Tibi: Die Taliban bedrohen den religiösen Pluralismus der Welt, in: Die Welt 6.3.2001, welt.de

[153] Rüdiger Durth: Wenn der Mob kommt, in: Rheinischer Merkur 46/99, www.merkur.de/aktuell

[154] Vgl. S.196f.

[155] Eberhard Troeger: Ägypten, in: Max Klingenberg Hrsg.; Märtyrer heute, Asslar 2000, S.55-60

[156] Eberhard Troeger: Ägypten, in: Max Klingenberg Hrsg.; Märtyrer heute, Asslar 2000, S.59

[157] Vgl. Art. Koptische Kirche, in: Microsoft® Encarta® Enzyklopädie 2001

[158] Barnabas Fund: Indonesien, in: Max Klingenberg Hrsg.; Märtyrer heute, Asslar 2000, S.87f.

[159] Vgl. Stichwort: Indonesien, in: Aktuell 2001, Harenberg, Dortmund 2000, S.503

[160] Vgl. Barnabas Fund: Indonesien, in: Max Klingenberg Hrsg.; Märtyrer heute, Asslar 2000, S.89f.

[161] Vgl. Barnabas Fund: Indonesien, in: Max Klingenberg Hrsg.; Märtyrer heute, Asslar 2000, S.93f.

[162] Bichof Belo: Das Trauma sitzt tief, Interviewe, in: Rheinischer Merkur 26/2001, 29.6.2001, www.merkur.de/aktuell

[163] Vgl. Welt-Verfolgungs-Index, Juli 2001, www.offenegrenzen.de

[164] Vgl. Muslims kill Christians in Ambon, www.hrwf.net 19.2.2001 / Russell Rankin: Eyewithness in Ambon, www.hrwf.net 19.2.2001

[165] Vgl. Forced Conversions, www.persecution.org 19.1.2001

[166] Vgl. Taliban wollen Minderheiten kennzeichnen, www.ref.ch/rna/meldungen, 22.5.2001

[167] Vier Deutsch in Gewalt der Taliban, in: SPIEGEL ONLINE - 6.8.2001; www.spiegel.de/politik/ausland

[168] Vgl. Padma Rao: Ausländer haben vermutlich doch missioniert, in: SPIEGEL ONLINE - 10.8.2001; www.spiegel.de/politik/ausland

[169] Vgl. Padma Rao: Ausländer haben vermutlich doch missioniert, in: SPIEGEL ONLINE - 10.8.2001; www.spiegel.de/politik/ausland

[170] Vgl. Taliban Arrest Afghans Working for Another Aid Group, www.domini.org/openbook/pak20010912.htm, 10.9.2001

[171] Vgl. Internationale Gesellschaft für Menschenrechte: Pakistan, in: Max Klingenberg Hrsg.; Märtyrer heute, Asslar 2000, S.115ff.

[172] Zitiert nach: Internationale Gesellschaft für Menschenrechte: Pakistan, in: Max Klingenberg Hrsg.; Märtyrer heute, Asslar 2000, S.118

[173] Vgl. Internationale Gesellschaft für Menschenrechte: Pakistan, in: Max Klingenberg Hrsg.; Märtyrer heute, Asslar 2000, S.118f.

[174] Internationale Gesellschaft für Menschenrechte: Pakistan, in: Max Klingenberg Hrsg.; Märtyrer heute, Asslar 2000, S.120

[175] Vgl. Gerichtshof bestätigt Todesurteil, http://www.kirche-in-not.org 9.8.2001

[176] Vgl. Welt-Verfolgungs-Index, Juli 2001, www.offenegrenzen.de

[177] Vgl. Charisma News Service, www.domini.org/openbook/pak20010912.htm

[178] Daniel Kestenholz: Fundamentalisten töten 18 Christen, in: Die Welt 29.10.2001, welt.de

[179] Vgl. Art. Sudan, in: Microsoft® Encarta® Enzyklopädie 2001

[180] Vgl. E.Troeger: Sudan, in: Max Klingenberg Hrsg.; Märtyrer heute, Asslar 2000, S.89f.

[181] Rüdiger Durth: Wenn der Mob kommt, in: Rheinischer Merkur 46/99, www.merkur.de/aktuell

[182] Vgl. Christen im Sudan, http://www.h-m-k.org 15.9.2001

[183] Vgl. Welt-Verfolgungs-Index, Juli 2001, www.offenegrenzen.de

[184] Vgl. Sudan Church shootings and arrests must be investigated, www.persecution.org 19.7.2001

[185] Vgl. CSI International: CSI befreit wieder Sklaven, www.csi-int.ch/index.html, 9.10.2001 / Vgl. Victor Mordecai: Der Islam. Eine globale Bedrohung? Holzgerlingen 1999, S.230-241

[186] Vgl. Internationale Gesellschaft für Menschenrechte: Türkei, in: Max Klingenberg Hrsg.; Märtyrer heute, Asslar 2000, S.135f.

[187] Vgl. Internationale Gesellschaft für Menschenrechte: Türkei, in: Max Klingenberg Hrsg.; Märtyrer heute, Asslar 2000, S.136f.

[188] Vgl. Stichwort: Türkei, in: Aktuell 2001, Harenberg, Dortmund 2000, S.617

[189] Rüdiger Durth: Wenn der Mob kommt, in: Rheinischer Merkur 46/99, www.merkur.de/aktuell

[190] Zitiert nach: A.Mertensacker: Muslime erobern Deutschland, Hamburg 1998, S.111

[191] Peter Meier Bergfeld: Die Türkei muß draußen bleiben, in: Rheinischer Merkur 2/98, www.merkur.de/aktuell

[192] Vgl. Peter Meier Bergfeld: Die Türkei muß draußen bleiben, in: Rheinischer Merkur 2/98, www.merkur.de/aktuell

[193] Vgl. Welt-Verfolgungs-Index, Juli 2001, www.offenegrenzen.de

[194] Vgl. Welt-Verfolgungs-Index, Juli 2001, www.offenegrenzen.de

[195] Vgl. Welt-Verfolgungs-Index, Juli 2001, www.offenegrenzen.de

[196] Vgl. Welt-Verfolgungs-Index, Juli 2001, www.offenegrenzen.de

[197] Heinz Gstrein: Albanische Christen unter wachsendem Islamisierungsdruck, www.ref.ch/rna/meldungen, 11.9.2001

[198] Extrmists in nothern Nigeria place bounty on priests, www.hrwf.net 1.6.2000

[199] Vgl. Welt-Verfolgungs-Index, Juli 2001, www.offenegrenzen.de

[200] Über 500 Tote bei religiösen Unruhen, www.ref.ch/rna/meldungen, 14.9.2001

[201] Muslim rebels abduct students, www.hrwf.net 21.3.2000

[202] Vgl. Welt-Verfolgungs-Index, Juli 2001, www.offenegrenzen.de

[203] Vgl. Zwei Jahre Haft wegen Einfuhr von Bibeln, http://www.h-m-k.org 23.7.2001

[204] Vgl. Welt-Verfolgungs-Index, Juli 2001, www.offenegrenzen.de

[205] Vgl. Saudi Arabia Continues Crackdown on Christians, www.persecution.org 19.7.2001

[206] Vgl. Boy Pleads for Help, www.domini.org/openbook/pak20010912.htm, 11.9.2001

[207] Vgl. Christine Schirrmacher: Der Islam, Neuhausen Stuttgart 1994, Bd.1, S.302-354

[208] Vgl. Gesichter des Islam, in: Der Spiegel 48/1998, www.spiegel.de/spiegel

[209] Vgl. W. Walther: Die Frau im Islam, in: P.Antes u.a. Hrsg. Der Islam, Religion - Ethik - Politik, Stuttgart 1991, S.99

[210] Vgl. Al-Gazali: Ghazalis Book of Counsel for Kings. Translated by R.C. Bagley, London 1964, S.158

[211] Vgl. Al-Gazali: Ghazalis Book of Counsel for Kings. Translated by R.C. Bagley, London 1964, S.172

[212] Muhammad Qutub: Einwände gegen den Islam, SKD Bavaria Verlag, München 1994, S.92

[213] Muhammad Qutub: Einwände gegen den Islam, SKD Bavaria Verlag, München 1994, S.93

[214] Muhammad Qutub: Einwände gegen den Islam, SKD Bavaria Verlag, München 1994, S.94f.

[215] Vgl. Wiebke Walther: Die Frau im Islam, Leipzig 1997, 3.überarb. Aufl., S.35

[216] T.P. Hughes: Lexikon des Islam, Wiesbaden 1995, S.703ff.

[217] Vgl. T.P. Hughes: Lexikon des Islam, Wiesbaden 1995, S.140-147

[218] T.P. Hughes: Lexikon des Islam, Wiesbaden 1995, S.147

[219] Vgl. W. Walther: Die Frau im Islam, in: P.Antes u.a. Hrsg., Der Islam, Religion - Ethik - Politik, Stuttgart 1991, S.112

[220] Vgl. T.P. Hughes: Lexikon des Islam, Wiesbaden 1995, S.152

[221] T.P. Hughes: Lexikon des Islam, Wiesbaden 1995, S.148

[222] Vgl. Ursula Spuler-Stegemann: Muslime in Deutschland, Freiburg 1998, S.188-194

[223] Vgl. T.P. Hughes: Lexikon des Islam, Wiesbaden 1995, S.551f.

[224] Vgl. Ursula Spuler-Stegemann: Muslime in Deutschland, Freiburg 1998, S.193f.

[225] Vgl. Vgl. A.Ibn Hanbal: Musnad, G. II, Misr 1313, V.251

[226] Vgl. T.P. Hughes: Lexikon des Islam, Wiesbaden 1995, S.156ff.

[227] Ursula Spuler-Stegemann: Muslime in Deutschland, Freiburg 1998, S.195

[228] Vgl. Muhammad S. Abdullah: Die islamische Frau zwischen Tradition und Emanzipation, in: M.Fitzgerald u.a. Hrsg.: Mensch, Welt, Staat im Islam, Graz 1977, S.37f.

[229] Hadith, zitiert nach: T.P. Hughes: Lexikon des Islam, Wiesbaden 1995, S.203f.

[230] Vgl. Al Masurdi: Murug ad dahab, V.6. Texte et Trad. C.B. De Meynard et P. De Courtelle, Paris 1861-1877, S.269ff.

[231] Vgl. A.Ibn Hanbal: Musnad, G. V, Misr 1313, V.45 / Vgl. Wiebke Walther: Die Frau im Islam, Leipzig 1997, 3.überarb. Aufl., S.108

[232] Vgl. A.M. Al Aqqad. As Siddiqua bin as Siddiq, al Qahira 1943, S.148

[233] Vgl. Carsten Colpe: Problem Islam, Frankfurt a.M. 2.Aufl. 1994, S.105-125

[234] Bernhard Zand: Panzer vor dem Campus, in: UniSPIEGEL 3/2000, www.spiegel.de

[235] Bernhard Zand: Panzer vor dem Campus, in: UniSPIEGEL 3/2000, www.spiegel.de

[236] Vgl. Christine Pollok: Kulturschock Islam, Bielefeld 1996, S.47f.

[237] Christine Pollok: Kulturschock Islam, Bielefeld 1996, S44

[238] Vgl. Christine Pollok: Kulturschock Islam, Bielefeld 1996, S.62ff.

[239] Vgl. Wiebke Walther: Die Frau im Islam, Leipzig 1997, 3.überar. Aufl., S.203

[240] Vgl. Christine Pollok: Kulturschock Islam, Bielefeld 1996, S.52

[241] Vgl. Art. Frauenbewegung, in: Microsoft® Encarta® Enzyklopädie 2001

[242] Vgl. Stichwort: Saudi-Arabien, in: Aktuell 2001, Harenberg, Dortmund 2000, S.590

[243] Vgl. Stichwort: Afghanistan, in: Aktuell 2001, Harenberg, Dortmund 2000, S.446

[244] Sayyid Abu-l-A la Maudoodi: Weltanschauung und Leben im Islam, Al Aaisal Press, deutsch Kuwait 1989, S.167f.

[245] Vgl. Ursula Spuler-Stegemann: Muslime in Deutschland, Freiburg 1998, S.204ff.

[246] Vgl. Stichwort: Gewalt gegen Frauen, in: Aktuell 2001, Harenberg Lexikon Verlag, Dortmund 2000, S.64f.; 552

[247] Vgl. Art. Klitorisbeschneidung, in: Microsoft® Encarta® Enzyklopädie 2001

[248] Beschneidung, in: Rheinischer Merkur 26/2001, 29.6.2001, www.merkur.de/aktuell

[249] Vgl. Christine Pollok: Kulturschock Islam, Bielefeld 1996, S.44f.

[250] Vgl. Wiebke Walther: Die Frau im Islam, Leipzig 1997, 3.überarb. Aufl., S.97

[251] Vgl. Wiebke Walther: Die Frau im Islam, Leipzig 1997, 3.überarb. Aufl., S.39

[252] Vgl. A.Ibn Hanbal: Musnad, G. V, Misr 1313, V.209f.

[253] Vgl. A.Ibn Hanbal: Musnad, G. V, Misr 1313, V.137

[254] Uwe Simson: Freiheit, die nur stört, in: Rheinischer Merkur 13/98, www.merkur.de/aktuell

[255] Uwe Simson: Freiheit, die nur stört, in: Rheinischer Merkur 13/98, www.merkur.de/aktuell

[256] Uwe Simson: Freiheit, die nur stört, in: Rheinischer Merkur 13/98, www.merkur.de/aktuell

[257] Bassam Tibi: Die Taliban bedrohen den religiösen Pluralismus der Welt, in: Die Welt 6.3.2001, welt.de

[258] Michael Stürmer: In Nahost lauert der Krieg, in: Die Welt 7.6.2001, welt.de

[259] Vgl. Dietrich Alexander: Auf der Suche nach neuen Feinden, in: Die Welt 20.5.2000, welt.de

[260] Vgl. Dietrich Alexander: Der Islamismus ist am Ende, in: Die Welt 27.9.1999, welt.de

[261] Uwe Simson: Freiheit, die nur stört, in: Rheinischer Merkur 13/98, www.merkur.de/aktuell

[262] Herbert Kremp. Islam und westliche Werte, in: Die Welt 30.11.1995, welt.de

[263] Vgl: Monika und Udo Tworuschka: Religionen der Welt, Gütersloh 1992, S. 193ff.

[264] Vgl. Gesichter des Islam, in: Der Spiegel 48/1998, www.spiegel.de/spiegel

[265] Vgl. Art. Khomeini, in: Microsoft® Encarta® Enzyklopädie 2001

[266] Vgl. Art. Iran, in: Microsoft® Encarta® Enzyklopädie 2001

[267] Vgl. Art. Iran, in: Brockhaus Multimedia Lexikon 2001 (CD ROM)

[268] Vgl. Schießbefehl gegen Studenten, in: SPIEGEL ONLINE - 13.6.1999, www.spiegel.de/politik/ausland

[269] Straßenschlachten in Teheran, in: SPIEGEL ONLINE - 12.6.1999, www.spiegel.de/politik/ausland

[270] Mullahs wieder Herr der Lage, in: SPIEGEL ONLINE - 14.6.1999, www.spiegel.de/politik/ausland

[271] Vgl. Stichwort: Iran, in: Aktuell 2001, Harenberg, Dortmund 2000, S.507f.

[272] Vgl. Victor Mordecai: Der Islam. Eine globale Bedrohung? Holzgerlingen 1999, S.187-195

[273] Vgl. Marion Pausch: Afganistan-Krieg, in: Microsoft® Encarta® Enzyklopädie 2001

[274] Inga Rogg: Mudschaheddin, in: Microsoft® Encarta® Enzyklopädie 2001

[275] Vgl. Stichwort: Afghanistan, in: Aktuell 2001, Harenberg, Dortmund 2000, S.446

[276] Rudolf Zewell: Islam. Talibanisierung, in: Rheinischer Merkur 33/2001, 17.8.2001, www.merkur.de/aktuell

[277] C.P. Zoller: Keine Gnade für Ungläubige, in: Die Welt 17.9.2001, S.3

[278] Mullah Wakil in: Die Welt 17.9.2001, S.3

[279] Vgl. Bassam Tibi: Die Taliban bedrohen den religiösen Pluralismus der Welt, in: Die Welt 6.3.2001, welt.de

[280] Vgl. Die Welt 14.9.2001, S.6

[281] Vgl. S.Mühlmann: Taliben suchen islamische Verbündete, in: Die Welt 19.9.2001, S.6

[282] Vgl. Aschot Manutscharjan: Die Mullahs rufen alle Muslime, in: Rheinischer Merkur Nr.37, 14.9.2001, www.merkur.de/aktuell

[283] Aschot Manutscharjan: Die Mullahs rufen alle Muslime, in: Rheinischer Merkur Nr.37, 14.9.2001, www.merkur.de/aktuell

[284] Vgl. Aschot Manutscharjan: Die Mullahs rufen alle Muslime, in: Rheinischer Merkur Nr.37, 14.9.2001, www.merkur.de/aktuell

[285] Manfred Quiring: Ein Aufstand aus dem Armenhaus Usbekistan, in: Die Welt 16.8.2001, welt.de

[286] Vgl. Art. Afghanistan, in: Brockhaus Multimedia Lexikon 2001 (CD ROM)

[287] Vgl. Daniel Kestenholz: Britische Truppen kurz vor dem Einsatz in Kabul, in: Die Welt 15.11., S. 6 / Vgl. Richard Holbrooke: Vier Maßnahmen, die für Afghanistans Zunkunft wichtig sind, in: Die Welt 15.11.2001, S. 2

[288] Matthias Gebauer: Der unkontrollierte Alliierte, in: Spiegel Online 13.11.2001, www.spiegel.de/politik/ausland

[289] Vgl. Die Welt 17.9.2001, S.2

[290] Die Welt 18.9.2001, S.5

[291] Vgl. S.Mühlmann: Die Unterstützung für die USA könnte Pakistan zerreißen, in: Die Welt 19.9.2001, S.6

[292] C.P. Zoller: Keine Gnade für Ungläubige, in: Die Welt 17.9.2001, S.3

[293] Vgl. Victor Mordecai: Der Islam. Eine globale Bedrohung? Holzgerlingen 1999, S.227-241 / Vgl: Monika und Udo Tworuschka: Religionen der Welt, Gütersloh 1992, S. 214f.

[294] Vgl. Stichwort: Sudan, in: Aktuell 2001, Harenberg, Dortmund 2000, S.605f.

[295] Vgl. Art. Dinka / Art. Nuba, in: Microsoft® Encarta® Enzyklopädie 2001

[296] Peter Scholl-Latour: Heiliger Krieg um Erdöl und Kühe, in: Die Welt 3.12.2000, welt.de

[297] Roland Detsch: Islamische Revolution , in: Microsoft® Encarta® Enzyklopädie 2001

[298] Vgl. Gesichter des Islam, in: Der Spiegel 48/1998, www.spiegel.de/spiegel

[299] Vgl. Stichwort: Libyen, in: Aktuell 2001, Harenberg, Dortmund 2000, S.544

[300] Vgl. Kopf- an- Kopf- Rennen bei Parlamentswahlen, in: SPIEGEL ONLINE - 19.4.1999, www.spiegel.de/politik/ausland

[301] Vgl. Die wichtigsten türkischen Parteien, in: SPIEGEL ONLINE - 13.4.1999, www.spiegel.de/politik/ausland

[302] Vgl. Türkische Richter verbieten islamistische Partei, in: Die Welt 23.6.2001, welt.de

[303] Vgl. Dietrich Alexander: Glück für alle Menschen, in: Die Welt 21.7.2001, welt.de

[304] Vgl. Dietrich Alexander: Glück für alle Menschen, in: Die Welt 21.7.2001, welt.de

[305] Vgl. www.columbia.edu/cu/libaries/indiv/aera/Africa/Somalia, 30.9.2001

[306] Scheich Abdessalam Yassine: Die Scharia ist kein Widerspruch zur Demokratie, Interviewe, in: Die Welt 11.7.2000, welt.de

[307] Forstner: Menschenrecht, S.114

[308] Christina Erck. Die saudische Spur, in: Rheinischer Merkur 1998, www.merkur.de/aktuell

[309] Christina Erck. Die saudische Spur, in: Rheinischer Merkur 1998, www.merkur.de/aktuell

[310] Vgl. Moslem-Rebellen erhalten Hilfe vom Ausland, in: Die Welt 1999, welt.de

[311] Vgl. Robert Garus: Islamische Weltliga, in: Microsoft® Encarta® Enzyklopädie 2001

[312] Vgl. Günter Kettermann: Atlas zur Geschichte des Islam, Darmstadt 2001, S.167f.

[313] Vgl. Stichwort: Mauretanien, in: Aktuell 2001, Harenberg, Dortmund 2000, S.552

[314] Vgl. Art. Mauretanien, in: Microsoft® Encarta® Enzyklopädie 2001

[315] Vgl. Stichwort: Mali, in: Aktuell 2001, Harenberg, Dortmund 2000, S.549

[316] Vgl. Stichwort: Kuwait, in: Aktuell 2001, Harenberg, Dortmund 2000, S.540

[317] Vgl. Wiebke Walther: Die Frau im Islam, Leipzig 1997, 3.überarb. Aufl., S.200

[318] Die Macht des Propheten, Der Spiegel 23/2001, www.spiegel.de/spiegel

[319] Vgl. Claudia Haj Ali: Die Jagd der Islamisten auf Ägyptens Simone de Beauvoir, in: Die Welt 8.7.2001, welt.de

[320] Dietrich Alexander: Die unerschrockene: Nawal el Saadawi, in: Die Welt 31.7.2001, welt.de

[321] Vgl. Dietrich Alexander: Die unerschrockene Nawal el Saadawi, in: Die Welt 31.7.2001, welt.de

[322] Vgl. Carsten Colpe: Problem Islam, Frankfurt a.M. 2.Aufl. 1994, S.95-101

[323] Vgl. Art. Rushdie, Ahmed Salman, in: Microsoft® Encarta® Enzyklopädie 2001

[324] Walter Laqueur: Der nächste Anschlag wird noch mörderischer sein, in: Die Welt, 18.9.2001, S.6

325 Vgl. Walther Wuttke. Spiel mit der Gefahr, in: Rheinischer Merkur Nr.37, 14.9.2001, www.merkur.de/aktuell

326 Chr. Schult: Die Wurzeln des Hasses, in: SPIEGEL ONLINE - 12.9.2001; http://www.spiegel.de/politik/ausland

327 Vgl. Gilles Kepel: Die Rache Gottes. Radikale Moslems, Christen und Juden auf dem Vormarsch. München 1991, S. 23-57

328 Christina Erck. Die saudische Spur, in: Rheinischer Merkur 1998, www.merkur.de/aktuell

329 Vgl. Walter Laqueur: Der nächste Anschlag wird noch mörderischer sein, in: Die Welt, 18.9.2001, S.6

330 Dietrich Alexander: Perfide angepasst, in: Die Welt 18.9.2001, S.10

331 Vgl. Willi Winkler: Der Aufstand des Mahdi, in: Süddeutsche Zeitung 18.9.2001, www.sueddeutsche.de/aktuell/sz/artikel

332 Vgl. Gerhard Konzelmann: Allahs neues Weltreich, Berlin 5.Aufl. 1991; S.207-243

333 Ulrich Neuenhausen: Liegen die Wurzeln des Terrors im Islam? in: idea Spektrum Nr.38, 19.9.2001, S.27

334 Chr. Schult: Die Wurzeln des Hasses, in: SPIEGEL ONLINE - 12.9.2001; www.spiegel.de/politik/ausland

335 Vgl. Rudolf Zewell: Eine Religion wird nicht zum Mörder, in: Rheinischer Merkur Nr.37, 14.9.2001, www.merkur.de/aktuell

336 Vgl. Walter Laqueur: Der nächste Anschlag wird noch mörderischer sein, in: Die Welt, 18.9.2001, S.6

337 Vgl. Detlev Ahlers: Der Irak bleibt gefährlich, in: Rheinischer Merkur 9/98, www.merkur.de/aktuell

338 Die Amerikaner versuchen sich selbst Mut zu machen, in: Die Welt 13.9.2001, welt.de

339 Vgl. US-Parlament wird wegen Anthrax-Alarm geschlossen, in: Die Welt 18.10.2001, S.1 / Martin Halusa: Da waren Experten am Werk, in: Die Welt 18.10.2001, S.6 / Die Welt 19.10.2001, S.10, 32

340 Vgl. Die Welt 18.9.2001, S.6 / Die Welt 14.9.2001, S.7 / J.Hufelschulte / K.Özgenec: Versuchte Enthauptung, Focus 38/2001, S.292

341 Vgl. W.Krach / G.Manscolo / M.Schießel: Aufrüsten gegen die @-Bombe, in: SPIEGEL ONLINE - 10.5.2001; www.spiegel.de/netzwelt/politik

342 Vgl. Chr. Schult: Die Wurzeln des Hasses II, in: SPIEGEL ONLINE - 12.9.2001; http://www.spiegel.de/politik/ausland

343 Vgl. Joseph Croitoru: Die schönen Paradiesjungfrauen, in: FAZ 29.8.2001, S. 44

344 Vgl. Bassam Tibi: Der wahre Imam, München 1996, S.85f.

345 Chr. Schult: Die Wurzeln des Hasses, in: SPIEGEL ONLINE - 12.9.2001; http://www.spiegel.de/politik/ausland

346 Detlev Ahlers. Ein neues strategisches Ziel im Nahen Osten, in: Rheinischer Merkur 3/1998, www.merkur.de/aktuell

347 Michael Mertes: Weltweiter Terrorismus, in: Rheinischer Merkur Nr.37, 14.9.2001, www.merkur.de/aktuell

348 Vgl. Julia Siepmann: Droht Hamburg eine neue Welle der Gewalt? Die Welt 24.6.2001, welt.de

349 Vgl. Den Feind im Land, Focus 38/2001, S.52-62

350 Vgl. Art. Fatah, in: Brockhaus Multimedia Lexikon 2001 (CD ROM)

351 Vgl. Art. Hamas, in: Microsoft® Encarta® Enzyklopädie 2001

352 Vgl. Inga Rogg: Al-Banna, Hasan / Art. Muslimbruderschaft, in: Microsoft® Encarta® Enzyklopädie 2001

353 Vgl. Marion Pausch: Hisbollah, in: Microsoft® Encarta® Enzyklopädie 2001

354 Vgl. D.Alexander: Wie organisiert Terroristenführer Osama Bin Laden seine Streitmacht? in: Die Welt 14.9.2001, S.6

355 Vgl. Dietrich Alexander: Besser als 1000 Gebete, in: Die Welt 14.8.1998, welt.de

356 Christina Erck: Reicher Mann mit einer Botschaft, in: Rheinischer Merkur 13/98, www.merkur.de/aktuell

357 Christina Erck: Reicher Mann mit einer Botschaft, in: Rheinischer Merkur 13/98, www.merkur.de/aktuell

358 Vgl. Christina Erck: Reicher Mann mit einer Botschaft, in: Rheinischer Merkur 13/98, www.merkur.de/aktuell

359 Vgl. Willi Winkler: Der Aufstand des Mahdi, in: Süddeutsche Zeitung 18.9.2001, www.sueddeutsche.de/aktuell/sz/artikel

360 Bin Laden, zitiert in: Ulrich Neuenhausen: Liegen die Wurzeln des Terrors im Islam? in: idea Spektrum Nr.38, 19.9.2001, S.26

361 Chr. Schult: Die Wurzeln des Hasses, in: SPIEGEL ONLINE - 12.9.2001; http://www.spiegel.de/politik/ausland

362 Martin Halusa: Die Vereinigten Staaten klagen ihren größten Feind an, in: Die Welt 11.1.2001, welt.de

363 Vgl. Dietrich Alexander: Prozess für einen Weltterroristen, in: Die Welt 10.2.2001, welt.de

364 Vgl. Matthias Gebauer: Ist der Top-Terrorist abgebrannt? in: SPIEGEL ONLINE - 13.9.2001, www.spiegel.de/politik/ausland

365 Rolf Tophoven: Bin Laden verfügt über weitere effektive Terrorzellen, in: Die Welt, 17.9.2001, S.3

366 P.Scherer / O.Schirg: Terroristenjagd in Deutschland, in: Die Welt 14.9.2001, S.3 / Vgl. Attentatspläne im Porno-Forum, in: SPIEGEL ONLINE - 6.2..2001; www.spiegel.de/netzwerk/politik

367 Bin Laden, zitiert nach D.Alexander: Wie organisiert Terroristenführer Osama Bin Laden seine Streitmacht? in: Die Welt 14.9.2001, S.6

368 Sunday Telegraph, in: Die Welt, 18.9.2001, S.6

369 Vgl. M.Iken / P.Scherer: Frankfurt: Drehkreuz des Terrors, in: Die Welt 19.9.2001; S.3

370 Vgl. Zwei Tote bei Anschlag auf Diplomaten in Jakarta, in: Die Welt 2.8.2000, welt.de

371 Vgl. Rüdiger Falkson u.a.: Das falsche Signal, in Der Spiegel 20/2000, www.spiegel.de/spiegel

372 Vgl. Zwei deutsche Journalisten in der Hand von Abu Sayyaf? in: SPIEGEL ONLINE - 15.5.2000, www.spiegel.de/panorama

[373] Vgl. Lisa Erdmann: Tagebuch einer Entführung, in: SPIEGEL ONLINE - Mai 2000, www.spiegel.de

[374] Vgl. Rüdiger Falkson u.a.: Das falsche Signal, in: Der Spiegel 20/2000, www.spiegel.de/spiegel

[375] Vgl: Monika und Udo Tworuschka: Religionen der Welt, Gütersloh 1992, S. 199f.

[376] Vgl. A.Grüttner / G.Heesch: Terror gegen Peking, in: Focus 12/1997, S.304

[377] Vgl. Stichwort: Krisen und Konflikte, in: Aktuell 2001, Harenberg, Dortmund 2000, S.290f.

[378] Rebellen drohen mit Angriffen in ganz Russland, in: Die Welt 29.1.2000, welt.de

[379] Die Macht des Propheten, Der Spiegel 23/2001, www.spiegel.de/spiegel

[380] Enge deutsch-russische Geheimdienstkooperation in: http://www.spiegel.de/spiegel, 8.4.2000

[381] Vgl. Roland Nelles: BND warnt vor Krieg in Zentralasien, in: Die Welt 15.2.2001, welt.de

[382] Vgl. Zahl der Opfer steigt, in: SPIEGEL ONLINE - 6.9.1999, =www.spiegel.de/politik/ausland

[383] Vgl. Bürgermeister spricht von Terroranschlag, in: SPIEGEL ONLINE - 10.9.1999, www.spiegel.de/politik/panorama

[384] Russische Truppen vor den Toren Grosnys, in: SPIEGEL ONLINE - 16.9.1999, www.spiegel.de/politik/ausland

[385] Vgl. Oliver Heilwagen: Usbekistans Regierung warnt vor internationalen Terror-Netzwerken, in: Die Welt 3.1.2001, welt.de

[386] Vgl. Tschetschenisches Scharia-Gericht, in: Die Welt 27.8.2001, welt.de

[387] Vgl. Deutsche Geiseln in Tadschikistan frei, in: Die Welt 17.6.2001, welt.de

[388] Die Welt, 18.9.2001, S.6

[389] Vgl. Krieg im Kaukasus, in: SPIEGEL ONLINE - 18.8.1999, www.spiegel.de/politik/ausland

[390] Vgl. Uwe Halbach: Abdrift am Kaukasus, in: Rheinischer Merkur 37/99, www.merkur.de/aktuell

[391] Vgl. Uwe Halbach: Abdrift am Kaukasus, in: Rheinischer Merkur 37/99, www.merkur.de/aktuell

[392] Vgl. Banditen müssen vernichtet werden, in: SPIEGEL ONLINE - 8.8.1999, www.spiegel.de/politik/ausland

[393] Banditen müssen vernichtet werden, in: SPIEGEL ONLINE - 8.8.1999, www.spiegel.de/politik/ausland

[394] Dorothea Hülsmeier: Furcht vor neuem Kaukasuskrieg, in: SPIEGEL ONLINE - 8.8.1999, www.spiegel.de/politik/ausland

[395] Vgl. Victor Mordecai: Der Islam. Eine globale Bedrohung? Holzgerlingen 1999, S.187-195

[396] Hans Peter Mattes: Das kabylische Lächeln, in: Rheinischer Merkur 3/1998, www.merkur.de/aktuell / Vgl. Stichwort: Algerien, in: Aktuell 2001, Harenberg, Dortmund 2000, S.449f.

[397] Hans Peter Mattes: Das kabylische Lächeln, in: Rheinischer Merkur 3/1998, www.merkur.de/aktuell

[398] Hans Peter Mattes: Das kabylische Lächeln, in: Rheinischer Merkur 3/1998, www.merkur.de/aktuell

[399] Vgl. Vgl. Marion Pausch: Islamische Heilsfront, in: Microsoft® Encarta® Enzyklopädie 2001

[400] Vgl. Art. Algerien, in: Brockhaus Multimedia Lexikon 2001 CD ROM

[401] Vgl. Marion Pausch: Islamische Heilsfront, in: Microsoft® Encarta® Enzyklopädie 2001

[402] Vgl. Markus Bernath: Gleich hinter Algier beginnt die Zone des Todes, in: Die Welt 2.8.2000, welt.de

[403] Vgl. Markus Bernath: Gleich hinter Algier beginnt die Zone des Todes, in: Die Welt 2.8.2000, welt.de

[404] Mehrheit für Aussöhnung mit Fundamentalisten, in: SPIEGEL ONLINE - 17.9.1999 www.spiegel.de/politik/ausland

405 Vgl. Erneute Massaker in Algerien, in: Netzzeitung,
http://www.netzeitung.de, 18.12.2000

406 Vgl. Tote bei Massaker in Algerien, in: Netzzeitung,
http://www.netzeitung.de, 19.1.2001

407 Vgl. Familie in Algerien massakriert, in: Netzzeitung,
http://www.netzeitung.de, 1.3.2001

408 Vgl. Fünf Menschen ermordet, in: Netzzeitung,
http://www.netzeitung.de, 13.3.2001

409 Vgl. Mehr als 30 Menschen bei Bombenanschlag verletzt, in:
Netzzeitung, http://www.netzeitung.de, 29.8.2001

410 Vgl. Tote bei Überfall, in: Netzzeitung,
http://www.netzeitung.de, 5.9.2001

411 Vgl. Algerien im Griff des Militärs, in: Netzzeitung,
http://www.netzeitung.de, 26.6.2001

412 Vgl. Gesichter des Islam, in: Der Spiegel 48/1998,
www.spiegel.de/spiegel

413 Vgl. Art. Jahresrückblick 1997, in: Microsoft® Encarta®
Enzyklopädie 2001

414 Vgl. Viola Shafik: Ablehnung des Terrors , in: taz 18.9.2001,
S.15

415 Vgl. Dietrich Alexander: Die Angst der Regierungen vor
einer Entführungs-Industrie, in: Die Welt 14.7.2000, welt.de

416 Vgl. Barbara Bönnemann: Tausend Dächer sollst du bauen,
in: Rheinischer Merkur 9/98, www.merkur.de/aktuell

417 Leichen von zehn Entführten gefunden, in: SPIEGEL
ONLINE - 19.1.2000, www.spiegel.de/politik/ausland

418 Evangelos Antonaros: Mordserie von Islamisten schreckt
Türkei auf, in: Die Welt 25.1.2000, welt.de

419 Vgl. Torsten Krauel: Dann geh ich wieder nach Deutschland,
in: Rheinischer Merkur 18/96, 3.5.1996,
www.merkur.de/aktuell

420 Arafat spendet Blut für Amerikaner ..., in: SPIEGEL
ONLINE - 11.9.2001; www.spiegel.de/politik/ausland

421 Arafat spendet Blut für Amerikaner ..., in: SPIEGEL
ONLINE - 11.9.2001; www.spiegel.de/politik/ausland

[422] Zitiert nach: Fritz May: Israel zwischen Blut und Tränen, Asslar 1987, S.163

[423] Zitiert nach: Fritz May: Israel zwischen Blut und Tränen, Asslar 1987, S.165

[424] Al- Jamahir Al-Arabia, Syrien, zitiert in: Fritz May: Israel zwischen Blut und Tränen, Asslar 1987, S.164

[425] Al- Nahar (Libanon) und Al- Gumhurriya (Ägypten)

[426] Annette Grossbongardt: Campus der Patrioten, in: UniSPIEGEL 3/2001

[427] Anette Großbongardt / Dieter Bednarz. Vergeltung oder Verhandlungen? in: SPIEGEL ONLINE - 9.12.2000; www.spiegel.de/politik/ausland

[428] Fritz May: Israel zwischen Blut und Tränen, Asslar 1987, S.161

[429] David Ben Gurion: Israel. Die Geschichte eines Staates, Frankfurt 1973, S.133

[430] Vgl. Leonard J. Davis: Israels Überlebenskampf, Neuhausen-Stuttgart 1987, S.39f.

[431] Vgl. Michael Studemund-Halevy: Im Lande Israel, in: Werner Keller: Und sie wurden zerstreut unter alle Völker, Wuppertal 1993, S.517

[432] David Ben Gurion: Israel. Die Geschichte eines Staates, Frankfurt 1973, S.251-258

[433] Vgl. Günter Kettermann: Atlas zur Geschichte des Islam, Darmstadt 2001, S.139ff., 153f.

[434] David Ben Gurion: Israel. Die Geschichte eines Staates, Frankfurt 1973, S.469

[435] Vgl. Leonard J. Davis: Israels Überlebenskampf, Neuhausen-Stuttgart 1987, S.53-59

[436] David Ben Gurion: Israel. Die Geschichte eines Staates, Frankfurt 1973, S.611f.

[437] Vgl. Michael Studemund-Halevy: Im Lande Israel, in: Werner Keller: Und sie wurden zerstreut unter alle Völker, Wuppertal 1993, S.521

[438] Vgl. Gerhard Konzelmann: Allahs neues Weltreich, Berlin 5.Aufl. 1991; S.299-318

[439] Vgl. Michael Studemund-Halevy: Im Lande Israel, in: Werner Keller: Und sie wurden zerstreut unter alle Völker, Wuppertal 1993, S.523

[440] Vgl. Art. Israel, in: Microsoft® Encarta® Enzyklopädie 2001

[441] Vgl. Dave Hunt: Jerusalem, Spielball der Völker. Bielefeld 1996, S.189-211

[442] Fritz May: Israel zwischen Blut und Tränen, Asslar 1987, S.166

[443] Rolf Tophoven: Eine neue Qualität des Terrors, in: Die Welt 5.6.2001, welt.de

[444] Vgl. Attentate, Autobomben und Vergeltungsschläge, in: SPIEGEL ONLINE - 9-9-2001, www.spiegel.de/politik/ausland

[445] Vgl. Rolf Tophoven: Freigelassene Hamas- Aktivisten werden den Terror nach Israel tragen, in: Die Welt 14.10.2000, welt.de

[446] Sheikh Ekrima Sabri, zitiert nach: idea Spektrum Nr.38, 19.9.2001, S.25

[447] Vgl. Der eiskalte Frieden, in: Focus 14 / 1997, S.236-239

[448] Lippische Landes Zeitung, Sonderbeilage, 17.9.2001, S.41

[449] Vgl. Rolf Tophoven: Freigelassene Hamas-Aktivisten werden den Terror nach Israel tragen, in: Die Welt 14.10.2000, welt.de

[450] Vgl. Rolf Tophoven: Eine neue Qualität des Terrors, in: Die Welt 5.6.2001, welt.de

[451] Annette Großbongardt: Höllenfahrt ins Paradies, Der Spiegel 32/2001, www.spiegel.de/spiegel

[452] Vgl. Rolf Tophoven: Die Handy-Bomber des Terror-Scheichs, in: Die Welt 11.3.2001, welt.de

[453] Die Macht des Propheten, Der Spiegel 23/2001, www.spiegel.de/spiegel

[454] Annette Großbongardt: Höllenfahrt ins Paradies. Der Spiegel 32/2001, www.spiegel.de/spiegel

[455] Annette Großbongardt: Höllenfahrt ins Paradies. Der Spiegel 32/2001, www.spiegel.de/spiegel

[456] Vgl. Selbstmord-Attentat im Café, in: www.spiegel.de/archiv/1,1619,,00.html

[457] Vgl. Art. Jahresrückblick 1997, in: Microsoft® Encarta® Enzyklopädie 2001

[458] Vgl. Mehrere Verletzte nach Selbstmordattentat, in: SPIEGEL ONLINE - 4-9-2001, www.spiegel.de/politik/ausland

[459] Vgl. Attentate, Autobomben und Vergeltungsschläge, in: SPIEGEL ONLINE - 9-9-2001, www.spiegel.de/politik/ausland

[460] Vgl. Politikermord löst neue Nahost-Krise aus, in: Die Welt 18.10.2001

[460a] "Israel macht Jagd auf Arafat", in: Die Welt 5.12.2001, S.1 / „Arafat brennt schon selbst", in: Die Welt 5.12.2001, S.7

[461] Vgl. Victor Mordecai: Der Islam. Eine globale Bedrohung? Holzgerlingen 1999, S.257-270

[462] Vgl. Art. Black Muslim, in: Microsoft® Encarta® Enzyklopädie 2001

[463] Zitiert in: Victor Mordecai: Der Islam. Eine globale Bedrohung? Holzgerlingen 1999, S.268f.

[464] Die Welt 12.9.2001, Seite 1

[465] Vgl. Die Welt 12.9.2001, Seite 3

[466] Vgl. Todesurteil gegen arabische Terroristen, in: SPIEGEL ONLINE - 31.5.2001; www.spiegel.de/politik/ausland

[467] Vgl. Terrordrohung gegen US- Truppen, in: SPIEGEL ONLINE - 31.5.2001; www.spiegel.de/politik/ausland

[468] Die Welt 12.9.2001, Seite 1

[469] Neue Westfälische 12.9.2001, S.1

[470] Die Welt 12.9.2001, Seite 1

[471] Lippische Landes Zeitung, Sonderbeilage, 17.9.2001, S.41

[472] Lippische Landes Zeitung, Sonderbeilage, 17.9.2001, S.41

[473] Alle zeigen auf Ibn Laden, in: SPIEGEL ONLINE - 12.9.2001; www.spiegel.de/politik/ausland

[474] Arafat spendet Blut für Amerikaner ..., in: SPIEGEL ONLINE - 11.9.2001; www.spiegel.de/politik/ausland

[475] Tausende bejubeln das Leid der USA, in: idea Spektrum Nr.38, 19.9.2001, S.12

[476] Vgl. Uwe Simon Netto: Monarch im Wartestand, in: Rheinischer Merkur Nr. 46, 16.11.2001, www.merkur.de/archiv

[477] Vgl. FBI: Milzbrandterror von US-Bürgern verübt, in: Die Welt 28.10.2001, welt.de / Milzbrand: Bush sieht keine direkte Beziehung zu Bin Laden, in: Die Welt 19.10.2001, die welt.de / J.-T. Göller: Stammt Anthrax von rechtsextremer amerikanischer "Hass"-Gruppe? In: Das Parlament, 2.11.2001

[478] Vgl. US-Parlament wird wegen Anthrax-Alarm geschlossen, in: Die Welt 18.10.2001, S.1 /

[479] Vgl. Erstmals Milzbrand-Erreger außerhalb der USA, in: Die Welt 19.10.2001, S.1

[480] Martin Halusa: Da waren Experten am Werk, in: Die Welt 18.10.2001, S.6 / Die Welt 19.10.2001, S.10, 32

[481] Vgl. USA bereiten sich auf einen Pockenangriff vor, in: Die Welt 6.11.2001 / Vgl. Nach Milzbrand wollen sich die USA auch gegen Pocken schützen, in: Die Welt 6.11.2001

[482] Vgl. Taliban-Regime vor dem Ende? in: Spiegel Online, 14.11.2001

[483] Vgl. J.Hufelschulte / K.Özgenc: Versuchte Enthauptung, in: Focus 38/2001, S.292

[484] Lippische Landes Zeitung, Sonderbeilage, 17.9.2001, S.42

[485] Vgl. P.Scherer / O.Schirg: Terroristenjagd in Deutschland, in: Die Welt 14.9.2001, S.3

[486] Vgl. J.Hufelschulte / K.Özgenc: Versuchte Enthauptung, in: Focus 38/2001, S.292

[487] Vgl. Innenministerium NRW, Verfassungsschutzbericht 2000, Düsseldorf 2001, S.21-24

[488] Innenministerium NRW, Islamischer Extremismus in NRW, 2. überarb. Aufl. - Düsseldorf 1999

[489] Innenministerium NRW, Islamischer Extremismus in NRW, Düsseldorf 1999

[490] Innenministerium NRW, Islamischer Extremismus in NRW, Düsseldorf 1999

[491] Vgl. Innenministerium NRW, Islamischer Extremismus in NRW, Düsseldorf 1999

[492] Vgl. Innenministerium NRW, Islamischer Extremismus in NRW, Düsseldorf 1999

[493] Innenministerium NRW, Islamischer Extremismus in NRW, Düsseldorf 1999

[494] Vgl. Der Feind im Land, Focus 38/2001, S.54

[495] Innenministerium NRW, Islamischer Extremismus in NRW, Düsseldorf 1999

[496] Innenministerium NRW, Islamischer Extremismus in NRW, Düsseldorf 1999

[497] Innenministerium NRW, Islamischer Extremismus in NRW, Düsseldorf 1999

[498] Vgl. Innenministerium NRW, Verfassungsschutzbericht 2000, Düsseldorf 2001, S.234

[499] Innenministerium NRW, Islamischer Extremismus in NRW, Düsseldorf 1999

[500] Vgl. Innenministerium NRW, Verfassungsschutzbericht 2000, Düsseldorf 2001, S.236

[501] Innenministerium NRW, Islamischer Extremismus in NRW, Düsseldorf 1999

[502] Innenministerium NRW, Islamischer Extremismus in NRW, Düsseldorf 1999

[503] Vgl. Innenministerium NRW, Verfassungsschutzbericht 2000, Düsseldorf 2001, S.236

[504] Vgl. Innenministerium NRW, Verfassungsschutzbericht 2000, Düsseldorf 2001, S.196

[505] Vgl. Dietrich Alexander: Glück für alle Menschen, in: Die Welt 21.7.2001, welt.de

[506] Vgl. Herbert L. Müller: Islamische Organisationen in Deutschland, in: Materialdienst der EZW, 11/2001, S. 367 f.

[507] Zitiert nach: Innenministerium NRW, Islamischer Extremismus in NRW, Düsseldorf 1999

[508] Zitiert nach: Innenministerium NRW, Islamischer Extremismus in NRW, Düsseldorf 1999

[509] Zitiert nach: Innenministerium NRW, Verfassungsschutzbericht 2000, Düsseldorf 2001, S.200

[510] Zitiert nach: Innenministerium NRW, Islamischer Extremismus in NRW, Düsseldorf 1999

[511] Vgl. Herbert L. Müller: Islamische Organisationen in Deutschland, in: Materialdienst der EZW, 11/2001, S. 361-364

[512] Zitiert nach: Innenministerium NRW, Islamischer Extremismus in NRW, Düsseldorf 1999

[513] Innenministerium NRW, Islamischer Extremismus in NRW, Düsseldorf 1999

[514] Vgl. Innenministerium NRW, Islamischer Extremismus in NRW, Düsseldorf 1999

[515] Vgl. Art. Wohlfahrtspartei, in: Microsoft® Encarta® Enzyklopädie 2001

[516] Vgl. Innenministerium NRW, Verfassungsschutzbericht 2000, Düsseldorf 2001, S.236, 199f.

[517] Innenministerium NRW, Islamischer Extremismus in NRW, Düsseldorf 1999

[518] Innenministerium NRW, Islamischer Extremismus in NRW, Düsseldorf 1999

[519] Zitiert nach: Innenministerium NRW, Islamischer Extremismus in NRW, Düsseldorf 1999

[520] Zitiert nach: Innenministerium NRW, Islamischer Extremismus in NRW, Düsseldorf 1999

[521] Vgl. Innenministerium NRW, Verfassungsschutzbericht 2000, Düsseldorf 2001, S.202ff.

[522] Zitiert nach: Vgl. Innenministerium NRW, Verfassungsschutzbericht 2000, Düsseldorf 2001, S.203

[523] Zitiert nach: Vgl. Innenministerium NRW, Verfassungsschutzbericht 2000, Düsseldorf 2001, S.205

[524] Vgl. Innenministerium NRW, Verfassungsschutzbericht 2000, Düsseldorf 2001, S.142f.

[525] Innenministerium NRW, Islamischer Extremismus in NRW, Düsseldorf 1999

[526] Vgl. Innenministerium NRW, Verfassungsschutzbericht 2000, Düsseldorf 2001, S.237f.

[527] Vgl. Innenministerium NRW, Verfassungsschutzbericht 2000, Düsseldorf 2001, S.235, 238

[528] Bassam Tibi: Islamisten schaden dem Islam, in: Rheinischer Merkur Nr.27, 6.7.2001, www.merkur.de/aktuell

[529] Bassam Tibi: Islamisten schaden dem Islam, in: Rheinischer Merkur Nr.27, 6.7.2001, www.merkur.de/aktuell

[530] Mudschaheddin auch in Deutschland aktiv, in: SPIEGEL ONLINE - 13.9.2001, www.spiegel.de/politik/deutschland

[531] Georg Mascolo: Vier Gotteskrieger festgenommen, in: SPIEGEL ONLINE - 24.2.2001; www.spiegel.de/politik/deutschland

[532] J.M. Möller: Mutig und besonnen, in: Die Welt 17.9.2001, S.1

[533] Vgl. Ursula Spuler-Stegemann: Muslime in Deutschland, Freiburg 1998, S.79

[534] Aus der Sendung: Lange Nacht, Deutschlandradio Berlin, 3./4. März 1995

[535] Salim Spohr: Morgenstern, Nr.6/1997

[536] Wilhelm Heitmeyer: Jugend auf dem Weg nach rechts?, in: Gewerkschaftliche Monatshefte 9/1989, S.549-560

[537] Wilhelm Heitmeyer / Joachim Müller / Helmut Schröder: Verlockender Fundamentalismus, Frankfurt 1997, S.26

[538] Ursula Spuler-Stegemann: Muslime in Deutschland, Freiburg 1998, S.99

[539] Axel Köhler: Islam-Leitbilder, S.25

[540] Vgl. Anett Seidler: 4200 gewaltbereite Extremisten , in: Die Welt 3.6.2001, welt.de

[541] Vgl. Sayyid Abul A'la Muandudi: Islamische Lebensweise, S.61,ff.

542 Ursula Spuler-Stegemann: Muslime in Deutschland, Freiburg 1998, S.220f.

543 Bassam Tibi: Ein Islam für Europa, in: Rheinischer Merkur Nr.45, 10.11.2000, www.merkur.de/aktuell

544 Günther Beckstein, zitiert nach: Christoph Birnbaum: Marsch ins Ungewisse, in: Rheinischer Merkur 45/98, www.merkur.de/aktuell

545 Vgl. Günther Beckstein, zitiert nach: Christoph Birnbaum: Marsch ins Ungewisse, in: Rheinischer Merkur 45/98, www.merkur.de/aktuell

546 Vgl. Innenministerium NRW, Verfassungsschutzbericht 2000, Düsseldorf 2001, S.25f., 33f. / Vgl. Heiliger Krieg auch in Deutschland? in: idea Spektrum Nr.38, 19.9.2001, S.17

547 Vgl. Heiliger Krieg auch in Deutschland? in: idea Spektrum Nr.38, 19.9.2001, S.17

548 Der Morgenstern, Nr.6/1997

549 Dialog, März 1996

550 Islamisches Zentrum Hamburg: Das politische und religiöse Testament von Imam Khomeini, 1983, S.9ff.

551 Vgl. Andre Zand-Vakili: Polizei befürchtet neue Proteste, in: Die Welt 10.10.2000, welt.de

552 Al-Islam aktuell, Nr.3/97, S.2ff

553 Islamisches Zentrum Hamburg: Das politische und religiöse Testament von Imam Khomeini, 1983, S.18

554 Ursula Spuler-Stegemann: Muslime in Deutschland, Freiburg 1998, S.218f.

555 Vgl. Türkei-Zentrum Essen Hrsg.: Muslime in NRW, 1995, S.113

556 M.S. Abdullah: Was will der Islam in Deutschland?, S.60

557 Muhammad Qutub: Einwände gegen den Islam, SKD Bavaria Verlag, München 1994, S.229f.

558 HDR: Faltblatt: Würde und Rechte des Menschen

559 Al-Islam Nr.3, 1994, S.24

560 Islamisches Zentrum Hamburg: Das politische und religiöse Testament von Imam Khomeini, 1983, S.55

[561] Günther Beckstein, zitiert nach: Christoph Birnbaum: Marsch ins Ungewisse, in: Rheinischer Merkur 45/98, www.merkur.de/aktuell

[562] M.S. Abdullah: Islam für das Gespräch mit Christen, S.130f

[563] Vgl. Ihr müsst auch sterben, in: SPIEGEL ONLINE - 13.9.2001, www.spiegel.de/politik/ausland

[564] Vgl. Kapitel: Christenverfolgung in islamischen Ländern

[565] Vgl. Monika und Udo Tworuschka: Religionen der Welt, Gütersloh 1992, S. 190-250 / Vgl. Martin Robbe: Welt des Islam, Leipzig, 2.Aufl. 1991, S.96-129

[566] Vgl. Gilles Kepel: Die Rache Gottes. Radikale Moslems, Christen und Juden auf dem Vormarsch. München 1991, S. 44-75, 273 ff.

[567] Neue Welle von Islam-Feindlichkeit befürchtet, in: SPIEGEL ONLINE - 13.9.2001, www.spiegel.de/politik/deutschland

[568] Vgl. Mohammed Ibn Ishaq: Das Leben Mohammeds, Villach 1992, 2.Bd. S.91-224

[569] Gilles Kepel., in: Erich Follath u.a.: "Gott will es", Spiegel 41/2001, 8.10.2001

[570] Erich Follath u.a.: "Gott will es" , Spiegel 41/2001, 8.10.2001, www.spiegel.de/politik Ausland

[571] Henryk M.Broder, zitiert nach: idea Spektrum Nr.38, 19.9.2001, S.7

[572] Ursula Spuler-Stegemann: Muslime in Deutschland, Freiburg 1998, S.184f.

[573] Leserbrief, in: Hulda, Nr.13, September 1996, S.45f.

[574] Oliver Hüttmann: Ich bin nicht die Stiftung Türken-Warentest, in: SPIEGEL ONLINE - 15.11.2000, www.spiegel.de/kultur/kino

[575] Herbert Kremp. Islam und westliche Werte, in: Die Welt 30.11.1995, welt.de

[576] Vgl. Handwörterbuch des Islam: Stichwort: Takiya, Leiden 1941

[577] Vgl. H.A.R. Gibb / J.H. Kramers: Shorter Encyclopaedia of Islam, leiden 1961, S.561f.

⁵⁷⁸ Vgl. Zentrum für Türkeistudien: Presseauswertung: Milli Gazete, S.8 / Ursula Spuler-Stegemann: Muslime in Deutschland, Freiburg 1998, S.67

⁵⁷⁹ Johannes Rau: Gemeinsam in Deutschland leben, in: SPIEGEL ONLINE - 12.5.2000, www.spiegel.de/politik/deutschland

⁵⁸⁰ Peter Scholl-Latour, zitiert nach: idea Spektrum Nr.38, 19.9.2001, S.7

⁵⁸¹ Max Klingberg Hrsg.: Märtyrer heute, Asslar 2000, S.10

⁵⁸² Vgl. Kurt Dietrich Schmidt: Kirchengeschichte, Göttingen 9.Aufl., 1990, S.368ff. / Vgl. Thomas Schirrmacher: Ethik. Bd.2, Neuhausen Stuttgart 1994, S.801, 811f., 829f., 849f.

⁵⁸³ Vgl. Albert Martin Steffe: Die Hugenotten, Augsburg 1995; 416ff.

⁵⁸⁴ Vgl. Georg Denzler / Carl Andresen: Wörterbuch der Kirchengeschichte, München 4.Aufl. 1993, S.329ff., 644f.

⁵⁸⁵ Vgl. Karl Heussi: Kompendium der Kirchengeschichte, Tübingen 13.Aufl., 1971, S.318f.

⁵⁸⁶ Vgl. Chr.Schult: Die Wurzeln des Hasses II, in: SPIEGEL ONLINE - 12.9.2001; http://www.spiegel.de/politik/ausland

⁵⁸⁷ Vgl. Frank Patalong: Droht nun die Hexenjagd? in: SPIEGEL ONLINE - 12.9.2001; www.spiegel.de/netzwerk/politik

⁵⁸⁸ Bassam Tibi: Islamisten schaden dem Islam, in: Rheinischer Merkur Nr.27, 6.7.2001, www.merkur.de/aktuell

⁵⁸⁹ Bassam Tibi: Bin Laden und der Islamismus, in: Frankfurter Rundschau 18.9.2001, www.fr-aktuell.de/fr/140/t140005.htm

⁵⁹⁰ Neue Welle von Islam- Feindlichkeit befürchtet, in: SPIEGEL ONLINE - 13.9.2001, www.spiegel.de/politik/deutschland

⁵⁹¹ Bassam Tibi: Islamisten schaden dem Islam, in: Rheinischer Merkur Nr.27, 6.7.2001, www.merkur.de/aktuell

⁵⁹² Großer Zulauf bei Gedenkgottesdiensten in Moscheen, www.ref.ch/rna/meldungen, 17.9.2001

⁵⁹³ Heinz Gstrein: Von Mohammed über Assassinen bis Terrorglobalisierung, www.ref.ch/rna/meldungen, 19.9.2001

[594] Vgl. Johann Christoph Bürgel: Allmacht und Mächtigkeit. Religion und Welt im Islam, München 1991, S.64-95

[595] Vgl. Bassam Tibi: Der wahre Imam, München 1996, S.90

[596] Vgl. Bassam Tibi: Der wahre Imam, München 1996, S.91

[597] Abdulkader Irabi: Arabische Soziologie, Darmstadt 1989, S. 166ff.

[598] Bassam Tibi: Ein Islam für Europa, in: Rheinischer Merkur Nr.45, 10.11.2000, www.merkur.de/aktuell

[599] Gül Keskinler: Ich habe zwei Flügel, in: Rheinischer Merkur 24/01, 24.8.2001, www.merkur.de/aktuell

[600] Vgl. Die Welt 17.9.2001, S.1

[601] Vaclav Havel, in: Die Welt 17.9.2001, S.1

[602] Die Welt 17.9.2001, S.2

[603] Vgl. Daniel Kestenholz: Britische Truppen kurz vor dem Einsatz in Kabul, in: Die Welt 15.11.2001, S. 6 / Vgl. Kate Clark: Die Musik kehrt zurück, in: Die Welt 15.11.2001, S. 10

[604] Vgl. Joachim Helfer: Die Moschee im Dorf, in: Netzzeitung, http://www.netzeitung.de, 6.7.2001

[605] H.U.Klose, zitiert nach: Torsten Krauel: Lebensgefährliche Fehler, in: Rheinischer Merkur Nr.43/97, www.merkur.de/aktuell

[606] H.U.Klose, zitiert nach: Torsten Krauel: Lebensgefährliche Fehler, in: Rheinischer Merkur Nr.43/97, www.merkur.de/aktuell

[607] Walter Laqueur: Der nächste Anschlag wird noch mörderischer sein, in: Die Welt, 18.9.2001, S.6

[608] Antje Allroggen: Ich habe zwei Flügel, in: Rheinischer Merkur 24/01, 24.8.2001, www.merkur.de/aktuell

[609] Vgl. Sayyid Abul A'la Muandudi: Islamische Lebensweise, S.61,ff.

[610] Sayyid Abu-l-A la Maudoodi: Als Muslim leben, The Islamic Foundation, deutsch: Cordoba Verlag, Karlsruhe 1995, S.254f.

[611] A.Schariati, Zur westlichen Demokratie, in Islamische Renaissance, Nr.3 , S.18ff.

[612] Sayyid Abu-l-A la Maudoodi: Als Muslim leben, The Islamic Foundation, deutsch: Cordoba Verlag, Karlsruhe 1995, S.265

[613] Tarik Knapp: Die Morgendämmerung, 11/12, 1989, S.57f.

[614] Sayyid Abu-l-A la Maudoodi: Als Muslim leben, The Islamic Foundation, deutsch: Cordoba Verlag, Karlsruhe 1995, S.87

[615] Sayyid Abu-l-A la Maudoodi: Weltanschauung und Leben im Islam, Al Aaisal Press, deutsch Kuwait 1989, S.173

[616] Islamisches Zentrum München, Faltblatt: Der Islam

[617] Axel Köhler: Islam- Leitbilder, S.32f.

[618] Murad W.Hoffmann: Islam. Der verkannte Glaube, Al-Islam Nr.4, 1995, S.8f.

[619] Sayyid Abu-l-A la Maudoodi: Als Muslim leben, The Islamic Foundation, deutsch: Cordoba Verlag, Karlsruhe 1995, S.72f.

[620] Vgl. Bassam Tibi: Der wahre Imam, München 1996, S.85

[621] Hümmet'i Muhammed: Faltblatt: Wir Muslime, Düsseldorf o.J.

[622] Vgl. Joachim Helfer: Die Moschee im Dorf, in: Netzzeitung, http://www.netzeitung.de, 6.7.2001

[623] H.U.Klose, zitiert nach: Torsten Krauel: Lebensgefährliche Fehler, in: Rheinischer Merkur Nr.43/97, www.merkur.de/aktuell

[624] Vgl. Anett Seidler: 4200 gewaltbereite Extremisten , in: Die Welt 3.6.2001, welt.de

[625] Islamisten dürfen Religion unterrichten, in: Netzzeitung, http://www.netzeitung.de, 29.8.2001

[626] Walter Laqueur: Der nächste Anschlag wird noch mörderischer sein, in: Die Welt, 18.9.2001, S.6

[627] Vgl. Walther Wuttke. Spiel mit der Gefahr, in: Rheinischer Merkur Nr.37, 14.9.2001, www.merkur.de/aktuell

[628] Bassam Tibi: Islamisten schaden dem Islam, in: Rheinischer Merkur Nr.27, 6.7.2001, www.merkur.de/aktuell

[629] Bassam Tibi: Islamisten schaden dem Islam, in: Rheinischer Merkur Nr.27, 6.7.2001, www.merkur.de/aktuell

[630] Vgl. Bassam Tibi: Ein Islam für Europa, in: Rheinischer Merkur Nr.45, 10.11.2000, www.merkur.de/aktuell / Ursula Spuler-Stegemann: Muslime in Deutschland, Freiburg 1998, S.220f. / Vgl. Auch das Kapitel: Terrorismus in Deutschland. Islamische Gefahren für die deutsche Gesellschaft

[631] Bassam Tibi: Ein Islam für Europa, in: Rheinischer Merkur Nr.45, 10.11.2000, www.merkur.de/aktuell.
Anmerkend sei darauf hingewiesen, dass die Überordnung der Vernunft über die religiöse Offenbarung zwar für die Ordnung des bewußt säkularen Staates sinnvoll, bei der Suche nach absoluter Wahrheit aber wenig tauglich ist.

[632] Bassam Tibi: Islamisten schaden dem Islam, in: Rheinischer Merkur Nr.27, 6.7.2001, www.merkur.de/aktuell

[633] Detlev Ahlers. Ein neues strategisches Ziel im Nahen Osten, in: Rheinischer Merkur 3/1998, www.merkur.de/aktuell

[634] Johannes Rau: Gemeinsam in Deutschland leben, in: SPIEGEL ONLINE - 12.5.2000, www.spiegel.de/politik/deutschland

[635] Bassam Tibi: Ein Islam für Europa, in: Rheinischer Merkur Nr.45, 10.11.2000, www.merkur.de/aktuell

[636] Gerhard Becker: Der Staat und die staatsbürgerliche Verantwortung des Christen, in: Regionale Informationen der Bekenntnisbewegung "Kein anderes Evangelium" Westfalen-Lippe, Nr.75 Mai 1998, S.20

[637] Vgl. Bassam Tibi: Europa ohne Identität? Die Krise der multikulturellen Gesellschaft, Bertelsmann, Gütersloh 1998 / Der Islam und Deutschland - Muslime in Deutschland, DVA 2000

[638] Bassam Tibi: Islamisten schaden dem Islam, in: Rheinischer Merkur Nr.27, 6.7.2001, www.merkur.de/aktuell

[639] Herbert Kremp: Islam und westliche Werte, in: Die Welt 30.11.1995, welt.de

[640] Vgl. Gerhard Nehls: Was Christen über Moslems wissen sollten; Neuhausen-Stuttgart 1984, insbesondere S. 53-99

[641] Ail Haydar: Man kann „Du" zu Gott sagen, in: Josh McDowell & John Gilchrist; Islam auf dem Prüfstand, Asslar 1988, S.205

[642] Vgl. Dave Hunt: Jerusalem. Spielball der Völker, Bielefeld 1996, S.213-272

[643] Vgl. Christine Schirrmacher: Jesus Christus im Koran und in der Sicht muslimischer Theologen; factum Okt.1996, S.42-45

[644] Vgl. Christine Schirrmacher; factum Jan.1997, S.21-23

[645] Vgl. Gerhard Nehls: Christen antworten Moslems, Neuhausen Stuttgart 1982

[646] Vgl. Josh McDowell & John Gilchrist: Islam auf dem Prüfstand, Asslar 1988

[647] Vgl. Abd Al-Masih; Der Islam unter der Lupe, Villach 1985 / Vgl. Johan Bouman; Christentum und Islam im Vergleich, Das Leben gestalten - den Tod überwinden, Gießen 1982 / Vgl. Gerhard Nehls; Was Christen über Moslems wissen sollten; Neuhausen-Stuttgart 1984, insbesondere S.160-177